김기현의
딥러닝
부트캠프
with 파이토치

김기현 지음

한빛미디어
Hanbit Media, Inc.

김기현의 딥러닝 부트캠프 with 파이토치

기초부터 수식, 실습까지 담은 올인원 딥러닝 입문 교과서

초판 1쇄 발행 2022년 08월 30일

지은이 김기현 / **펴낸이** 김태헌
펴낸곳 한빛미디어(주) / **주소** 서울시 서대문구 연희로2길 62 한빛미디어(주) IT출판부
전화 02-325-5544 / **팩스** 02-336-7124
등록 1999년 6월 24일 제25100-2017-000058호 / **ISBN** 979-11-6921-014-0 93000

총괄 전정아 / **책임편집** 홍성신 / **기획·편집** 김대현
디자인 표지 박정우 내지 박정화 / **전산편집** 다인 / **일러스트** 이진숙
영업 김형진, 김진불, 조유미 / **마케팅** 박상용, 송경석, 한종진, 이행은, 고광일, 성화정 / **제작** 박성우, 김정우

이 책에 대한 의견이나 오탈자 및 잘못된 내용에 대한 수정 정보는 한빛미디어(주)의 홈페이지나 아래 이메일로
알려주십시오. 잘못된 책은 구입하신 서점에서 교환해드립니다. 책값은 뒤표지에 표시되어 있습니다.

한빛미디어 홈페이지 www.hanbit.co.kr / 이메일 ask@hanbit.co.kr

지금 하지 않으면 할 수 없는 일이 있습니다.
책으로 펴내고 싶은 아이디어나 원고를 메일(**writer@hanbit.co.kr**)로 보내주세요.
한빛미디어(주)는 여러분의 소중한 경험과 지식을 기다리고 있습니다.

김기현의
딥러닝
부트캠프
with 파이토치

김기현 지음

★ ★ ★ ★ ★ ★
소문난 명강의 시리즈 소개

〈소문난 명강의〉 시리즈는 검증된 강의 본연의 장점을 극대화하고 체계화해 책으로 담았습니다. 기초부터 탄탄하게 개발 능력을 배우려는 입문자의 눈높이에 맞춰 설명하고 실용적인 프로젝트 연습을 통해 실전 능력을 키워줍니다.

한빛미디어
Hanbit Media, Inc.

인공지능이 인기를 끌면서 많은 딥러닝 책이 출판되고 있지만 딥러닝의 기초, 원리, 활용을 하나로 엮은 책은 부족합니다. 각기 다른 책으로 이론과 실습을 익히다 보면 실제 상황에서 적용하기 매우 어렵습니다. 이 책은 저자의 전문 지식과 실무 노하우를 바탕으로 연구/개발 상황을 가정한 실전 예제를 통해 기초를 탄탄히 하고 응용할 수 있도록 도움을 줍니다. 차근차근 기본기를 다질 수 있도록 수식 표현을 설명하는 과정에도 저자의 세심한 배려가 돋보입니다. 또한 입문자를 위해 이론과 수식을 분리하여 설명하고 있습니다. 인공지능 관련 실무자부터 이제 막 딥러닝에 관심이 생긴 입문자까지 자신의 실력을 향상시킬 수 있는 좋은 책입니다. 독자가 이 책을 읽으면서 이론과 실습 두 가지 체험을 통해 딥러닝과 더욱 더 친해지길 기대합니다.

김형준 NAVER Clova 머신러닝 엔지니어

딥러닝을 제대로 익히려면 공부해야 할 내용이 한두 가지가 아닙니다. 딥러닝은 선형대수학, 확률통계학, 컴퓨터과학 등 여러 학문 연구 성과를 집대성한 결과이기 때문이죠. 딥러닝을 공부하기 위해서 이들 하나하나 살펴보는 것도 좋지만 혼자서라면 그 방대한 양에 자칫 길을 잃기 십상입니다. 마냥 어렵게만 느껴지는 딥러닝 학습에 있어 『김기현의 딥러닝 부트캠프』는 기본을 다지는 데 필요한 바이블 같은 책이라고 생각합니다. 이 책은 군더더기 같은 내용은 과감히 빼고 꼭 살펴봐야 하는 수학/통계 이론을 꼼꼼하게 다루고 있습니다. 저자의 팁이 가득한 파이토치 실습을 통해 여러분도 각자의 데이터나 해결해야 하는 문제 등에 바로 응용할 수 있는 인사이트를 얻을 수 있을 것입니다. 특히 모든 이론과 실습을 복습하는 차원에서 문제 정의, 데이터 수집 및 전처리, 알고리즘 적용 및 평가, 배포에 이르는 머신러닝 워크플로를 소개하는 과정을 보고 현업에서의 잔뼈가 굵은 저자의 내공을 느낄 수 있었습니다. 처음엔 다소 어렵더라도 차근차근 책을 읽다 보면 딥러닝은 여러분에게 더 이상 교양/상식이 아닌 '나의 문제 해결 도구'가 되어 있을 것입니다.

이기창 NAVER Language Representation팀 리더

인공지능 분야의 핵심인 딥러닝 기술을 비전공자도 쉽게 접근하고 이해할 수 있는 책입니다. 단순한 개념 설명을 넘어 초심자도 쉽게 따라갈 수 있도록 체계적으로 구성되어 있습니다. 또한 구체적인 실습 자료를 제공하고 있으며 핵심 수식 또한 차근차근 이해하기 쉽게 설명하고 있습니다. 이 책은 어렵게만 느껴지던 인공지능 기술 학습에 있어 진입 장벽을 획기적으로 낮춰 주는 역할을 할 것입니다.

주재걸 KAIST 김재철AI대학원 교수

바야흐로 대인공지능 시대가 열렸습니다. 주변에서 심심찮게 인공지능 혹은 딥러닝과 관련된 대화를 하는 사람을 찾아볼 수 있지만 아직은 인공지능이 우리 일상생활을 획기적으로 바꾸지는 못한 것 같습니다. 하지만 한 가지 확실하게 변화된 것이 있습니다. 바로 딥러닝을 다룬 온오프라인 강의가 기하급수적으로 늘어났고 이를 다룬 책 역시 많이 증가했다는 점입니다. 이러한 수많은 책 중에서 이 책이 가지고 있는 명확한 강점이 있습니다. 바로 저자의 오랜 실무 경험이 고스란히 담겨 있는 실습 과정을 담고 있다는 것입니다. 실무에 바로 적용할 수준의 코드와 프로젝트 파일 구조를 다루고 있어 입문자는 물론 현업에 종사하고 있는 독자에게도 유용한 지침서가 될 것입니다.

최성준 고려대학교 인공지능학과 조교수

현업 일선에서 딥러닝 특히 초거대 언어 모델 연구 개발 그리고 서비스화까지 이끌고 있는 저자의 내공이 묻어 나오는 책입니다. 딥러닝의 기본 개념과 이론적 설명, 코드 레벨의 핸즈온 자료와 다양한 실습 예제는 물론 실전 같은 프로젝트 연습과 배포 과정까지 담아 딥러닝을 학습하고자 하는 독자 특히 딥러닝 역량 강화를 원하는 소프트웨어 개발자에게 많은 도움이 될 것입니다.

하정우 NAVER AI Lab 소장

저자의 말

첫 번째 책을 집필한 뒤 3년 만에 새로운 책을 출판하게 되어 매우 기쁩니다. 그동안 자연어 처리를 비롯한 딥러닝 업계에는 많은 변화가 있었습니다. 딥러닝의 문턱이 점점 낮아졌고 딥러닝 업계에 유입되는 인력도 증가하고 있습니다. 특히 초거대 언어 모델(e.g. GPT3)의 등장으로 이러한 경향은 더욱 가속화될 것이라고 생각합니다. 딥러닝이 여러 분야에 확장되는 흐름 속에 기존 실무자들도 어떻게 자기계발을 하고 커리어를 발전시켜야 할지 고민하는 경우가 많습니다. 이 책의 대상 독자인 딥러닝 입문자 또는 초급자도 지속적으로 변화하는 딥러닝 업계의 특성 때문에 어떻게 딥러닝 공부를 시작해야 할지 갈피를 못 잡을 수 있습니다.

저는 이럴 때일수록 기본기가 탄탄한 사람이 빛을 발할 수 있다고 생각합니다. 기본기 없이도 어느 정도 수준에 다다를 수 있지만 많은 고민이 필요한 단계에서는 한계를 느낄 수밖에 없습니다. 사실 저도 학교에서 딥러닝에 대해 배운 적이 없기 때문에 실무에서 많은 어려움을 겪었습니다. 맨땅에 헤딩하는 듯한 실패를 경험하기도 했고 그럴 때마다 스스로 기본기가 부족하다는 것을 느꼈습니다. 그 이후 딥러닝 기초부터 다시 공부하면서 기본기를 탄탄하게 다지고자 노력했고, 그 결과 여러 난관을 좀 더 쉽게 헤쳐나갈 수 있음을 몸소 체험할 수 있었습니다.

여러 어려움을 겪던 그 당시의 나에게 필요한 내용이 무엇인지에 대해 고민했고 그 내용을 정리하여 이 책에 최대한 담고자 했습니다. 부디 이러한 저의 노력이 여러분에게 딥러닝을 효율적으로 공부하는 데 도움이 되면 좋겠습니다. 이 책을 통해서 저를 처음 접하는 독자도 있겠지만 이전에 출판했던 책과 강의를 통해서 이미 저를 알고 있는 독자와 수강생도 있을 것입니다. 모든 독자와 수강생에게 감사하다는 말씀드립니다. 특히 제 콘텐츠에 관심과 애정을 갖고 칭찬이나 여러 조언을 해주신 덕에 더 나은 콘텐츠를 만들 수 있는 힘을 얻을 수 있었습니다.

또한 지금의 저를 있게 해준 직장 동료들과 업계 선후배님들에게도 감사 말씀드립니다. 그 분들과 함께한 시간과 경험 덕분에 강의를 만들고 책을 쓸 수 있었습니다. 훌륭한 추천사를 흔쾌히 써주신 김형준 님, 이기창 님, 주재걸 교수님, 최성준 교수님, 하정우 소장님 정말 고맙습니다. 마지막으로 동고동락하며 항상 저를 지지하고 응원해준 아내와 딸에게 사랑과 고마움을 전합니다.

2022년 8월

김기현

Q 왜 딥러닝을 배워야 하나요?

A 딥러닝은 인공지능 기반 핵심 기술 중 하나로 볼 수 있습니다. 딥러닝은 2010년대 등장한 이후 뛰어난 패턴 인식과 비선형 데이터를 다룰 수 있는 능력을 바탕으로 정말 많은 문제를 해결해왔습니다. 이미 딥러닝의 분류, 인식, 감지, 예측 등의 과정을 통해 비즈니스 환경 및 일상을 변화시키고 있으며 앞으로도 딥러닝 기술은 발전할 것입니다. 앞으로도 딥러닝이 여러 분야에서 응용될 수 있는 잠재력이 큰 만큼 딥러닝을 배운다면 미래에 여러 비즈니스 기회를 얻을 수 있고 커리어 확장 측면에도 많은 도움이 될 것입니다.

Q 어떤 독자를 대상으로 이 책을 쓰셨나요?

A 이 책은 딥러닝을 처음 접하거나 접해본 적은 있지만 차근차근 깊이 있게 다시 딥러닝을 배우고 싶은 독자를 대상으로 썼습니다. 이를 위해서 얕고 넓게 딥러닝의 여러 개념이나 방법을 나열하는 대신 반드시 알아야 하는 내용을 깊이 있게 설명하고자 했습니다.

Q 이 책을 읽기 전에 미리 알아야 할 선수 지식이 있나요?

A 독자가 파이썬과 고등학교 2학년 수준의 수학적 지식을 갖추고 있다는 가정하에 썼습니다. 물론 미적분에 대해 알아야 하지만 직접 계산할 필요는 없기에 미적분에 대한 개념을 간단하게 설명하고 있습니다.

Q 이 책의 특징은 무엇인가요?

A 기존의 검증된 온라인 강의를 바탕으로 쓴 책입니다. 입문서이지만 딥러닝에 대해 깊이 있는 이해를 위해 수식으로 여러 개념을 다시 정리했습니다. 이 책은 이론과 수식을 분리하여 설명하고 있습니다. 수식이 어렵게 느껴진다면 먼저 이론 부분을 확실히 이해한 후에 수식 부분을 포함한 전체 과정을 반복적으로 읽어보세요. 그러고 나면 좀 더 수월하게 이해할 수 있을 것입니다.

또한 주피터 노트북을 활용한 단순한 실습을 넘어 실제 딥러닝 연구/개발 과정을 직접 체험해 볼 수 있도록 프로젝트를 구성하는 방법과 최소한의 수정을 통해 모델 아키텍처를 변경해가며 성능을 고도화하는 방법을 소개하고 있습니다.

Q 독자에게 하고 싶은 말이 있다면?

A 저도 학교에서 체계적으로 딥러닝을 배운 것이 아니라 실무 환경에서 직접 부딪히며 딥러 닝 공부를 했던 터라 여러 어려움을 겪었습니다. 그래서 그 당시의 내게 필요했던 체계적인 학 습 방법과 내용을 떠올리며 이 책을 썼습니다. 이 책을 통해 여러분이 좌절하지 않고 심오하고 흥미로운 딥러닝의 세계에 입문하는 데 많은 도움이 되기를 바랍니다.

저자 소개

김기현 nlp.with.deep.learning@gmail.com

미국 스토니브룩 대학교에서 컴퓨터공학 학사 및 석사 학위를 받았다. 이후 2011년부터 한국전자통신연구원에서 자연어 처리 연구 개발을 시작했고, 현재는 SK텔레콤에서 초거대 언어 모델 GPT3를 활용한 개인화 챗봇과 지식 대화 모델링의 연구 개발 및 상용화하고 있다. 또한 패스트캠퍼스에서 2018년부터 자연어 처리 및 파이토치 강의를 하고 있다. 저서로 『소문난 명강의 : 김기현의 자연어 처리 딥러닝 캠프』 (한빛미디어, 2019)가 있다.

이 책에 대하여

이 책은 딥러닝 기초 내용과 응용 지식을 체계적으로 전달하기 위해 이론과 수식, 실습을 분리하여 설명합니다. 딥러닝 기초 개념부터 상위 개념까지 점진적으로 배울 수 있도록 커리큘럼을 구성했고, 이 내용을 수식으로 다시 한번 정리하여 딥러닝의 구조와 원리에 대해 익힙니다. 또한 실제 머신러닝 프로젝트를 진행하듯 파일을 구성하고 CLI 환경에서 실습을 진행하면서 실전 감각을 키웁니다.

대상 독자

이 책은 딥러닝을 처음 접하는 독자 또는 딥러닝을 이미 어느 정도 알고 있지만 기초가 부족한 독자를 대상으로 합니다. 단순히 딥러닝 모델이 동작하는 것을 보여주기보다는 왜 동작하는지에 대해 좀 더 깊이 있게 설명합니다. 그뿐만 아니라 딥러닝 이론만을 다루기보다 저자가 직접 현업에서 십여 년간 경험하고 체득한 인사이트도 최대한 전달하고자 노력했습니다. 부디 딥러닝 기본기를 탄탄하게 다지고자 하는 독자에게 많은 도움이 되기를 바랍니다.

필요한 선수 지식

이 책은 독자가 기본적으로 파이썬을 알고 있다는 전제하에 딥러닝에 대해 설명하고 있습니다.

- **미리 알아야 하는 지식**
  - 파이썬
  - 기본적인 CLI command-line interface 사용 방법 (e.g. 리눅스/맥OS 터미널, 윈도우 프롬프트)

그리고 이 책에서도 다루고 있지만 좀 더 학습할 것을 권장하는 내용은 아래와 같습니다.

- 추가 학습을 권장하는 지식
  - 미적분(편미분)
  - 행렬
  - 확률/통계

이 책에서 다루는 내용

딥러닝 개념 및 이론 설명

딥러닝의 기초 개념을 최대한 쉽게 이해할 수 있도록 수학적 표현을 최소화하고 그림 또는 시각화를 활용하여 설명합니다. 다음 단계인 수식 부분을 이해하지 못하더라도 딥러닝 기초의 큰 흐름을 따라가는 데 무리가 없도록 구성하고자 했습니다. 기초부터 심화 단계까지 차근차근 접근할 수 있도록 구성했으며 딥러닝의 여러 진행 방식에 대해 원리와 구조를 좀 더 쉽게 체득할 수 있을 것입니다.

수식 정리

딥러닝의 기초 개념 및 이론을 수식을 통해 정리합니다. 이 책은 수식이 가장 많이 등장하는 딥러닝 입문서 중 하나입니다. 비슷한 수식 표현이 반복 사용되므로 점점 익숙해질 것입니다. 혹자는 딥러닝을 배우는 데 수학은 크게 필요없다고 말하기도 합니다. 하지만 딥러닝을 제대로 공부하기 위해서 수학적 배경지식은 반드시 필요합니다. 수식으로 설명하는 부분이 어렵게 느껴진다면 딥러닝 기초 개념 설명을 반복적으로 읽고 수식과 함께 다시 살펴보기 바랍니다.

실습 코드

파이썬을 이미 잘 알고 있다는 전제하에 실습 코드를 설명합니다. 같은 코드가 반복 사용되며 새로운 기능이 하나씩 추가되는 형태로 진행합니다. 따라서 반복되는 코드를 통해 앞에서 배운 이론과 수식을 파이토치로 어떻게 구현하는지에 대해 익힐 수 있습니다. 이 책의 실습은 GPU 없이 실행이 가능합니다. GPU가 있다면 훨씬 더 빠르게 실행할 수 있지만, GPU 없이도 최대 몇 십분 이내로 실행이 완료되도록 구성했습니다.

이 책에 대하여

실무 환경에서의 실전 같은 프로젝트 연습

이 책은 단순히 주피터 노트북으로 하는 실습이 아닌 실제 머신러닝 프로젝트를 진행하듯이 파일을 구성하고 CLI 환경에서의 실습을 진행합니다. 실무 환경에서는 주피터 노트북으로 프로토타이핑 이상의 프로세스를 진행하기 어렵습니다. 따라서 주피터 노트북 환경을 뛰어넘어 실제 프로젝트를 진행하는 듯한 실습을 수행할 수 있도록 합니다. 이를 위해 단순히 MNIST 분류기를 만들고 끝내는 것이 아니라 실전처럼 MNIST 분류기 성능을 끌어올리는 방법과 이를 위한 실험 환경 구축 방법에 대해 알아봅니다. 이처럼 MNIST 예제를 가지고 자세하게 다루는 과정은 이 책이 유일하다고 자부합니다. 단순한 프로젝트일지라도 실험 환경을 구축하고 성능을 끌어올리는 경험을 해본다면 나중에 실제 프로젝트를 진행할 때 큰 도움이 될 것입니다.

실습 예제 다운로드

이 책에서 사용하는 실습 예제는 아래 주소에서 다운로드 받을 수 있습니다.

⊶ github.com/kh-kim/deep_learning_book_exercise

정오표와 피드백

편집 과정에서 오탈자를 확인하는 절차를 거쳤음에도 미처 발견하지 못한 오탈자나 내용에 대한 오류 문의는 출판사 도서 정보 페이지에 등록하거나 저자 메일로 보내주시길 부탁드립니다. 독자의 소중한 피드백은 모두 정리하여 다음 쇄에 반영하겠습니다. 책과 관련한 궁금한 점은 출판사 홈페이지나 저자의 이메일로 문의 바랍니다.

학습 로드맵

딥러닝을 배우기 전에 WARM UP

Ch.1 개발 환경 구축하기
Ch.2 딥러닝 소개
Ch.3 파이토치 튜토리얼

신경망 학습을 위한 기초 BASICS

Ch.4 선형 계층
Ch.5 손실 함수
Ch.6 경사하강법
Ch.7 선형 회귀
Ch.8 로지스틱 회귀
Ch.9 심층신경망 I

신경망 학습을 위한 기술 TECHNIQUES

Ch.10 확률적 경사하강법
Ch.11 최적화
Ch.12 오버피팅을 방지하는 방법
Ch.13 심층신경망 II
Ch.14 정규화

딥러닝 프로젝트 PRACTICAL EXERCISE

Ch.15 실무 환경에서의 프로젝트 연습

신경망 학습의 확장 FURTHER STUDY

Ch.16 표현 학습
Ch.17 확률론적 관점

대표적인 딥러닝 유형 TYPES OF DEEP LEARNING NETWORKS

Ch.18 CNN(합성곱신경망)
Ch.19 RNN(순환신경망)

이 책에 대하여

이 책의 구성

Preview

현존하는 대부분의 딥러닝 프레임워크는
Pytorch를 활용할 것이므로 파이썬을 설치
있지만 이 책에서는 아나콘다를 통해 설
환경인 VS Code를 설치하는 방법을 알아

NOTE 여기서 잠깐

이 책에서는 앞의 표기법과 아래의 표기법을 함께
서 공식적으로 사용하는 것이 아니라 표기의 편의
이토치 텐서의 size() 함수 결과를 표현한 것에

$$|A| = (2,3), |B| = (3,2$$

이러한 행렬의 곱셈 과정은 내적inner product 또는 닷

로드맵

각 장에서 배울 주제 및 주요
개념을 큰 맥락에서 볼 수 있
도록 그림으로 제시합니다.

1

2

3

PREVIEW

각 장에서 배우게 될 내용을
간략하게 정리합니다.

NOTE

본문과 관련된 도움말이나
참고로 알아두면 좋은 내용
을 담았습니다.

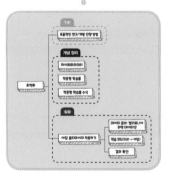

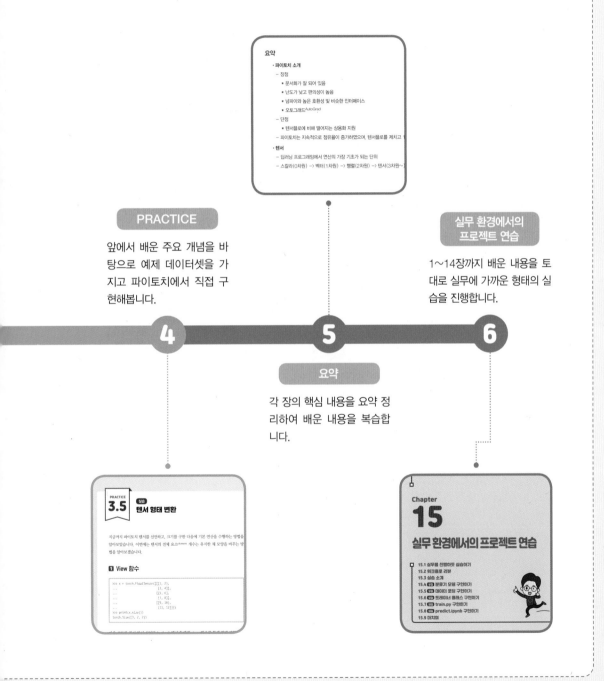

요약

· 파이토치 소개
  – 장점
    ▪ 문서화가 잘 되어 있음
    ▪ 난이도가 낮고 편의성이 높음
    ▪ 넘파이와 높은 호환성 및 비슷한 인터페이스
    ▪ 오토그래드AutoGrad
  – 단점
    ▪ 텐서플로에 비해 떨어지는 상용화 지원
    – 파이토치는 지속적으로 점유율이 증가하였으며, 텐서플로를 제치고 1
· 텐서
  – 딥러닝 프로그래밍에서 연산의 가장 기초가 되는 단위
  – 스칼라(0차원) –> 벡터(1차원) –> 행렬(2차원) –> 텐서(3차원~

PRACTICE

앞에서 배운 주요 개념을 바탕으로 예제 데이터셋을 가지고 파이토치에서 직접 구현해봅니다.

실무 환경에서의
프로젝트 연습

1~14장까지 배운 내용을 토대로 실무에 가까운 형태의 실습을 진행합니다.

4   5   6

요약

각 장의 핵심 내용을 요약 정리하여 배운 내용을 복습합니다.

PRACTICE
3.5 실습
텐서 형태 변환

지금까지 파이토치 텐서를 선언하고, 크기를 구한 다음에 기본 연산을 수행하는 방법을 알아보았습니다. 이번에는 텐서의 전체 요소element 개수는 유지한 채 모양을 바꾸는 방법을 알아보겠습니다.

1 View 함수

```
>>> x = torch.FloatTensor([[[1, 2],
...                         [3, 4]],
...                        [[5, 6],
...                         [7, 8]],
...                        [[9, 10],
...                         [11, 12]]])
>>> print(x.size())
torch.Size([3, 2, 2])
```

Chapter
15
실무 환경에서의 프로젝트 연습

▢ 15.1 실무를 진행하듯 실습하기
15.2 워크플로 리뷰
15.3 실습 소개
15.4 실습 분류기 모델 구현하기
15.5 실습 데이터 로딩 구현하기
15.6 실습 트레이너 클래스 구현하기
15.7 실습 train.py 구현하기
15.8 실습 predict.ipynb 구현하기
15.9 마치며

이 책은 저자의 패스트캠퍼스 동영상 강의와 연계하여 학습할 수 있도록 구성되어 있습니다. 좀 더 현장감있게 공부하고 싶은 독자는 저자의 온라인 동영상 강의를 참고해도 좋습니다. 아래는 저자의 패스트캠퍼스 온라인 동영상 강의 커리큘럼을 나타낸 것입니다.

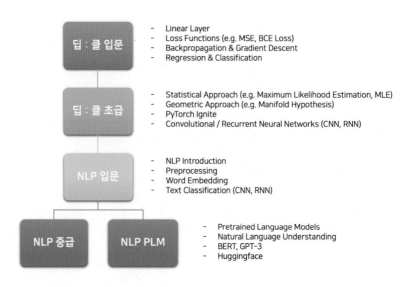

딥 : 클 입문
- Linear Layer
- Loss Functions (e.g. MSE, BCE Loss)
- Backpropagation & Gradient Descent
- Regression & Classification

딥 : 클 초급
- Statistical Approach (e.g. Maximum Likelihood Estimation, MLE)
- Geometric Approach (e.g. Manifold Hypothesis)
- PyTorch Ignite
- Convolutional / Recurrent Neural Networks (CNN, RNN)

NLP 입문
- NLP Introduction
- Preprocessing
- Word Embedding
- Text Classification (CNN, RNN)

NLP 중급
- Natural Language Generation
- Language Modeling
- Sequence-to-Sequence
- Machine Translation

NLP PLM
- Pretrained Language Models
- Natural Language Understanding
- BERT, GPT-3
- Huggingface

- 딥러닝 입문: https://fastcampus.co.kr/data_online_pytorch
- 딥러닝 초급 + 자연어 처리 초급: https://fastcampus.co.kr/data_online_dpnlp
- 자연어 처리 생성: https://fastcampus.co.kr/data_online_dpnlg
- BERT & GPT3: https://fastcampus.co.kr/data_online_bertgpt3

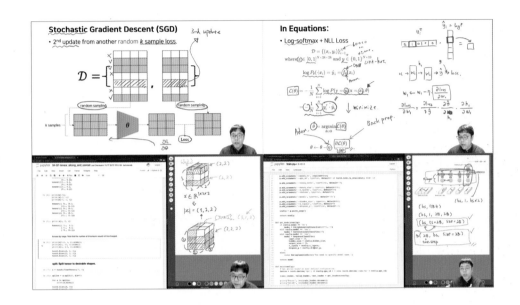

저자는 2018년부터 오프라인을 포함하여 강의를 진행해오고 있습니다. 강의를 하면서 알게 된 수강생들이 어려워하고 가장 알고 싶어 했던 내용과 저자가 오랜 실무 경험을 통해 얻은 노하우를 책에 담고자 했습니다. 이러한 노력을 책에서 느낄 수 있었으면 좋겠습니다. 이 책에도 최대한 자세히 딥러닝 전반에 대한 내용을 짚고 넘어가려 했지만 매체의 특성상 설명이 부족한 부분이 있을지도 모르겠습니다. 경우에 따라 온라인 강의와 병행하여 이 책을 학습한다면 좀 더 딥러닝에 대해 효율적으로 배울 수 있을 것입니다.

목차

CHAPTER 01 개발 환경 구축하기

CHAPTER 02 딥러닝 소개

목차

목차

CHAPTER 13 　심층신경망 II

목차

CHAPTER 14 　정규화

CHAPTER 15 실무 환경에서의 프로젝트 연습

목차

CHAPTER

1

개발 환경 구축하기

현존하는 대부분의 딥러닝 프레임워크는 파이썬^{Python} 위에서 작동합니다. 이 책은 파이토치 ^{Pytorch}를 활용할 것이므로 파이썬을 설치하도록 합니다. 파이썬을 설치하는 여러 가지 방법이 있지만 이 책에서는 아나콘다를 통해 설치합니다. 이 장에서는 아나콘다^{Anaconda}와 통합 개발 환경인 VS Code를 설치하는 방법을 알아봅니다.

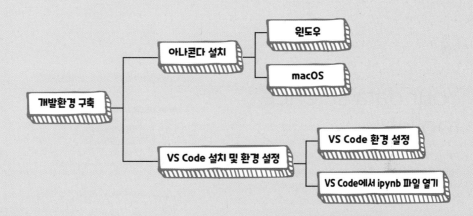

1.1 아나콘다 설치하기

아나콘다 웹사이트에서 다운로드 페이지를 찾아 들어가거나 다음의 URL(⊷ https://www.anaconda.com/products/individual)에 접속하면 아나콘다를 다운로드할 수 있습니다. macOS 운영체제를 사용하고 있다면 ①번을 선택하고 다운로드합니다. 만약 윈도우^{Windows}, 리눅스 등 다른 운영체제를 쓰고 있다면 ②번을 눌러 다운로드합니다.

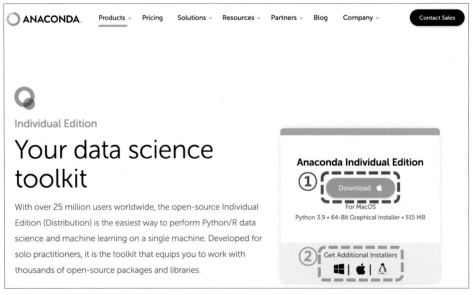

▶ 아나콘다 다운로드

■ 윈도우에서 아나콘다 설치 및 실행

윈도우에서 아나콘다를 설치하는 방법은 다음과 같이 진행됩니다. 다운로드한 파일을 실행하면 아래와 같은 순서로 대화 상자가 나타납니다. 순서대로 박스로 표시된 부분을 클릭하여 진행합니다.

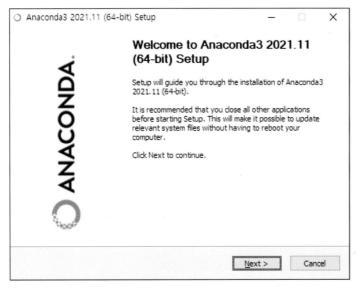

▶ 윈도우에서의 아나콘다 설치 과정 01

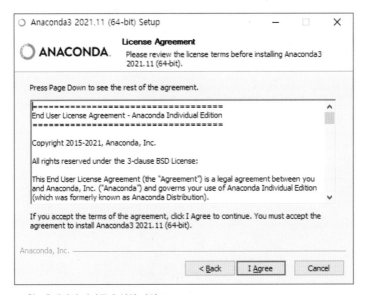

▶ 윈도우에서의 아나콘다 설치 과정 02

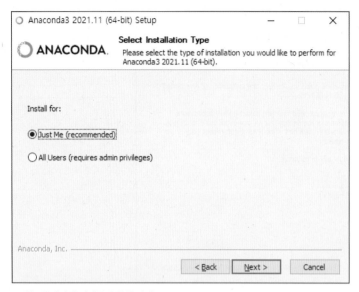

▶ 윈도우에서의 아나콘다 설치 과정 03

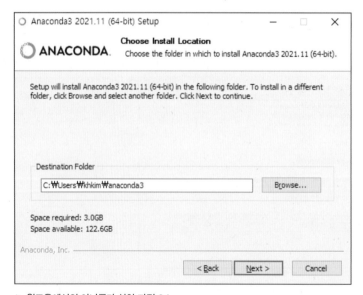

▶ 윈도우에서의 아나콘다 설치 과정 04

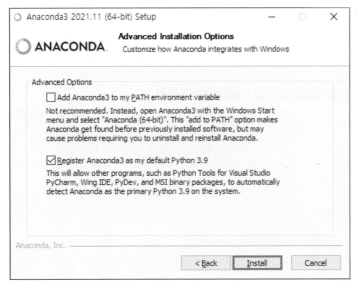

▶ 윈도우에서의 아나콘다 설치 과정 05

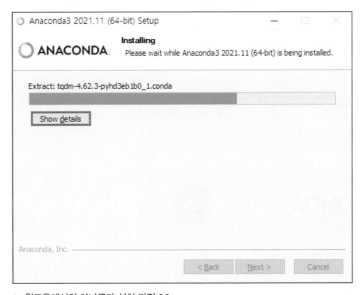

▶ 윈도우에서의 아나콘다 설치 과정 06

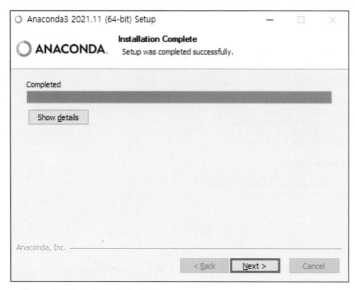

▶ 윈도우에서의 아나콘다 설치 과정 07

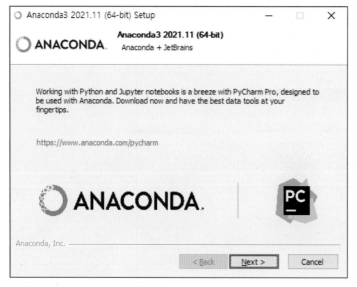

▶ 윈도우에서의 아나콘다 설치 과정 08

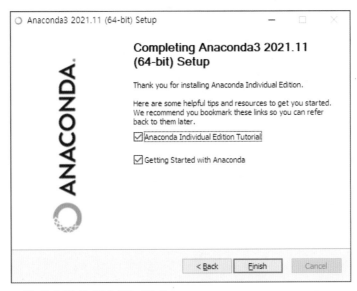

▶ 윈도우에서의 아나콘다 설치 과정 09

완료 후 시작 메뉴를 누르면 아나콘다가 설치되어 있는 것을 확인할 수 있습니다. 이때 다음 그림과 같이 아나콘다 프롬프트Anaconda Prompt를 선택하고 실행하면 도스 창이 나타납니다. 여기에 'python'을 입력하면 설치된 파이썬을 실행할 수 있습니다.

▶ 아나콘다 프롬프트 실행

이와 같은 실행 방법을 책의 앞 부분에서는 사용하지 않으며 마지막 장에서 딥러닝 프로젝트를 구성하였을 때 다음과 같이 인자를 넣어 실행하여 활용할 예정입니다.

```
python train.py --model_fn tmp.pth --gpu_id -1 --batch_size 256 --n_epochs 20 --n_
layers 5
```

대부분의 챕터에서는 주피터 노트북Jupyter Notebook이라는 도구를 활용하여 딥러닝 실습을 진행하게 됩니다. 주피터 노트북을 통해 상호적으로 코드의 일부분만을 실행하며 시각화를 손쉽게 진행할 수 있습니다. 주피터 노트북을 실행하기 위해서 다음 그림과 같이 시작 메뉴에서 'Jupyter Notebook'를 클릭하여 실행합니다.

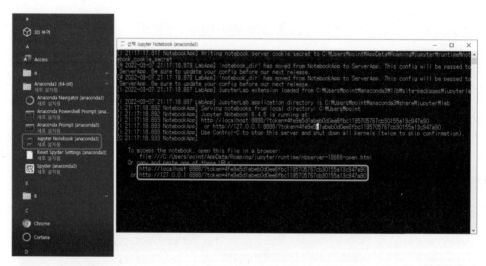

▶ 주피터 노트북 실행

그러고 나면 위의 그림처럼 도스 창이 켜지고 브라우저가 실행되며 주피터 노트북 도구가 실행됩니다. 만약 제대로 실행되지 않는다면 위 그림의 도스 창에서 파란색 네모 박스 속의 주소를 복사하여 브라우저에 붙여 넣으세요.

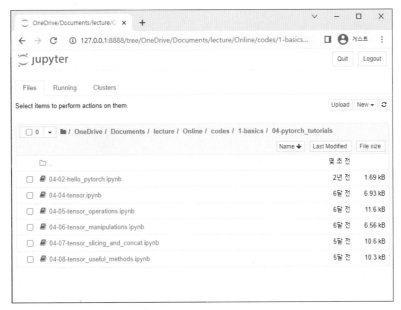

▶ 주피터 노트북

주피터 노트북 내에서는 파일 시스템을 탐색할 수 있고 ipynb 파일을 열어서 실행할 수 있습니다.

② macOS에서 아나콘다 설치 및 실행

이번에는 macOS에서 아나콘다를 설치하는 방법에 대해 살펴보도록 하겠습니다. 마찬가지로 설치 패키지 파일을 실행하면 다음과 같은 대화 상자가 나타나고 그림과 같이 진행하면 설치가 완료됩니다.

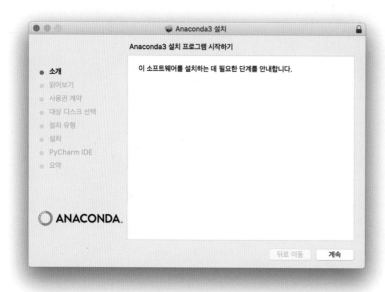

▶ macOS에서의 아나콘다 설치 01

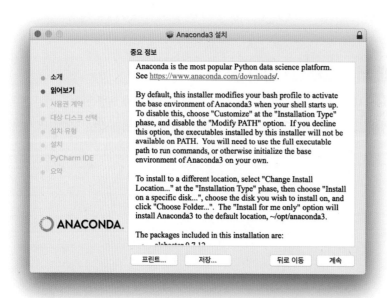

▶ macOS에서의 아나콘다 설치 02

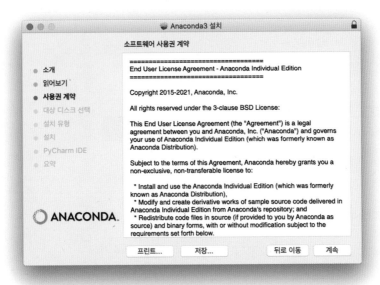

▶ macOS에서의 아나콘다 설치 03

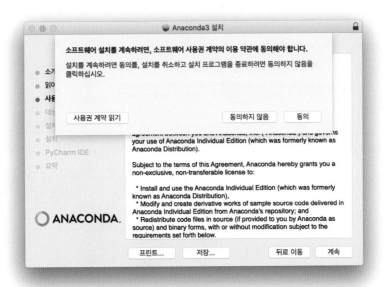

▶ macOS에서의 아나콘다 설치 04

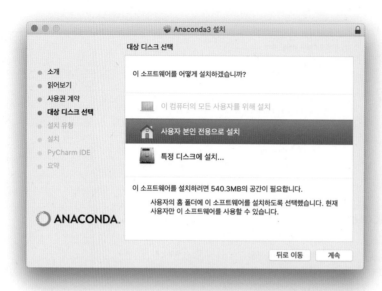

▶ macOS에서의 아나콘다 설치 05

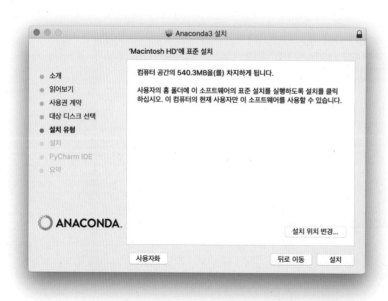

▶ macOS에서의 아나콘다 설치 06

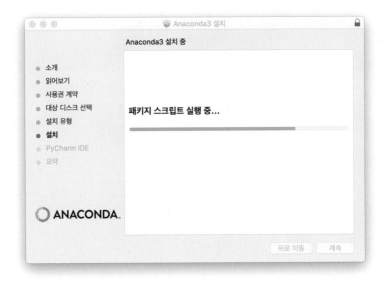

▶ macOS에서의 아나콘다 설치 07

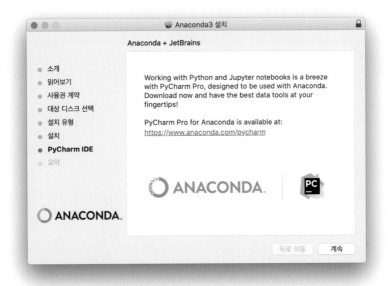

▶ macOS에서의 아나콘다 설치 08

설치가 완료되면 터미널^{terminal} 앱을 열어 다음과 같이 파이썬을 실행할 수 있습니다.

▶ 터미널 앱에서의 파이썬 실행

또는 같은 터미널 내에서 다음의 명령어를 입력하면 윈도우와 마찬가지로 주피터 노트북을 실행할 수 있습니다.

```
% jupyter-notebook
```

1.2 VS Code 설치 및 환경 설정

파이썬 코드를 짜고 디버그를 쉽게 할 수 있는 통합 개발 환경Integrated Development Environment, IDE 인 VS Code(비주얼 스튜디오 코드)[1]를 설치하는 방법을 살펴보겠습니다. VS Code는 마이크로소프트에서 무료로 배포하는 프로그램으로 다양한 플러그인 등을 지원하여 현재 대부분의 개발자가 사용하는 개발 환경입니다.[2] VS Code는 다음 URL에서 다운로드할 수 있습니다.

∞ https://code.visualstudio.com/download

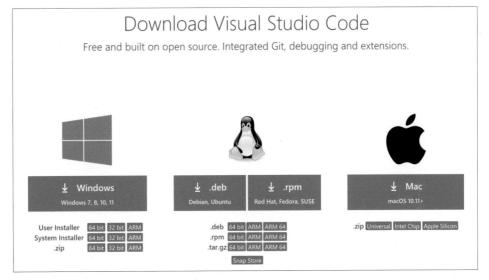

▶ VS Code 다운로드

이번에는 윈도우 기준으로 설치 및 설정을 진행하는 방법을 살펴봅니다. macOS도 대동소이하니 참고 바랍니다.

먼저 자신의 운영체제에 맞는 버전을 선택하여 다운로드한 다음 그림과 같이 설치를 진행합

---

1 https://ko.wikipedia.org/wiki/비주얼_스튜디오_코드
2 이 책도 VS Code의 마크다운 편집 기능을 활용하여 작성되었습니다.

니다.

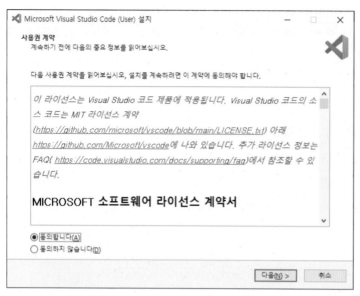

▶ VS Code 설치 과정 01

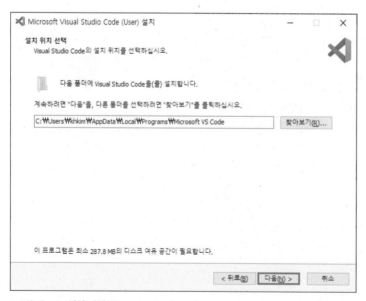

▶ VS Code 설치 과정 02

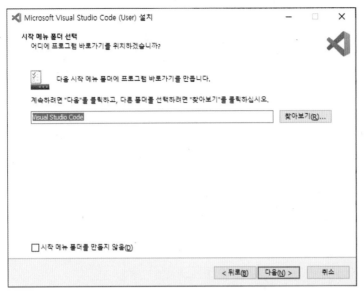

▶ VS Code 설치 과정 03

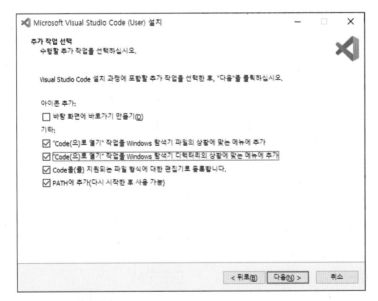

▶ VS Code 설치 과정 04

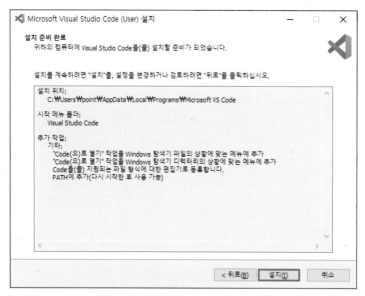

▶ VS Code 설치 과정 05

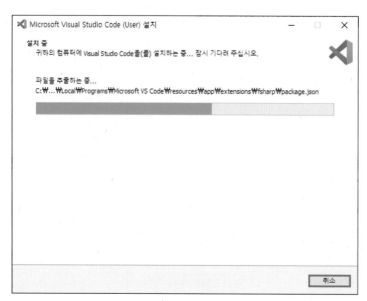

▶ VS Code 설치 과정 06

▶ VS Code 설치 과정 07

1 VS Code 환경 설정하기

설치가 완료되면 다음 그림과 같이 VS Code를 실행할 수 있습니다. 우선 좀 더 편리하게 프로그램을 사용하기 위해서 한국어 패키지 설치를 권장합니다.

▶ VS Code 실행

앞에서 VS Code의 장점으로 다양한 플러그인을 언급했습니다. 이 책에서는 파이썬을 활용하여 딥러닝을 구현할 예정이므로 파이썬을 손쉽게 사용하기 위한 플러그인을 설치해보겠습니다. 다음 그림과 같이 순서대로 파이썬 플러그인 설치를 진행해봅시다.

먼저 화면 가장 왼쪽에서 마지막 탭을 클릭하면 마켓 플레이스 검색 기능을 활용할 수 있습니다. (①) 검색창에 자신이 원하는 플러그인을 검색하면 다양한 관련 플러그인이 검색될 것입니다. (②) 'python'이라고 검색하면 다양한 파이썬 관련 플러그인이 나오는 것을 볼 수 있습니다. 여기에서는 보통 가장 다운로드 수가 많은 플러그인이 원하는 기능을 제공할 가능성이 높습니다. 또는 제공자가 마이크로소프트인 경우에도 안정적인 기능을 제공할 가능성이 높습니다. 마지막으로 설치 버튼을 눌러 설치를 진행 및 완료합니다.

> **NOTE** 주의 사항
>
> VS Code의 플러그인은 제3자가 만들어서 올릴 수 있기 때문에 다양성을 자랑하지만 한편으로는 불안정한 기능이 제공될 수도 있습니다.

▶ 파이썬 플러그인 검색 및 설치

파이썬 플러그인이 설치되면 디버깅 등을 위해서 다음 그림과 같이 컴퓨터에 설치된 파이썬의 경로를 요구하는데 앞에서 설치한 아나콘다 내부의 파이썬 실행 파일을 연결해주면 됩니다.

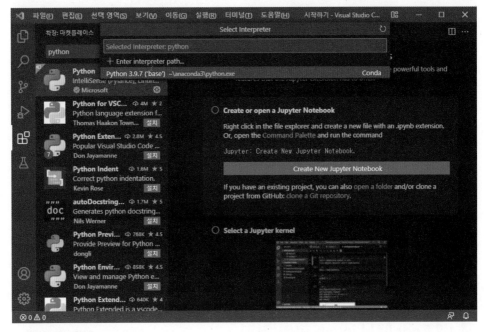

▶ 파이썬 경로 확인

여기까지 완료했다면 파이썬 사용을 위한 환경 설정을 마무리했다고 보면 됩니다. 만약 GPU 가 설치된 고성능 리눅스 서버를 두고 원격 개발 환경을 구성하고자 하는 경우에는 다음과 같이 'Remote SSH' 플러그인을 설치하면 편리합니다. 이 플러그인을 통해 사용자는 원격 서버 상에서 직접 코드를 편집하고 실행 및 디버깅을 진행할 수 있습니다. 따라서 로컬 소스코드와 원격 소스코드 사이의 싱크 등을 걱정할 필요가 없습니다.

▶ Remote SSH 플러그인 설치

2 VS Code에서 ipynb 파일 열기

이제 VS Code에서 파이썬 코딩 및 실행을 할 수 있게 되었습니다. .py 확장자를 갖는 파일뿐만 아니라 .ipynb 확장자를 갖는 노트북 파일도 편집 및 실행할 수 있습니다. 앞에서 주피터 노트북 도구를 활용하여 브라우저에서 코드를 여는 방법에 대해 살펴보았는데 다음 그림과 같이 VS Code에서도 실습에 사용할 .ipynb 파일을 열고 실행할 수 있습니다.

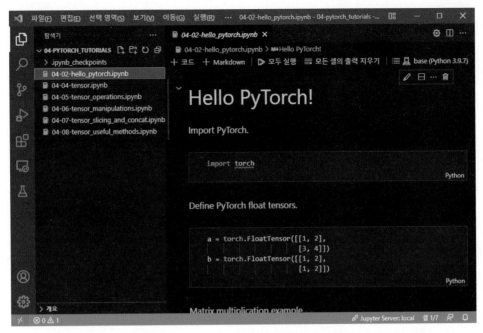

▶ VS Code에서의 ipynb 파일 열기

1.3 마치며

지금까지 이 책에서의 실습 진행을 위한 아나콘다(파이썬)와 IDE인 VS Code 설치를 통해 모든 준비를 마쳤습니다. 이제 본격적으로 딥러닝의 개념부터 알아보도록 합시다.

요약

- **파이썬(아나콘다) 설치**

  ∞ https://www.anaconda.com/products/individual

- **IDE(VS Code) 설치**

  ∞ https://code.visualstudio.com/download

CHAPTER

2

딥러닝 소개

Preview

이 장에서는 딥러닝이 개념과 역사를 포함하여 딥러닝이 가져온 변화에 대해 설명합니다. 또한 딥러닝의 상위 개념이라 할 수 있는 좋은 인공지능에 무엇인지와 머신러닝 프로젝트 진행 방식에 대해 간단히 알아봅니다. 마지막으로 이 책에서 다룰 수학적 표현을 집고 넘어가겠습니다.

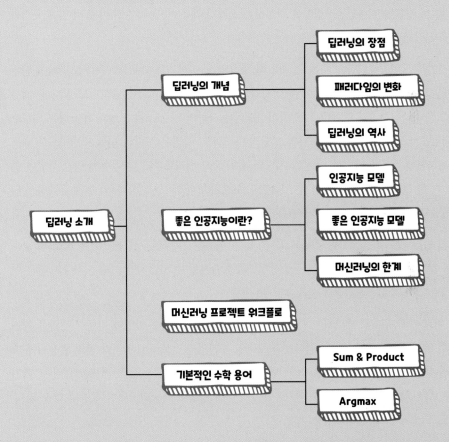

2.1 딥러닝이란?

우리가 배우고자 하는 **딥러닝**이란 **심층신경망**Deep Neural Networks, DNN**을 학습시켜 문제를 해결하는 것입니다.** 심층신경망이라는 것은 **인공신경망**Artificial Neural Networks, ANN의 한 종류라고 볼 수 있습니다. 좀 더 정확하게는 인공신경망을 구성하는 신경망 계층layer을 기존에 비해 더 깊게 구성하여 더욱 복잡한 문제를 풀 수 있도록 하는 것입니다.

어떤 사람들은 인공신경망에 대해 소개할 때 사람의 뇌 속에 있는 뉴런Neuron을 모방하여 만든 구조체라고 말하면서 인공신경망이 마치 사람의 뇌를 모방한 것처럼 언급하기도 합니다. 저는 굳이 그렇게 생각하지는 않습니다. 인공신경망의은 사람의 뇌 구조를 모방하고자 하는 의도로 시작되었을지 모르지만 현재 딥러닝의 모델의 구조와 그 동작은 사람의 뇌를 모방하도록 의도하여 디자인한 것은 아닙니다. 언젠가 사람의 뇌의 동작 원리로부터 다시 한번 영감을 얻어 인공지능이 한 단계 더 큰 발전을 할 수 있을지도 모르지만 아직은 사람의 뇌와 현재 유행하는 딥러닝 방식은 그 궤를 같이하지는 않습니다.

그럼 왜 딥러닝은 잘 동작하는 것일까요? 가장 큰 이유는 기존 인공신경망ANN에 비해 더 깊은 구조를 갖기 때문입니다. 과거에는 심층신경망을 학습시킬 수 없었지만 이제는 다음과 같은 이유로 좋은 성능의 심층신경망을 쉽게 얻을 수 있습니다.

첫째, 여러 가지 수학적 테크닉이 가미되어 과거에는 학습시킬 수 없었던 깊은 신경망을 학습시킬 수 있게 되었습니다. 둘째, 인터넷과 모바일 기기의 발달로 빅데이터가 널리 활용됨에 따라 이를 통해 심층 신경망을 학습시킬만한 충분한 데이터를 확보할 수 있게 되었습니다. 마지막으로 GPU의 발달로 병렬연산parallel operation에 대한 방법이 대중화되며 신경망의 학습 및 추론 속도가 비약적으로 증가되었습니다.

1 왜 딥러닝인가?

깊은 구조를 갖는 것이 왜 장점이 될까요? 심층신경망의 가장 큰 특징은 비선형 함수라는 점입니다. 따라서 기존 머신러닝 방법들과 비교하여 패턴 인식 능력이 월등합니다. 결과적으로 이미지나 텍스트, 음성과 같은 다양한 분야에서 비약적인 성능 개선을 가져올 수 있었습니다. 특히 기존 머신러닝과 달리 데이터의 특징을 일일이 설정hand-crafted feature해 줄 필요가 없기 때문에 단순히 원래raw 데이터 값을 넣어주는 것만으로도 충분히 데이터의 특징feature을 학습할 수 있습니다.

2 패러다임의 변화

딥러닝으로 인해서 생겨난 기존 머신러닝과 다른 새로운 패러다임에 대해서 살펴봅시다. 첫째, 기존 머신러닝 기반의 방식의 특징은 여러 단계의 서브모듈sub-module로 구성되어 있다는 것입니다. 하지만 딥러닝 기반의 방식의 최종 목표는 하나의 단일 모듈end-to-end로 문제를 해결하는 것입니다. 예를 들어 예전 음성인식기는 음향모델acoustic model과 언어모델language model 그리고 디코더decoder로 구성되어 있었고, 각각의 서브모듈을 위한 별개의 학습 데이터셋이 따로 존재하기도 했습니다. 하지만 딥러닝은 하나의 모델 구조로 이를 해결하고자 합니다. 모델 내에 예전 음성인식기의 각 서브모듈에 대응하는 부분이 있을 수 있지만 학습 데이터가 주어졌을 때 한꺼번에 학습이 가능합니다. 다만 이것은 궁극적인 최종 목표일뿐이며 문제를 연구하는 중간 단계에서는 복잡한 문제를 작게 나누어 각각의 작은 문제에 대응하는 서브모듈을 구성할 수 있습니다.

둘째, 기존 머신러닝 방식의 경우에 데이터의 특징feature을 손수 지정해주어야 합니다. 연구자가 데이터를 살펴보고 특징을 파악한 후에 해당 모델이 데이터를 인식하기 위한 숨겨진 특징이 잘 드러날 수 있도록 전처리를 해줘야 했습니다. 하지만 딥러닝 모델은 복잡한 비선형 데이터에 대해서도 훌륭하게 동작하기 때문에 데이터 내에 숨겨져 있는 특징을 잘 파악할 수 있습니다. 따라서 기존 머신러닝 방식에서는 사람이 인식하고 지정한 특징에 대해서만 대처할 수 있었다면 딥러닝에서는 사람이 인지할 수 있는 특징뿐만 아니라 미처 인지하지 못한 특징까지도 찾아내고 인식할 수 있습니다.

그런데 이러한 딥러닝의 특징 때문에 생기는 단점도 존재합니다. 기존 머신러닝 방식의 경우, 사람이 인지할 수 있는 특징들로 대부분 이루어져 있기 때문에 머신러닝 모델이 동작하는 방식에 대해서 손쉽게 분석할 수 있습니다. 하지만 딥러닝 방식의 경우에는 분석 및 파악이 어렵습니다. 예를 들어 특정 샘플이 주어지고 모델이 잘못된 예측을 수행하였다면 머신러닝 모델은 원인에 대해 쉽게 분석할 수 있지만 딥러닝 모델은 해결할 수 있는 선택지가 매우 적습니다. 이 부분은 생각보다 심각한 단점이 되기도 합니다. 딥러닝 모델을 상용화했을 때 고객 입장에서는 제대로 동작하지 않을 때의 원인에 대해서 명확하게 알고 싶어 하기 때문입니다. 이에 따라 이와 같은 딥러닝의 단점을 보완하기 위한 연구Explainable AI, XAI도 활발하게 진행되고 있습니다.

③ 딥러닝의 역사

딥러닝이 유행한지는 비록 십여 년 밖에 되지 않았지만 뉴런으로부터 이어지는 인공신경망까지 합친다면 훨씬 오래된 역사를 가지고 있습니다. 딥러닝이 트렌드가 된 것은 놀랍게도 현재 시점이 세 번째입니다. 첫 번째는 1960년대에 있었습니다. 다만 당시에는 AI의 문제 난이도를 너무 과소평가한 탓에 쉽게 난관에 부딪혔고 빠르게 사라진 유행이었습니다.

1980년대, 역전파 알고리즘의 개발로 인한 중흥기

두 번째 유행은 1980년대에 시작되었습니다. 특히 제프리 힌튼Geoffrey Hinton 교수에 의해 우리가 현재 사용하는 **역전파**back-propagation 알고리즘이 제안되었고, 이것은 인공신경망의 학습을 훨씬 더 수월하게 만들어주었습니다.

하지만 고작 3~4개 계층layer을 쌓는 형태의 MLPMulti-Layer Perceptron는 복잡하고 다양한 문제에 적용하기에는 성능이 부족했고 그렇게 대중의 관심의 관심으로부터 멀어집니다.

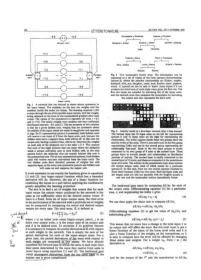

▶ 딥러닝의 아버지 제프리 힌튼과 그의 역전파 논문

2000년대, 근근히 이어나가던 명맥

한때 인공지능이라는 키워드가 가끔씩 주목받기도 했지만 대부분 기대에 크게 미치지 못하는 성능 덕분에 금방 잊혔습니다. 다음 사진의 삼성전자 애니콜 광고도 그때의 시대적 배경을 잘 보여줍니다. 무려 TV에서 인공지능 음성 인식 기능을 핸드폰의 주요 기능으로 소개했지만 성능이 많이 부족하였고 소비자로부터 금방 외면받고 말았습니다.

▶ 음성인식 기능을 강조한 1997년 삼성 애니콜 광고

이때 두 번째 유행 이후 침체기가 매우 길어져서 1980년대의 찬란했던 연구들의 명맥조차 끊어지는 현상이 발생했고 당시에 연구했던 내용을 학계가 잘 기억하지 못할 정도였습니다. 이런 와중에도 근근이 인공지능에 대한 연구가 계속되고 있었습니다.[1] 힌튼 교수에 의해서 RBM^Restricted Boltzmann Machine이나 DBN^Deep Belief Networks을 활용한 연구가 진행되기도 하고[2], 요슈아 벤지오^Yoshua Bengio 교수의 지도하에 적층 디노이징 오토인코더^Stacked Denoising Autoencoder 등의 방법이 제안되기도 했습니다.

2010년대 초, 이미지넷 우승과 음성인식의 상용화

그러던 중 2012년, 컴퓨터 비전^computer vision 분야에서 심층신경망에 의한 큰 변화가 생깁니다. 컴퓨터 비전 분야의 권위있는 경연 대회인 이미지넷^ImageNet[3]에서 기존의 방법과 다른 심층신경망을 활용한 방법이 우승을 차지합니다. 이 사건으로 인해 딥러닝이라는 방법론은 단숨에 세간의 주목을 받게 되었고 이어지는 이미지넷에서도 모두 딥러닝을 활용한 방법들이 우승하며 이른바 대세가 됩니다.

----

1 그들은 세 번째 유행에서 대가가 되었습니다.

2 2007년 추천 알고리즘 대회인 넷플릭스 어워드에서 우승하기도 했습니다.

3 소프트웨어로 사진을 인식해 물건과 배경을 맞히는 프로그래밍 경연 대회

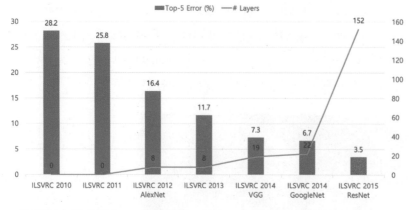

ImageNet Top-5 Error Rate (%) over Time

▶ 연도별 이미지넷에서의 Top-5 오류 비율

앞의 그림에서 볼 수 있듯이 2012년도에 8개의 계층으로 시작된 심층신경망은 그 개수가 점점 늘어나 2015년의 ResNet의 경우 무려 150개가 넘는 계층을 사용한 것을 볼 수 있습니다. 또한 2012년에 딥러닝의 활용으로 크게 줄어든 Top-5 오류도 계속해서 줄어드는 것을 확인할 수 있습니다.

사실 널리 알려지지 않았지만 이미지 분야에서의 딥러닝의 활약에 앞서 음성인식 분야에서도 딥러닝이 야금야금 영역을 넓히고 있었습니다. 2011년, 구글은 음성인식에 심층신경망을 도입하여 성능을 획기적으로 끌어올렸습니다. 기존의 음성인식은 굉장히 복잡하고 다양한 서브모듈sub-module로 구성되어 있었는데 발음을 인식하는 일부 모듈을 심층신경망으로 대체하여 성능을 개선했습니다.

2015년, 기계번역의 상용화

사실 자연어 처리 분야는 다른 분야에 비해 대세가 된 딥러닝에 편승하지 못하고 있었습니다. 딱히 큰 발전이랄 것도 없었고 기껏해야 단어를 임베딩 벡터로 변환하거나 텍스트를 특정 클래스로 분류하는 작업 등에 딥러닝을 활용할 뿐이었습니다. 필자도 이런 현상을 보고 자연어 처리에서 딥러닝의 역할을 회의적으로 바라보기도 했습니다. 왜냐하면 동물이나 곤충도 소리를 듣거나 사물을 보고 구분하는 것처럼 언어 문제에 대한 해결은 그야말로 인간에 필적하는 지능으로 다가가는 인공지능의 궁극적인 목표라고 생각했기 때문입니다.

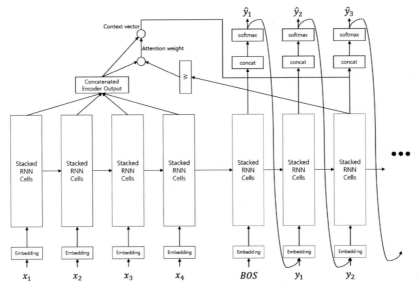

▶ 어텐션을 활용한 기계번역의 해결

하지만 2015년 시퀀스투시퀀스Sequence-to-Sequence와 어텐션Attention 방법이 제안됨에 따라 자연어 처리의 꽃이라고 할 수 있는 기계번역machine translation이 정복되는 것을 보며, 딥러닝에 대한 의심은 사라졌습니다. 시퀀스투시퀀스에 의해 자연어 처리는 단순히 텍스트를 숫자로 변환하는 것에 그치지 않고 숫자를 텍스트로 변환할 수 있게 됩니다. 즉, 자연어 생성 시대natural language generation가 열리게 되었고 딥러닝을 활용한 자연어 처리 연구는 폭발적으로 늘어납니다.

2016년, 알파고의 승리

▶ 구글 딥마인드가 개발한 알파고의 로고

2016년 3월 벌어진 알파고와 이세돌의 바둑 대결을 모르는 독자는 없을 것입니다. 이 사건으로 인해 대한민국에 인공지능 열풍이 불게 되었으며 강화학습에 대한 관심도도 높아지게 되었습니다. 바둑계에도 한차례 혁명이 몰아쳤다고 합니다. 실제로 딥러닝에 대해 몰라도 알파고라는 단어는 알 만큼 알파고가 인공지능 산업에 미친 영향은 매우 큽니다.

2017년, 트랜스포머의 등장

자연어 처리 분야에서 2016년과 2017년은 기계번역이 완성되던 해였습니다. 비록 딥러닝의 영향을 가장 늦게 받은 분야였지만 가장 먼저 end-to-end 딥러닝 방식만으로 딥러닝 적용 이전과 대비해 압도적으로 개선된 성능을 보여주며 기계번역의 상용화도 달성합니다. 한때는 자연어 처리의 꽃으로 불리며 가장 많은 연구가 이뤄졌던 기계번역이지만 이 시점에 자연어 처리 분야의 주류에서 멀어지게 됩니다.

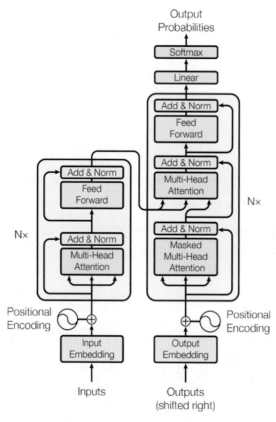

Figure 1: The Transformer - model architecture.

▶ 트랜스포머의 구조

이렇게 된 이유 중 하나가 바로 **트랜스포머**^{Transformer}의 등장입니다. 앞의 그림은 트랜스포머의 구조를 도식화 한 것입니다. 트랜스포머는 'Attention is All You Need'라는 논문을 통해 제안되었는데 제목에서 알 수 있듯이 어텐션attention만을 활용하여 기존의 시퀀스투시퀀스를 대체하였고 자연어 처리에서의 매우 큰 성능 향상을 가져다주었습니다.

트랜스포머는 현재 딥러닝에서 굉장히 큰 지분을 차지하고 있습니다. 처음에는 자연어 처리 또는 시퀀셜sequential 데이터에 대한 모델링을 위해 제안된 구조이지만 지금은 컴퓨터 비전과 음성인식 등 딥러닝이 사용되는 대부분의 분야에 사용되고 있습니다. 따라서 최신 딥러닝 트렌드를 이해하기 위해서는 어텐션 알고리즘과 트랜스포머 아키텍처에 대한 올바른 이해가 중요합니다.

2018년, GAN을 통한 이미지 합성의 발전과 대형 언어모델의 등장

GANGenerative Adversarial Networks(생성적적대신경망)이라는 방법은 2014년에 최초로 제안된 이미지 생성 방법입니다. 두 개의 서로 다른 네트워크가 서로 경쟁하며 한 쪽은 이미지를 합성한 것을 들키지 말아야 하고, 다른 한 쪽은 합성한 이미지를 찾아낼 수 있도록 학습합니다. 이에 따라 서로 경쟁하며 발전하다보면 현실같은 합성(생성)된 이미지를 만들어낼 수 있다는 이론입니다.

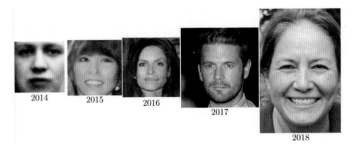

▶ GAN을 통한 이미지 합성의 발전

앞의 그림에 나오는 얼굴들은 모두 실존하는 인물이 아닙니다. GAN을 활용하여 합성해낸 얼굴 사진입니다. 이 그림에서 볼 수 있듯이 초기에는 사람의 얼굴을 합성하더라도 해상도가 낮으며 어색함이 많았습니다. 하지만 점점 시간이 지남에 따라 진짜인지 합성인지 구별하기 힘들 정도로 정교한 얼굴 사진을 만들어내며 이미지 생성 기술도 점차 완성되어가고 있습니다. 이처럼 컴퓨터 비전 분야에서는 이미지 생성에 큰 바람이 불고 있었는데 자연어 처리 분야에서도 또 다른 혁명이 시작되고 있었습니다.

트랜스포머 아키텍처의 등장 이후로 이를 활용한 많은 연구가 이어졌습니다. 이 중 하나가 바로 대형large scale사전학습언어모델pretrained language model, PLM입니다. 인터넷 상에 존재하는 수많은 문장 데이터(코퍼스corpus)를 모아 단순히 다음 단어 또는 빈칸의 단어를 예측하도록 사전 학습 시킨 후 다양한 하위 작업downstream task에 파인튜닝fine-tuning하도록 해서 성능을 높이는 방법입니다. 따라서 더 적은 양의 데이터로도 더 높은 성능을 거둘 수 있게 되었습니다.

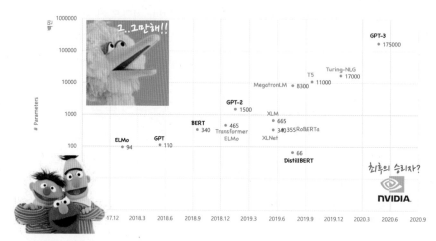

▶ 대형언어모델의 크기 변화

이와 같은 대형사전학습언어모델의 성공은 이후 점점 모델의 크기를 키워가는 방향으로 경쟁이 격화됩니다. 앞의 그림에서 볼 수 있듯이 GPT와 BERT의 성공으로 시작된 모델 크기 경쟁은 추후 GPT-3에 이르러 무려 175B이라는 어마어마한 크기의 모델을 탄생시키기에 이릅니다. 하지만 대형 신경망을 구축하고 학습해야 하기 때문에 사전학습 데이터와 GPU, 전력이 굉장히 많이 필요하게 됩니다.[4] 결국 작은 규모의 실험실이나 회사에서는 이와 같은 연구를 진행하기 어렵다는 말도 들립니다. 이처럼 연구 개발 자금력에 의한 연구의 양극화가 발생하고 있으며 실제로 구글이나 오픈에이아이Open AI와 같은 큰 기업들이 주도적으로 대형언어모델을 연구하고 있습니다.

2020년, GPT-3의 등장

앞서 언급했던대로 대형사전학습언어모델의 성공은 모델의 거대화에 대한 경쟁을 유발했습니다. 대기업들이 앞다투어 더 큰 언어모델을 학습시켜 성능을 자랑하게 되었는데 2020년에 오픈에이아이는 GPT-3라는 매우 거대한 모델을 발표합니다.

....

4 이와 같은 큰 모델을 학습하기 위해서는 많은 전력이 필요하고, 이에 따른 탄소 배출과 환경 파괴에 대한 경각심도 높아지고 있습니다.

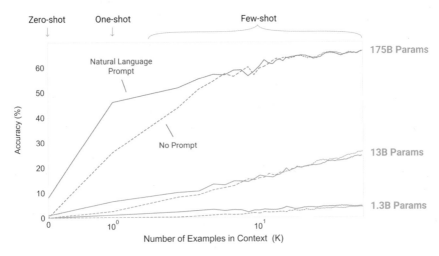

Number of Examples in Context (K)

▶ 크기가 다른 3개의 GPT 모델을 예시의 수에 따라 비교

GPT-3는 기존 GPT 시리즈와 방법 면에서는 큰 차이가 없지만 크기를 키워 더 많은 일을 해낼 수 있습니다. 특히 일반화 능력이 매우 뛰어나서 매우 적은 수의 텍스트 샘플을 보고도 마치 사람과 같은 훌륭한 추론을 해낼 수 있습니다. 이러한 추론 능력은 너무 인상적이고 뛰어나서 큰 모델을 만들면 무엇이든지 해낼 수 있을 것만 같은 생각이 들 정도입니다. GPT-3의 성공 이후 모델의 거대화는 기존의 라지 스케일large scale을 넘어 하이퍼 스케일hyper scale로 넘어가고 있습니다. 필자도 이 책을 출판하는 시점에서는 GPT-3를 학습시키고 이를 활용한 대화 모델링을 연구 개발하고 있습니다.

4 열린 문화와 빠른 트렌드 변화

딥러닝은 너무나도 빠른 속도로 발전해 왔습니다. 발전 속도가 너무 빠른 나머지 한 달 만에 최첨단State of the Art, SOTA 성능이 갱신되는 등 그 속도를 따라가기가 벅찰 정도입니다. 이처럼 딥러닝이 빠르게 발전할 수 있었던 가장 큰 원동력은 무엇이었을까요?

▶ 공유 문화를 정착시킨 깃허브와 아카이브

필자는 열린 문화라고 생각합니다. 연구 성과가 바로 공개되고 이를 재현할 수 있는 코드가 공유되는 문화가 있었기 때문에 딥러닝이 이처럼 빠른 속도로 발전할 수 있었다고 생각합니다. 원래 컴퓨터 공학 분야는 저널journal보다 학술대회conference를 통해 지식 공유가 활발히 이루어지고 있었습니다. 무엇보다 빠른 논문 심사라는 특징 때문에 연구 성과를 빠르게 공개할 수 있었습니다. 하지만 학술대회조차 연구의 발전 속도를 따라가지 못하게 되자 아카이브ArXiv라는 웹사이트가 적극적으로 활용되기 시작했습니다. 이 웹사이트에서는 동료 검토peer review 과정을 생략할 수 있어 훨씬 더 빠른 연구 성과 공유가 가능했습니다. 게다가 논문을 공유할 때 연구 성과를 재현할 수 있는 소스코드를 공개하는 것이 권장되면서 다른 연구자의 연구 내용을 더 쉽게 이해하고 검증할 수 있게 되었고 이를 바탕으로 새로운 연구 성과를 빠르게 가져다주었습니다.

부작용: 사용자의 부담 증가

하지만 훌륭하게만 보이는 이런 열린 문화에도 단점이 있습니다. 바로 동료 검토의 부재로 인한 정보의 홍수입니다. 대부분의 논문은 자신의 연구 성과를 최고라고 포장합니다. 하지만 대부분의 논문은 대중에게 주목받지 못한 채 사라지는 것이 현실입니다. 이런 논문 중에 옥석을 가리는 방법으로 예전에는 동료 검토를 통해 진행했지만 동료 검토가 사라진 시기에는 자신의 시야를 믿을 수밖에 없습니다.[5]

또한 깃허브에 공개되어 있는 코드도 그대로 믿기 어렵습니다. 해당 논문의 저자가 직접 공개한 코드가 아니라, 제3자가 구현한 코드라면 어떤 잘못이 있는지 확인해야 합니다. 행여 잘못된 구현을 확인하지 못한 채 자신의 프로젝트에 적용시켰다가 한참 시간이 지난 후에 이것을 발견한다면 큰 문제가 됩니다. 이처럼 각자 모두 좋은 연구 자료를 선별할 수 있는 능력을 가질 수 있도록 노력해야 합니다. 그렇지 않으면 쏟아져 나오는 연구 결과 속에 파묻혀 이리저리 헤매게 될 것입니다.

----

5 다행히 트위터나 페이스북의 딥러닝 커뮤니티에 가끔씩 좋은 논문들이 공유되기도 합니다.

2.2 좋은 인공지능이란?

1 인공지능 모델이란?

인공지능 모델은 x가 입력으로 주어졌을 때 y를 출력하여 반환하는 함수라고 할 수 있습니다.

$$y = f(x)$$

즉, 주어진 입력에 대해 정해진 방식대로 출력을 반환하는 프로그램으로 볼 수 있습니다. 이때 **함수가 어떻게 동작할지 정해놓은 내용을 파라미터**weight paramter θ라고 합니다. 따라서 함수는 θ의 구성에 따라 어떤 출력값 y를 반환할지 결정됩니다.

우리가 하고 싶은 일은 머릿속에 존재하는 **구체적인 동작 방식을 알 수 없는 함수 f^*를 인공지능 모델을 통해 근사치를 내는**approximate 것입니다. 만약 f^*의 동작 방식을 이미 잘 알고 있다면 우리는 모델을 통해 근사치를 낼 필요 없이 바로 프로그래밍을 통해 함수 자체를 정의할 수 있을 것입니다. 하지만 우리는 정확한 동작 방식을 알 수 없기 때문에 데이터를 f^*로부터 수집하여 모델이 똑같이 동작하도록 학습시킬 것입니다.

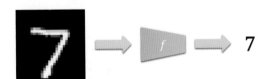

▶ 글씨를 숫자로 인식하는 함수

위 그림에서 왼쪽의 글씨를 본 순간 7이 떠올랐을 것입니다. 머릿속에는 글씨 영상을 입력받아 숫자로 변환하는 함수 f^*가 들어있습니다.

하지만 이 함수의 동작 방식은 정확하게 정의할 수 없습니다. 당장 위의 첫 번째 이미지만 해도 28×28의 크기로 각 픽셀별 256가지의 숫자로 표현되기 때문에 나올 수 있는 경우의 수는 $28 \times 28 \times 256 = 200,704$가지에 이릅니다.

따라서 학습이 필요합니다. **학습이란 수집된 데이터 x와 y 쌍을 통해 함수 f가 x로부터 y로 가는 관계를 배우는 것을 의미합니다.** 또는 x와 y를 통해 적절한 함수의 동작 방식 파라미터 θ를 찾아 내는 과정이라고 볼 수 있습니다.[6]

> **NOTE** 모델이란 용어의 쓰임
>
> 모델이라는 단어는 종종 혼용됩니다. 상황에 따라 넓은 의미에서는 함수의 종류인 알고리즘 자체를 의미하기도 하고, 좁은 의미에서는 학습이 완료된 파라미터 θ를 말하기도 합니다.

❷ 좋은 인공지능 모델이란?

좋은 인공지능 모델이란 무엇일까요? 많은 의견이 있을 수 있지만 필자는 **일반화**generalization **를 잘하는 모델**이라고 생각합니다. 여기에서 **일반화란 보지 못한**unseen **데이터에 대해서 좋은 예측** prediction**을 하는 것**을 의미합니다.

만약 존재할 수 있는 모든 경우의 수에 해당하는 x와 y의 쌍을 모을 수 있다면 컴퓨터에 그냥 x에서 y로 가는 매핑테이블mapping table을 만들면 됩니다. 그렇게 되면 추론inference의 과정은 입 력이 주어졌을 때, 테이블에서 입력에 해당하는 키key값을 찾아 이에 대응하는 값value을 반환할 것입니다. 하지만 우리가 잘 알고 있듯이 모든 경우의 수를 당연히 수집할 수 없습니다. 따라서 모델은 수집된 한정적인 데이터로부터 관계를 학습한 후 보지 못한 데이터에 대해서 알맞은 추 론 또는 예측을 수행해야 합니다.

❸ 기존 머신러닝의 한계

인간은 자신을 닮은 존재를 만들어 나 대신 일해줄 존재가 필요했을 지도 모릅니다. 이런 차원 에서 f^*의 근사 함수를 찾기 위한 노력도 예전부터 존재했습니다.

즉, 딥러닝 이전에도 많은 머신러닝 기법이 연구되어 왔습니다. 딥러닝도 머신러닝의 기법 중 하나입니다. 기존 머신러닝의 경우에는 주로 선형linear 또는 낮은 차원low dimensional의 데이터를

---

6 때로는 y없이 x만을 수집하여 x의 분포를 학습하기도 합니다.

다루기 위해 설계되었습니다. 물론 커널^{kernel}과 같은 방법을 활용하여 비선형^{non-linear} 데이터를 다룰 수 있지만 그 한계는 명확합니다. 따라서 이미지, 텍스트, 음성과 같은 훨씬 더 높은 차원의 비선형 데이터들에 대해 낮은 성능을 보여줍니다.

하지만 딥러닝의 경우에는 매우 유연한 비선형 함수이므로 이미지, 텍스트, 음성과 같은 데이터들에 대해서 매우 잘 동작합니다. 우리는 이 책을 통해 이러한 딥러닝의 특징과 동작 방법에 대해 자세히 배우고자 합니다.

2.3 머신러닝 프로젝트 워크플로

이 절에서는 머신러닝 프로젝트를 진행할 때 업무가 진행되는 방식에 대해서 설명하겠습니다.

◼ 일반적인 머신러닝 프로젝트의 진행 순서

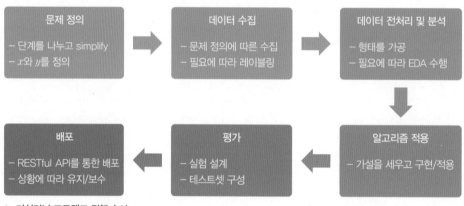

▶ 머신러닝 프로젝트 진행 순서

문제 정의

아마도 가장 중요한 단계가 될 것이고 가장 어려운 단계가 될 수도 있습니다. 많은 회사나 고객이 이 단계에서 제대로 다음 단계로 넘어가지 못하기 때문에 프로젝트 자체가 실행되지 않기도 합니다. 이후에 설명할 단계들은 이 문제 정의가 바르게 이루어진 이후에 진행될 수 있기 때문입니다.

우리가 풀고자 하는 문제는 대개 많은 작은 문제들로 얽혀있기 때문에 이것을 한 번에 풀려고 하기보다 여러 단계로 나누어서 접근하는 것이 훨씬 수월합니다. 따라서 단계를 나누고 문제를 간단하게 만들어 접근하도록 합니다.

예를 들어 인공지능 로봇에게 라면을 끓이도록 만들어야 한다고 가정해봅시다. 먼저 이를 위해서 무심코 지나쳤던 라면을 끓이는 행위에 대해 떠올려 봅니다. 먼저 끓이고자 하는 라면 양 (개수)에 맞는 적당한 냄비를 찾아야 합니다. 냄비의 크기가 데이터로 주어지지 않는다면 눈으로 깊이와 너비를 보고 판단해야 합니다. 그다음 적정량의 물을 받아야 합니다. 대부분의 사람은 경험과 감을 통해 물의 양을 조절할 것입니다. 냄비의 너비와 깊이를 파악한 상태에서 물이 차오른 높이를 보고 판단해도 될 것 같습니다. 물을 끓입니다. 물이 끓기 시작하면 준비된 면발을 넣습니다. 이때 물의 온도를 측정할 수 있는 도구가 없다면 보글보글 끓는 물의 모양새를 보고 판단할 것입니다. 라면이 적당히 익었는지 판단하고 조리를 마칩니다. 시간 측정을 할 수도 있지만 필자는 젓가락으로 면발을 잡아 올려떠 생긴 모습으로 판단하곤 합니다.

이처럼 라면을 끓이는 단순한 행위도 알고 보면 복잡한 로직으로 구성되어 있는 것을 볼 수 있습니다. 이 구성 로직을 통해 만들어야 하는 함수의 역할과 입력 및 출력을 정의할 수 있습니다. 그리고 나면 함수의 입출력을 위한 형태도 정의될 것입니다.

데이터 수집

이제 정의된 문제와 입출력 데이터의 형태에 따라서 데이터를 수집합니다. 이운이 좋다면 사내에 데이터베이스에 이미 쌓여있는 데이터를 입력 데이터 x로 활용할 수도 있습니다. 한발 더 나아가 데이터의 레이블label에 해당하는 출력 데이터 y를 동시에 구할 수도 있습니다.

예를 들어 상품에 대한 감성 분석을 수행한다고 가정해봅시다. 마침 재직하고 있는 회사가 이커머스 업체였던 덕분에 구매 고객들의 리뷰가 쌓여있을 수도 있습니다. 또한 리뷰 평가에 상응하는 5점 만점의 별점도 같이 기록되어 있는 경우도 생각해볼 수 있습니다. 그럼 리뷰를 입력으로 넣어 별점을 예측하는 형태로 감성 분석을 수행할 수 있을 것입니다.

반면 데이터와 레이블을 바로 얻을 수 없는 경우에는 직접 크롤링이나 외주 등을 통해 데이터를 얻을 수 있습니다. 이와 관련한 내용은 다른 장에서 자세히 다루도록 하겠습니다.

데이터 전처리 및 분석

이제 수집된 데이터를 모델에 넣기 좋은 형태로 가공해주는 작업을 해야합니다. 그에 앞서 데이터를 정제하는 작업이 필요합니다. 이때 수치 데이터의 경우, 각 항목별로 분포가 상이할 수 있기 때문에 이를 정규화normalization해주는 작업이 필요할 수 있습니다. 데이터의 성격에 따라 정규화 과정의 방법이 다르므로 탐험적 데이터 분석EDA, Exploratory Data Analysis을 통해 데이터의 성격을 파악하는 작업도 필요합니다.

알고리즘 적용

데이터 분석을 통해 데이터의 특성을 파악하였고 나름의 가설을 세울 수 있을 것입니다. 예를 들어 데이터가 앞선 데이터 샘플의 영향을 받는 상태라고 가정한다면 시퀀셜sequential 모델링을 수행해야 할 것입니다. 이처럼 분석을 통해 가설을 세우고 이를 검증하기 위한 알고리즘 또는 신경망 아키텍처를 구성하여 학습을 수행합니다.

평가

모델의 학습이 완료되면 앞서 설정한 가설이 맞는지 올바른 평가를 통해 검증합니다. 이때 평가가 객관적이고 공정하게 수행될 수 있도록 실험군과 대조군을 바르게 설정하여 실험을 진행해야 합니다. 또한 평가의 난이도가 너무 쉽거나 어렵지 않도록 적절한 테스트셋을 구성하는 것도 매우 중요합니다. 만약 평가를 통해 앞서 설정한 가설이 옳지 않다고 판단되면 알고리즘 적용 단계로 돌아가서 가설 설정 및 알고리즘 적용을 다시 진행합니다. 충분한 평가를 거쳐 만족할 만한 성능이 확보되면 배포의 단계로 넘어갑니다.

배포

보통 RESTful API 서버로 감싸서 배포하는 형태를 권장합니다. 장고Django, 플라스크Flask 등은 파이썬 기반 라이브러리이기 때문에 다른 언어로 구성하는 것에 비해 역시나 파이썬 기반의 오픈소스 머신러닝 라이브러리인 파이토치Pytorch와 좋은 궁합을 보여줄 수 있습니다.

배포에서 좀 더 신경 써야 할 것은 사후 유지 보수 부분입니다. 사내 시스템이든 고객사의 시스템이든 이것을 운영하는 주체는 보통 다른 연구 개발 주체와 다를 가능성이 높습니다. 솔직히 말하면 각기 주체를 다르게 가져가는 것이 훨씬 낫기도 합니다. 문제는 이런 시스템들은 생각보다 유지 보수가 필요한 상황이 많이 발생할 수 있다는 것입니다. 예를 들어, 음성인식이나 기계번역과 같이 입출력 데이터의 분포가 큰 변화가 없는 데이터의 경우에는 모델의 빈번한 업데이트가 필요 없습니다. 하지만 제조 공장에서의 장비 이상 탐지와 같은 모델의 경우, 제조 품목(상품)이 새롭게 출시되거나 업그레이드되면 데이터의 값이 크게 변할 수 있습니다. 이외에도 많은 유지 보수 부분에서 이슈가 발생할 수 있습니다. 그럼 그때마다 연구 개발 주체가 문제를 해결하는 것은 매우 괴로운 일이 될 것입니다. 따라서 최대한 시스템 운영 주체가 스스로 해결할 수 있도록 미리 시스템과 UI를 설계하여 구현하는 것도 중요한 일입니다. 이와 함께 유관 부서와 배포 이후 업무의 R&R^role and responsibility을 잘 정의하는 것도 필요합니다.

2.4 수학 용어 설명

이 절에서는 이 책에서 다룰 수학 표현에 대해서 일부를 설명하고 넘어가려 합니다. 합을 나타내는 시그마^{SIGMA}는 고등학교에서 배우기 때문에 보통 이해하겠지만 곱을 나타내는 프로덕트^{product}에 대해서는 모르는 경우도 있어 간략하게 설명하고 넘어가고자 합니다.

1 Sum & Product

고등학교에서 수열의 합을 표현하는 방법에 대해서 배웠을 것입니다. 이것을 코드로 나타낼 수 있습니다.

$$\sum_{i=1}^{n} x_i = x_1 + \cdots + x_n$$

```
def sigma(x):
    ret = 0
    for x_i in x:
        ret += x_i

    return ret

x = [i + 1 for i in range(n)]

print(sigma(x))
```

마찬가지로 수열의 곱셈도 나타낼 수 있습니다. 아쉽게도 고등학교 교과 과정에는 포함되어 있지 않습니다. 앞의 시그마와 비슷한 방식으로 동작하기 때문에 곱셈이라는 것만 알면 이해하는 데 큰 지장은 없을 것입니다.

$$\prod_{i=1}^{n} x_i = x_1 \times \cdots \times x_n$$

```
def product(x):
    ret = 1
    for x_i in x:
        ret *= x_i

    return ret

x = [i + 1 for i in range(n)]

print(product(x))
```

Argmax

추가적으로 argmax 함수에 대해서도 설명하겠습니다. 기존의 max 함수는 인자로 들어온 숫자 중에서 가장 큰 값을 골라 반환하는 것을 말합니다. 하지만 argmax 함수는 인자로 대상 함수와 대상 함수의 입력 셋을 받게 됩니다. 다음 수식에서 대상 함수는 f가 되고, 입력 셋은 $x \in X$ 가 됩니다. 그럼 argmax 함수는 대상 함수 f의 출력을 최대로 만드는 입력을 반환하게 됩니다.

$$\hat{x} = \underset{x \in X}{\operatorname{argmax}} \; f(x)$$

다음 예제 코드를 통해 좀 더 쉽게 이해해봅시다. 대상 함수가 $f(x) = \log x$ 일 때 argmax 함수를 구현한 내용입니다. 정의한 argmax 함수가 target_func이라는 인자로 함수를 넘겨받는 것을 볼 수 있습니다. 또한 반복문인 for문을 통해 리스트 X 내의 숫자들을 하나씩 넣어가며 max_val과 ret을 갱신하고 있습니다.

```
import numpy as np

def argmax(target_func, X):
    max_val = -np.inf
    ret = None
    for x in X:
        val = f(x)
        if val > max_val:
            max_val = val
            ret = x
```

```
    return ret

X = [i + 1 for i in range(n)]

def f(x):
    return -np.log(x)

print(argmax(f, X))
```

2.5 마치여

지금까지 딥러닝의 개념과 역사, 인공지능 모델과 머신러닝 프로젝트 워크플로 그리고 이 책에서 다룰 기본적인 수학 용어에 대해서 알아보았습니다. 이 장에서 익힌 딥러닝의 기본적인 개념을 정확하게 이해하고 넘어가기 바랍니다. 다음 장에서는 딥러닝 프레임워크인 파이토치에 대해 본격적으로 알아봅시다.

요약

- **파이썬(아나콘다) 설치**

  ∞ https://www.anaconda.com/products/individual

- **인공지능의 역사**

  – 1980년대 역전파 알고리즘의 제안과 중흥기

  – 2000년대 두 번째 빙하기

  – 2010년대 초반 음성인식과 컴퓨터 비전에서 큰 성과

  – 2017년 트랜스포머의 등장

  – 2020년 GPT-3의 등장

- **인공지능이 빠르게 발전한 계기**

  – 하드웨어의 발달

  – 인터넷의 발달로 인한 데이터 축적

  – 열린 문화(e.g. Github, Arxiv)

    ▪ 부작용: 동료 검토 부재로 인한 정보의 홍수

- **인공지능 모델이란**

  – 인공지능 모델은 $y = f(x)$ 형태의 함수

  – 일반화란 보지 못한 데이터에 대해서 좋은 예측을 수행하는 것

  – 좋은 인공지능 모델은 일반화를 잘 수행하는 모델

- **인공지능 프로젝트를 수행하는 순서**

  – 문제 정의 –> 데이터 수집 –> 데이터 전처리 및 분석 –> 알고리즘 적용 –> 평가 –> 배포

CHAPTER

3

파이토치 튜토리얼

Preview

이 장에서는 왜 우리가 파이토치를 통해 딥러닝을 배우면 좋은지에 대해 이야기하고자 합니다. 그리고 파이토치에 대해 간단히 설명하고, 파이토치 설치 방법과 간단한 튜토리얼을 소개합니다.

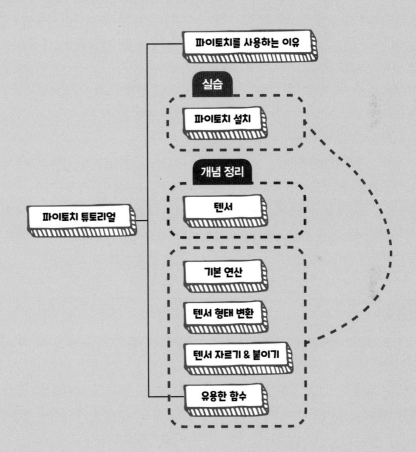

3.1 왜 파이토치인가?

필자는 2013년 즈음 처음 딥러닝을 접했습니다. 당시에는 테아노Theano[1]라는 파이썬 라이브러리를 통해 딥러닝을 구현할 수 있었습니다. 해당 라이브러리는 필요한 미분 계산을 C++을 통해 자동으로 수행해주는 기능이 있었습니다. 때문에 디버깅은 너무나도 어려운 일이었고 설치조차 쉽지 않았던 기억이 있습니다. 사실 이 정도도 기존 인공신경망 개발 과정보다 훨씬 쉬운 형태였을 테지만 요즘 사용하는 딥러닝 프레임워크에 비하면 너무나도 사용하기 어려웠습니다. 따라서 이러한 시대별 프레임워크 활용 난이도를 감안하면 현재 딥러닝 학계의 폭발적인 발전 속도를 이해할 수 있고 격세지감을 느낄 만큼 진보했다는 것을 알 수 있습니다. 이후 테아노의 어려움을 해결하고자 케라스Keras가 출시되었습니다. 당시의 케라스는 테아노를 백본back-bone 으로 사용하여 감싼 형태로 훨씬 더 쉽게 딥러닝을 구현할 수 있었습니다. 하지만 구현의 난이도가 낮아진 만큼 아쉽게도 자유도의 한계가 존재했습니다. 구글에서도 텐서플로Tensorflow를 출시했지만 당시 기준으로 케라스에 비교하면 훨씬 어려운 형태였죠. 곧이어 메타(구 페이스북)에서 **파이토치**를 출시하여 얼른 갈아탄 기억이 납니다. 당시에는 후발주자인 파이토치가 텐서플로에 비해 훨씬 점유율이 낮았지만, 결과적으로는 좋은 선택이었던 것 같습니다.

1 장점

누군가 '독일 자동차 메이커 3사의 자동차 중에서 가장 좋은 차는 가장 늦게 출시된 차다.'라고 말했던 기억이 납니다. 아무래도 경쟁사 품목의 여러 장점을 벤치마킹하고 상대적인 단점을 보완할 수 있는 과정 및 시간을 가질 수 있기 때문이겠죠. 비슷한 맥락으로 파이토치는 주요 경쟁 프레임워크들(e.g. 텐서플로)에 비해 가장 늦게 출시되었기 때문에 앞서 출시된 경쟁자들의 장점을 많이 흡수한 채로 태어났습니다. 어떤 장점들이 있는지 살펴봅시다.

---

1 https://en.wikipedia.org/wiki/Theano_(software)

문서화

필자도 2017년에 파이토치가 처음 출시되자마자 접했는데 큰 어려움 없이 바로 적응할 수 있었습니다. 이때 어려움을 크게 느끼지 않았던 이유는 바로 파이토치 공식 문서[2]가 매우 잘 작성되어 있기 때문입니다. 파이토치는 문서화documentation가 너무 훌륭하게 되어 있어서 처음 접해도 어려움이 전혀 없습니다. 필자의 경우에도 모든 함수를 외우고 있는 것이 아니기 때문에 파이토치 공식 문서를 애용하고 있습니다.

쉬운 난이도와 편의성

파이토치는 매우 쉽게 구현이 가능하도록 설계되었습니다. 보통 쉬운 인터페이스는 구현 자유도의 제한이라는 아쉬움이 따르기 마련인데 자유도 역시 그 어떤 프레임워크 부럽지 않게 가지고 있습니다. 또한 같은 기능을 구현함에 있어서 다른 라이브러리에 비해 코드 가독성이 매우 뛰어납니다. 덧붙여 넘파이numpy와 매우 비슷한 함수를 제공하기 때문에 넘파이를 즐겨 쓰던 사용자들이 심리적 저항 없이 받아들일 수 있습니다.

오토그래드

파이토치는 **오토그래드**Autograd라는 기능을 제공합니다. 텐서플로와 달리 텐서들의 연산을 바탕으로 실시간으로 구성된 계산 그래프computational graph를 따라 자동으로 역전파back-propagation가 계산되므로 신경망 구조에 대한 컴파일 과정이 존재하지 않습니다. 즉, 코드가 실행되는 와중에 계산 수식이 상황에 따라 바뀌더라도 미분 과정이 자연스럽게 그에 맞게 적용된다는 것입니다. C++과 같은 언어는 컴파일러 방식이지만 베이직BASIC 언어는 인터프리터 방식을 통해 실행되는 것과 비슷하다고 볼 수 있습니다.

2 단점

파이토치가 나오기 전에 텐서플로가 이미 시장 점유율을 상당 부분 차지한 상태였기 때문에 예전에는 공개되어 있는 코드들이 텐서플로로 구현되어 있는 경우가 많았습니다. 하지만 이것또한 다음에 언급 할 파이토치의 점유율 증가로 인해서 더이상 파이토치의 상대적인 단점으로 보기 어렵습니다. 또한 구글 TPU[3]가 적용되지 않던 시절도 있었습니다. 하지만 이제 파이토치도

---

2 https://pytorch.org/docs
3 https://ko.wikipedia.org/wiki/텐서_처리_장치

TPU에서도 작동할 수 있게 되는 등 많은 부분에서 텐서플로를 대비 부족한 점이 개선되고 있습니다. 다만 상용화 지원 부분은 아직 텐서플로가 앞선다고 평가할 수 있는데 파이토치가 대등한 수준이 되길 기대합니다.

③ 파이토치의 점유율 증가

실제로 파이토치는 위에 언급한 장점들로 인해 학계의 전폭적인 지지를 받으며 계속해서 성장해왔습니다. 출시 이후 몇 년 간은 텐서플로에 비해 시장 점유율에서 밀렸지만 이제는 텐서플로를 확실히 제치는 추세입니다. 저명한 머신러닝 학회에 제출된 논문들의 구현 코드에 대한 통계를 살펴보면 파이토치가 확연한 우세를 보여주고 있는 것을 볼 수 있습니다.

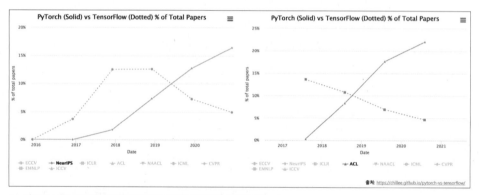

▶ 머신러닝 학회에 제출된 파이토치와 텐서플로 기반의 논문 비율

앞으로 어떻게 변화할지 확신할 수는 없지만 이러한 추세는 앞으로도 당분간 지속될 것으로 생각되며 향후 파이토치와 텐서플로의 행보가 궁금해집니다.

실습

파이토치 설치

아나콘다에 파이토치를 설치하는 방법을 살펴봅시다. 먼저 파이토치 웹사이트에서 'GET STARTED 페이지(https://pytorch.org/get-started/locally/)'에 접속합니다. 그리고 나면 화면 중앙에 다음과 같이 운영체제와 버전을 선택할 수 있는 버튼이 나타납니다.

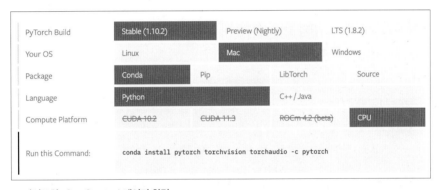

▶ 파이토치 Get Started 페이지 화면

알맞은 운영체제와 CUDA 버전을 선택합니다.[4] 만약 GPU가 없다면 CUDA 버전 대신에 그림과 같이 CPU를 선택합니다. 그러면 'Run this Command:'에 나타난 명령어가 선택 여부에 따라 바뀌게 됩니다. 윈도우의 경우 'Anaconda Prompt'에 해당 명령어를 복사한 후 붙여 넣어 실행합니다. 맥 운영체제에서는 터미널[terminal] 앱에 붙여 넣어 실행합니다. 다음 그림은 맥에서 명령어를 복사하여 붙여 넣은 모습입니다.

---

4 Nvidia GPU가 컴퓨터에 설치되어 있다면 파이토치 설치 전에 CUDA를 설치합니다. 이 책의 실습은 GPU 없이 진행이 가능하며 CUDA 설치에 대한 설명은 이 책에서 생략합니다.

▶ 맥의 터미널 앱에 명령어를 복사하여 붙여 넣은 모습

설치가 완료되면 다음 그림과 같이 파이썬 내부에서 정상적으로 불러올 수 있습니다.

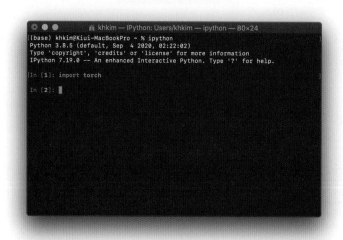

▶ 제대로 설치되었는지 확인

또는 주피터 노트북을 실행한 후 hello_pytorch.ipynb 파일을 실행하면 정상적으로
실행될 것입니다.

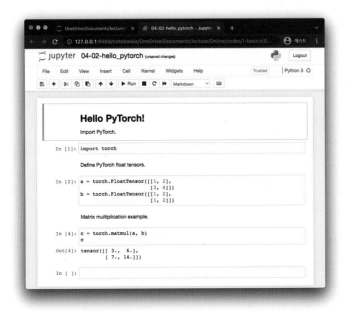

▶ 주피터 노트북에서의 설치 확인

앞으로 진행되는 대부분의 실습들은 이와 같이 ipynb 파일을 통해 실행해볼 수 있습니다.

에는 가장 먼저 pip 또는 conda의 파이썬이 내가 지금 실행하고 있는 파이썬과 일치하는지 확인해야 합니다.[5] 만약 다르다면 자신이 실행한 파이썬에 파이토치를 깔거나 파이토치를 설치한 파이썬을 실행하도록 해야 합니다.

---

5 맥이나 리눅스에서는 'which python', 'which pip' 등의 명령어를 통해 현재 실행 파일의 위치를 쉽게 파악할 수 있습니다.

3.3 텐서란?

텐서tensor는 딥러닝에서 가장 기본이 되는 단위 중 하나입니다. 스칼라scalar, 벡터vector, 행렬matrix 그리고 텐서를 통해 딥러닝의 연산을 수행할 수 있습니다. 다음 그림은 스칼라, 벡터, 행렬, 텐서의 관계를 보여줍니다.

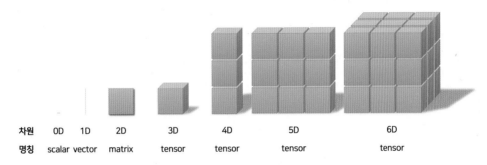

차원	0D	1D	2D	3D	4D	5D	6D
명칭	scalar	vector	matrix	tensor	tensor	tensor	tensor

▶ 스칼라, 벡터, 행렬, 텐서의 관계

각 값을 메모리에 저장할 때 스칼라는 하나의 변수로 나타낼 수 있고, 벡터는 1차원의 배열로 나타낼 수 있습니다. 그리고 행렬은 2차원의 배열로 나타내며 텐서부터는 3차원 이상의 배열로 나타냅니다. 2차원까지는 각각 명칭이 따로 있지만 3차원부터는 모두 텐서라고 묶어서 부르는 점을 유의하세요.

1 행렬의 표현

우리가 다룰 대부분의 값은 보통 float 타입이나 double 타입으로 표현되는 실수real number입니다. 실수들로 채워진 행렬은 다음 그림과 같이 표현할 수 있습니다.

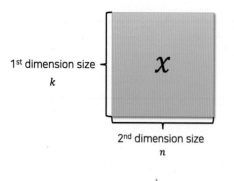

$$x \in \mathbb{R}^{k \times n}$$ 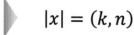 $$|x| = (k, n)$$

▶ 실수들로 채워진 행렬

행렬 x는 k개의 행^{row}과 n개의 열^{column}로 이루어져 있으며 값은 모두 실수로 이루어져 있습니다. 이것을 수식으로 표현하면 다음과 같습니다.

$$x \in \mathbb{R}^{k \times n}$$

공신력 있는 정식 표현은 아니지만 표기의 편의성을 위해 이 책에서는 이 행렬을 아래와 같이 병기하기로 합니다.

$$x \in \mathbb{R}^{k \times n} \longrightarrow |x| = (k, n)$$

이것은 나중에 배울 텐서에 대한 $\text{size}()$ 함수를 호출한 것과 같습니다. 앞의 그림에서 첫 번째 차원^{dimension} k가 세로축의 크기를 나타내고 있는 것에 주목하세요. 이어서 두 번째 차원 n이 가로축의 크기를 나타내고 있습니다.

2 텐서의 표현

이번에는 행렬에 이어 텐서의 표현에 대해서 살펴보도록 하겠습니다. 다음 그림은 실수로 이루어진 $k \times n \times m$차원의 텐서를 나타냅니다.

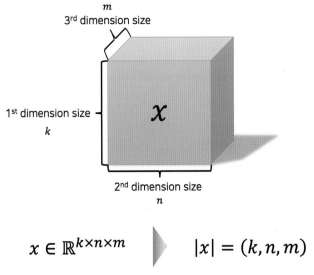

$$x \in \mathbb{R}^{k \times n \times m} \quad \blacktriangleright \quad |x| = (k, n, m)$$

▶ 실수로 이루어진 $k \times n \times m$ 차원의 텐서

마찬가지로 중요한 점은 **첫 번째 차원 k가 세로축의 크기를 나타내며 이후 차례대로 n이 가로축의 차원을 나타내고, m이 마지막 남은 축의 차원을 나타냅니다.** 이러한 순서의 약속은 정해져 있는 것은 아니지만 앞으로 딥러닝을 공부할 때 각 차원의 순서가 뒤섞이는 것보다 이와 같이 일괄적으로 자신만의 기준을 만들어 표현하는 것이 훨씬 효율적입니다. 따라서 앞의 그림과 같이 각 축에 일괄적인 순서대로 차원을 할당하길 권장합니다.

NOTE 미리 알아둡시다!

앞으로 이 책에서는 $x \in \mathbb{R}^{k \times n \times m} \longrightarrow |x| = (k, n, m)$으로 간단하게 표기하는 것과 행렬 또는 텐서를 그림으로 나타낼 때 차원의 순서에 대해서 따로 언급하지 않겠습니다.

앞으로 자주 만날 행렬/텐서의 모양들

앞으로 딥러닝을 통해 다양한 분야의 많은 문제를 풀어나갈 것입니다. 이때 데이터의 도메인에 따라 문제들을 나눠 볼 수 있습니다. 각 도메인에 따라서 자주 다루게 될 텐서의 형태 또한 상이합니다. 이번에는 각 도메인 별로 자주 만날 행렬/텐서의 형태에 대해서 설명하겠습니다.

데이터 사이언스: 테이블 형태의 데이터셋

데이터 사이언스 또는 데이터 분석을 수행할때에는 주로 테이블 형태tabular의 데이터셋을 다루게 되는데 쉽게 말해, 엑셀 파일을 떠올리면 됩니다. 엑셀 파일에는 여러 개의 열column이 존재하고 각 샘플들은 각 열에 대해서 값을 가지며 하나의 행row을 이루게 됩니다. 테이블 형태의 데이터를 텐서로 나타내면 다음과 같습니다.

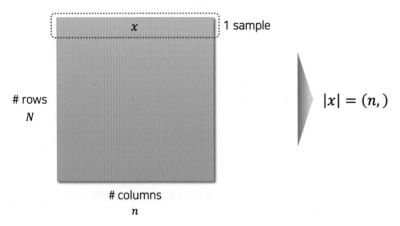

▶ 테이블 형태 데이터의 텐서 표현

N개의 샘플이 존재하므로, N이 세로축의 크기를 나타냅니다.

n은 열의 개수를 나타내고 가로축의 크기를 나타냅니다. 열은 피처feature라고 부르며 각 샘플의 고유한 속성을 설명하는 값을 담고 있습니다. 만약 피처의 값이 비슷한 샘플끼리는 비슷한 속성을 가진다고 볼 수 있습니다. 그리고 위의 그림에서 빨간색 점선으로 둘러싸인 부분은 하나의 샘플을 나타냅니다. 전체 데이터가 $N \times n$ 행렬이므로 하나의 샘플은 n개의 요소를 갖는 n차원의 벡터가 됩니다. n차원의 벡터가 N개 모이므로 $N \times n$차원의 행렬이 되겠죠.

여기에서 재미있는 점은 딥러닝은 병렬parallel 연산을 수행한다는 것입니다. 만약에 N개의 샘플을 신경망에 통과시킨다면 N번의 연산을 각각 수행하는 것이 아니라 메모리의 크기가 허용되는 범위 안에서 덩어리로 통과시킵니다. 예를 들어, k개의 샘플 벡터를 통과시킨다면 이를 위해 k의 샘플들은 $k \times n$의 행렬이 되어 신경망을 통과하게 될 것입니다. 다음 그림은 이런 병렬 연산을 위한 행렬을 빨간 점선으로 나타낸 것입니다.

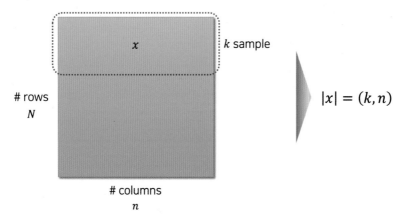

$$|x| = (k, n)$$

▶ 병렬 연산을 위한 행렬

빨간색 점선 부분의 $k \times n$ 행렬은 전체 데이터셋 $N \times n$ 행렬에서 슬라이싱^{slicing}을 통해 얻을 수 있습니다.

자연어 처리: 문장 데이터셋

이번에는 자연어 처리에 대해서 살펴보도록 하겠습니다. 자연어 처리가 주로 다루는 데이터의 대상은 문장입니다. 문장은 단어(토큰^{token})들이 모여서 이루어진 시퀀셜 데이터입니다. 시퀀셜 데이터는 내부 토큰들의 출현과 순서 관계에 의해서 속성이 정의됩니다.

단어(토큰)는 각각이 의미를 지니기 때문에 의미를 나타내기 위한 벡터로 표현됩니다. 우리는 이것을 단어 임베딩 벡터^{word embedding vector}라고 부릅니다. 그리고 단어들이 모여서 문장이 되기 때문에 단어 임베딩 벡터가 모여 문장을 표현하는 행렬이 됩니다. 또한 문장 행렬은 병렬 처리를 위해 덩어리로 묶어야 하니 3차원의 텐서가 됩니다. 이것을 그림으로 나타내면 다음과 같습니다.

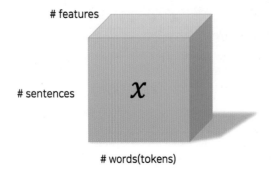

features

sentences

x

words(tokens)

▶ 자연어 처리 텐서

N개의 문장을 갖는 텐서 x는 다음과 같이 나타낼 수 있습니다.

$$|x| = (N, \ell, d)$$

각 문장은 최대 ℓ개의 단어를 갖고 있을 것이고 이것은 문장의 길이를 나타냅니다.[6] 그리고 각 단어는 d차원의 벡터로 표현될 것입니다. 이와 같이 자연어 처리를 위한 데이터는 3차원의 텐서로 나타낼 수 있습니다. 이 데이터의 가장 큰 특징은 문장의 길이에 따라 텐서의 크기가 변할 수 있다는 것입니다. 데이터셋(코퍼스corpus) 내부의 문장의 길이가 전부 제각각일 것이므로 어떻게 문장을 선택하여 덩어리로 구성하느냐에 따라서 ℓ의 크기가 바뀌게 됩니다. 즉, 프로그램이 실행되는 와중에 덩어리 텐서의 크기가 가변적이게 되므로 일반적인 신경망 계층(e.g. 선형 계층)을 활용하여 처리하기 어렵습니다. 따라서 자연어 처리의 경우, 주로 순환신경망 recurrent neural networks을 사용하거나 트랜스포머Transformer를 사용하게 됩니다.

컴퓨터비전: 이미지 데이터셋

이번에는 컴퓨터비전computer vision (영상처리) 분야의 텐서의 형태에 대해서 살펴보겠습니다. 주로 이미지 데이터를 다루게 되는데 먼저 흑백gray scale 이미지부터 보도록 합시다. 다음 그림은 흑백 이미지 덩어리 텐서를 그림으로 나타낸 것입니다.

---

6 ℓ개보다 적은 단어를 갖고 있는 경우에는 'PAD'라는 특수한 토큰으로 채워집니다.

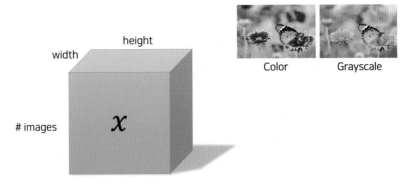

▶ 흑백 이미지 텐서

흑백 이미지의 각 픽셀은 0부터 255까지의 8 비트^{bit} (1 바이트^{byte}) 값으로 표현됩니다. 한 장의 이미지는 세로축×가로축만큼의 픽셀들로 이루어져 있으며 이것은 행렬로 표현 가능합니다. 그리고 여러 장의 이미지 행렬이 합쳐지면 3차원의 텐서가 됩니다.

다음 그림은 컬러 이미지의 텐서를 그림으로 나타낸 것입니다. 컬러 픽셀은 RGB 값으로 표현됩니다. RGB 값은 빨강(0~255), 초록(0~255), 파랑(0~255) 값이 모여 8×3비트로 표현됩니다. 여기에서 각 색깔을 나타내는 값은 채널이라고 부릅니다. 즉, RGB에는 3개의 채널이 존재합니다.

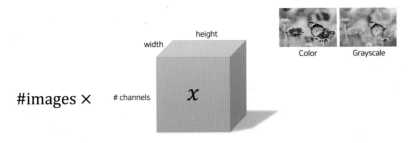

▶ 컬러 이미지 텐서

따라서 한 장의 흑백 이미지를 표현하기 위해서는 행렬이 필요했던 반면에 컬러 이미지 한 장을 표현하기 위해서는 3차원의 텐서가 필요합니다. 정확하게는 빨강 값을 나타내는 행렬, 초록 값을 나타내는 행렬, 파랑 값을 나타내는 행렬이 합쳐서 텐서가 됩니다. 결과적으로 이미지 덩어리를 표현하기 위해서 4차원의 텐서가 필요하고 이것을 시각화하기는 어려우므로 앞의 그림에서는 #*images*× 라고 표현했습니다.

테이블 형태의 데이터는 각 열(피처)의 값이 굉장히 중요합니다. 예를 들어 첫 번째 열의 값이 실수로 두 번째 열로 옮겨진다면 샘플의 속성이 매우 달라지게 됩니다. 하지만 이미지의 경우에는 한 픽셀씩 그림이 평행 이동하더라도 그림의 속성이 바뀌지는 않습니다. 따라서 이러한 이미지의 속성을 반영하기 위해 일반적인 계층(e.g. 선형 계층)을 사용하기보다 **합성곱신경망** convolution neural network을 주로 사용합니다.[7]

❸ 파이토치 텐서 생성하기

먼저 파이토치를 불러옵니다.

```
import torch
```

파이토치 텐서도 다양한 타입의 텐서를 지원합니다.[8] 다음의 코드는 실수형 Float 텐서를 선언하는 모습입니다.

```
>>> ft = torch.FloatTensor([[1, 2],
...                         [3, 4]])
>>> ft
tensor([[1., 2.],
        [3., 4.]])
```

출력 결과를 보면 실수형 값들로 요소가 채워진 것을 확인할 수 있습니다. 해당 텐서를 실제 행렬로 나타내면 다음과 같습니다.

$$ft = \begin{bmatrix} 1.0 & 2.0 \\ 3.0 & 4.0 \end{bmatrix}$$

이처럼 다차원 배열 값(또는 배열 값이 담겨있는 변수)을 넣어 원하는 요소 값을 갖는 텐서를 직접 생성할 수 있습니다. 같은 방법으로 Long 타입과 Byte 타입을 선언할 수 있습니다.

---

7 당분간 이미지 데이터인 MNIST 일지라도 난이도 조절을 위해 가장 기본적인 선형 계층을 사용합니다.

8 https://pytorch.org/docs/stable/tensors.html

```
>>> lt = torch.LongTensor([[1, 2],
...                        [3, 4]])
>>> bt = torch.ByteTensor([[1, 0],
...                        [0, 1]])
```

그리고 임의의 값으로 채워진 원하는 크기의 텐서를 만들고자 한다면 다음과 같이 간단하게 만들 수 있습니다.

```
>>> x = torch.FloatTensor(3, 2)
>>> x
tensor([[0.0000e+00, 4.6566e-10],
        [0.0000e+00, 4.6566e-10],
        [9.8091e-45, 0.0000e+00]])
```

4 넘파이 호환

파이토치는 넘파이NumPy와 높은 호환성을 자랑합니다. 실제로 대부분의 함수들은 넘파이와 비슷한 사용법을 가지고 있습니다. 다음과 같이 넘파이를 불러온 후 넘파이의 배열을 선언하고 출력하면 numpy.ndarray가 할당되어 있는 것을 확인할 수 있습니다.

```
>>> import numpy as np

>>> x = np.array([[1, 2],
...              [3, 4]]) # Define numpy array.
>>> print(x, type(x))
[[1 2]
 [3 4]] <class 'numpy.ndarray'>
```

이렇게 선언한 ndarray를 파이토치 텐서로 변환할 수 있습니다.

```
>>> x = torch.from_numpy(x)
>>> print(x, type(x))
tensor([[1, 2],
        [3, 4]]) <class 'torch.Tensor'>
```

출력 결과를 보면 파이토치 텐서로 변환된 것을 볼 수 있습니다. 반대로 파이토치 텐서를 넘파이 ndarray로 변환할 수도 있습니다.

```
>>> x = x.numpy()
>>> print(x, type(x))
[[1 2]
 [3 4]] <class 'numpy.ndarray'>
```

5 텐서 타입 변환

파이토치 텐서의 타입 변환도 굉장히 간단합니다. 단순히 원하는 타입을 함수로 호출하면 됩니다. 다음 코드는 Float 타입 텐서를 Long 타입 텐서로 변환하는 코드입니다.

```
>>> ft.long()
tensor([[1, 2],
        [3, 4]])
>>> lt.float()
tensor([[1., 2.],
        [3., 4.]])
```

6 텐서 크기 구하기

딥러닝 계산을 수행하다 보면 텐서의 크기를 구해야 할 때가 많습니다. 텐서 크기를 구하는 방법을 알아봅시다. 다음과 같이 $3 \times 2 \times 2$ 텐서 x를 선언합니다.

```
>>> x = torch.FloatTensor([[[1, 2],
...                         [3, 4]],
...                        [[5, 6],
...                         [7, 8]],
...                        [[9, 10],
...                         [11, 12]]])
```

텐서 크기를 구하려면 size ( ) 함수를 호출하거나 shape 속성에 접근합니다. 두 방법의 차이는 없고 size ( ) 함수의 결괏값이 shape 속성에 담겨있다고 보면 됩니다.

```
>>> print(x.size())
torch.Size([3, 2, 2])
>>> print(x.shape)
torch.Size([3, 2, 2])
```

이 크기 정보는 배열^{list}에 담겨있다고 생각하면 됩니다. 따라서 특정 차원의 크기를 알기 위해서는 shape 속성의 해당 차원 인덱스에 접근하거나 size() 함수의 인자에 원하는 차원의 인덱스를 넣어주면 됩니다.

```
>>> print(x.size(1))
2
>>> print(x.shape[1])
2
```

마찬가지로 음수(e.g. −1)를 넣어주면 뒤에서부터의 순서에 해당합니다.

```
>>> print(x.size(-1))
2
>>> print(x.shape[-1])
2
```

텐서 차원의 개수를 알기 위해서는 dim() 함수를 활용합니다. 이것은 shape 속성의 배열 크기와 같습니다.

```
>>> print(x.dim())
3
>>> print(len(x.size()))
3
```

실습

기본 연산

이번에는 파이토치 텐서들을 활용한 기본 연산에 대해서 살펴보겠습니다.

```
>>> import torch
```

1 요소별 산술 연산

다음과 같이 두 개의 텐서(행렬) a와 b가 있다고 가정해봅시다.

$$a = \begin{bmatrix} 1 & 2 \\ 3 & 4 \end{bmatrix}, \ b = \begin{bmatrix} 2 & 2 \\ 3 & 3 \end{bmatrix}$$

파이썬 코드로 옮기면 다음과 같습니다.

```
>>> a = torch.FloatTensor([[1, 2],
...                        [3, 4]])
>>> b = torch.FloatTensor([[2, 2],
...                        [3, 3]])
```

그러면 이 두 행렬 사이의 덧셈을 수행할 수 있습니다.

$$a + b = \begin{bmatrix} 1 & 2 \\ 3 & 4 \end{bmatrix} + \begin{bmatrix} 2 & 2 \\ 3 & 3 \end{bmatrix} = \begin{bmatrix} 1+2 & 2+2 \\ 3+3 & 4+3 \end{bmatrix} = \begin{bmatrix} 3 & 4 \\ 6 & 7 \end{bmatrix}$$

파이토치에서 구현하면 다음과 같습니다.

```
>>> a + b
tensor([[3., 4.],
        [6., 7.]])
```

마찬가지로 뺄셈, 곱셈, 나눗셈 연산을 파이토치 코드로 구현하면 다음과 같습니다.

```
>>> a - b # 뺄셈
tensor([[-1.,  0.],
        [ 0.,  1.]])
>>> a * b # 곱셈
tensor([[ 2.,  4.],
        [ 9., 12.]])
>>> a / b # 나눗셈
tensor([[0.5000, 1.0000],
        [1.0000, 1.3333]])
```

제곱 연산도 비슷하게 취해볼 수 있습니다. 이 연산을 파이토치 코드로 구현하면 다음과 같습니다.

```
>>> a**b
tensor([[ 1.,  4.],
        [27., 64.]])
```

논리 연산자도 마찬가지로 쉽게 구현할 수 있습니다. 아래 코드는 행렬의 각 위치의 요소가 같은 값일 경우 True, 다른 값일 경우 False를 갖도록 하는 연산입니다.

```
>>> a == b
tensor([[False,  True],
        [ True, False]])
```

마찬가지로 != 연산자를 사용하게 되면 다른 값일 경우 True, 같은 값일 경우 False를 갖게 됩니다.

```
>>> a != b
tensor([[ True, False],
        [False,  True]])
```

② 인플레이스 연산

앞에서 수행한 연산들의 결과 텐서는 메모리에 새롭게 할당됩니다. 빈 메모리의 공간에 결과 텐서가 할당되고 결과 텐서의 값이 위치하게 되는 것입니다. 하지만 지금부터 설명할 인플레이스in-place 연산은 같은 산술 연산을 수행하지만 기존 텐서에 결과가 저장된다는 차이점이 있습니다. 처음에 선언한 행렬 a를 프린트하면 다음과 같이 실행됩니다.

```
>>> print(a)
tensor([[1., 2.],
        [3., 4.]])
```

여기에서 다음의 파이토치 코드를 실행하면 앞에서 소개한 $a \times b$ 연산과 같습니다.

```
>>> print(a.mul(b))
tensor([[ 2.,  4.],
        [ 9., 12.]])
```

a.mul(b)의 연산 결과 텐서는 새로운 메모리에 할당됩니다. 따라서 다음과 같이 다시 텐서 a를 출력하면 a의 값은 그대로인 것을 볼 수 있습니다.

```
>>> print(a)
tensor([[1., 2.],
        [3., 4.]])
```

인플레이스 연산들은 밑줄underscore이 함수명 뒤에 붙어있는 것이 특징입니다. 따라서 곱셈 함수의 인플레이스 연산 함수는 mul_()으로 대응됩니다.

```
>>> print(a.mul_(b))
tensor([[ 2.,  4.],
        [ 9., 12.]])
```

연산 결과는 아까와 똑같은 것을 볼 수 있는데, 사실 다음의 파이토치 코드 수행 결과에서 볼 수 있듯이 이 곱셈 연산의 결과는 텐서 a에 저장되어 있습니다.

```
>>> print(a)
tensor([[ 2.,  4.],
        [ 9., 12.]])
```

즉, 메모리의 새로운 공간에 계산 결과가 저장되는 것이 아니라 기존 a의 공간에 계산 결과가 저장되는 것입니다. 얼핏 생각하면 새로운 메모리의 공간을 할당하는 작업이 생략되기 때문에 속도나 공간 사용 측면에서 훨씬 효율적일 것 같지만 파이토치 측은 가비지 컬렉터가 효율적으로 작동하기 때문에 굳이 인플레이스 연산을 사용할 필요는 없다고 밝히고 있습니다.

3 차원 축소 연산: 합과 평균

다음과 같은 텐서 x가 있다고 가정해보겠습니다.

$$x = \begin{bmatrix} 1 & 2 \\ 3 & 4 \end{bmatrix}$$

```
>>> x = torch.FloatTensor([[1, 2],
...                         [3, 4]])
```

그럼 다음과 같이 sum() 함수 또는 mean() 함수를 통해 행렬 전체 요소의 합이나 평균을 구할 수 있습니다. 행렬 요소 전체의 합이나 평균은 텐서나 행렬이 아닌 스칼라 scalar 값으로 저장되므로 차원이 축소된다고 볼 수 있습니다.

```
>>> print(x.sum())
tensor(10.)

>>> print(x.mean())
tensor(2.5000)
```

여기에서 함수의 dim 인자에 원하는 연산의 차원을 넣어줄 수 있습니다. 그대로 이해하기 쉽지 않은데 dim 인자의 값은 없어지는 차원이라고 생각하면 쉽습니다.

```
>>> print(x.sum(dim=0))
tensor([4., 6.])
```

dim=0 이면 첫 번째 차원을 이야기하는 것이므로 행렬의 세로축에 대해서 합^{sum} 연산을 수행합니다. 수식으로 표현하면 다음과 같이 표현될 수 있습니다. 수식에서 T 표시는 행렬의 행과 열을 바꿔 표현하는 전치^{transpose} 연산을 의미합니다.[9]

$$sum(x, \dim = 0) = \begin{bmatrix} 1 & 2 \\ + & + \\ 3 & 4 \end{bmatrix} = \begin{bmatrix} 4 & 6 \end{bmatrix}^{\mathsf{T}}$$

----

9 2차원인 행렬의 차원이 축소되어 벡터가 되었으므로 세로로 표현되는 것이 맞지만, 이해를 돕기 위해 전치 연산을 통해 가로 벡터로 표현합니다.

행렬의 세로 축인 첫 번째 차원에 대해서 축소 연산이 수행되는 것을 확인할 수 있습니다. dim 인자의 값으로 −1도 줄 수 있는데 −1을 차원의 값으로 넣어주게 되면 뒤에서 첫 번째 차원을 의미합니다. 여기에서는 2개의 차원만 존재하므로 dim=1을 넣어준 것과 동일할 것입니다. 만약 −2를 넣어주면 뒤에서 두 번째 차원을 의미하겠죠.

```
>>> print(x.sum(dim=-1))
tensor([3., 7.])
```

$$sum(x, \dim = -1) = \begin{bmatrix} 1 & + & 2 \\ 3 & + & 4 \end{bmatrix} = \begin{bmatrix} 3 \\ 7 \end{bmatrix}$$

4 브로드캐스트 연산

이전까지의 산술 연산들은 두 텐서의 크기가 같은 경우를 예시로 들었습니다. 그럼 크기가 다른 두 텐서를 가지고 산술 연산을 수행하면 어떻게 될까요?

텐서 + 스칼라

가장 먼저 쉽게 생각해볼 수 있는 것은 행렬(또는 텐서)에 스칼라를 더하는 것입니다.

```
>>> x = torch.FloatTensor([[1, 2],
...                         [3, 4]])
>>> y = 1
```

앞의 코드를 통해 텐서 x와 스칼라 y를 선언하였습니다. 다음의 코드는 x와 y를 더하여 z에 저장한 후, z의 값과 z의 크기를 출력하도록 하는 코드입니다. 다음 코드를 실행하면 어떻게 될까요?

```
>>> z = x + y
>>> print(z)
tensor([[2., 3.],
        [4., 5.]])
>>> print(z.size())
torch.Size([2, 2])
```

행렬 x의 각 요소에 모두 1이 더해진 것을 볼 수 있습니다. 여기까지는 쉽게 유추해볼 수 있을 것입니다.

텐서 + 벡터

행렬에 벡터가 더해지는 경우는 어떻게 될까요?

```
>>> x = torch.FloatTensor([[1, 2],
...                        [4, 8]])
>>> y = torch.FloatTensor([3,
...                        5])

>>> print(x.size())
torch.Size([2, 2])
>>> print(y.size())
torch.Size([2])
```

위의 코드를 실행하면 2×2 행렬 x와 2개의 요소를 갖는 벡터 y를 선언하고, 다음과 같이 각 텐서의 크기를 출력합니다. 이제 크기가 다른 두 텐서를 더해보려 합니다. 앞서 두 텐서의 크기를 출력한 것을 보았습니다. 그럼 크기가 다른 두 텐서 사이의 연산을 위해 브로드캐스팅broadcasting이 적용될 경우 다음과 같이 됩니다. 차원에 맞춰 줄을 세우고 빈칸의 값이 1이라고 가정할 때 다른 한쪽에 똑같이 맞춥니다.

```
[2, 2]    [2, 2]    [2, 2]
[   2] --> [1, 2] --> [2, 2]
```

이렇게 같은 모양을 맞춘 이후에 덧셈 연산을 수행합니다. 수식으로 나타내면 다음과 같습니다. 이 수식에서 $\oplus$는 브로드캐스트 덧셈 연산을 의미합니다.

$$\begin{bmatrix} 1 & 2 \\ 4 & 8 \end{bmatrix} \oplus \begin{bmatrix} 3 \\ 5 \end{bmatrix} = \begin{bmatrix} 1 & 2 \\ 4 & 8 \end{bmatrix} + \begin{bmatrix} 3 & 5 \\ 3 & 5 \end{bmatrix} = \begin{bmatrix} 4 & 7 \\ 7 & 13 \end{bmatrix}$$

다음 코드를 실행하면 예측한 정답이 나오는 것을 볼 수 있습니다.

```
>>> z = x + y
>>> print(z)
tensor([[ 4.,  7.],
        [ 7., 13.]])

>>> print(z.size())
torch.Size([2, 2])
```

그러면 텐서들의 덧셈은 어떻게 진행될까요? 먼저 아래 코드를 통해 텐서를 선언하고 크기를 출력합니다.

```
>>> x = torch.FloatTensor([[[1, 2]]])
>>> y = torch.FloatTensor([3,
...                         5])

>>> print(x.size())
torch.Size([1, 1, 2])
>>> print(y.size())
torch.Size([2])
```

실행 결과를 보면 텐서들의 크기를 확인할 수 있습니다. 그리고 나면 좀 전의 규칙을 똑같이 적용해볼 수 있습니다.

```
[1, 1, 2]    [1, 1, 2]
[     2] --> [1, 1, 2]
```

다음 코드를 수행하면 결과를 얻을 수 있습니다.

```
>>> z = x + y
>>> print(z)
tensor([[[4., 7.]]])
>>> print(z.size())
torch.Size([1, 1, 2])
```

텐서 + 텐서

이 브로드캐스팅 규칙은 차원의 크기가 1인 차원에 대해서도 비슷하게 적용됩니다. 다음과 같이 두 텐서를 선언하고 크기를 출력합니다.

```
>>> x = torch.FloatTensor([[1, 2]])
>>> y = torch.FloatTensor([[3],
...                        [5]])

>>> print(x.size())
torch.Size([1, 2])
>>> print(y.size())
torch.Size([2, 1])
```

마찬가지로 출력 결과를 통해 텐서들의 크기를 확인할 수 있습니다. 여기에서도 브로드 캐스팅 규칙을 적용하면 다음과 같이 크기가 변화하며 덧셈 연산을 수행할 수 있습니다.

```
[1, 2] --> [2, 2]
[2, 1] --> [2, 2]
```

덧셈 연산을 수행하면 다음과 같은 결과를 얻을 수 있을 것입니다.

```
>>> z = x + y
>>> print(z)
tensor([[4., 5.],
        [6., 7.]])
>>> print(z.size())
torch.Size([2, 2])
```

이처럼 브로드캐스팅을 지원하는 연산의 경우, 크기가 다른 텐서끼리 연산을 수행할 수 있습니다. 다만 앞에서의 예제에서 볼 수 있듯이 브로드캐스팅 규칙 자체가 복잡하기 때문에 잘 적용한다면 편리하겠지만 실수가 발생하면 잘못된 결과를 가져올 수도 있습니다.

자세한 브로드캐스팅 규칙은 아래의 파이토치 공식 문서를 참고하세요.

🔗 https://pytorch.org/docs/stable/notes/broadcasting.html

지금까지 파이토치 텐서를 선언하고, 크기를 구한 다음에 기본 연산을 수행하는 방법을 알아보았습니다. 이번에는 텐서의 전체 요소element 개수는 유지한 채 모양을 바꾸는 방법을 알아보겠습니다.

1 View 함수

```
>>> x = torch.FloatTensor([[[1, 2],
...                         [3, 4]],
...                        [[5, 6],
...                         [7, 8]],
...                        [[9, 10],
...                         [11, 12]]])
>>> print(x.size())
torch.Size([3, 2, 2])
```

다음 코드와 같이 앞서 선언된 $3 \times 2 \times 2$ 텐서에 대해 view 함수를 통해 형태 변환을 수행합니다. view 함수의 인자로는 원하는 텐서의 크기를 넣어주면 됩니다. 여기에서 중요한 점은 텐서의 요소 개수는 유지되어야 한다는 것입니다.

```
>>> print(x.view(12)) # 12 = 3 * 2 * 2
tensor([ 1.,  2.,  3.,  4.,  5.,  6.,  7.,  8.,  9., 10., 11., 12.])

>>> print(x.view(3, 4)) # 3 * 4 = 3 * 2 * 2
tensor([[ 1.,  2.,  3.,  4.],
        [ 5.,  6.,  7.,  8.],
        [ 9., 10., 11., 12.]])

>>> print(x.view(3, 1, 4))
```

```
tensor([[[ 1.,  2.,  3.,  4.]],

        [[ 5.,  6.,  7.,  8.]],

        [[ 9., 10., 11., 12.]]])
```

만약 새로운 크기가 기존 텐서의 요소 개수와 맞지 않으면 오류가 발생하게 됩니다. 하지만 view 함수에 인자를 넣어줄 때 −1을 활용하면 일일이 요소 개수를 맞추기 위해 노력할 필요가 없습니다. −1이 들어간 차원의 크기는 다른 차원의 값들을 곱하고 남은 필요한 값이 자동으로 채워지게 됩니다. 다음 코드를 통해 −1의 활용을 확인해보세요. 앞과 같은 결과를 만드는 코드입니다.

```
>>> print(x.view(-1))
tensor([ 1.,  2.,  3.,  4.,  5.,  6.,  7.,  8.,  9., 10., 11., 12.])

>>> print(x.view(3, -1))
tensor([[ 1.,  2.,  3.,  4.],
        [ 5.,  6.,  7.,  8.],
        [ 9., 10., 11., 12.]])

>>> print(x.view(-1, 1, 4))
tensor([[[ 1.,  2.,  3.,  4.]],

        [[ 5.,  6.,  7.,  8.]],

        [[ 9., 10., 11., 12.]]])
```

이때 중요한 점은 view 함수의 결과 텐서 주소는 바뀌지 않는다는 것입니다. 따라서 다음 코드에서 y의 값이 바뀐다면 x의 값도 바뀌게 됩니다.

```
>>> y = x.view(3, 4)
>>> x.storage().data_ptr() == y.storage().data_ptr()
True
```

파이토치 텐서의 형태를 변환하는 함수는 view 이외에도 여러 함수가 있습니다. 사실 view 함수는 메모리에 순차대로 선언된^{contiguous} 텐서에 대해서만 동작합니다. 만약 해당 조건에 만족하지 않는다면 오류를 발생시키게 됩니다.

```
RuntimeError: view size is not compatible with input tensor's size and
stride (at least one dimension spans across two contiguous subspaces). Use
.reshape(...) instead.
```

만약 이러한 상황에서 텐서 형태 변환을 진행하고 싶다면 contiguous 함수를 호출한 후 view 함수를 호출하면 됩니다. contiguous 함수는 텐서를 새로운 메모리상의 인접한 주소에 인접한 값을 순서대로 할당해주는 함수입니다. 이미 메모리상에 원하는 형태로 존재한다면 새롭게 할당하지 않고 해당 텐서를 contiguous 함수의 결괏값으로 그대로 반환합니다. 또는 오류 메시지에 써져 있는 대로 reshape 함수를 활용할 수 있습니다. reshape 함수는 view 함수와 동일하게 동작하되 contiguous 함수와 view 함수를 순차적으로 호출한 것과 같습니다.

```
>>> print(x.reshape(3, 4))
tensor([[ 1.,  2.,  3.,  4.],
        [ 5.,  6.,  7.,  8.],
        [ 9., 10., 11., 12.]])
```

다만 reshape 함수는 contiguous 함수도 함께 호출한 것이기 때문에 결과 텐서의 주소가 이전 텐서와 다를 수 있다는 것에 유의하세요.

2 Squeeze 함수

이번에는 squeeze 함수에 대해서 다뤄보도록 하겠습니다. 다음과 같이 $1 \times 2 \times 2$ 형태의 텐서를 선언하고 출력합니다.

```
>>> x = torch.FloatTensor([[[1, 2],
...                         [3, 4]]])
>>> print(x.size())
torch.Size([1, 2, 2])
```

이때 squeeze 함수는 차원의 크기가 1인 차원을 없애주는 역할을 합니다. 다음 코드를 통해 squeeze의 동작을 확인해보세요.

```
>>> print(x.squeeze())
tensor([[1., 2.],
        [3., 4.]])

>>> print(x.squeeze().size())
torch.Size([2, 2])
```

텐서 x의 첫 번째 차원의 크기가 1이었기 때문에 squeeze 함수를 통해 텐서 x의 형태는 2×2로 바뀌었습니다. 다른 함수들과 마찬가지로 squeeze의 경우에도 원하는 차원의 인덱스를 지정할 수 있습니다. 만약 해당 차원의 크기가 1이 아닌 경우 같은 텐서가 반환됩니다.

```
>>> print(x.squeeze(0).size())
torch.Size([2, 2])

>>> print(x.squeeze(1).size())
torch.Size([1, 2, 2])
```

3 Unsqueeze 함수

squeeze의 반대 역할을 수행하는 함수도 존재합니다. 바로 unsqueeze입니다.
unsqueeze는 지정된 차원의 인덱스에 차원의 크기가 1인 차원을 삽입합니다. 다음 코드를 통해 unsqueeze의 동작을 살펴보도록 합시다.

```
>>> x = torch.FloatTensor([[1, 2],
...                        [3, 4]])
>>> print(x.size())
torch.Size([2, 2])
```

다음 코드는 2×2 행렬에 unsqueeze를 수행하여 형태를 변환합니다. 다른 함수들과 마찬가지로 차원의 인덱스에 음수(e.g. −1)를 넣어 뒤에서부터 접근할 수도 있음을 주목하세요.

```
>>> print(x.unsqueeze(1).size())
torch.Size([2, 1, 2])

>>> print(x.unsqueeze(-1).size())
torch.Size([2, 2, 1])

>>> print(x.unsqueeze(2).size())
torch.Size([2, 2, 1])
```

reshape 함수를 통해서도 똑같이 구현할 수 있습니다.

```
>>> print(x.reshape(2, 2, -1).size())
torch.Size([2, 2, 1])
```

이처럼 다양한 함수들을 통해 텐서의 형태를 변환할 수 있습니다. 실제로 딥러닝 연산을 수행하는 과정에서 텐서의 형태를 변환할 일이 많기 때문에 텐서를 조작하는 방법에 익숙해질 필요가 있습니다.

실습

텐서 자르기 & 붙이기

이번에는 텐서를 원하는 크기로 자르거나 붙이는 방법을 소개하겠습니다. 앞서 텐서의 요소 개수는 유지하는 채로 형태를 변화하는 방법에 대해서 다루었는데 여기에서는 하나의 텐서를 둘 이상으로 자르거나 둘 이상의 텐서를 하나로 합치는 방법에 대해 배워 봅시다.

1 인덱싱과 슬라이싱

이번에도 3×2×2 크기의 텐서 x를 선언합니다.

```
>>> x = torch.FloatTensor([[[1, 2],
...                          [3, 4]],
...                         [[5, 6],
...                          [7, 8]],
...                         [[9, 10],
...                          [11, 12]]])
>>> print(x.size())
torch.Size([3, 2, 2])
```

이 텐서를 그림으로 나타내면 다음과 같습니다.

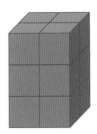

▶ 3×2×2 크기의 텐서

이 텐서의 첫 번째 차원의 0번 인덱스만 잘라내고(슬라이싱) 싶다면 다음과 같이 코드로 구현할 수 있습니다.

```
>>> print(x[0])
tensor([[1., 2.],
        [3., 4.]])
```

여기에서 주의할 점은 첫 번째 차원은 잘라내는 과정에서 사라졌다는 것입니다. 즉,

3×2×2 크기의 텐서를 잘라내어 2×2 크기의 행렬을 얻었습니다. 그림으로 나타내면 다음과 같이 밝은 색 부분만 잘라내서 반환하게 됩니다.

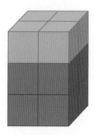

▶ 0번 인덱스 잘라내기

여기에서도 마찬가지로 음수를 넣어 뒤에서부터 접근하는 것도 가능합니다.

```
>>> print(x[-1])
tensor([[ 9., 10.],
        [11., 12.]])
```

다음 그림과 같이 나타낼 수 있습니다.

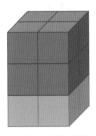

▶ -1번 인덱스 잘라내기

첫 번째 차원이 아닌 중간 차원에 대해서 비슷한 작업을 수행하고 싶을 경우에는 콜론 (:) 기호를 사용하면 됩니다. 콜론을 사용하면 해당 차원에서는 모든 값을 가져오라는 의미가 됩니다.

```
>>> print(x[:, 0])
tensor([[ 1.,  2.],
        [ 5.,  6.],
        [ 9., 10.]])
```

이 작업을 그림으로 나타내면 다음과 같습니다. 두 번째 차원은 가로축으로 표현하기 때문에 텐서에서 왼쪽에 있는 요소들이 색칠된 것을 볼 수 있습니다.

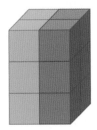

▶ 두 번째 차원에 인덱스 적용

앞에서는 인덱스를 통해 텐서의 특정 부분에 접근했다면 범위를 지정하여 텐서의 부분 값을 가져올 수 있습니다. 다음 코드는 첫 번째 차원에서 인덱스 1 이상부터 2 이전까지의 부분을, 두 번째 차원에서는 1 이상부터의 부분을 마지막 차원에서는 전부를 가져왔을 때의 크기를 반환하는 코드입니다.

```
>>> print(x[1:2, 1:, :].size())
torch.Size([1, 1, 2])
```

그림으로 나타내면 다음의 부분을 잘라내게 됩니다.

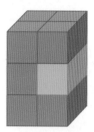

▶ 텐서의 특정 부분 범위 지정

주의할 점은 범위를 통해 텐서의 부분을 얻어낼 경우, 차원의 개수가 줄어들지 않는다는 것입니다.

❷ Split 함수

split 함수는 텐서를 특정 차원에 대해서 원하는 크기로 잘라줍니다. 다음 코드는 split 함수를 통해 첫 번째 차원의 크기가 4가 되도록 텐서를 등분한 후에 각각의 등분된 텐서 크기를 출력하는 코드입니다.

```
x = torch.FloatTensor(10, 4)

splits = x.split(4, dim=0)

for s in splits:
    print(s.size())
```

이 코드의 출력 결과는 다음과 같습니다.

```
torch.Size([4, 4])
torch.Size([4, 4])
torch.Size([2, 4])
```

눈여겨봐야 할 점은 원래 주어진 텐서의 첫 번째 차원의 크기가 10이었기 때문에 크기 4로 등분할 경우 마지막에 크기 2의 텐서가 남게 된다는 것입니다. 따라서 마지막 텐서의 크기는 다른 텐서들과 달리 2×4의 크기가 된 것을 볼 수 있습니다.

❸ Chunk 함수

split 함수는 개수에 상관 없이 원하는 크기로 나누었다면 크기에 상관 없이 원하는 개수로 나누는 chunk 함수를 다뤄보겠습니다. 다음 코드와 같이 임의의 값으로 채워진 8×4 텐서를 만들어봅니다.

```
x = torch.FloatTensor(8, 4)
```

여기에서 첫 번째 차원의 크기 8을 최대한 같은 크기로 3등분 하고자 합니다. 그러면 3+3+2를 생각해볼 수 있을 것입니다. 실제 chunk 함수를 실행한 결과를 살펴봅시다.

```
chunks = x.chunk(3, dim=0)

for c in chunks:
    print(c.size())
```

다음은 앞선 코드의 실행 결과입니다.

```
torch.Size([3, 4])
torch.Size([3, 4])
torch.Size([2, 4])
```

❹ Index Select 함수

이번에는 index_select 함수에 대해 알아봅시다. 이 함수는 특정 차원에서 원하는 인덱스의 값만 취하는 함수입니다. 다음 코드와 같이 3×2×2 크기의 텐서를 만들어보겠습니다.

```
>>> x = torch.FloatTensor([[[1, 1],
...                         [2, 2]],
...                        [[3, 3],
...                         [4, 4]],
...                        [[5, 5],
...                         [6, 6]]])
>>> indice = torch.LongTensor([2, 1])
>>> print(x.size())
torch.Size([3, 2, 2])
```

여기에서 indice 텐서의 값을 활용하여 index_select 함수를 수행하면 다음과 같이 진행됩니다.

```
>>> y = x.index_select(dim=0, index=indice)
>>> print(y)
tensor([[[5., 5.],
         [6., 6.]],

        [[3., 3.],
         [4., 4.]]])

>>> print(y.size())
torch.Size([2, 2, 2])
```

이 과정을 그림으로 나타내면 다음과 같습니다.

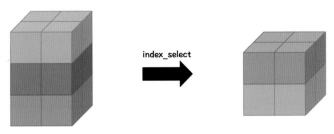

▶ index_select 함수 적용

왼쪽 그림에서 맨 아래 2×2 행렬이 오른쪽 그림에서 맨 위가 된 것에 주목하세요.

5 Concatenate 함수

지금까지는 주로 하나의 텐서에서 원하는 부분을 잘라내는 방법에 대해서 알아보았습니다. 지금부터는 여러 텐서를 합쳐서 하나의 텐서로 만드는 방법에 대해서 살펴보겠습니다. cat 함수의 이름은 Concatenate를 줄여서 부르는 이름입니다. 배열(리스트^list)내의 두 개 이상의 텐서를 순서대로 합쳐서 하나의 텐서로 반환합니다. 물론 합쳐지기위해서는 다른 차원들의 크기가 같아야 합니다. 자세한 내용은 다음 예제를 통해 확인해봅시다.

```
>>> x = torch.FloatTensor([[1, 2, 3],
...                        [4, 5, 6],
...                        [7, 8, 9]])
>>> y = torch.FloatTensor([[10, 11, 12],
...                        [13, 14, 15],
...                        [16, 17, 18]])

>>> print(x.size(), y.size())
torch.Size([3, 3]) torch.Size([3, 3])
```

앞에서와같이 두 개의 3×3 텐서 x, y 가 있을 때 두 텐서를 원하는 차원으로 이어 붙여보도록 하겠습니다. 다음 코드는 첫 번째 차원으로 이어 붙이는 코드입니다.

```
>>> z = torch.cat([x, y], dim=0)
>>> print(z)
tensor([[ 1.,  2.,  3.],
        [ 4.,  5.,  6.],
        [ 7.,  8.,  9.],
        [10., 11., 12.],
        [13., 14., 15.],
        [16., 17., 18.]])

>>> print(z.size())
torch.Size([6, 3])
```

이 과정을 그림으로 나타내면 다음과 같습니다. 첫 번째 차원(dim=0)은 텐서의 세로 축을 의미하므로 세로로 두 텐서를 이어 붙이게 됩니다.

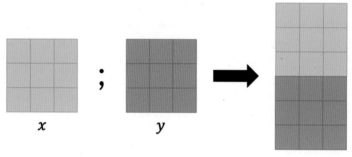

▶ 첫 번째 차원으로 이어 붙이기

다음 코드는 마지막 차원(dim=-1)으로 텐서를 이어 붙이는 코드입니다.

```
>>> z = torch.cat([x, y], dim=-1)
>>> print(z)
tensor([[ 1.,  2.,  3., 10., 11., 12.],
        [ 4.,  5.,  6., 13., 14., 15.],
        [ 7.,  8.,  9., 16., 17., 18.]])

>>> print(z.size())
torch.Size([3, 6])
```

이 과정을 그림으로 나타내면 다음과 같습니다. 마지막(두 번째) 차원은 가로축을 의미하므로 두 텐서를 가로로 이어 붙이게 됩니다.

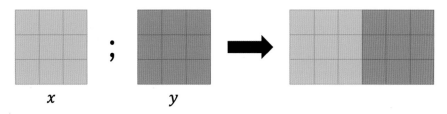

▶ 두 번째 차원으로 이어 붙이기

여기에서 이어 붙이고자 하는 차원의 크기가 맞지 않으면 다음 그림과 같이 cat 함수를 수행할 수 없습니다. 다음 그림은 두 번째 차원에 대해서 이어 붙이기 작업을 수행하려고 할 때 나머지 차원인 첫 번째 차원의 크기가 같아야 합니다. 하지만 텐서 x의 첫 번째 차원의 크기는 3이고 텐서 y의 첫 번째 차원의 크기는 2이기 때문에 cat 함수를 실행할 수 없습니다.

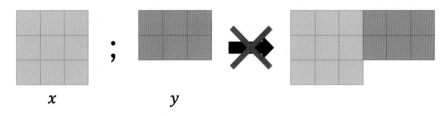

▶ cat 함수를 실행 불가: 이어 붙이고자 하는 차원의 크기가 다름

⑥ Stack 함수

이번에는 cat 함수와 비슷한 역할을 수행하는 stack 함수에 대해서 알아봅시다. stack 함수는 이름에서 알 수 있듯이 이어 붙이기 작업을 수행하는 것이 아니라 쌓기 작업을 수행합니다. 코드와 그림을 통해 이해해봅시다. 앞에서 선언한 x와 y를 활용하여 그대로 stack을 수행해보도록 하겠습니다.

```
>>> z = torch.stack([x, y])
>>> print(z)
tensor([[[ 1.,  2.,  3.],
         [ 4.,  5.,  6.],
         [ 7.,  8.,  9.]],

        [[10., 11., 12.],
         [13., 14., 15.],
         [16., 17., 18.]]])

>>> print(z.size())
torch.Size([2, 3, 3])
```

텐서 z의 크기를 출력하여 볼 수 있듯이 맨 앞에 새로운 차원이 생겨 배열 내의 텐서 개수만큼의 크기가 된 것을 볼 수 있습니다. 즉, 새로운 차원을 만든 뒤에 이어 붙이기 (cat 함수)를 수행한 것과 같습니다. 그림으로 나타내면 다음과 같습니다.

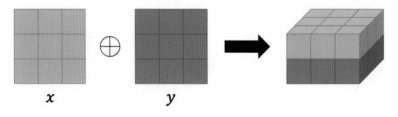

x y

▶ stack 함수 적용

다음 코드와 같이 새롭게 생겨날 차원의 인덱스를 직접 지정해 줄 수도 있습니다.

```
>>> z = torch.stack([x, y], dim=-1)
>>> print(z)
tensor([[[ 1., 10.],
         [ 2., 11.],
         [ 3., 12.]],

        [[ 4., 13.],
         [ 5., 14.],
         [ 6., 15.]],
```

```
       [[ 7., 16.],
        [ 8., 17.],
        [ 9., 18.]]])
>>> print(z.size())
torch.Size([3, 3, 2])
```

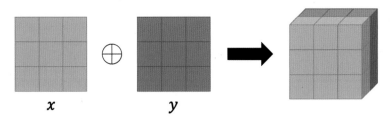

▶ 새롭게 생겨날 차원의 인덱스 지정

stack 함수는 새로운 차원을 만든 뒤에 cat 함수를 수행한 것과 같다고 했습니다.
unsqueeze 함수와 cat 함수를 써서 똑같이 구현해볼까요?

```
>>> d = 0
>>> # z = torch.stack([x, y], dim=d)
>>> z = torch.cat([x.unsqueeze(d), y.unsqueeze(d)], dim=d)
>>> print(z)
tensor([[[ 1.,  2.,  3.],
         [ 4.,  5.,  6.],
         [ 7.,  8.,  9.]],

        [[10., 11., 12.],
         [13., 14., 15.],
         [16., 17., 18.]]])

>>> print(z.size())
torch.Size([2, 3, 3])
```

7 유용한 팁

cat 함수나 stack 함수는 실전에서 매우 유용하게 활용될 때가 많습니다. 특히 여러 이터레이션iteration을 돌며 반복되는 작업을 수행한 후 반복 작업의 결과물을 하나로 합치는 데 사용됩니다. 이 경우에는 주로 다음 코드와 같은 형태를 띄게 됩니다.

```python
result = []
for i in range(5):
    x = torch.FloatTensor(2, 2)
    result += [x]

result = torch.stack(result)
```

result라는 빈 배열(리스트)을 만든 후에 결과물(텐서 x)을 result에 차례대로 추가append한 후 stack 또는 cat 함수를 통해 하나의 텐서로 만드는 작업입니다.

유용한 함수들

마지막으로 다양한 기타 함수들을 살펴봅시다.

1 Expand 함수

expand 함수는 차원의 크기가 1인 차원을 원하는 크기로 늘려주는 역할을 수행합니다. 마치 동일한 텐서를 그냥 반복하여 리스트에 넣고 cat 함수를 해당 차원에 대해서 수행하는 것과 같습니다.

```
>>> x = torch.FloatTensor([[[1, 2]],
...                        [[3, 4]]])
>>> print(x.size())
torch.Size([2, 1, 2])
```

앞선 코드와 같이 두 번째 차원의 크기가 1인 텐서가 존재할 때 다음 코드처럼 expand를 수행할 수 있습니다. 여기에서는 두 번째 차원의 크기를 3으로 늘리고자 합니다.

```
>>> y = x.expand(2, 3, 2)
>>> print(y)
tensor([[[1., 2.],
         [1., 2.],
         [1., 2.]],

        [[3., 4.],
         [3., 4.],
         [3., 4.]]])

>>> print(y.size())
torch.Size([2, 3, 2])
```

이것을 cat 함수를 통해 구현하면 다음 코드와 같습니다.

```
>>> y = torch.cat([x] * 3, dim=1)
```

2 Random Permutation 함수

randperm 함수는 랜덤 수열을 생성하는 파이토치 함수입니다. 딥러닝은 랜덤성에 의
존하는 부분이 많기 때문에 필요에 따라 이 함수를 활용할 수 있습니다. 다음 코드에서
볼 수 있듯이 randperm 함수의 인자로 숫자를 넣어주면 1부터 해당 숫자까지의 정수
를 임의의 순서로 텐서에 넣어 반환합니다.

```
>>> x = torch.randperm(10)
>>> print(x)
tensor([1, 9, 6, 4, 0, 7, 3, 5, 2, 8])

>>> print(x.size())
torch.Size([10])
```

3 Argument Max 함수

argmax 함수는 수식에서도 굉장히 많이 활용됩니다. 예를 들어 다음 수식에서
argmax가 의미하는 것은 set X에서 뽑을 수 있는 x값 중에 함수 f의 출력값을 최대
로 만드는 입력을 반환하는 함수입니다.

$$\hat{x} = \underset{x \in X}{\operatorname{argmax}} f(x)$$

중요한 점은 f의 최댓값을 반환하는 것이 아니라 f를 최대로 만드는 x값을 반환한다는
것입니다. 이 argmax 함수도 파이토치에서 제공합니다. 다음과 같이 $3 \times 3 \times 3$ 크기의
텐서를 만들어봅시다.

```
>>> x = torch.randperm(3**3).reshape(3, 3, -1)
>>> print(x)
tensor([[[18,  9, 25],
         [ 0, 16,  8],
         [24, 20, 14]],

        [[ 1,  4, 17],
         [ 2, 22,  7],
         [ 5, 10, 12]],

        [[15, 13, 23],
         [ 3, 21, 19],
         [26,  6, 11]]])

>>> print(x.size())
torch.Size([3, 3, 3])
```

다음 코드와 같이 argmax 함수를 활용해봅시다.

```
>>> y = x.argmax(dim=-1)
>>> print(y)
tensor([[2, 1, 0],
        [2, 1, 2],
        [2, 1, 0]])

>>> print(y.size())
torch.Size([3, 3])
```

argmax 함수의 인수로 차원의 인덱스를 −1로 지정해주었기 때문에 다른 차원들이 같은 값 중에서 가장 큰 값의 인덱스를 반환합니다. 다른 차원들이 같은 값이란 것은 다음 예제를 통해 이해할 수 있습니다.

$$\text{argmax}(x_{1,2,0} = 5, x_{1,2,1} = 10, x_{1,2,2} = 12) = 2$$

첫 번째 차원은 똑같이 1, 두 번째 차원도 똑같이 2인 값들 중에서 가장 큰 값을 갖는 인덱스를 찾는 것입니다. 따라서 세 값 중 가장 큰 값인 12를 갖는 2번 인덱스가 반환됩니다. 결과적으로 텐서 x에 대해 argmax를 수행한 결과는 앞과 같습니다.

❹ Top-k 함수

이번에는 argmax의 상위 호환 버전인 topk를 소개합니다. 앞의 argmax는 가장 큰 한 개의 값의 인덱스를 반환하는 것이었다면 topk 함수는 가장 큰 k개의 값과 인덱스를 모두 반환합니다. 다음 코드는 앞서 선언한 텐서 x에 대해 topk 함수를 수행한 결과입니다.

```
>>> values, indices = torch.topk(x, k=1, dim=-1)
>>> print(values.size())
torch.Size([3, 3, 1])
>>> print(indices.size())
torch.Size([3, 3, 1])
```

topk 함수는 상위 k개 값과 인덱스를 모두 반환하기 때문에 반환 값을 튜플로 받는 것을 볼 수 있습니다. 현재는 $k=1$이므로 values와 indices의 마지막 차원의 크기가 1로 되어 있습니다. 만약 k를 1보다 더 큰 값을 쓸 경우 반환되는 텐서의 크기는 다음과 같이 바뀝니다.

```
>>> _, indices = torch.topk(x, k=2, dim=-1)
>>> print(indices.size())
torch.Size([3, 3, 2])
```

❺ Sort 함수

파이토치는 정렬 함수도 제공합니다. 다음은 앞서 선언한 텐서 x를 원하는 차원 기준으로 정렬 후 k개를 뽑아오는 파이토치 코드입니다. 즉, 결과물은 topk 함수와 같습니다.

```
>>> _, indices = torch.topk(x, k=2, dim=-1)
>>> print(indices.size())
torch.Size([3, 3, 2])
```

마찬가지로 topk를 통해 sort 함수를 구현할 수 있습니다.

```
>>> target_dim = -1
>>> values, indices = torch.topk(x,
                                 k=x.size(target_dim),
                                 largest=True)

>>> print(values)
tensor([[[25, 18,  9],
         [16,  8,  0],
         [24, 20, 14]],

        [[17,  4,  1],
         [22,  7,  2],
         [12, 10,  5]],

        [[23, 15, 13],
         [21, 19,  3],
         [26, 11,  6]]])
```

결과물을 살펴보면 마지막 차원 내에서만 내림차순으로 정렬되어 있는 것을 볼 수 있습니다.

6 Masked Fill 함수

이번에는 텐서 내의 원하는 부분만 특정 값으로 바꿔치기하는 함수인 masked_fill 함수를 알아보겠습니다. 다음 코드는 3×3 크기의 텐서의 내부 값을 0부터 8까지 순서대로 갖도록 하는 코드입니다.

```
>>> x = torch.FloatTensor([i for i in range(3**2)]).reshape(3, -1)
>>> print(x)
tensor([[0., 1., 2.],
        [3., 4., 5.],
        [6., 7., 8.]])

>>> print(x.size())
torch.Size([3, 3])
```

그리고 논리 연산자를 통해 불리언^{boolean} 텐서를 만들어봅니다.

```
>>> mask = x > 4
>>> print(mask)
tensor([[False, False, False],
        [False, False,  True],
        [ True,  True,  True]])
```

이 마스크^{mask}를 통해서 masked_fill 함수를 수행한다면 4 보다 큰 값을 갖는 요소들을 특정 값으로 치환할 수 있게 됩니다. 다음 코드는 4보다 큰 값을 모두 −1로 한 번에 치환하도록 하는 코드입니다.

```
>>> y = x.masked_fill(mask, value=-1)
>>> print(y)
tensor([[ 0.,  1.,  2.],
        [ 3.,  4., -1.],
        [-1., -1., -1.]])
```

7 Ones & Zeros 함수

딥러닝을 진행하다 보면 상숫값으로 된 텐서가 필요할 때가 있습니다. ones 함수와 zeros 함수를 통해 쉽게 구현할 수 있습니다. 다음 코드는 1로 가득 찬 2×3 텐서와 0으로 가득 찬 같은 크기의 텐서를 구하는 코드입니다.

```
>>> print(torch.ones(2, 3))
tensor([[1., 1., 1.],
        [1., 1., 1.]])

>>> print(torch.zeros(2, 3))
tensor([[0., 0., 0.],
        [0., 0., 0.]])
```

또는 ones_like 와 zeros_like 함수를 통해서 특정 텐서와 같은 크기의 0 또는 1 텐서를 만들 수도 있습니다.

```
>>> x = torch.FloatTensor([[1, 2, 3],
...                        [4, 5, 6]])
>>> print(x.size())
torch.Size([2, 3])

>>> print(torch.ones_like(x))
tensor([[1., 1., 1.],
        [1., 1., 1.]])

>>> print(torch.zeros_like(x))
tensor([[0., 0., 0.],
        [0., 0., 0.]])
```

3.8 마치며

지금까지 파이토치 설치 방법과 기본적인 사용 방법에 대해서 알아보았습니다. 앞에서 언급한 내용 외에도 다양한 함수들이 매우 많이 존재하기 때문에, 파이토치 공식 문서(https://pytorch.org/docs/stable/tensors.html)를 참고하면 굉장히 유용합니다.

요약

- **파이토치 소개**
  - 장점
    - 문서화가 잘 되어 있음
    - 난도가 낮고 편의성이 높음
    - 넘파이와 높은 호환성 및 비슷한 인터페이스
    - 오토그래드AutoGrad
  - 단점
    - 텐서플로에 비해 떨어지는 상용화 지원
  - 파이토치는 지속적으로 점유율이 증가하였으며, 텐서플로를 제치고 1등 프레임워크가 되었음
- **텐서**
  - 딥러닝 프로그래밍에서 연산의 가장 기초가 되는 단위
  - 스칼라(0차원) –> 벡터(1차원) –> 행렬(2차원) –> 텐서(3차원~)

CHAPTER

4

선형 계층

이 장에서는 선형 계층에 대해 배웁니다. 선형 계층은 행렬 곱셈과 벡터의 덧셈으로 이루어져 있기 때문에 선형 변환이라고 볼 수 있습니다. 따라서 먼저 행렬 곱과 벡터 행렬 곱에 대해 알아봅니다. 그다음 선형 계층에 대해서 설명한 뒤 실습을 통해 직접 구현해봅니다. 마지막으로 파이토치 코드를 GPU에서 작동하도록 하는 방법에 대해서도 배워봅니다.

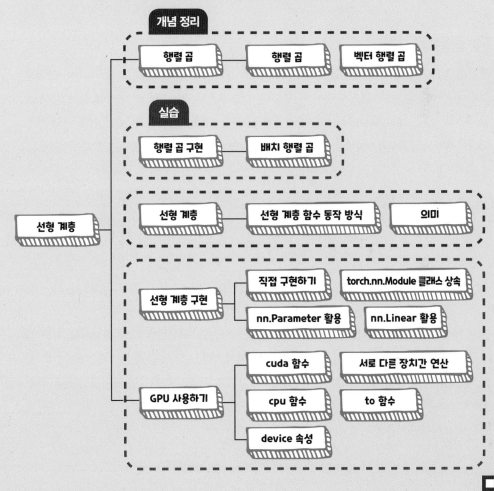

4.1 행렬 곱

대부분의 독자는 고등학교에서 행렬에 대해 배웠을 것입니다. 이 절에서는 행렬의 곱셈(내적)에 대해서 복습하는 시간을 갖도록 하겠습니다.

1 행렬 곱

행렬 A와 B가 주어져 있고 이 둘을 곱한다고 해봅시다. 그럼 곱셈 과정은 다음과 같이 진행될 것입니다. 곱셈의 앞 행렬 A의 행^{row}의 요소^{element}들을 행렬 B의 열^{column}의 요소들에 각각 곱한 후 더한 값을 결과 행렬의 요소로 결정하게 됩니다. 이때 기억해야 할 것은 위의 계산 과정 때문에 **A의 열의 개수와 B의 행의 개수는 같아야 한다는 제약 조건**이 발생한다는 점입니다.

$$
\begin{aligned}
AB &= \begin{bmatrix} 1 & 2 & 3 \\ 4 & 5 & 6 \end{bmatrix} \times \begin{bmatrix} 1 & 2 \\ 3 & 4 \\ 5 & 6 \end{bmatrix} \\
&= \begin{bmatrix} 1 \times 1 + 2 \times 3 + 3 \times 5 & 1 \times 2 + 2 \times 4 + 3 \times 6 \\ 4 \times 1 + 5 \times 3 + 6 \times 5 & 4 \times 2 + 5 \times 4 + 6 \times 6 \end{bmatrix} \\
&= \begin{bmatrix} 1 + 6 + 15 & 2 + 8 + 18 \\ 4 + 15 + 30 & 8 + 20 + 36 \end{bmatrix} = \begin{bmatrix} 22 & 28 \\ 49 & 64 \end{bmatrix}
\end{aligned}
$$

앞의 계산 과정에서 볼 수 있듯이 행렬 A는 실수$^{real\ number}$로 구성된 2×3의 행렬이고, B도 마찬가지로 실수로 구성된 3×2의 행렬입니다. 여기에서 행렬 A의 열의 개수(3)와 행렬 B의 행의 개수(3)가 같은 숫자임을 확인할 수 있습니다. 만약 두 값이 다르다면 행렬곱 연산을 수행할 수 없습니다. 곱셈의 결과로 행렬인 AB는 실수로 구성된 2×2의 행렬이 됩니다. 이것을 수식으로 표현하면 다음과 같습니다.

$$
A \in \mathbb{R}^{2 \times 3}, B \in \mathbb{R}^{3 \times 2} \text{ and } AB \in \mathbb{R}^{2 \times 2}.
$$

이 책에서는 앞의 표기법과 아래의 표기법을 함께 사용합니다. 아래의 표기법은 실제 수학에서 공식적으로 사용하는 것이 아니라 표기의 편의성을 위해 필자가 즐겨 쓰는 표현입니다. 파이토치 텐서의 size()함수 결과를 표현한 것에 가깝다고 보면 좋을 것 같습니다.

$$|A| = (2,3), |B| = (3,2) \text{ and } |AB| = (2,2).$$

이러한 **행렬의 곱셈 과정은 내적**inner product **또는 닷 프로덕트**dot product**라고 부릅니다.**

2 벡터 행렬 곱

벡터와 행렬의 곱셈도 행렬의 곱셈처럼 생각해볼 수 있습니다. 벡터와 벡터의 곱셈도 마찬가지입니다. 예를 들어 벡터와 행렬이 주어졌을 때, 행렬과 벡터의 곱셈은 다음과 같이 표현될 수 있습니다.

주의할 점은 벡터가 곱셈의 앞에 위치할 경우, 전치transpose를 통해 행과 열을 바꿔 표현하여 곱셈을 수행한다는 것입니다.

$$
\begin{aligned}
v^\mathsf{T} M &= [1\ 2\ 3] \times \begin{bmatrix} 1 & 2 \\ 3 & 4 \\ 5 & 6 \end{bmatrix} \\
&= [1 \times 1 + 2 \times 3 + 3 \times 5\ \ 1 \times 2 + 2 \times 4 + 3 \times 6] \\
&= [1 + 6 + 15\ \ 2 + 8 + 18] = [22\ \ 28]
\end{aligned}
$$

이 경우에도 벡터와 행렬의 크기를 수식 또는 우리만의 표기법을 통해 표현하면 다음과 같이 나타낼 수 있습니다.

$$v \in \mathbb{R}^3, v^\mathsf{T} \in \mathbb{R}^{1 \times 3} \text{ and } M \in \mathbb{R}^{3 \times 2}.$$
$$\downarrow$$
$$|v^\mathsf{T}| = (1,3), |M| = (3,2) \text{ and } |v^\mathsf{T} M| = (1,2).$$

또는 같은 연산 과정을 벡터와 행렬의 위치를 바꾸어 표현해볼 수 있습니다. 이 경우에는 곱셈 앞에 기존 행렬 대신 전치 행렬을 구하여 연산에 투입하는 것에 대해 유의하세요.

$$M^{\mathsf{T}} v = \begin{bmatrix} 1 & 3 & 5 \\ 2 & 4 & 6 \end{bmatrix} \times \begin{bmatrix} 1 \\ 2 \\ 3 \end{bmatrix}$$

$$= \begin{bmatrix} 1 \times 1 + 3 \times 2 + 5 \times 3 \\ 2 \times 1 + 4 \times 2 + 6 \times 3 \end{bmatrix} = \begin{bmatrix} 1 + 6 + 15 \\ 2 + 8 + 18 \end{bmatrix} = \begin{bmatrix} 22 \\ 28 \end{bmatrix}$$

흥미롭게도 이전 벡터 행렬 곱셈의 결과에 전치 연산을 수행한 것과 같은 결과가 나오는 것을 확인할 수 있습니다.

또한, 이 경우의 각 벡터와 행렬의 크기는 다음과 같이 표시될 수 있습니다.

$$|M^{\mathsf{T}}| = (2,3), \ |v| = (3,) = (3,1),$$
$$\text{and} \ |M^{\mathsf{T}} v| = (2,3) \times (3,1)$$
$$= (2,1)$$
$$= (2,).$$

벡터의 경우, 두 번째 차원의 크기(요소의 개수)가 1인 행렬과 똑같은 형태로 취급할 수 있다는 점에 주목하세요.

이번에는 파이토치에서 행렬 곱을 구현해보겠습니다.

```
>>> x = torch.FloatTensor([[1, 2],
...                        [3, 4],
...                        [5, 6]])
>>> y = torch.FloatTensor([[1, 2],
...                        [1, 2]])
>>> print(x.size(), y.size())
torch.Size([3, 2]) torch.Size([2, 2])
```

3×2 크기의 텐서 x와 2×2 크기의 텐서 y를 만들었습니다. 파이토치의 matmul 함수를 이용하면 행렬 곱을 수행할 수 있습니다.

다음 코드는 앞서 만든 x와 y의 행렬 곱을 수행하고, 결과 행렬의 크기를 출력하는 코드입니다.

```
>>> z = torch.matmul(x, y)
>>> print(z.size())
torch.Size([3, 2])
```

행렬 곱의 결과물이 저장된 텐서 z의 크기는 우리가 기대한대로 3×2 인것을 볼 수 있습니다.

1 배치 행렬 곱

딥러닝을 수행할 때 보통 여러 샘플을 동시에 병렬 계산하곤 합니다. 따라서 행렬 곱 연산의 경우에도 여러 곱셈을 동시에 진행할 수 있어야 합니다.

bmm^{Batch Matrix Multiplication} 함수가 이 역할을 수행합니다. 다음 코드와 같이 텐서를 선언합니다.

```
>>> x = torch.FloatTensor(3, 3, 2)
>>> y = torch.FloatTensor(3, 2, 3)
```

$3 \times 2 \times 3$ 크기의 텐서는 3×2 크기의 행렬이 3개 있는 것이라고 볼 수 있습니다. 마찬가지로 $3 \times 2 \times 3$ 크기의 텐서는 2×3 크기의 행렬이 3개 있는 것입니다. 여기에서 bmm 함수를 활용하여 행렬 곱이 3번 수행되는 연산을 병렬로 동시에 진행할 수 있습니다.

```
>>> z = torch.bmm(x, y)
>>> print(z.size())
torch.Size([3, 3, 3])
```

결과물의 크기가 예상한 대로 3×3 크기의 행렬이 3개 있는 $3 \times 3 \times 3$ 형태로 나오는 것을 볼 수 있습니다. 이처럼 bmm 함수는 마지막 2개의 차원을 행렬 취급하여 병렬로 행렬 곱 연산을 수행합니다.

bmm 함수를 적용하기 위해서 마지막 2개의 차원을 제외한 다른 차원의 크기는 동일해야 합니다.

4.3 선형 계층

데이터를 모아 어떠한 함수 f^*를 근사계산하고 싶습니다. 어떤 모델로 특정 함수를 근사계산할 수 있을까요? 이 절에서는 그 기본 모델이 될 수 있는 **선형 계층**linear layer에 대해서 다뤄보겠습니다.

선형 계층은 뒤에서 다룰 심층신경망deep neural networks의 가장 기본적인 구성요소입니다. 그뿐만 아니라, 위에서 언급한 것처럼 하나의 모델로도 동작할 수 있습니다. 다음 그림은 선형 계층을 도식화하여 나타낸 것입니다.

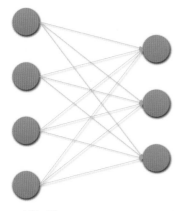

▶ 선형 계층

또한 선형 계층은 하나의 함수로 볼 수 있는데 4개의 입력을 받아 3개의 출력을 반환하는 함수로 생각할 수 있습니다.

$$f : \mathbb{R}^4 \to \mathbb{R}^3$$

즉, 앞의 수식과 같이 4차원의 실수 벡터를 입력받아 3차원의 실수 벡터를 반환하는 함수로 볼 수 있습니다.

◆ 선형 계층 함수의 동작 방식

이때 이 함수가 어떻게 동작할지 정의되어야 합니다. 해당 함수는 **가중치 파라미터**^{weight parameter}를 가지고 있으며 이것에 의해 함수의 동작이 정의됩니다.

가중치 파라미터는 다음 그림과 같이 동작합니다. 각각의 출력 노드의 값은 입력 노드로부터 들어오는 값에 가중치 파라미터 $W_{i \to j}$를 곱하고, 또 다른 가중치 파라미터 b_j를 더해서 결정됩니다.

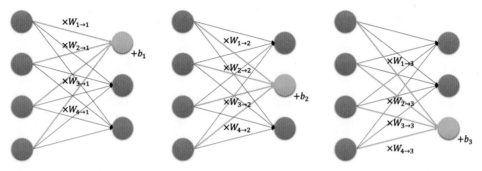

▶ **가중치 파라미터의 동작**

앞의 그림에서 W에는 총 $4 \times 3 = 12$ 가지의 가중치 파라미터가 존재하며 이는 다음과 같은 수식으로 표현이 가능합니다.

$$W \in \mathbb{R}^{4 \times 3} \text{ or } |W| = (4,3).$$

또한 b에는 총 3가지의 가중치 파라미터가 존재하며 다음과 같이 수식으로 표현이 가능합니다.

$$b \in \mathbb{R}^3 \text{ or } |b| = (3,).$$

즉, 이 동작 방식은 행렬 곱셈과 벡터의 덧셈으로 나타낼 수 있기 때문에 일반화하여 다음과 같은 수식으로 표현할 수 있습니다.

$$y = f(x) = W^\top \cdot x + b,$$
$$\text{where } x \in \mathbb{R}^n, W^\top \in \mathbb{R}^{m \times n}, b \in \mathbb{R}^m \text{ and } y \in \mathbb{R}^m.$$

입력 벡터 x는 n차원의 실수 벡터이며, 출력 벡터 y는 m차원의 실수 벡터입니다. 따라서 n차원을 m차원으로 변환해주기 위해서 W는 $n \times m$ 차원의 행렬이 되어야 합니다.

다시 말해 f는 다음과 같은 함수라고 볼 수 있습니다.

$$f : \mathbb{R}^n \to \mathbb{R}^m$$

만약 수 백만개의 입력 벡터가 주어졌다고 했을 때, 단순히 순차적으로 처리한다면 매우 비효율적일 것입니다. 따라서 이 연산을 다수의 입력을 처리하기 위한 병렬parallel 연산으로 생각해 볼 수도 있습니다. N개의 n차원 벡터를 모아서 $N \times n$ 크기의 행렬로 만들 수 있습니다. 이것을 미니배치mini-batch라고 부르도록 하겠습니다. 선형 계층 함수에서 미니배치 행렬을 처리하기 위한 수식은 다음과 같이 표현될 것입니다.

$$y = f(x) = x \cdot W + b,$$
$$\text{where } x \in \mathbb{R}^{N \times n}, W \in \mathbb{R}^{n \times m}, b \in \mathbb{R}^m \text{ and } y \in \mathbb{R}^{N \times m}.$$

앞의 수식에서 볼 수 있듯이 입력을 N개 모아서 미니배치 행렬로 넣어주었기 때문에 출력도 N개의 m차원의 벡터가 모여 $N \times m$ 크기의 행렬이 됩니다. 이처럼 병렬 연산을 통해 연산 속도를 높일 수 있으며, 이것은 GPU 상에서의 행렬 곱셈으로 처리됩니다. 종종 표현 방식에 따라 W를 $n \times m$ 이 아니라 $m \times n$ 으로 표기하는 경우가 있으니 주의 바랍니다. 이 경우에도 전치transpose 연산의 표기를 통해 결국 같은 연산을 수행하게 됩니다.

2 선형 계층의 의미

선형 계층은 **행렬 곱셈과 벡터의 덧셈으로 이루어져 있기 때문에 선형 변환**이라고 볼 수 있습니다. 따라서 선형 계층을 통해 모델을 구성할 경우, 선형 데이터에 대한 관계를 분석하거나 선형 함수를 근사계산할 수 있습니다.

1 직접 구현하기

선형 계층은 행렬 곱 연산과 브로드캐스팅 덧셈 연산으로 이루어져 있습니다. 선형 계층의 파라미터 행렬 W가 행렬 곱 연산에 활용될 것이고, 파라미터 벡터 b가 브로드캐스팅 덧셈 연산에 활용될 것입니다. 앞에서 배운 파이토치 연산 방법이므로 그대로 다시 구현해보도록 하겠습니다.

```
W = torch.FloatTensor([[1, 2],
                       [3, 4],
                       [5, 6]])
b = torch.FloatTensor([2, 2])
```

보이는 바와 같이 3×2 크기의 행렬 W와 2개의 요소를 갖는 벡터 b를 선언하였습니다.

그럼 이 텐서들을 파라미터로 삼아 선형 계층 함수를 구성해볼 수 있습니다.

```
def linear(x, W, b):
    y = torch.matmul(x, W) + b

    return y
```

아주 쉽죠? matmul 함수와 브로드캐스팅을 이용한 + 연산자만 있으면 됩니다.

다음과 같이 임의의 텐서를 만들어 함수를 통과시키면 선형 계층을 통과시키는 것과 같습니다.

```
x = torch.FloatTensor(4, 3)
```

3개의 요소를 갖는 4개의 샘플을 행렬로 나타내면 x와 같이 4×3 크기의 행렬이 될 것입니다. 이것을 다음 코드처럼 함수를 활용하여 선형 계층을 통과시킬 수 있습니다.

```
y = linear(x, W, b)
print(y.size())
```

하지만 이 방법은 파이토치 입장에서 제대로 된 계층layer으로 취급되지 않습니다.

제대로 계층을 만드는 방법도 살펴보겠습니다.

2 torch.nn.Module 클래스 상속 받기

파이토치에는 nn^neural networks 패키지가 있고 내부에는 미리 정의된 많은 신경망들이 있습니다. 그리고 그 신경망들은 torch.nn.Module이라는 추상 클래스를 상속받아 정의되어 있습니다. 바로 이 추상 클래스를 상속받아 선형 계층을 구현할 수 있습니다. 그전에 torch.nn 패키지를 불러옵니다.

```
import torch.nn as nn
```

그리고 nn.Module을 상속받은 MyLinear라는 클래스를 정의합니다. nn.Module을 상속받은 클래스는 보통 2개의 메서드method, __init__과 forward 를 오버라이드override 합니다.

__init__ 함수는 계층 내부에서 필요한 변수를 미리 선언하고 있으며 심지어 또 다른 계층(nn.Module을 상속받은 클래스의 객체)을 소유하도록 할 수도 있습니다. forward 함수는 계층을 통과하는데 필요한 계산 수행을 합니다.

```
class MyLinear(nn.Module):

    def __init__(self, input_dim=3, output_dim=2):
        self.input_dim = input_dim
        self.output_dim = output_dim

        super().__init__()

        self.W = torch.FloatTensor(input_dim, output_dim)
        self.b = torch.FloatTensor(output_dim)

    # You should override 'forward' method to implement detail.
    # The input arguments and outputs can be designed as you wish.
    def forward(self, x):
        # |x| = (batch_size, input_dim)
        y = torch.matmul(x, self.W) + self.b
        # |y| = (batch_size, input_dim) * (input_dim, output_dim)
        #     = (batch_size, output_dim)

        return y
```

forward 함수 내부에 계산되고 있는 텐서들의 모양을 주석으로 적어놓은 것을 볼 수 있습니다. 이렇게 주석을 통해 텐서의 모양을 미리 적어놓으면 추후에 코드를 파악하거나 디버깅을 할 때 훨씬 편리합니다. 앞에서와같이 정의된 클래스를 이제 생성하여 사용할 수 있습니다.

```
linear = MyLinear(3, 2)

y = linear(x)
```

여기에서 중요한 점은 forward 함수를 따로 호출하지 않고 객체명에 바로 괄호를 열어 텐서 x를 인수로 넘겨주었다는 것입니다. 이처럼 nn.Module의 상속받은 객체는 __call__ 함수와 forward가 매핑되어 있어서 forward를 직접 부를 필요가 없습니다.

forward 호출 앞뒤로 추가적으로 호출하는 함수가 파이토치 내부에 따로 있기 때문에 사용자가 직접 forward 함수를 호출하는 것을 권장하지 않습니다.

여기까지 nn.Module을 상속받아 선형 계층을 구성하여 보았습니다. 하지만 이 방법도 아직 제대로 된 방법은 아닙니다. 물론 파이토치 입장에서 MyLinear라는 클래스의 계층으로 인식하고 계산도 수행하지만 내부에 학습할 수 있는 파라미터는 없는 것으로 인식하기 때문입니다. 예를 들어 다음 코드를 실행하면 아무것도 출력되지 않습니다.

```
for p in linear.parameters():
    print(p)
```

3 올바른 방법: nn.Parameter 활용하기

제대로 된 방법은 W와 b를 파이토치에서 학습이 가능하도록 인식할 수 있는 파라미터로 만들어주어야 하는데 torch.nn.Parameter 클래스[1]를 활용하면 됩니다.

다음 코드와 같이 파이토치 텐서 선언 이후에 nn.Parameter로 감싸줍니다.

```
class MyLinear(nn.Module):

    def __init__(self, input_dim=3, output_dim=2):
        self.input_dim = input_dim
        self.output_dim = output_dim

        super().__init__()

        self.W = nn.Parameter(torch.FloatTensor(input_dim, output_dim))
        self.b = nn.Parameter(torch.FloatTensor(output_dim))

    def forward(self, x):
        # |x| = (batch_size, input_dim)
```

----

[1] https://pytorch.org/docs/stable/nn.html#torch.nn.Parameter

```
        y = torch.matmul(x, self.W) + self.b
        # |y| = (batch_size, input_dim) * (input_dim, output_dim)
        #     = (batch_size, output_dim)

        return y
```

그럼 다음과 같이 파라미터가 정상적으로 출력되는 것을 볼 수 있습니다.

```
>>> for p in linear.parameters():
...     print(p)
Parameter containing:
tensor([[ 0.0000e+00, -0.0000e+00],
        [ 9.1002e+31, -2.8586e-42],
        [ 8.4078e-45,  0.0000e+00]], requires_grad=True)
Parameter containing:
tensor([4.7428e+30, 7.1429e+31], requires_grad=True)
```

4 nn.Linear 활용하기

사실 지금까지 언급한 복잡한 방법 말고 torch.nn에 미리 정의된 선형 계층을 불러다 쓰면 매우 간단합니다. 다음 코드는 nn.Linear를 통해 선형 계층을 활용한 모습입니다.

```
linear = nn.Linear(3, 2)

y = linear(x)
```

마찬가지로 파라미터도 잘 갖고 있는 것을 볼 수 있습니다.

```
>>> for p in linear.parameters():
...     print(p)
Parameter containing:
tensor([[-0.3386, -0.5355, -0.4991],
        [ 0.1993,  0.4776,  0.1894]], requires_grad=True)
Parameter containing:
tensor([0.1819, 0.0941], requires_grad=True)
```

또한 앞서 말한 대로 nn.Module을 상속받아 정의한 나만의 계층 클래스는 내부의
nn.Module 하위 클래스를 소유할 수 있습니다.

```
class MyLinear(nn.Module):

    def __init__(self, input_dim=3, output_dim=2):
        self.input_dim = input_dim
        self.output_dim = output_dim

        super().__init__()

        self.linear = nn.Linear(input_dim, output_dim)

    def forward(self, x):
        # |x| = (batch_size, input_dim)
        y = self.linear(x)
        # |y| = (batch_size, output_dim)

        return y
```

앞의 코드는 nn.Module을 상속받아 MyLinear 클래스를 정의하고 있는데, __init__
함수 내부에는 nn.Linear를 선언하여 self.linear에 저장하는 모습을 보여주고 있습니
다. 그리고 forward 함수에서는 self.linear에 텐서 x를 통과시킵니다. 즉, 이 코드도
선형 계층을 구현한 것이라 볼 수 있습니다.[2]

----

2 다만 바깥의 MyLinear는 빈 껍데기에 불과합니다.

GPU 사용하기

이 책을 읽는 대부분의 독자들은 이미 알고 있겠지만 딥러닝의 연산량은 엄청나기 때문에 딥러닝 연산은 보통 엔비디아^Nvidia 그래픽처리장치^GPU에서 이루어지게 됩니다.

엔비디아는 일찌감치 GPU를 통한 병렬 연산의 수요를 파악하고 딥러닝이 유행하기 전부터 엔비디아 GPU를 통한 프로그래밍이 가능하도록 CUDA[3]를 지원해 왔습니다.

파이토치에서도 CUDA를 통한 GPU 연산을 지원합니다. 앞에서 구현된 파이토치 코드들은 모두 CPU에서 연산이 진행되도록 되어 있었습니다. 이 코드들이 GPU에서 동작하도록 하는 방법을 알아보겠습니다.

1 Cuda 함수

앞에서 원하는 크기의 임의의 값을 가진 텐서를 생성하는 방법에 대해 배웠습니다.

비슷한 방법으로 다음 코드와 같이 GPU의 메모리 상에 텐서를 생성할 수 있습니다.

```
>>> x = torch.cuda.FloatTensor(2, 2)
>>> x
tensor([[0., 0.],
        [0., 0.]], device='cuda:0')
```

텐서 x의 device가 cuda:0으로 잡혀있는 것을 볼 수 있습니다. cuda: 뒤에 붙은 숫자는 GPU 디바이스의 인덱스^index를 의미합니다. 즉, 첫 번째 디바이스인 0번 GPU를

---

3 CUDA^Compute Unified Device Architecture는 엔비디아 GPU에서 수행하는 병렬 연산을 프로그래밍 언어를 통해 구현할 수 있도록 하는 기술입니다.

의미합니다. 앞의 방법 외에도 텐서의 cuda 함수를 통해 CPU 메모리 상에 선언된 텐서를 GPU로 복사하는 방법도 존재합니다.

```
>>> x = torch.FloatTensor(2, 2)
>>> x
tensor([[-4.4256e-10,  4.5685e-41],
        [-4.4256e-10,  4.5685e-41]])

>>> x = x.cuda()
>>> x
tensor([[-4.4256e-10,  4.5685e-41],
        [-4.4256e-10,  4.5685e-41]], device='cuda:0')
```

이 cuda 함수의 인자에 복사하고자 하는 목적지 GPU 장치의 인덱스를 넣어 원하는 디바이스에 복사할 수도 있습니다.

```
>>> x = x.cuda(device=1) # If you don't have 2nd gpu, error will be occurred.
>>> x
tensor([[-4.4256e-10,  4.5685e-41],
        [-4.4256e-10,  4.5685e-41]], device='cuda:1')
```

cuda 함수는 텐서뿐만 아니라 nn.Module의 하위 클래스 객체에도 똑같이 적용할 수 있습니다.

```
>>> import torch.nn as nn
>>> layer = nn.Linear(2, 2)
>>> layer.cuda(0)
```

여기에서 주의해야 할 것은 텐서는 cuda 함수를 통해 원하는 디바이스로 복사가 되지만, nn.Module 하위 클래스 객체의 경우 복사가 아닌 이동move이 수행된다는 점입니다.

❷ 서로 다른 장치 간 연산

서로 다른 장치에 올라가 있는 텐서 또는 nn.Module의 하위 클래스 객체끼리는 연산이 불가합니다. CPU와 GPU에 위치한 텐서들끼리 연산이 불가능할 뿐만 아니라 0번 GPU와 1번 GPU 사이의 연산도 불가능합니다.

```
>>> x = torch.FloatTensor(2, 2)
>>> x
tensor([[8.9683e-44, 0.0000e+00],
        [1.1210e-43, 0.0000e+00]])

>>> x + x.cuda(0)
RuntimeError: Expected all tensors to be on the same device, but found at
least two devices, cuda:0 and cpu!
```

❸ Cpu 함수

반대로 필요에 따라 GPU 메모리 상에 있는 텐서를 CPU 메모리로 복사해야 하는 상황이 생길 수 있습니다. 이때는 cpu 함수를 사용하면 됩니다.

```
>>> x = torch.cuda.FloatTensor(2, 2)
>>> x
tensor([[0., 0.],
        [0., 0.]], device='cuda:0')

>>> x = x.cpu()
>>> x
tensor([[0., 0.],
        [0., 0.]])
```

4 To 함수

파이토치는 원래 cuda 함수와 cpu 함수만 제공했지만 현재는 to 함수도 함께 제공하고 있습니다. to 함수는 원하는 디바이스device의 정보를 담은 객체를 인자로 받아, 함수 자신을 호출한 객체를 해당 디바이스로 복사(이동) 시킵니다. 디바이스 정보를 담은 객체는 torch.device를 통해 생성할 수 있습니다.

```
>>> cpu_device = torch.device('cpu')
>>> gpu_device = torch.device('cuda:0')
```

앞서 만든 각 디바이스 객체를 통해 원하는 장치로 복사해봅니다.

```
>>> x = torch.FloatTensor(2, 2)
>>> x
tensor([[1.1874e+26, 4.5598e-41],
        [1.1973e+26, 4.5598e-41]])

>>> x = x.to(gpu_device)
>>> x
tensor([[1.1874e+26, 4.5598e-41],
        [1.1973e+26, 4.5598e-41]], device='cuda:0')

>>> x = x.to(cpu_device)
>>> x
tensor([[1.1874e+26, 4.5598e-41],
        [1.1973e+26, 4.5598e-41]])
```

5 Device 속성

텐서는 device 속성을 가지고 있어 해당 텐서가 위치한 디바이스를 쉽게 파악할 수 있습니다.

```
>>> x = torch.cuda.FloatTensor(2, 2)
>>> x.device
device(type='cuda', index=0)
```

흥미로운 점은 nn.Module의 하위 클래스 객체는 해당 속성을 갖고 있지 않다는 것입니다. 따라서 모델이 어느 장치에 올라가 있는지 알고 싶다면 다음과 같은 방법을 사용할 수 있습니다.

```
>>> layer = nn.Linear(2, 2)
>>> next(layer.parameters()).device
device(type='cpu')
```

parameters 함수를 통해 모델 내의 파라미터에 대한 이터레이터iterator를 얻은 후, 첫번째 파라미터 텐서의 device 속성에 접근합니다. 물론 이 방법은 모델 내부의 파라미터 전체가 같은 디바이스에 위치해야 한다는 전제가 필요하나, 대부분의 경우에 이 전제는 성립할 것입니다.

4.6 마치며

지금까지 신경망의 가장 기본적인 구성요소인 선형 계층에 대해서 알아보았습니다. 앞에서 언급했던 것처럼 선형 계층은 심층신경망의 기본 구성요소가 되기 때문에 꼭 선형 계층의 의미와 함수의 동작 방식에 대해 제대로 이해하고 넘어가기 바랍니다.

요약

- **선형 계층**
  - 선형 계층은 행렬의 곱과 벡터의 덧셈으로 이루어져 있음
  - 선형 계층 또한 함수이며 내부의 가중치 파라미터의 값에 따라 출력값이 달라짐
  - 선형 계층을 통해 선형 데이터에 대한 관계를 분석하거나 선형 함수를 근사계산할 수 있음

- **선형 계층의 수식**

$$y = f(x) = x \cdot W + b,$$
$$\text{where } x \in \mathbb{R}^{N \times n}, W \in \mathbb{R}^{n \times m}, b \in \mathbb{R}^{m} \text{ and } y \in \mathbb{R}^{N \times m}.$$

- **GPU 활용하기**
  - to 함수를 통해 텐서나 모델을 원하는 GPU 로 복사/이동시킬 수 있음
  - 텐서끼리의 연산은 같은 장치(디바이스)에서만 가능

CHAPTER

5

손실 함수

손실 함수는 딥러닝 모델의 출력값과 사용자가 원하는 정답의 오차를 계산해주는 함수입니다.
이 장에서는 손실 함수에서 일반적으로 많이 사용하는 평균 제곱 오차의 개념과 특성에 대해
살펴보고 파이토치에서 직접 구현해봅니다.

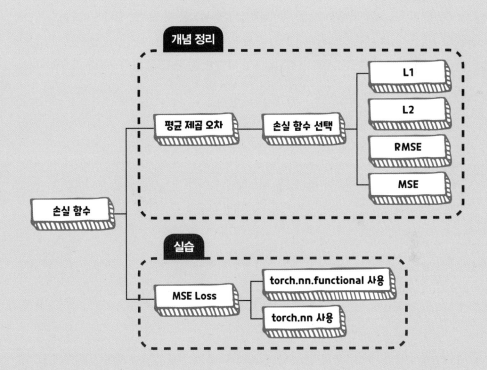

5.1 평균 제곱 오차

우리가 가지고 있는 모델을 통해 알 수 없는 함수 f^*를 근사계산하고 싶습니다. 앞에서 선형 계층을 통해 모델을 구성할 수 있음을 배웠습니다. 그럼 이제 데이터를 집어넣고 모델이 함수 f^*를 잘 근사계산하고 있는지 판단할 수 있어야 합니다. 어떤 방법을 통해 판단할 수 있을까요?

가장 간단한 방법은 해당 모델에 수집한 데이터로 입력을 넣었을 때 원하는 출력이 나오는지 확인하는 것입니다. 그러고 나면 당연하게도 모델은 원하는 출력이 아닌 다른 값을 반환할 것입니다. 이때 모델에서 반환한 출력은 원래의 출력값 y를 모방한 출력이므로 $\hat{y}$라고 표현하겠습니다.

$$\mathcal{D} = \{(x_i, y_i)\}_{i=1}^{N}$$

$$\hat{y}_i = f(x_i)$$

원하는 출력값과 모델이 반환한 출력값을 비교해서 차이가 적을수록 좋은 모델이라고 판단할 수 있을 것입니다. 상기한 내용을 수식으로 나타내면 다음과 같습니다.

$$\text{Loss} = \sum_{i=1}^{N} \|y_i - \hat{y}_i\|$$
$$= \sum_{i=1}^{N} \|y_i - f(x_i)\|$$

앞의 수식에서 모든 데이터의 입력에 대한 모방 출력 $\hat{y}$와 실제 정답 y 사이 간 차이의 크기를 더한 것을 **손실**[loss] **값**이라고 부릅니다. 따라서 **손실 값이 작을수록 해당 모델은 근사계산하고자 하는 함수 f^*를 잘 근사계산하고 있다고 판단**할 수 있습니다.

앞에서 모델 함수는 가중치 파라미터에 의해 동작이 정의된다고 하였습니다.

이 모델은 W와 b를 가중치 파라미터로 갖고 있을 것입니다.[1] 모델의 가중치 파라미터의 집합을 이제 θ라고 표현하겠습니다. 보통 심층신경망의 굉장히 많은 파라미터들도 θ라고 표현합니다.

$$\theta = \{W, b\}$$

그러면 모델 함수는 가중치 파라미터 θ에 의해 정의되므로 f_θ라고 표현되어도 무방합니다. 이제 손실 값을 최소화하는 모델을 찾으면 됩니다.

방법으로 여러 가지가 있겠지만 가장 간단한 방법은 모델 가중치 파라미터의 값을 랜덤^{random} 하게 바꿔보는 것입니다. 그럼 모델의 동작이 바뀌면서 입력에 대한 출력 $\hat{y}$이 바뀌겠지요? 따라서 손실 값도 바뀌게 됩니다. 이전보다 손실 값이 더 줄었다면 더 좋은 가중치 파라미터를 찾았다고 할 수 있습니다.

이 작업을 수월하게 하기 위해 함수로 표현해봅시다. 모델의 가중치 파라미터가 바뀌면 손실 값이 바뀌기 때문에 가중치 파라미터를 함수 입력으로 주고 손실 값을 출력으로 반환하도록 만들어볼 수 있습니다.

이것이 다음 수식으로 표현된 **손실 함수**^{loss function}가 됩니다.

$$\mathcal{L}(\theta) = \sum_{i=1}^{N} \|y_i - f_\theta(x_i)\|,$$
$$\text{where } \theta = \{W, b\}.$$

이제 **손실 함수의 출력값(손실 값)을 최소로 만드는 모델의 가중치 파라미터 θ(함수 입력 값)를 찾기만 하면 됩니다.** 물론 앞에서 언급한 방법으로 찾는다면 아마 매우 오랜 시간이 소요될 것입니다. 이와 관련하여 효율적인 방법에 대해서는 다음 절에서 배우도록 하겠습니다.

1 손실 함수 선택

손실 값의 정의로 타깃 출력 y와 모델의 출력 $\hat{y}$ 간 차이 크기의 합이라고 했습니다. 이때 차이의 크기를 정의하는 방법은 다양합니다.

---

1 나중에 심층신경망과 같은 복잡한 모델을 배운 후 더 복잡한 모델로 바꿔치기 할 수 있습니다.

L1

먼저 L1 노름^{norm}을 생각해볼 수 있습니다. n차원 벡터의 각 요소들 사이의 차이에 대한 절댓 값을 모두 더한 것입니다. 두 벡터 사이의 L1 노름은 다음과 같이 수식으로 표현됩니다.

다음 수식에서 y와 $\hat{y}$은 n차원의 벡터를 나타내고 y_i 등은 벡터의 i번째 요소를 나타낸다는 것에 대해 주의하세요.

$$\|y - \hat{y}\| = |y_1 - \hat{y}_1| + \cdots + |y_n - \hat{y}_n|$$
$$= \sum_{i=1}^{n} |y_i - \hat{y}_i|,$$
$$\text{where } y \in \mathbb{R}^n \text{ and } \hat{y} \in \mathbb{R}^n.$$

L2

그리고 L2 노름이 있습니다. 유클리디안 거리$^{Euclidean\ distance}$로도 잘 알려져 있는데 두 점 사이의 거리를 계산하는 방법입니다. 따라서 손실 함수에 L2 노름을 활용하면 정답과 모델 출력 사이의 거리를 최소화한다고 볼 수 있습니다. L2 노름은 벡터의 각 요소들 간 차이에 대해 제곱을 구하여 모두 더한 것입니다. 두 벡터 사이의 L2 노름은 다음과 같이 수식으로 표현됩니다.

$$\|y - \hat{y}\|_2 = \sqrt{(y_1 - \hat{y}_1)^2 + \cdots + (y_n - \hat{y}_n)^2}$$
$$= \sqrt{\sum_{i=1}^{n} (y_i - \hat{y}_i)^2},$$
$$\text{where } y \in \mathbb{R}^n \text{ and } \hat{y} \in \mathbb{R}^n.$$

RMSE

제곱근 평균 제곱 오차$^{Root\ Mean\ Squared\ Error,\ RMSE}$는 앞에서 살펴본 L2 노름과 매우 유사한 수식을 갖고 있습니다. 다만 제곱근을 구하기 전에 벡터의 차원 크기인 n으로 나누어 평균을 취하는 것을 볼 수 있습니다.

$$\text{RMSE}(y, \hat{y}) = \sqrt{\frac{1}{n} \sum_{i=1}^{n} (y_i - \hat{y}_i)^2}$$

RMSE라는 이름에서 알 수 있듯이 오차^{error}에 제곱^{squared}을 구하고 평균^{mean}을 취해서 제곱근 ^{root}을 씌워주는 것을 볼 수 있습니다. 이름 뒤에서 부터 따라가면 됩니다.

MSE

그다음 우리가 가장 많이 애용하게 될 **평균 제곱 오차**$^{Mean\ Squared\ Error,\ MSE}$입니다. 앞에서 살펴본 RMSE에서 제곱근에 해당하는 R이 빠졌습니다. 즉, RMSE에 제곱을 취한 것과 같습니다. 따라서 훨씬 큰 차이 값을 반환하게 됩니다. RMSE에서 상수인 n으로 나눠주었을 때도 문제가 없었듯 제곱의 함수 꼴은 여전히 단조증가$^{monotonic\ increasing}$ 형태를 띠므로 값들의 차이 순서가 바뀌지 않아 문제가 되지 않습니다. MSE의 수식은 다음과 같습니다.

$$
\begin{aligned}
\mathrm{MSE}(y, \hat{y}) &= \frac{1}{n} \sum_{i=1}^{n} (y_i - \hat{y}_i)^2 \\
&= \frac{1}{n} (\|y - \hat{y}\|_2)^2 \\
&= \frac{1}{n} \|y - \hat{y}\|_2^2 \\
&\propto \|y - \hat{y}\|_2^2
\end{aligned}
$$

앞의 수식에서 MSE와 L2 노름 간의 관계도 살펴볼 수 있습니다. MSE는 L2 노름의 제곱에 상수를 곱한 값이므로, 흔히 MSE와 L2 노름의 제곱을 혼용하여 표기합니다.

만약 MSE를 손실 함수로 활용하게 되면 다음과 같이 손실 함수가 최종적으로 정의될 수 있을 것입니다.

$$
\mathcal{D} = \{(x_i, y_i)\}_{i=1}^{N}
$$

$$
\mathcal{L}_{MSE}(\theta) = \frac{1}{m} \sum_{i=1}^{N} \sum_{j=1}^{m} (y_{i,j} - f(x_i)_j)^2,
$$
$$
\text{where } f : \mathbb{R}^n \rightarrow \mathbb{R}^m.
$$

N개의 데이터 샘플에 대한 손실 값은 각 샘플의 타깃 출력값 m차원의 벡터와 모델의 출력값 m차원의 벡터 사이의 MSE에 대한 합으로 정의됩니다. 경우에 따라 샘플의 숫자 N을 추가적으로 나누어 샘플들의 MSE에 대한 평균을 취하기도 합니다.[2]

---

2 상수를 나누어 주는 것이기 때문에 모델의 성능에는 영향이 거의 없습니다.

실습

MSE Loss

앞에서 배운 MSE 손실 함수를 파이토치로 직접 구현해볼 차례입니다. 좀 더 쉽게 구현할 수 있도록 손실 함수의 수식도 함께 써놓겠습니다.

$$\text{MSE}(\hat{x}_{1:N}, x_{1:N}) = \frac{1}{N \times n} \sum_{i=1}^{N} \|x_i - \hat{x}_i\|_2^2$$

이 수식을 코드로 옮기면 다음과 같습니다.

```python
def mse(x_hat, x):
    # |x_hat| = (batch_size, dim)
    # |x| = (batch_size, dim)
    y = ((x - x_hat)**2).mean()

    return y
```

매우 간단하게 MSE 손실 함수를 구현했습니다. 그럼 실제 두 텐서 사이의 MSE 손실 값을 구해보도록 할까요?

```python
>>> x = torch.FloatTensor([[1, 1],
...                        [2, 2]])
>>> x_hat = torch.FloatTensor([[0, 0],
...                            [0, 0]])
>>> print(mse(x_hat, x))
tensor(2.5000)
```

◑ torch.nn.functional 사용하기

MSE 손실 함수도 파이토치에서 기본적으로 제공합니다. 파이토치 내장 MSE 손실 함수는 다음과 같이 활용할 수 있습니다.

```
>>> import torch.nn.functional as F
>>> F.mse_loss(x_hat, x)
tensor(2.5000)
```

해당 함수는 reduction이라는 인자를 통해 MSE 손실 값을 구할 때 차원 감소 연산 (e.g. 평균)에 대한 설정을 할 수 있습니다. sum과 none 등을 선택하여 원하는 대로 MSE 손실 함수의 출력값을 얻을 수 있습니다.

```
>>> F.mse_loss(x_hat, x, reduction='sum')
tensor(10.)
>>> F.mse_loss(x_hat, x, reduction='none')
tensor([[1., 1.],
        [4., 4.]])
```

◨ torch.nn 사용하기

torch.nn.functional 이외에도 torch.nn을 활용하는 방법이 있습니다.

```
>>> import torch.nn as nn
>>> mse_loss = nn.MSELoss()
>>> mse_loss(x_hat, x)
tensor(2.5000)
```

사실 두 방법의 차이는 거의 없습니다. 하지만 이 방법을 사용하게 되면 nn.Module의 하위 클래스 내부에 선언하기 때문에 계층layer의 하나처럼 취급할 수 있습니다.

5.3 마치며

지금까지 손실 함수에서 가장 대표적으로 사용하는 MSE(평균 제곱 오차)의 개념과 특성에 대해 배우고 파이토치에서 직접 구현해보았습니다. 손실 함수는 신경망을 학습할 때 학습 상태에 대해 측정하는 하나의 지표로 사용되기 때문에 반드시 개념에 대해 이해하고 넘어가기 바랍니다.

요약

- **손실 함수가 필요한 이유**
  - 신경망(e.g. 선형 계층)의 내부 가중치 파라미터를 조절하여 함수를 근사계산할 수 있음
  - 얼마나 잘 근사계산하는지 알아야 더 좋은 가중치 파라미터를 선택할 수 있음
  - 손실 값은 얼마나 잘 근사계산하는지 수치로 나타낸 것(낮을수록 좋음)
  - 선형 계층의 가중치 파라미터 변화에 따라 손실 값이 변할 것
  - 가중치 파라미터를 입력으로 받아 손실 값을 출력으로 반환하는 함수를 만들 수 있는데 이것이 손실 함수임

- **손실 함수**
  - 입력: 가중치 파라미터
  - 출력: 손실 값
    - 계산 방법: 각 샘플 별 손실 값(모델의 출력값과 정답의 차이)의 합
  - 손실 함수 공식 내의 상수는 의미가 없음

- **MSE 손실 함수의 수식**

  $$\mathcal{L}_{MSE}(\theta) = \frac{1}{m} \sum_{i=1}^{N} \sum_{j=1}^{m} \left(y_{i,j} - f(x_i)_j \right)^2,$$
  $$\text{where } f \colon \mathbb{R}^n \to \mathbb{R}^m.$$

CHAPTER

6

경사하강법

Preview

딥러닝에서의 학습은 손실 함수를 최소로 하는 파라미터를 구하는 과정입니다. 경사하강법은 효율적으로 손실 함수의 출력을 최소로 만드는 입력을 찾기 위한 방법 중 하나입니다. 경사하강법에 대해 배우기 전에 미리 알아야 할 미분에 대해 살펴보고 경사하강법의 개념과 특성에 대해 배운 뒤 파이토치에서 구현해보겠습니다.

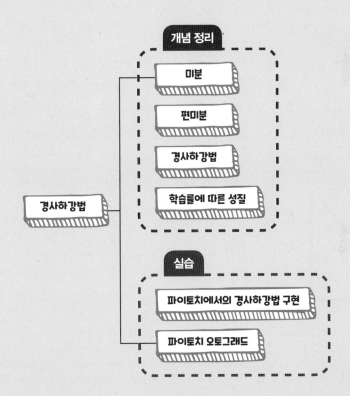

6.1 미분이란?

경사하강법을 배우기에 전에 미리 알아 두어야 할 미분의 개념에 대해 간단히 알아봅시다. 학창 시절처럼 손으로 직접 미분을 계산할 필요는 전혀 없습니다. 하지만 미분과 관련된 개념은 매우 중요합니다. 좀 더 자세히 공부하고 싶으신 독자는 유튜브 등에 관련 자료가 많으므로 참고하기 바랍니다.

1 기울기

미분을 언급하기 전에 기울기가 무엇인지 알아봅시다. **기울기는 x 증가량에 대한 y 증가량으로 정의**됩니다. 즉, x가 변화한 양에 비해 y가 변화한 양이 클수록 기울기는 커지게 됩니다. 그림으로 나타내면 다음과 같습니다. 주어진 삼각형의 밑변에 대해서 삼각형의 높이가 커질수록 빗면의 기울기도 커지게 됩니다.

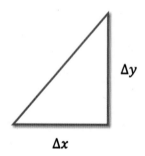

Δy

Δx

▶ 기울기

수식으로 나타내면 다음과 같습니다. 2차원 좌표 상에서 두 점 $(x_1, y_1), (x_2, y_2)$가 주어졌을 때, 두 점 사이의 기울기를 구하는 공식입니다.

$$\frac{\Delta y}{\Delta x} = \frac{y_2 - y_1}{x_2 - x_1}$$

그러면 다음 그림과 같이 두 점을 이은 직선의 기울기를 구할 수 있습니다.

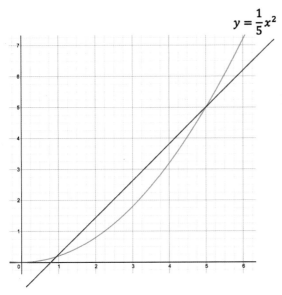

▶ 두 점 사이의 기울기

앞의 그림에는 $f(x) = \frac{1}{5}x^2$ 일 때, $x = 1$인 지점과 $x = 5$인 지점 사이를 잇는 직선이 그려져 있습니다. 이 직선의 기울기는 다음과 같습니다.

x의 증가량은 4이며, 이것을 h라고 표현하겠습니다.

$$\frac{\Delta y}{\Delta x} = \frac{f(1+h) - f(1)}{(1+h) - 1} = \frac{f(5) - f(1)}{5 - 1} = \frac{5 - 0.2}{5 - 1} = \frac{4.8}{4} = 1.2,$$
$$\text{where } h = 4.$$

그러므로 이 직선을 표현하면 다음과 같겠군요.

$$y = 1.2x - 1$$

② 극한(무한소)과 미분

이때, x의 변화량을 매우 작게 만들어볼 수 있을 겁니다.

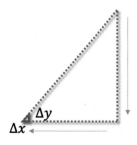

▶ x의 변화량이 0으로 접근

즉, $h = x_2 - x_1$ 이라고 할 때 h를 0에 가깝게 만들어봅니다.

$$y = f(x)$$
$$\frac{dy}{dx} = \lim_{h \to 0} \frac{f(x+h) - f(x)}{(x+h) - x}$$

y의 변화량을 구한다면 마찬가지로 기울기를 구할 수 있을 겁니다. 앞에서는 두 점 사이의 기울기였지만 지금은 함수 f 위의 지점 $(x, f(x))$에서의 접선의 기울기라고 볼 수 있습니다. 기울기를 나타내기 위해서 델타delta Δ로 표현되었던 것을 d로 표현했습니다. 다음 그림은 함수 f에서 $x = 3$일 때의 접선을 나타낸 것입니다.

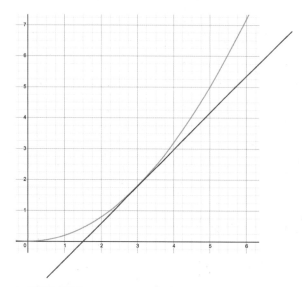

▶ 접선의 기울기

이 접선의 기울기는 어떻게 계산할까요?

❸ 도함수

앞의 그림처럼 함수 f가 주어져 있을 때, 특정 지점 x에 대한 접선의 기울기를 함수로 나타낼 수 있습니다. 즉, 입력은 특정 지점 x가 될 것이고, 출력은 해당 지점에서의 함수 f의 기울기가 되겠지요. 이것을 다음과 같이 함수 꼴로 표현해볼 수 있습니다.

$$g(x) = \lim_{h \to 0} \frac{f(x+h) - f(x)}{(x+h) - x}$$

$$y' = f'(x) = g(x)$$

이때 **함수 f의 기울기를 함수로 나타낸 g를 도함수**라고 부르며 함수 f를 미분하여 얻을 수 있습니다. 함수 f를 미분한 것을 f'라고 표기하기도 합니다.

❹ 뉴턴 vs 라이프니츠

우리가 일반적으로 알고 있는 미분의 표기법은 고등학생 때 배웠던 작은따옴표를 붙이는 방식입니다. 이것은 뉴턴의 방식을 따른 표기법입니다.

$$y' = f'(x)$$

다른 표기 방법으로 독일의 라이프니츠가 만든 방식이 있는데 다음과 같이 분수와 비슷한 꼴로 표현됩니다.

$$\frac{dy}{dx} = \frac{df}{dx}$$

기울기를 이야기할 때 소개했던 형태인 $\frac{\Delta y}{\Delta x}$ 와 비슷한 표현으로 보면 됩니다. 다만 Δx 가 0에 근접했을 때의 표현식이라는 점을 유념해주세요.

합성함수 미분

비록 뉴턴 방식의 미분 표기가 익숙하겠지만, 라이프니츠 방식으로 표현했을 때 좀 더 편해지는 부분이 있습니다. 예를 들어 다음과 같이 합성함수가 정의되어 있다고 해봅시다.

$$y = f \circ g(x)$$
$$= f(g(x))$$

$$y = f(h)$$
$$h = g(x)$$

변수 y는 x에 의해 정해지지만 두 함수 f와 g를 통과해야 합니다. 또는 중간 변수 h를 두어 표현할 수도 있습니다.

뉴턴

학창시절 합성함수 미분에 대해 배울 때 아래 미분 공식에 대한 유도 과정을 익히기 보다 그저 이와같다는 식으로 외웠던 경우가 많을 것입니다.

$$y' = f'(h) \cdot g'(x)$$
$$= f'(g(x)) \cdot g'(x)$$

만약 $f(h) = h^2$ 이고 $g(x) = x^2 + x$ 라면 어떻게 될까요? 먼저 두 합성함수를 전개하면 다음과 같이 됩니다.

$$y = f \circ g(x)$$
$$= (x^2 + x)^2$$
$$= (x \cdot (x+1))^2$$
$$= x^2 \cdot (x^2 + 2x + 1)$$
$$= x^4 + 2x^3 + x^2$$

이것을 미분하면 다음과 같습니다.[1]

$$y' = 4x^3 + 6x^2 + 2x$$

위에서 언급한 합성함수 미분 공식이 맞는지 확인해봅시다.

---

[1] 미분에 대해 전혀 배운 적이 없다고 하더라도 딥러닝을 연구/개발할 때 실제 미분을 손으로 계산할 필요는 없기 때문에 이 과정은 이해하지 못해도 무방합니다.

$$\begin{aligned} y' &= f'(h) \cdot g'(x) \\ &= 2h \cdot (2x+1) \\ &= 2(x^2+x)(2x+1) \\ &= 2(2x^3+2x^2+x^2+x) \\ &= 4x^3+6x^2+2x \end{aligned}$$

라이프니츠

하지만 라이프니츠 방식을 쓰게 되면 좀 더 쉽게 풀 수 있습니다. 앞에서 언급한 라이프니츠 방식의 미분 표현법은 마치 분수처럼 취급할 수 있습니다. 따라서 분모와 분자에 dh를 추가하여 다음과 같이 표현할 수 있습니다.

$$\frac{dy}{dx} = \frac{df}{dh} \cdot \frac{dh}{dx}$$

y를 x로 미분하는 과정은 f를 h로 미분하고 여기에 h를 x로 미분한 것을 곱한 것과 같다는 말입니다. 다음 수식에서 각 변수를 함수들로 치환해보면 먼저 언급한 미분 공식이 나오는 것을 볼 수 있습니다.

$$\begin{aligned} \frac{dy}{dx} &= \frac{df}{dh} \cdot \frac{dh}{dx} \\ &= f'(h) \cdot \left(\frac{d}{dx} g(x) \right) \\ &= f'(g(x)) \cdot g'(x) \end{aligned}$$

여러 개의 변수가 주어진 상황에서는 라이프니츠 방식의 미분 표기법이 훨씬 더 직관적으로 표현되는 것을 알 수 있습니다.

앞에서는 입력 변수가 x만 있을 때 미분하는 방법에 대해 이야기했습니다. 이번에는 다음 그림과 같이 다변수가 입력으로 주어질 때 함수를 미분하는 방법에 대해 알아봅시다.

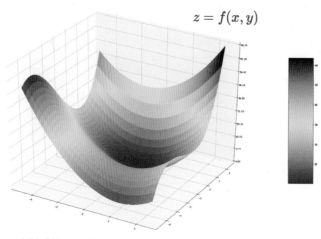

$$z = f(x, y)$$

▶ 디변수 함수 그래프

1 편미분

단변수 함수는 1차원 상의 함수가 되므로 미분을 한다면 접선의 기울기를 구하는 형태가 되었습니다. 그럼 다변수 함수를 미분할 때에는 어떻게 해야 할까요? 다음과 같이 입력 변수 x와 y로 정의되는 함수가 있다고 해봅시다.

$$z = f(x, y)$$

이때 하나의 입력 변수에 대해서만 미분을 수행할 수 있습니다. 이것을 편미분이라고 합니다. 즉, 다음 수식과 같이 x의 변화량을 0에 수렴하게 만들어서 함수 f를 x로 미분할 수 있습니다.

$$\frac{\partial f}{\partial x} = \lim_{h \to 0} \frac{f(x+h, y) - f(x, y)}{(x+h) - x}$$

앞에서의 미분 표기와 다르게 d 대신에 편미분을 뜻하는 ∂ 로 바뀌어 표현되었습니다. 즉, 좌변이 의미하는 것은 다변수 함수 f를 입력 변수 중 하나인 x로 편미분한다는 것입니다. 다음 그림은 실제 2차원 함수의 수식을 x로 편미분한 것을 나타낸 것입니다.

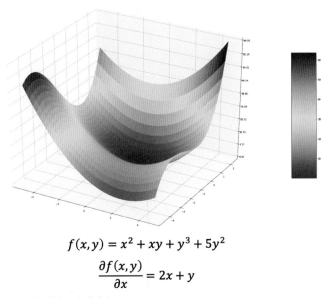

$$f(x, y) = x^2 + xy + y^3 + 5y^2$$

$$\frac{\partial f(x, y)}{\partial x} = 2x + y$$

▶ 다변수 함수 f의 편미분

마찬가지로 y로도 편미분해볼 수 있습니다.

$$\frac{\partial f}{\partial y} = \lim_{h \to 0} \frac{f(x, y+h) - f(x, y)}{(y+h) - y}$$

각 미분 결과는 기울기의 크기를 나타냅니다. 그럼 이 다변수 함수 f에서 특정 지점 (x, y)의 기울기는 어떻게 될까요? 이때에는 **각 변수별 미분 결과를 합쳐서 벡터로 나타내게 됩니다.** 1차원 함수에서의 미분 결과는 기울기의 크기인 스칼라 값이지만, 다변수 함수에서의 미분 결과는 입력 변수 개수만큼의 차원을 갖는 벡터가 됩니다.

$$\left(\frac{\partial f}{\partial x}, \frac{\partial f}{\partial y} \right)$$

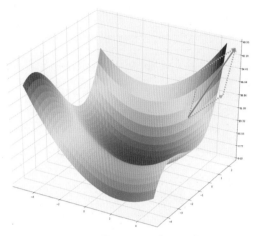

$$f(x, y) = x^2 + xy + y^3 + 5y^2$$

$$\nabla f(x, y) = \begin{bmatrix} 2x + y \\ x + 3y^2 + 10y \end{bmatrix}$$

▶ 다변수 함수 f의 특정 지점에서의 기울기

이 기울기 벡터를 그래디언트gradient라고 부릅니다. 이것은 다차원 함수로 정의된 평면에서의 접면tangent plane의 벡터라고 볼 수 있습니다.

❷ 함수의 입출력 형태

앞에서 이야기한 내용을 일반화하기에 전에 다양한 형태의 입출력을 갖는 함수들에 대해 살펴보도록 하겠습니다.

벡터를 입력으로 받는 함수

앞서 보았던 다변수 함수는 벡터를 입력으로 받는 것이라고 생각할 수 있습니다. 따라서 다음의 수식처럼 n차원의 벡터 x를 입력으로 받는 함수라고 볼 수 있습니다.

$$y = f(\begin{bmatrix} x_1 \\ \vdots \\ x_n \end{bmatrix}) = f(x),$$
$$\text{where } x \in \mathbb{R}^n.$$

행렬을 입력으로 받는 함수

좀 더 생각을 확장하면 행렬을 입력으로 받는 함수도 생각해볼 수 있습니다.

$$y = f\left(\begin{bmatrix} x_{1,1} & \cdots & x_{1,m} \\ \vdots & \ddots & \vdots \\ x_{n,1} & \cdots & x_{n,m} \end{bmatrix}\right) = f(X),$$
$$\text{where } X \in \mathbb{R}^{n \times m}.$$

출력이 벡터 또는 행렬인 함수

출력이 벡터이거나 행렬인 함수 형태도 생각해볼 수 있습니다. 다음 수식은 각각 출력이 n차원의 벡터이거나, $n \times m$ 차원의 행렬인 경우를 보여주고 있습니다.

$$y = \begin{bmatrix} y_1 \\ \vdots \\ y_n \end{bmatrix} = f(x), Y = \begin{bmatrix} y_{1,1} & \cdots & y_{1,m} \\ \vdots & \ddots & \vdots \\ y_{n,1} & \cdots & y_{n,m} \end{bmatrix} = f(x),$$
$$\text{where } y \in \mathbb{R}^n. \qquad \text{where } Y \in \mathbb{R}^{n \times m}.$$

입력과 출력이 벡터인 함수

입력과 출력이 벡터이거나 행렬인 함수도 생각해볼 수 있을 것입니다. 다음 수식은 입력과 출력이 각각 n차원과 m차원인 함수를 수식으로 표현한 것입니다.

n개의 입력을 받아 m개의 출력을 내보내는 선형 계층linear layer도 여기에 속합니다.

$$y = \begin{bmatrix} y_1 \\ \vdots \\ y_m \end{bmatrix} = f(x) = f\left(\begin{bmatrix} x_1 \\ \vdots \\ x_n \end{bmatrix}\right),$$
$$\text{where } f : \mathbb{R}^n \rightarrow \mathbb{R}^m.$$

3 행렬의 미분

앞의 내용을 바탕으로 편미분을 확장하여 여러 케이스에 적용해보도록 하겠습니다.

스칼라를 벡터로 미분

처음 편미분을 소개했을 때처럼 스칼라 형태의 출력을 갖는 다변수 입력을 받는 함수를 벡터(다변수)로 (편)미분하는 경우를 생각해봅시다. 이 경우에는 다음 수식과 같이 나타낼 수 있습니다.

$$\frac{\partial f}{\partial x} = \nabla_x f = \begin{bmatrix} \frac{\partial f}{\partial x_1} \\ \vdots \\ \frac{\partial f}{\partial x_n} \end{bmatrix},$$
$$\text{where } x \in \mathbb{R}^n.$$

함수 f의 많은 입력 중 일부 입력들을 미분하려는 것일 수 있으므로 편미분에 해당되어 $\frac{\partial f}{\partial x}$ 로 나타냅니다. 또한 벡터 x로 미분하는 것이기 때문에 역삼각형에 기호 x를 붙여서 $\nabla_x f$ 로 나타낼 수도 있습니다. 그리고 마찬가지로 이 미분 작업의 결과물은 n차원의 벡터가 됩니다.

스칼라를 행렬로 미분

함수를 벡터로 미분했던 것처럼 스칼라 출력을 갖는 함수를 행렬로 미분할 수도 있습니다. 이 경우에는 다음처럼 결과물도 같은 차원의 형태를 갖는 행렬로 나타납니다.

$$\frac{\partial f}{\partial X} = \nabla_X f = \begin{bmatrix} \frac{\partial f}{\partial x_{1,1}} & \cdots & \frac{\partial f}{\partial x_{1,m}} \\ \vdots & \ddots & \vdots \\ \frac{\partial f}{\partial x_{n,1}} & \cdots & \frac{\partial f}{\partial x_{n,m}} \end{bmatrix},$$
$$\text{where } X \in \mathbb{R}^{n \times m}.$$

벡터를 스칼라로 미분

단변수 x를 입력받아 벡터 형태의 출력을 갖는 함수도 생각해볼 수 있습니다. 사실 이 경우에는 단변수 x를 입력받아 스칼라 출력을 갖는 함수 $f_1(x) \cdots f_n(x)$ 가 여러 개 합쳐져 있는 상태라고 볼 수도 있습니다. 그러므로 다음 수식과 같이 각 함수를 미분한 것과 같습니다.

$$\frac{\partial f}{\partial x} = \begin{bmatrix} \frac{\partial f_1}{\partial x} & \cdots & \frac{\partial f_n}{\partial x} \end{bmatrix},$$
$$\text{where } f(x) \in \mathbb{R}^n.$$

만약 함수의 입력이 단변수 x만 존재한다면 다음과 같이 편미분이 아닌 미분 기호로 나타내질 수도 있습니다.

$$\frac{df}{dx} = \begin{bmatrix} \frac{df_1}{dx} & \cdots & \frac{df_n}{dx} \end{bmatrix}, \text{ where } f(x) \in \mathbb{R}^n.$$

벡터를 벡터로 미분

마지막으로 m차원의 벡터를 출력으로 갖는 함수 f를 n차원의 벡터 x로 미분하는 경우도 생각해볼 수 있습니다. 마치 선형 계층linear layer을 미분하는 것과 같은 상황이라고 볼 수 있겠네요. 이 경우에도 함수는 다변수를 입력 받는 m개 함수들이 합쳐져 있는 것으로 볼 수 있습니다. 따라서 함수를 벡터 x의 요소들 $x_1 \cdots x_n$ 로 편미분 할 경우에는 벡터 형태로 미분 결과물이 나올 것이고, 각 m개의 함수들을 벡터 x로 편미분하는 경우에는 벡터를 전치transpose 행렬로 바꾼 형태로 미분 결과가 나올 것입니다. 마지막으로 각 m개의 함수를 벡터 x의 각 n개의 요소로 미분할 경우에 $n \times m$의 행렬 형태로 미분 결과가 나올 것입니다.

$$
\frac{\partial f}{\partial x} = \begin{bmatrix} \frac{\partial f}{\partial x_1} \\ \vdots \\ \frac{\partial f}{\partial x_n} \end{bmatrix} = \begin{bmatrix} \frac{\partial f_1}{\partial x} & \cdots & \frac{\partial f_m}{\partial x} \end{bmatrix} ,
$$

$$
= \begin{bmatrix} \frac{\partial f_1}{\partial x_1} & \cdots & \frac{\partial f_m}{\partial x_1} \\ \vdots & \ddots & \vdots \\ \frac{\partial f_1}{\partial x_n} & \cdots & \frac{\partial f_m}{\partial x_n} \end{bmatrix}
$$

$$
\text{where } x \in \mathbb{R}^n \text{ and } f(x) \in \mathbb{R}^m.
$$

마찬가지로 위의 미분을 손으로 계산할 필요는 없습니다. 하지만 앞으로 배울 경사하강법을 제대로 이해하기 위해서 입력과 출력의 형태에 대해서 잘 알아 둘 필요가 있습니다.

6.3 경사하강법

알 수 없는 함수 f^*를 근사계산하기 위해 데이터셋 $\mathcal{D}$를 모아 모델 함수가 최적의 출력값을 반환하는(손실 함수가 최소가 되는) 모델의 가중치 파라미터 $\hat{\theta}$를 찾고 싶습니다. 일단 선형 계층만을 모델로 활용할 때에 수식으로 나타내면 다음과 같습니다.

$$\mathcal{D} = \{(x_i, y_i)\}_{i=1}^{N}$$

$$\mathcal{L}(\theta) = \sum_{i=1}^{N} \|y_i - f_\theta(x_i)\|_2^2,$$
$$\text{where } \theta = \{W, b\}, \text{ if } f(x) = x \cdot W + b.$$

$$\hat{\theta} = \underset{\theta \in \Theta}{\operatorname{argmin}} \, \mathcal{L}(\theta)$$

해당 파라미터를 찾기 위한 가장 간단한 방법으로 가중치 파라미터의 값을 랜덤하게 생성하는 방법을 떠올릴 수 있으나 순수하게 운에 의존하는 이 방식은 당연히 너무나 비효율적입니다. 좀 더 나은 방법이 없을까요? 당연히 있습니다. 이 절에서는 효율적으로 손실 함수의 출력을 최소로 만드는 입력을 찾기 위한 **경사하강법**gradient descent에 대해 다뤄보겠습니다.

1 1차원에서의 경사하강법

경사하강법은 다음 그림과 같이 미분 가능한 복잡한 함수가 있을 때 해당 함수의 최소점을 찾기 위한 방법입니다.

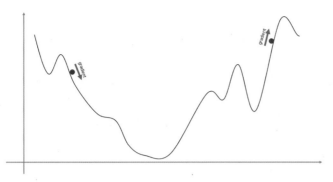

▶ 경사하강법의 기본 원리

앞의 그림에 위치한 각 2개의 공이 그대로 놓인다면 중력에 의해 경사의 아래 방향으로 굴러가게 될 것입니다. 경사하강법도 비슷한 원리로 동작합니다. 공이 위치한 지점의 기울기 또는 그래디언트gradient를 활용하여 더 낮은 방향으로 이동합니다. 그림의 왼쪽 공이 위치한 지점은 음의 기울기를 가지고 있습니다. 그림에서 볼 수 있듯이 공을 오른쪽(양의 방향)으로 움직여야 합니다. 그림의 오른쪽 공이 위치한 지점은 양의 기울기를 가지고 있습니다. 마찬가지로 공을 왼쪽(음의 방향)으로 움직여야 합니다.

❷ 경사하강법의 수식 표현

앞에서 설명한대로 공이 위치한 지점의 기울기에 따라 공의 위치가 바뀔 것입니다. 그럼 바뀔 공의 가로축 위치(x)는 다음 수식에 따라 정해집니다. 참고로 다음 수식에서 함수 f의 출력 y는 공의 세로축 위치인 높이를 의미합니다.

$$x \leftarrow x - \eta \cdot \frac{dy}{dx},$$
$$\text{where } y = f(x).$$

따라서 함수 f의 출력값 y를 미분하면 각 지점에 대한 기울기를 구할 수 있습니다. 그다음 움직여야 하는 다음 지점의 위치는 현재 지점의 기울기를 빼주면 구할 수 있습니다. 이때 기울기에 상수 η를 곱해주어 움직임의 속도를 제어할 수 있습니다. 상수 η를 학습률learning rate이라고 부르도록 하겠습니다. 이런 식으로 공의 위치를 계속해서 바꿔주다 보면 언젠가는 공이 더 이상 움직일 수 없는 곳에 도달하게 됩니다. 풀고자 하는 문제에 대입하면 다음과 같은 수식으로 나타낼 수 있습니다. 이전의 예제에서 공의 위치 x에 대응되는 가중치 파라미터 θ는 손실 함수의 출력값을 낮추기 위해서 변경(업데이트)되어야 합니다. 마찬가지로 손실 함수의 출력값 $\mathcal{L}(\theta)$은 공의 높이 y에 대응됩니다. 이 작업을 수행하기 위해서 손실 함수를 가중치 파라미터로 미분하여 얻은 그래디언트를(상수 η를 곱한 후) 현재 가중치 파라미터에서 빼줍니다.

$$\theta \leftarrow \theta - \eta \cdot \frac{\partial \mathcal{L}(\theta)}{\partial \theta}$$
$$\text{or}$$
$$\theta \leftarrow \theta - \eta \cdot \nabla_{\theta} \mathcal{L}(\theta).$$

❸ 전역 최소점과 지역 최소점

공을 다음 그림의 위치에 놓으면 어떻게 될까요?

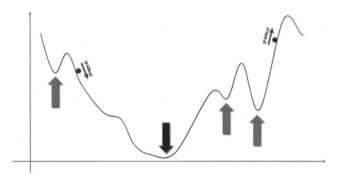

▶ 지역 최소점과 전역 최소점

왼쪽 공은 가운데에 위치한 빨간색 화살표가 가리키는 곳에서 결국 멈추게 될 것입니다. 하지만 오른쪽에 위치한 공은 왼쪽으로 굴러가다가 가장 오른쪽의 녹색 화살표가 위치한 골짜기에 빠져서 나오지 못할 수도 있겠네요. 위의 그림처럼 우리가 목표로 하는 지점은 전체 구간에서 가장 낮은 함수의 출력값을 갖는 지점이 됩니다. 손실 함수를 대입하면 손실 값이 최소가 되는 모델의 가중치 파라미터가 될 것입니다. 우리는 이 지점을 **전역 최소점**global minima이라고 부릅니다. 이와 반대로 녹색 화살표들이 가리키고 있는 지점을 **지역 최소점**local minima이라고 부릅니다. 경사하강법은 미분 결과를 활용하므로 이와 같은 지역 최소점에 빠질 우려가 있습니다. 지역 최소점에 빠지게 된다면 더 이상 손실 값을 낮추지 못하고 낮은 성능의 모델을 얻을 가능성도 있습니다. 다행히 실제 딥러닝에서 경사하강법을 활용할 때에는 지역 최소점으로 인한 성능 저하 문제는 크게 걱정하지 않아도 됩니다. 이와 관련해서는 이후에 다시 언급하겠습니다.

❹ 다차원으로 확장

앞의 예제들은 1차원 함수 위에서의 경사하강법에 대해 언급한 것이었습니다. 이제부터는 다차원의 함수에서의 경사하강법에 대해 이야기해보고자 합니다. 다음과 같이 2차원 벡터를 입력으로 받는 함수에 대해서 생각해봅시다.

$$y = f(x) = f\left(\begin{bmatrix} x_1 \\ x_2 \end{bmatrix}\right), \text{where } x \in \mathbb{R}^2.$$

앞에서 배운대로 벡터의 각 요소로 함수를 미분하여 그래디언트를 얻을 수 있습니다.

$$\nabla_x f = \begin{bmatrix} \dfrac{\partial f}{\partial x_1} \\ \dfrac{\partial f}{\partial x_2} \end{bmatrix}$$

결과적으로 우리는 다음 x를 다음과 같이 업데이트할 수 있습니다.

$$x \leftarrow x - \eta \cdot \nabla_x f$$

마치 다음 그림과 같이 2차원 공간의 평면에서 공을 굴리는 것과 같은 일이 될 것입니다. 그러면 공은 그래디언트 화살표와 반대 방향으로 굴러가겠죠?

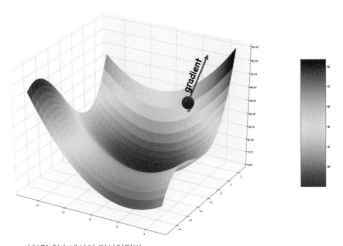

▶ 다차원 함수에서의 경사하강법

5 모델 가중치 파라미터로 확장

모델 함수의 가중치 파라미터에 대해서도 문제를 확장해볼 수 있습니다. 모델 함수가 선형 계층 함수로 구성되어 있다고 가정한다면 가중치 파라미터를 다음과 같이 정의할 수 있을 것입니다.

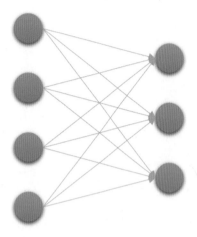

▶ 선형 계층

$$f_\theta(x) = x \cdot W + b, \text{ and } \theta = \{W, b\},$$
$$\text{where } W \in \mathbb{R}^{n \times m} \text{ and } b \in \mathbb{R}^m.$$

수식에서 볼 수 있듯이 우리는 $n \times (m+1)$ 차원의 공간에서 최적의 가중치 파라미터를 찾아야 합니다. 이를 위해서 각 가중치 파라미터 W와 b로 손실 함수를 미분하여 그래디언트를 구하고 가중치 파라미터들을 업데이트할 수 있습니다.

$$W \leftarrow W - \eta \frac{\partial \mathcal{L}(\theta)}{\partial W},$$
$$b \leftarrow b - \eta \frac{\partial \mathcal{L}(\theta)}{\partial b}.$$

이것을 각 파라미터별로 쓰지 않고 다음과 같이 그냥 파라미터 θ로 묶어서 한 번에 표현하기도 합니다.

$$\theta \leftarrow \theta - \eta \frac{\partial \mathcal{L}(\theta)}{\partial \theta}$$

딥러닝에서의 지역 최소점 문제

앞서 $n \times (m+1)$ 차원의 공간에서 경사하강법을 수행한다고 이야기했습니다. 즉, 입력과 출력 차원에 따라 가중치 파라미터의 크기는 매우 커질 것입니다. 이것은 단순히 하나의 선형 계층 함수를 모델로 활용할 때이고 여러 계층을 쌓는 심층신경망deep neural networks을 모델로 활용한다면 가중치 파라미터의 크기는 어마어마하게 커지게 됩니다.

다행히도 이렇게 높은 차원의 공간에서는 지역 최소점이 큰 문제가 되지 않는다는 것이 학계의 중론입니다. 더욱이 움직일 공들이 지역 최소점에 빠지더라도 그 지역 최소점은 아마도 경험적으로 전역 최소점의 근방에 위치할 것이라는 말도 존재합니다. 이것은 지역 최소점을 구성하기 위한 조건들이 높은 차원에서는 만족되기 어렵기 때문이기도 합니다. 따라서 지역 최소점에 빠져 모델의 성능이 매우 낮게 나오는 상황은 크게 걱정할 필요가 없습니다.

실제로 저자의 경험으로도 매우 복잡한 모델 구조를 활용하지 않는 이상 단순한 형태의 모델 구조에서는 지역 최소점 문제로 인한 성능 저하를 경험한 적이 거의 없습니다. 따라서 이러한 지역 최소점 문제에 대해서 큰 걱정 하지 말고 모델 최적화에 집중하기 바랍니다.

6.4 학습률에 따른 성질

앞에서 경사하강법에 대해 설명할 때 **학습률**learning rate에 대해서 언급했었습니다.

$$\theta \leftarrow \theta - \eta \cdot \frac{\partial \mathcal{L}(\theta)}{\partial \theta}$$
$$\text{or}$$
$$\theta \leftarrow \theta - \eta \cdot \nabla_\theta \mathcal{L}(\theta).$$

앞의 수식에서 η로 표현된 학습률은 보통 0에서 1사이의 값(사용자에 의해 주어진)을 가진 상수로서 기울기 벡터인 그래디언트에 곱해지게 됩니다. 따라서 가중치 파라미터가 업데이트 될 때 기울기의 값을 얼마큼 반영할 것인지 설정하는 것이라고 볼 수 있습니다. 파라미터 업데이트를 학습이라고 한다면 학습에 얼마나 반영될 것인지 나타내는 값이므로 학습률이라는 이름을 가진다고 보면 됩니다.

학습률이 0에 가까울수록 파라미터 업데이트의 양은 줄어들 것이고 커질수록 파라미터 업데이트의 양은 늘어날 것입니다. 또한 파라미터가 한 번 업데이트되는 것을 한 스텝step 움직인다고 말하기도 합니다. 즉, 학습률이 클수록 큰 스텝을 취할 것이고 작을수록 작은 스텝을 취할 것입니다. 이때 학습률의 크기에 따라 학습이 진행되는 성질이 다르게 나타날 수 있습니다. 다음 그림은 학습률에 따른 성질을 그림으로 표현한 것입니다.

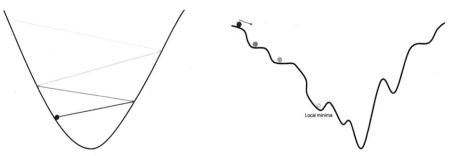

▶ 학습률이 클 때와 작을 때의 비교

왼쪽 그림은 학습률이 클 때를 나타낸 것입니다. 기울기가 상대적으로 가파른 골짜기에서 잘못하여 큰 학습률을 취하게 된다면 그림과 같이 손실 값이 낮아지는 위치로 파라미터가 업데이트되는 것이 아니라 오히려 점점 손실 값이 커지는 결과가 나올 수 있습니다. 결국 이런 상황에서는 잘못하면 손실 값이 발산해 버리는 상황이 발생하기도 합니다. **학습률이 너무 커서 손실 값이 발산해 버리는 상황은 종종 실무 환경에서 마주할 수 있는데 학습률이 너무 큰 것이 원인일 수 있으므로 학습률을 50% 또는 10%로 줄여주는 것이 좋습니다.**

오른쪽 그림은 학습률이 작을 때 발생할 수 있는 상황을 나타낸 것으로, 손실 표면$^{loss\ surface}$이 그림과 같이 울퉁불퉁 굴곡진 상황에서는 자칫 지역 최소점$^{local\ minima}$에 빠질 수 있습니다. 또한 공이 굴러가는 중간에 위치한 평평한 표면에서는 기울기가 0에 가까워져 이동이 더뎌지거나 잘 이동하지 않게 되는 현상이 발생할 수도 있습니다. 분명한 것은 너무 작은 학습률을 사용할 경우에는 기울기가 적게 반영되어 업데이트되므로 학습이 매우 더디게 될 것이라는 점입니다. 이처럼 학습률은 사용자의 설정에 따라 모델 학습의 성질이 바뀔 수 있으며 이는 유의미한 모델 성능의 변화로 이어질 수 있습니다. **데이터를 통해 학습이 진행되는 가중치 파라미터와 달리 모델의 성능에 영향을 줄 수 있지만 사용자에 의해 직접 설정되어야 하는 파라미터를 하이퍼파라미터**$^{hyper-parameter}$**라고 부릅니다.** 학습률과 같은 하이퍼 파라미터들은 모델의 성능에 영향을 끼치지만 최적의 값으로 자동 학습되거나 설정되지는 않기 때문에 지리멸렬한 실험과 직접적인 튜닝 과정을 거치기도 하며, 결국 사용자의 경험과 능력(촉)에 의해 좌지우지되는 경우가 많습니다. 따라서 하이퍼 파라미터의 초깃값을 잘 설정하고 효율적으로 튜닝해 나가는 능력 또한 머신러닝 연구자 또는 엔지니어에게 매우 중요한 덕목이 됩니다. 하이퍼 파라미터와 관련한 내용은 다른 장에서 다시 다루도록 하겠습니다.

경사하강법을 통해 함수의 출력을 최소화하는 함수의 입력을 찾을 수 있습니다. 파이토치에서도 경사하강법을 위한 자동편미분^Auto Grad^ 기능을 제공하며 이 기능을 통해 경사하강법을 구현할 수 있습니다. 경사하강법은 나중에 딥러닝에서 유용하게 활용될 것입니다.

이번에는 경사하강법을 통해 랜덤하게 생성한 텐서가 특정 텐서 값을 근사계산하도록 파이토치를 통해 구현해보겠습니다. 여기에서 함수의 출력은 목표 텐서와 랜덤 텐서 사이의 차이가 될 것이고 함수의 입력은 랜덤 생성한 텐서의 현재 값이 될 것입니다. 따라서 랜덤 생성한 텐서의 값을 경사하강법을 활용하여 이리저리 바꿔가며 함수의 출력값(목표 텐서와의 차이 값)을 최소화하도록 하겠습니다.

먼저 구현에 필요한 패키지들을 불러옵니다.

```
import torch
import torch.nn.functional as F
```

그러고 나서 목표 텐서를 생성합니다.

```
target = torch.FloatTensor([[.1, .2, .3],
                            [.4, .5, .6],
                            [.7, .8, .9]])
```

그다음 랜덤 값을 갖는 텐서를 하나 생성합니다. 여기서 중요한 것은 이 텐서의 requires_grad 속성이 True가 되도록 설정해 줘야 한다는 점입니다.

```
x = torch.rand_like(target)
# This means the final scalar will be differentiate by x.
x.requires_grad = True
# You can get gradient of x, after differentiation.

print(x)
```

그러면 다음과 같이 랜덤 생성한 텐서의 값이 출력될 것입니다.

```
tensor([[0.8693, 0.6091, 0.5072],
        [0.7900, 0.3290, 0.6847],
        [0.3789, 0.1166, 0.3602]], requires_grad=True)
```

그리고 두 텐서 사이의 손실 값을 계산합니다.

```
loss = F.mse_loss(x, target)

loss
```

```
tensor(0.2058, grad_fn=<MseLossBackward>)
```

이제 while 반복문을 사용하여 두 텐서 값의 차이가 변수 threshold의 값보다 작아질 때까지 미분 및 경사하강법을 반복 수행합니다.

```
threshold = 1e-5
learning_rate = 1.
iter_cnt = 0

while loss > threshold:
    iter_cnt += 1
```

```
loss.backward() # Calculate gradients.

x = x - learning_rate * x.grad

# You don't need to aware following two lines, now.
x.detach_()
x.requires_grad_(True)

loss = F.mse_loss(x, target)

print('%d-th Loss: %.4e' % (iter_cnt, loss))
print(x)
```

여기에서 가장 주목해야 할 부분은 backward 함수를 통해 편미분을 수행한다는 것인데 편미분을 통해 얻어진 그래디언트들이 x.grad에 자동으로 저장되고 이 값을 활용하여 경사하강법을 수행합니다. 참고로 backward를 호출하기 위한 텐서의 크기는 스칼라scalar여야 합니다. 만약 스칼라가 아닌 경우에 backward를 호출하면 파이토치는 오류를 발생시키며 오류의 원인을 친절하게 알려줍니다.

다음은 코드의 실행 결과입니다. 손실 값이 점차 줄어드는 것을 볼 수 있고 텐서 x의 값이 목표 텐서 값에 근접해 가는 것을 확인할 수 있습니다.

```
1-th Loss: 1.2450e-01
tensor([[0.6984, 0.5182, 0.4612],
        [0.7033, 0.3670, 0.6659],
        [0.4502, 0.2685, 0.4801]], requires_grad=True)
2-th Loss: 7.5312e-02
tensor([[0.5654, 0.4475, 0.4253],
        [0.6359, 0.3966, 0.6512],
        [0.5057, 0.3866, 0.5734]], requires_grad=True)
3-th Loss: 4.5559e-02
tensor([[0.4620, 0.3925, 0.3975],
        [0.5835, 0.4196, 0.6398],
        [0.5489, 0.4785, 0.6460]], requires_grad=True)
```

```
4-th Loss: 2.7560e-02
tensor([[0.3815, 0.3497, 0.3758],
        [0.5427, 0.4374, 0.6310],
        [0.5825, 0.5499, 0.7024]], requires_grad=True)
.
.

.
16-th Loss: 6.6194e-05
tensor([[0.1138, 0.2073, 0.3037],
        [0.4070, 0.4969, 0.6015],
        [0.6942, 0.7877, 0.8903]], requires_grad=True)
17-th Loss: 4.0043e-05
tensor([[0.1107, 0.2057, 0.3029],
        [0.4054, 0.4976, 0.6012],
        [0.6955, 0.7905, 0.8925]], requires_grad=True)
18-th Loss: 2.4224e-05
tensor([[0.1083, 0.2044, 0.3022],
        [0.4042, 0.4981, 0.6009],
        [0.6965, 0.7926, 0.8941]], requires_grad=True)
19-th Loss: 1.4654e-05
tensor([[0.1065, 0.2035, 0.3017],
        [0.4033, 0.4986, 0.6007],
        [0.6973, 0.7942, 0.8954]], requires_grad=True)
20-th Loss: 8.8647e-06
tensor([[0.1050, 0.2027, 0.3014],
        [0.4026, 0.4989, 0.6006],
        [0.6979, 0.7955, 0.8965]], requires_grad=True)
```

만약에 학습률 변수를 조절한다면 텐서 x가 목표 텐서에 근접해 가는 속도가 달라질 수 있습니다.

실습
파이토치 오토그래드 소개

딥러닝은 대부분 경사하강법을 통해 학습되므로 미분이 필수입니다. 따라서 요새 나오는 딥러닝 프레임워크들은 모두 자동 미분 기능을 제공합니다. 자동 미분 기능이 없던 시절에는 일일이 손으로 미분 수식을 계산한 후에 C++로 구현해야 했습니다. 다행히 테아노^{Theano}부터 자동 미분 기능이 제공되기 시작했고 이제는 당연한 것처럼 느껴집니다.

파이토치에도 **오토그래드**^{AutoGrad}라는 **자동 미분 기능을 제공**합니다. 파이토치는 requires_grad 속성이 True인 텐서의 연산을 추적하기 위한 계산 그래프^{computation} ^{graph}를 구축하고, backward 함수가 호출되면 이 그래프를 따라 미분을 자동으로 수행하고 계산된 그래디언트를 채워 놓습니다.

다음 코드와 같이 텐서의 requires_grad 속성을 True로 만들 수 있습니다. 해당 속성의 디폴트 값은 False입니다.

```
>>> x = torch.FloatTensor([[1, 2],
...                        [3, 4]]).requires_grad_(True)
```

이렇게 requires_grad 속성이 True인 텐서가 있을 때 이 텐서가 들어간 연산의 결과가 담긴 텐서도 자동으로 requires_grad 속성값을 True로 갖게 됩니다. 다음 코드와 같이 여러 가지 연산을 수행하였을 때의 결과 텐서들은 모두 requires_grad 속성값을 True로 갖게 됩니다.

```
>>> x1 = x + 2
>>> print(x1)
tensor([[3., 4.],
        [5., 6.]], grad_fn=<AddBackward0>)

>>> x2 = x - 2
>>> print(x2)
tensor([[-1.,  0.],
        [ 1.,  2.]], grad_fn=<SubBackward0>)

>>> x3 = x1 * x2
>>> print(x3)
tensor([[-3.,  0.],
        [ 5., 12.]], grad_fn=<MulBackward0>)

>>> y = x3.sum()
>>> print(y)
tensor(14., grad_fn=<SumBackward0>)
```

코드의 실행 결과에서 눈여겨보아야 할 점은 생성된 결과 텐서들이 모두 grad_fn 속성을 갖는다는 점입니다. 예를 들어 텐서 x1이 덧셈 연산의 결과물이기 때문에 x1의 grad_fn 속성은 AddBackward0임을 볼 수 있습니다. 텐서 y는 sum 함수를 썼으므로 스칼라 값이 되었습니다. 그럼 여기에서 다음과 같이 backward 함수를 호출합니다.

```
y.backward()
```

그러면 x, x1, x2, x3, y 모두 grad 속성에 그래디언트 값이 계산되어 저장되었을 것입니다. 이것을 수식으로 나타내면 다음과 같습니다.

$$x = \begin{bmatrix} x_{(1,1)} & x_{(1,2)} \\ x_{(2,1)} & x_{(2,2)} \end{bmatrix}$$

$$x_1 = x + 2$$
$$x_2 = x - 2$$

$$
\begin{aligned}
x_3 &= x_1 \times x_2 \\
&= (x + 2)(x - 2) \\
&= x^2 - 4
\end{aligned}
$$

$$
\begin{aligned}
y &= sum(x_3) \\
&= x_{3,(1,1)} + x_{3,(1,2)} + x_{3,(2,1)} + x_{3,(2,2)}
\end{aligned}
$$

이렇게 구한 y를 다시 x로 미분하면 다음과 같습니다.

$$
x.\mathrm{grad} = \begin{bmatrix} \dfrac{\partial y}{\partial x_{(1,1)}} & \dfrac{\partial y}{\partial x_{(1,2)}} \\[2ex] \dfrac{\partial y}{\partial x_{(2,1)}} & \dfrac{\partial y}{\partial x_{(2,2)}} \end{bmatrix}
$$

$$\frac{dy}{dx} = 2x$$

그럼 파이토치로 미분한 값과 같은지 비교해봅시다.

```
>>> print(x.grad)
tensor([[2., 4.],
        [6., 8.]])
```

참고로 이 연산에 사용된 텐서들을 배열과 같은 곳에 저장할 경우 메모리 누수의 원인이 되기 때문에 주의해야 합니다. 파이썬은 가비지 컬렉터garbage collector가 자동으로 메모리 관리를 합니다. 예를 들어 만약에 x3을 배열 등에 저장해 놓지 않을 경우 x3 뿐만 아니라 계산 그래프에 등록된 텐서들 모두 메모리에서 해제되지 않습니다. 따라서 이 경우에는 detach 함수를 통해 그래프로부터 떼어낼 수 있습니다.

```
>>> x3.detach_()
```

6.7 마치며

지금까지 경사하강법의 개념에 대해 알아보고 파이토치에서 구현까지 해보았습니다. 다시 말하지만 경사하강법은 함수의 기울기를 이용해서 함수의 출력을 최소화하는 함수의 입력값을 찾기 위한 방법입니다. 보통 복잡한 함수에서의 최솟값을 찾으려고 할 때 매우 효율적으로 쓸 수 있는 방법이므로 그 원리에 대해 꼭 이해하기 바랍니다.

요약

- **경사하강법이 필요한 이유**
  - 신경망의 내부 가중치 파라미터를 잘 조절하여 원하는 함수를 근사계산하고 싶을 때 활용할 수 있음
  - 손실 함수를 통해 더 좋은 가중치 파라미터를 선택할 수 있음
  - 효율적으로 가중치 파라미터를 찾고 싶을 때 사용
  - 손실 값을 가중치 파라미터로 미분하여 그래디언트 벡터를 구하고 반대 방향으로 가중치 파라미터를 업데이트하면 점진적으로 더 낮은 손실 값을 갖는 가중치 파라미터를 구할 수 있음

- **경사하강법의 수식**

  $\theta \leftarrow \theta - \eta \nabla_\theta \mathcal{L}(\theta)$

- **학습률**
  - 학습률이 너무 클 경우: 파라미터 업데이트 과정에서 손실 값이 발산할 수 있음
  - 학습률이 너무 작을 경우: 파라미터가 너무 조금씩 바뀌어서 학습이 느려짐
  - 적절한 학습률을 선정하는 것은 매우 큰 과제

- **오토그래드**
  - 파이토치는 오토그래드 알고리즘을 통해 미분을 자동으로 수행할 수 있음
  - 스칼라 값에 backward 함수를 호출하여 자동 미분을 수행
  - 텐서간의 연산마다 계산 그래프를 자동으로 생성하고 나중에 미분할 때 활용

CHAPTER

7

선형 회귀

Preview

이 장에서는 선형 회귀에 대해 배우도록 하겠습니다. 선형 회귀는 어떠한 데이터를 수집하고 데이터 간의 관계를 직선의 형태로 취하여 분석하는 방법을 말합니다. 이 장에서는 선형 회귀의 개념과 선형 회귀 모델의 학습 과정에 대해 알아봅니다. 그리고 선형 회귀를 수식으로 표현해보고 예제 데이터셋을 가지고 파이토치에서 직접 구현해봅니다.

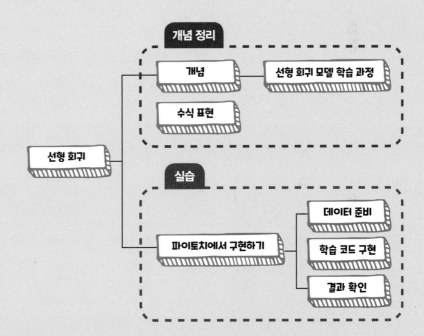

7.1 선형 회귀란?

데이터를 수집하여 선형 계층을 모델로 삼아 f^*를 근사계산하려고 합니다. 이를 위해서 손실 값을 최소로 만드는 손실 함수의 입력인 가중치 파라미터를 찾아야 합니다. 이때, 경사하강법 을 통해 가중치 파라미터를 손실 함수가 작아지는 방향으로 점진적으로 업데이트할 수 있다고 했었습니다. 이제 배운 내용을 통해 직접 문제를 풀어볼 차례입니다. 세상에는 다음 그림과 같 이 선형 관계를 지닌 데이터가 많이 존재합니다. 다음 그림은 키와 체중의 관계를 나타내고 있 습니다.

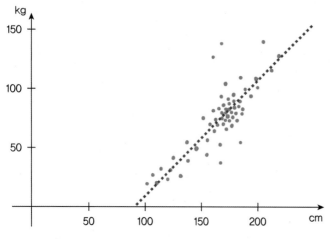

▶ 키와 체중의 관계

비록 일부의 아웃라이어outlier들이 존재하긴 하지만 대부분 빨간 점선 위에 분포하고 있는 것을 확인할 수 있습니다. 빨간 점선을 기준으로 위쪽으로 멀어질수록 과체중일 것이고 아래쪽으로 멀어질수록 저체중일 것입니다. 만약 이 빨간 점선이 참ground-truth인 f^*라고 가정한다면 키가 주어졌을 때 몸무게를 예측하거나 반대로 몸무게가 주어졌을 때 키를 예측하는 일을 수행할 수 있을 것입니다. 이런 식으로 선형 계층을 통해 선형 문제를 풀 수 있습니다. 실수 벡터 입력이 주어졌을 때 선형적 관계를 지닌 출력 실수 벡터 값을 예측하는 문제를 **선형 회귀**$^{linear\ regression}$라
고 부릅니다.

① 선형 회귀 모델의 학습

선형 회귀 모델이 어떤 방식으로 학습되는지 그림을 통해 개념을 이해해보도록 하겠습니다.

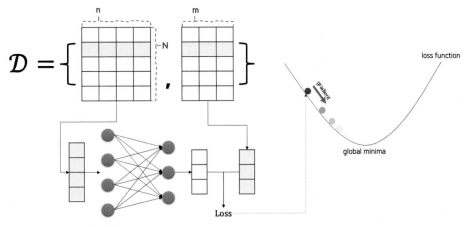

▶ 선형 회귀 모델의 학습 방식

데이터셋 $\mathcal{D}$ 는 N개의 n차원 입력 벡터들과 N개의 m차원 타깃 출력 벡터들로 구성되어 있을
것입니다. 즉, $N \times n$ 크기의 행렬과 $N \times m$ 크기의 행렬로 구성되어 있습니다. n차원의 입력
벡터를 가져와 선형 회귀 모델에 통과$^{feed-forward}$시키면 m차원의 출력 벡터 $\hat{y}$ 을 얻을 수 있습
니다. 이렇게 모델로부터 얻어진 출력 벡터를 실제 타깃 벡터와 비교하면 손실 값을 얻을 수 있
습니다. 이때 이 손실 값을 가중치 파라미터로 미분하게 되면 손실 값을 낮추는 방향으로 파라
미터를 업데이트할 수 있게 됩니다. 이와 같은 작업을 가중치 파라미터가 수렴할(더 이상 바뀌
지 않을) 때까지 반복하면 손실 함수를 최소화시키는 가중치 파라미터를 구할 수 있습니다. 결
과적으로 손실 함수를 최소화하는 가중치 파라미터를 가진 선형 회귀 모델 f_θ 는 우리가 근사
계산하고자 하는 함수 f^* 와 유사하게 동작할 것입니다.

7.2 선형 회귀의 수식

앞에서 그림을 통해 설명한 선형 회귀의 학습 방법을 수식으로 표현해보고자 합니다. 앞서 언급했던 대로 N개의 n차원의 입력 벡터와 m차원의 타깃 출력 벡터의 쌍을 데이터로 수집합니다. 그리고 나면 이 벡터들을 행렬로 나타낼 수 있고 아래와 같이 표현할 수 있습니다.

$$x_{1:N} = \begin{bmatrix} x_{1,1} & \cdots & x_{1,n} \\ \vdots & \ddots & \vdots \\ x_{N,1} & \cdots & x_{N,n} \end{bmatrix}$$

$$y_{1:N} = \begin{bmatrix} y_{1,1} & \cdots & y_{1,m} \\ \vdots & \ddots & \vdots \\ y_{N,1} & \cdots & y_{N,m} \end{bmatrix}$$

이제 다음 수식과 같이 모델의 출력과 실제 정답의 차이가 최소화되도록 손실 함수를 정의하고, 손실 함수를 최소화시키는 입력인 모델의 가중치 파라미터를 찾아야 합니다.

$$\hat{\theta} = \underset{\theta \in \Theta}{\operatorname{argmin}} \sum_{i=1}^{N} \|y_i - f_\theta(x_i)\|_2^2,$$
$$\text{where } \theta = \{W, b\} \text{ and } f_\theta(x) = x \cdot W + b.$$

선형 계층을 다루는 절에서 언급했던 것처럼 각각의 샘플을 따로 계산하는 대신 행렬로 한꺼번에 계산할 수 있습니다.

$$\hat{y}_{1:N} = x_{1:N} \cdot W + b,$$
$$\text{where } W \in \mathbb{R}^{n \times m} \text{ and } b \in \mathbb{R}^m.$$

선형 회귀의 손실 함수는 주로 MSE 손실 함수를 활용하며 다음과 같이 전개될 것입니다.

$$\mathcal{L}(\theta) = \sum_{i=1}^{N} \| y_i - \hat{y}_i \|_2^2$$

$$= \sum_{i=1}^{N} \sum_{j=1}^{m} (y_{i,j} - \hat{y}_{i,j})^2$$

$$= \sum_{i=1}^{N} \sum_{j=1}^{m} y_{i,j}^2 - 2y_{i,j} \cdot \hat{y}_{i,j} + \hat{y}_{i,j}^2,$$

$$\text{where } \hat{y}_{i,j} = \sum_{k=1}^{n} x_{i,k} \times W_{k,j} + b_j.$$

선형 계층의 가중치 파라미터 θ 를 경사하강법을 통해 업데이트하는 것은 W와 b로 각각 손실 함수를 편미분한 후 경사하강법을 통해 업데이트하는 것과 같습니다.

$$\theta \leftarrow \theta - \eta \, \nabla_\theta \mathcal{L}(\theta)$$
$$\downarrow$$
$$W \leftarrow W - \eta \, \nabla_W \mathcal{L}(\theta)$$
$$b \leftarrow b - \eta \, \nabla_b \mathcal{L}(\theta)$$
$$\downarrow$$
$$W_{k,j} \leftarrow W_{k,j} - \eta \cdot \frac{\partial \mathcal{L}(\theta)}{\partial W_{k,j}}$$
$$b_j \leftarrow b_j - \eta \cdot \frac{\partial \mathcal{L}(\theta)}{\partial b_j}$$

이와 같은 경사하강법을 통해 점차 손실 값을 줄여나갈 수 있으며 더 이상 손실 값이 줄어들지 않을 때 경사하강법을 통한 파라미터 업데이트를 중지합니다. 이렇게 얻어진 가중치 파라미터 를 통해 정의되는 함수 f_θ 는 f^*를 근사계산한다고 할 수 있습니다.

PRACTICE
7.3 실습
선형 회귀

1 데이터 준비

먼저 실습에 필요한 라이브러리들을 설치합니다.

```
!pip install matplotlib seaborn pandas sklearn
```

그리고 필요한 라이브러리들을 불러옵니다.

```
import pandas as pd
import seaborn as sns
import matplotlib.pyplot as plt
```

이번 실습에서 사용할 데이터셋을 불러옵니다.

```
from sklearn.datasets import load_boston
boston = load_boston()

print(boston.DESCR)
```

그러면 보스턴 주택 가격 데이터셋Boston house prices dataset에 대한 설명이 자세히 출력될 것입니다. 이 데이터셋은 506개의 샘플을 가지고 있으며 13개의 속성attribute들과 이에 대한 타깃 값을 갖고 있습니다. 간단한 탐험적 데이터 분석exploratory data analysis, EDA을 위해서 판다스Pandas 데이터 프레임으로 변환 후에 데이터 일부를 확인합니다.

```
df = pd.DataFrame(boston.data, columns=boston.feature_names)
df["TARGET"] = boston.target
df.tail()
```

	CRIM	ZN	INDUS	CHAS	NOX	RM	AGE	DIS	RAD	TAX	PTRATIO	B	LSTAT	TARGET
501	0.06263	0.0	11.93	0.0	0.573	6.593	69.1	2.4786	1.0	273.0	21.0	391.99	9.67	22.4
502	0.04527	0.0	11.93	0.0	0.573	6.120	76.7	2.2875	1.0	273.0	21.0	396.90	9.08	20.6
503	0.06076	0.0	11.93	0.0	0.573	6.976	91.0	2.1675	1.0	273.0	21.0	396.90	5.64	23.9
504	0.10959	0.0	11.93	0.0	0.573	6.794	89.3	2.3889	1.0	273.0	21.0	393.45	6.48	22.0
505	0.04741	0.0	11.93	0.0	0.573	6.030	80.8	2.5050	1.0	273.0	21.0	396.90	7.88	11.9

각 속성의 분포와 속성 사이의 선형적 관계 유무를 파악하기 위해서 페어 플롯pair plot을
그려봅니다.

```
sns.pairplot(df)
plt.show()
```

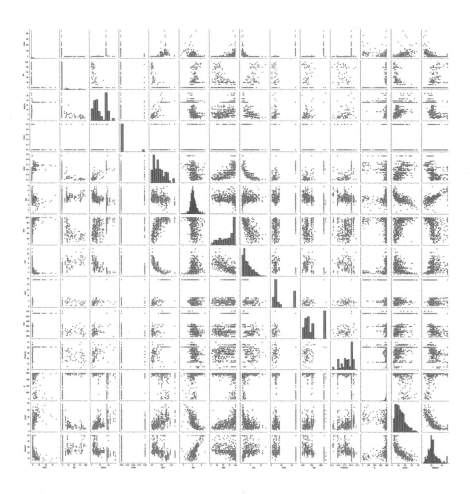

TARGET 속성에 대응되는 맨 마지막 줄을 살펴보면 일부 속성들이 TARGET 속성과 약간의 선형적 관계를 띄는 것을 볼 수 있습니다. 선형적 관계를 띄는 것으로 보이는 일부 속성을 추려 내어 다시 페어 플롯을 그려봅니다. 이번에는 그림의 맨 첫 줄이 TARGET 속성과 대응하여 그린 것입니다.

```
cols = ["TARGET", "INDUS", "RM", "LSTAT", "NOX", "DIS"]
sns.pairplot(df[cols])
plt.show()
```

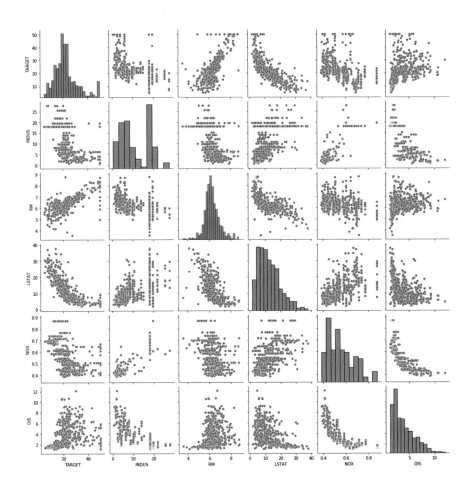

② 학습 코드 구현

```
>>> import torch
>>> import torch.nn as nn
>>> import torch.nn.functional as F
>>> import torch.optim as optim
```

Numpy 데이터를 파이토치 실수형 텐서로 변환합니다.

```
>>> data = torch.from_numpy(df[cols].values).float()
>>> data.shape
torch.Size([506, 6])
```

이제 이 데이터를 입력 x와 출력 y로 나눠봅니다.

```
>>> y = data[:, :1]
>>> x = data[:, 1:]
>>> print(x.shape, y.shape)
torch.Size([506, 5]) torch.Size([506, 1])
```

학습에 필요한 설정값을 정합니다.

```
>>> n_epochs = 2000
>>> learning_rate = 1e-3
>>> print_interval = 100
```

모델을 생성합니다. 텐서 x의 마지막 차원의 크기를 선형 계층의 입력 크기로 주고, 텐서 y의 마지막 차원의 크기를 선형 계층의 출력 크기로 줍니다.

```
>>> model = nn.Linear(x.size(-1), y.size(-1))
>>> print(model)
Linear(in_features=5, out_features=1, bias=True)
```

그리고 옵티마이저optimizer를 생성합니다. 앞에서 경사하강법 실습 때에는 직접 경사하강법을 구현했지만 파이토치에서 제공하는 옵티마이저 클래스를 통해 해당 작업을 대신 수행할 수 있습니다. backward 함수를 호출한 후 옵티마이저 객체에서 step 함수를 호출하면 경사하강을 1번 수행합니다.

```
>>> optimizer = optim.SGD(model.parameters(),
...                        lr=learning_rate)
```

이제 학습을 진행할 준비를 마쳤습니다. 다음 코드를 통해 정해진 에포크^{epoch}[1] 만큼 for 반복문을 통해 최적화를 수행합니다.

```
for i in range(n_epochs):
    y_hat = model(x)
    loss = F.mse_loss(y_hat, y)

    optimizer.zero_grad()
    loss.backward()

    optimizer.step()

    if (i + 1) % print_interval == 0:
        print('Epoch %d: loss=%.4e' % (i + 1, loss))
```

다음은 학습 코드를 실행한 결과입니다. 100 에포크마다 손실 값^{loss}이 출력되는 것을 볼 수 있으며 값이 계속해서 줄어들다가 29 부근[2]에서 수렴하고 있음을 알 수 있습니다.

---

1 한 번의 에포크란 모델이 학습 데이터 전체를 한 번 학습하는 것을 말합니다.

2 학습할 때마다 결과는 달라질 수 있습니다.

```
Epoch 100: loss=4.1877e+01
Epoch 200: loss=3.6177e+01
Epoch 300: loss=3.3046e+01
Epoch 400: loss=3.1282e+01
Epoch 500: loss=3.0288e+01
Epoch 600: loss=2.9727e+01
Epoch 700: loss=2.9410e+01
Epoch 800: loss=2.9232e+01
Epoch 900: loss=2.9131e+01
Epoch 1000: loss=2.9074e+01
Epoch 1100: loss=2.9041e+01
Epoch 1200: loss=2.9022e+01
Epoch 1300: loss=2.9012e+01
Epoch 1400: loss=2.9005e+01
Epoch 1500: loss=2.9001e+01
Epoch 1600: loss=2.8999e+01
Epoch 1700: loss=2.8997e+01
Epoch 1800: loss=2.8996e+01
Epoch 1900: loss=2.8995e+01
Epoch 2000: loss=2.8994e+01
```

③ 결과 확인

학습이 잘 수행되었는지 확인해볼 차례입니다. 사실 29라는 손실 값을 통해서도 학습
이 진행된 정도를 어느 정도 파악할 수 있지만 해당 값만 놓고 보아서는 직관적으로 파
악하기 힘들기 때문에 시각화를 통해 다시 한번 확인해봅시다. 마지막으로 모델을 통과
feed-forward한 y_hat을 가져와서 실제 y와 비교하기 위한 페어 플롯을 그려봅니다.

```
df = pd.DataFrame(torch.cat([y, y_hat], dim=1).detach_().numpy(),
                  columns=["y", "y_hat"])

sns.pairplot(df, height=5)
plt.show()
```

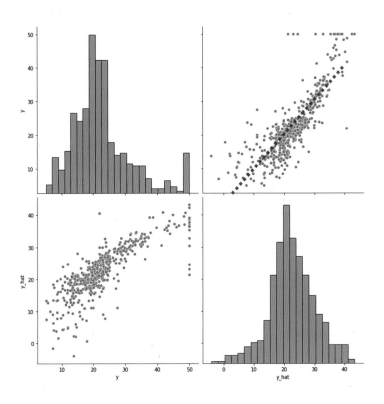

왼쪽 위에 그려진 y의 분포와 오른쪽 아래에 그려진 y_hat의 분포가 약간은 다르게 나온 것을 볼 수 있습니다. 하지만 오른쪽 위에 그려진 y와 왼쪽 아래의 y_hat과의 비교에서는 대부분의 점들이 빨간색 점선 부근에 나타나 있는 것을 확인할 수 있습니다.

7.4 마치며

이 장에서는 선형 회귀의 개념과 선형 회귀 모델의 학습 방식에 대해 배우고 파이토치에서 보스턴 주택 가격 데이터셋을 가지고 선형 회귀 학습 모델을 구현해보았습니다. 선형 회귀는 모델을 활용해 새로운 데이터를 예측하는 방법으로 많이 사용되고 있는 만큼 구현 방법에 대해 잘 익혀두기 바랍니다.

요약

- **선형 회귀**
  - 선형 데이터의 관계를 학습 또는 선형 함수를 근사계산할 수 있음
  - 선형 계층에 입력 벡터 x를 넣어 출력 벡터 $\hat{y}$ 을 구할 수 있음
  - MSE 손실 함수를 통해 출력 벡터 $\hat{y}$ 와 실제 정답 y사이의 손실을 구할 수 있음
  - MSE 손실 값을 선형 계층 가중치 파라미터로 미분하여 그래디언트를 구할 수 있음
  - 그래디언트에 따라 선형 계층의 가중치 파라미터를 업데이트하여 함수를 근사계산할 수 있음

- **선형 회귀의 수식**

$$\hat{\theta} = \operatorname*{argmin}_{\theta \in \Theta} \sum_{i=1}^{N} \|y_i - f_\theta(x_i)\|_2^2,$$
$$\text{where } \theta = \{W, b\} \text{ and } f_\theta(x) = x \cdot W + b.$$

CHAPTER

8

로지스틱 회귀

Preview

로지스틱 회귀는 데이터가 어떤 범주에 속할 확률을 0과 1사이의 값으로 정하고 그 확률에 따라 가능성이 더 높은 범주에 속하는지 분류하는 알고리즘으로 데이터의 분류와 예측 분석에 자주 사용됩니다. 이 장에서는 로지스틱 회귀 모델 구조에 대해 이해해보고 파이토치에서 예제 데이터셋을 통해 구현해보겠습니다.

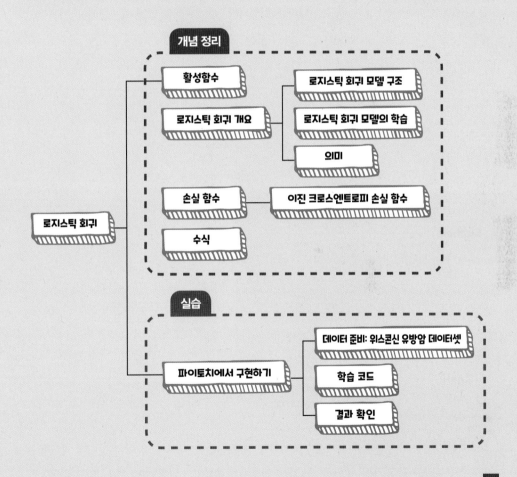

8.1 활성 함수

로지스틱 회귀logistic regression를 이야기하기에 전에 먼저 **활성 함수**activation function라고 불리는 녀석들에 대해 알아보겠습니다. 다음 그림은 대표적인 활성 함수인 **시그모이드**sigmoid와 하이퍼볼릭 탄젠트hyperbolic tangent를 그래프로 나타낸 것입니다. 하이퍼볼릭 탄젠트는 **탄에이치**TanH라고 줄여서 부르기도 합니다.

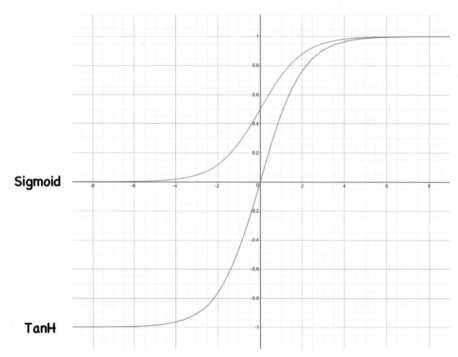

▶ 시그모이드와 탄에이치 함수의 그래프

시그모이드는 음의 무한대에 가까울수록 0에 근접하는 값을 가지며, 양의 무한대에 가까울수록 1에 근접하는 값을 가집니다. 즉, **시그모이드 함수의 출력값의 범위는 0에서 1사이로 정해져 있습니다.** 탄에이치의 경우에는 음의 무한대에 가까울수록 −1에 근접하는 값을 가지며, 양의 무한대에 가까울수록 1에 근접하는 값을 가집니다. 따라서 **탄에이치 함수의 출력값의 범위는 −1에서 1사이**입니다. 두 함수 모두 전 구간에서 미분 가능하며 그림에서 알 수 있듯이 양 극단의 기울기는 0에 근접하는 것을 특징으로 가지고 있습니다. 두 함수를 수식으로 나타내면 다음과 같습니다.

$$\sigma(x) = \frac{1}{1 + e^{-x}}$$

$$\begin{aligned} \text{Tanh}(x) &= \frac{e^x - e^{-x}}{e^x + e^{-x}} \\ &= \frac{e^{2x} - 1}{e^{2x} + 1} \end{aligned}$$

시그모이드는 소문자 시그마^{sigma} 기호 σ 로 나타내기도 합니다.[1] 이 시그모이드를 활용하여 로지스틱 회귀를 구현할 수 있습니다.

---

1 경우에 따라 σ 는 활성 함수 자체를 의미하기도 합니다.

8.2 로지스틱 회귀란?

선형 회귀linear regression의 경우는 키와 몸무게와 같은 선형 데이터의 관계를 학습하는 문제였습니다. 좀 더 정확히 말하면 n차원의 실수 벡터를 입력으로 받아 선형 관계의 m차원의 실수 벡터를 반환하도록 학습하는 문제입니다. 그럼 **로지스틱 회귀**logistic regression는 어떤 문제에 적용될수 있을까요?

여기에서 n차원의 실수 벡터를 입력을 받아 m개의 불리언boolean 벡터를 반환하는 문제에 대해서도 고민해 봐야 합니다 . 즉, 이 문제는 m개의 참True/거짓False 문제를 동시에 푸는 것으로 생각해볼 수 있습니다. 예를 들어 어떤 사람의 신상 정보(e.g. 키, 몸무게 등)가 주어졌을 때 '그 사람이 남자인가?'라는 물음에 대한 대답을 구하는 문제를 떠올릴 수 있습니다. 만약 남자라면 함수 f^*는 참을 반환하고, 여자인 경우에는 거짓을 반환할 것입니다. 이러한 경우에는 선형 회귀로 문제를 풀기보다는 다른 방법으로 접근해보는 것이 나은데 이때 필요한 방법이 로지스틱 회귀 모델링 기법입니다.

◼ 로지스틱 회귀 모델의 구조 및 추론 방법

로지스틱 회귀 문제를 풀기 위한 모델의 구조는 다음 그림과 같습니다.

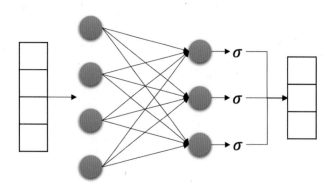

▶ 로지스틱 회귀 문제를 풀기 위한 모델의 구조

사실 선형 회귀 문제를 풀기 위한 선형 계층 함수의 구성과 크게 다르지 않습니다. 다만, **선형 계층 함수 직후에 시그모이드 함수를 넣어주어 전체 모델을 구성**합니다.[2] 그러면 이 모델의 출력값의 범위는 무조건 0에서 1사이로 고정될 것입니다. 이 점을 활용하여 우리는 참/거짓을 예측하는 데 활용할 수 있습니다.

이 모델의 가중치 파라미터가 잘 학습되어 있는 상태라고 했을 때 **0.5를 기준으로 참과 거짓을 판단**할 수 있습니다. 만약 출력 벡터의 어떤 요소 값이 0.5보다 같거나 클 경우 해당 요소를 예측하는 정답을 참이라고 결론지을 수 있으며, 반대로 0.5보다 작을 경우에는 예측하는 정답이 거짓이라고 결론 내릴 수 있습니다.

❷ 로지스틱 회귀 모델의 학습

앞서 말한 것처럼 로지스틱 회귀 모델도 선형 회귀 모델과 매우 비슷한 구조를 갖고 있기 때문에 모델을 학습하는 방법도 유사합니다.

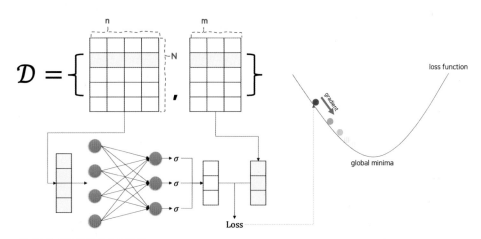

▶ 로지스틱 회귀 모델의 학습 방식

n차원의 입력 벡터들을 N개 수집한 후 입력 샘플들을 모델에 통과[feed-forward]시키면, N개의 m차원의 출력 벡터들을 얻을 수 있을 것입니다. 그러면 N개의 정답 벡터들과 모델에서 출력된 벡터들을 비교하면 손실 값을 계산할 수 있습니다. 다만 로지스틱 회귀의 손실 함수는 기존 선형 회귀의 손실(MSE) 함수와는 다른 함수를 사용합니다.

---

2 시그모이드 함수의 경우에는 학습을 위한 가중치 파라미터는 없으므로, 가중치 파라미터의 크기는 선형 회귀 모델과 같습니다.

여기에서 선형 회귀와 마찬가지로 손실 값을 가중치 파라미터로 미분하게 되면 손실 값이 낮아지는 방향으로 경사하강법을 수행할 수 있게 됩니다. 경사하강법을 통해 모델 가중치 파라미터를 업데이트하는 작업을 반복하면 점진적으로 손실 값은 낮아질 것이고 점차 수렴하게 될 것입니다. 그러고 나면 수렴한 가중치 파라미터를 통해 f^*를 근사계산한다고 볼 수 있습니다. 참고로 이때 손실 값을 계산하기 위한 손실 함수는 선형 회귀와 달리 MSE 손실 함수를 사용하지 않습니다. 로지스틱 회귀를 위한 손실 함수는 다음 장에서 다루도록 하겠습니다.

❸ 로지스틱 회귀의 의미

로지스틱 회귀의 경우 이름에는 회귀regression가 붙어있지만 분류classification 문제에 가깝습니다. 특히 참과 거짓 중에서 정답을 선택해야 하므로 이진 분류binary classification에 속합니다. 회귀와 분류의 가장 큰 차이는 예측하고자 하는 타깃 값의 성질이 다르다는 것입니다.

문제	출력 y	예시
회귀regression	실수(연속continuous) 값	신상 정보가 주어지면 연봉 예측하기
분류classification	카테고리(이산discrete) 값	신상 정보가 주어지면 성별 예측하기

▶ 표: 회귀와 분류의 차이

회귀 문제는 연속형 실숫값을 맞추고자 합니다. 따라서 실제 값에 가까워질수록 잘 예측한 것으로 판단할 수 있습니다. 하지만 분류 문제의 경우, 실제 값과 얼마나 가까운 지를 가지고 판단하는 것은 아무 의미가 없습니다. 예를 들어, 주사위를 던져 나오는 값을 예측한다고 했을 때 실제 나온 값은 5이고 예측한 값이 1이나 6이라면 둘 다 틀리다는 말입니다. 하지만 연봉 예측과 같은 회귀 문제는 실제 연봉이 5,000만 원이라고 한다면 4,500만 원이라고 예측한 것이 2,000만 원이라고 예측한 것에 비해 훨씬 잘 예측한 것이 됩니다.

8.3 로지스틱 회귀의 손실 함수

앞 절에서 로지스틱 회귀는 회귀 문제가 아니라 분류 문제라고 설명했습니다. 또한 분류 문제는 예측하고자 하는 값이 카테고리categorical의 이산discrete형 데이터라고 했습니다. 그런데 앞에서 이야기한 것을 돌이켜보면 로지스틱 회귀 모델의 출력값은 시그모이드 함수의 출력을 활용하므로 연속continuous형 데이터에 속합니다. 다만 그 값을 바로 모델의 예측 값으로 사용하는 것이 아니라 0.5를 기준으로 참과 거짓으로 분류한 후에 사용합니다. 이렇게 시그모이드의 출력 값을 활용할 수 있는 이유는 분류 문제를 확률 문제로 접근할 수 있기 때문입니다. 즉, 샘플 x 가 주어졌을 때 출력은 x가 '참 클래스class에 속할 것인가?'에 대한 확률 값을 표현한 것이라고 볼 수 있습니다. 수식으로 표현하면 다음과 같으며 당연히 확률 값이므로 0에서 1사이의 값을 가지게 됩니다.

$$0 \leq P(y = \text{True}|x) \leq 1$$

$$P(y = \text{True}|x) = 1 - P(y = \text{False}|x)$$

또한 수식에서 볼 수 있는 것처럼 선택지는 참과 거짓 두 개 밖에 없기 때문에 거짓 클래스에 속할 확률 값은 1에서 참 클래스에 속할 확률 값을 빼준 것과 같습니다. 따라서 0.5를 기준으로 입력 x에 대해서 참 또는 거짓 클래스로 예측 분류를 수행할 수 있는 것입니다.

1 이진 크로스엔트로피 손실 함수

지금까지 배운 것을 바탕으로 로지스틱 회귀를 확률과 관련된 문제로 연관 지어 생각할 수 있습니다. 또한 기존 회귀와 다른 손실 함수를 써야 하는 이유가 됩니다.[3] 로지스틱 회귀와 같은 **이진 분류 문제를 풀기 위해서는 이진 크로스엔트로피**binary cross-entropy, BCE **손실 함수를 사용**합니다.

---

3 물론 로지스틱 회귀의 경우에도 기존 MSE 손실 함수를 사용한 모델 학습이 가능하긴 합니다.

N개의 정답과 모델 출력 벡터에 대한 BCE 손실 함수는 다음과 같이 정의됩니다. 정답 벡터는 각 벡터의 요소별로 정답 여부를 가지고 있게 됩니다. 문제(e.g. 이런 신상 정보를 갖는 사람은 남자인가?)에 대한 정답이 참(= 남자가 맞다)이면 1, 거짓(= 남자가 아니다)이면 0인 값으로 각 벡터의 요소가 채워져 있을 것입니다.

$$\text{BCE}(y_{1:N}, \hat{y}_{1:N}) = -\frac{1}{N} \sum_{i=1}^{N} y_i^\top \cdot \log \hat{y}_i + (1 - y_i)^\top \cdot \log(1 - \hat{y}_i)$$

$$= -\frac{1}{N} \sum_{i=1}^{N} \sum_{j=1}^{m} y_{i,j} \times \log \hat{y}_{i,j} + \sum_{j=1}^{m} (1 - y_{i,j}) \times \log(1 - \hat{y}_{i,j})$$

수식의 두 번째 줄에서 i를 활용하는 시그마 안 쪽의 두 텀^{term}(각각 j를 활용하는 시그마) 중에서 왼쪽 텀은 원래 정답이 참이었을 때에 대한 부분이고, 오른쪽 텀은 원래 정답이 거짓이었을 때에 대한 부분입니다. 잘 생각해보면 같은 j번째 요소^{element}에 대해서 항상 두 텀 중에 한 텀은 0이 되는 것을 알 수 있습니다.

예를 들어 원래 정답 $y_{i,j} = 1$이고 $1 - y_{i,j} = 0$인 경우에는 $\log \hat{y}_{i,j}$가 커지면 손실 값은 작아질 것입니다. 마찬가지로 정답이 0인 경우는 $1 - y_{i,j} = 1$이므로 $1 - \log \hat{y}_{i,j}$가 커지면 손실 값은 작아지게 됩니다.

참고로 $\hat{y}_{i,j}$는 확률 값이므로 0에서 1사이를 가질 것이고, 이것에 로그를 취하면 음의 무한대에서 0 사이의 값을 가질 것입니다. 또한 식 가장 바깥쪽에 마이너스 부호가 붙어 있는 것에 대해 유의하세요.

8.4 로지스틱 회귀의 수식

이번에도 f^*를 근사계산하기 위해 N개의 데이터 쌍을 수집하여 데이터셋을 구성합니다. 기존과 달리 **타깃 출력값은 실수의 벡터 또는 행렬이 아니라 참과 거짓에 대한 문제이므로 0 또는 1의 값만 가지도록 되어 있습니다.**

$$\mathcal{D} = \{(x_i, y_i)\}_{i=1}^N,$$
$$\text{where } x_{1:N} \in \mathbb{R}^{N \times n} \text{ and } y_{1:N} \in \{0,1\}^{N \times m}.$$

여기에 모델 f_θ로 선형 계층과 시그모이드 함수를 합쳐 구성합니다. 그러면 수집한 N개의 입력 샘플을 통과$^{\text{feed-forward}}$시켜 모델의 출력값 $\hat{y}$를 얻을 수 있습니다. 이 모델의 출력 행렬의 크기는 정답 행렬과 같지만 0에서 1사이의 실숫값을 가진다는 차이점이 있습니다.

$$\hat{y}_{1:N} = \sigma(x_{1:N} \cdot W + b)$$
$$\text{and } \hat{y}_{1:N} \in [0,1]^{N \times m}$$

이제 BCE 손실 함수를 계산하기 위한 값이 모두 준비되었습니다. 이 손실 함수는 모델 가중치 파라미터를 입력으로 받으며 그에 따른 손실 값을 출력으로 반환합니다.

$$\mathcal{L}(W, b) = -\frac{1}{N}\sum_{i=1}^N y_i^\top \cdot \log \hat{y}_i + (1 - y_i)^\top \cdot \log(1 - \hat{y}_i)$$

여기에서 우리가 찾고자 하는 모델의 가중치 파라미터는 이 손실 함수를 최소화하는 입력 값이 됩니다.

$$\hat{\theta} = \underset{\theta \in \Theta}{\operatorname{argmin}} \, \mathcal{L}(\theta), \text{where } \theta = \{W, b\}.$$

이를 위해서 손실 함수를 각 가중치 파라미터로 미분하여 경사하강법을 통해 손실 값을 낮추는 방향으로 가중치 파라미터를 업데이트합니다. 이 업데이트 과정을 반복하여 가중치 파라미터가 수렴된다면 f^*를 근사계산하는 모델 함수를 찾을 수 있게 됩니다.

$$W \leftarrow W - \eta \cdot \nabla_W \mathcal{L}(W, b)$$
$$b \leftarrow b - \eta \cdot \nabla_b \mathcal{L}(W, b)$$

이때 모델의 출력 벡터 j번째 요소가 '입력 샘플이 j번째 항목에 대해서 참 클래스에 속하는가?' 에 대한 확률 값의 표현이라고 볼 수도 있습니다.

$$\hat{P}(y_j = \text{True}|x_i) \approx \hat{y}_{i,j}$$

그러므로 BCE 손실 함수를 다음과 같이 다시 표현해볼 수 있습니다.

$$
\begin{aligned}
\text{BCELoss}(y_{1:N}, \hat{y}_{1:N}) &= -\frac{1}{N} \sum_{i=1}^{N} \sum_{j=1}^{m} y_{i,j} \times \log \hat{y}_{i,j} + (1 - y_{i,j}) \times \log(1 - \hat{y}_{i,j}) \\
&= -\frac{1}{N} \sum_{i=1}^{N} \sum_{j=1}^{m} P(y_j = \text{True}|x_i) \times \log P(y_j = \text{True}|x_i; \theta) + P(y_j = \text{False}|x_i) \\
&\qquad \times \log P(y_j = \text{False}|x_i; \theta) \\
\text{where } y_{i,j} &= P(y_j = \text{True}|x_i) \text{ and } 1 - y_{i,j} = P(y_j = \text{False}|x_i).
\end{aligned}
$$

이처럼 BCE 손실 함수는 확률 통계와 밀접한 연관이 있고 더 나아가 정보 이론information theory 과도 큰 연관이 있습니다. 정보 이론과의 연관성에 대해서는 이후에 뒤에서 더 깊이 있게 다루 겠습니다.

실습
로지스틱 회귀

❶ 데이터 준비

```
import pandas as pd
import seaborn as sns
import matplotlib.pyplot as plt
```

필요한 라이브러리와 데이터셋을 불러옵니다.

```
from sklearn.datasets import load_breast_cancer
cancer = load_breast_cancer()

print(cancer.DESCR)
```

위스콘신 유방암^{Breast cancer wisconsin} 데이터셋은 30개의 속성을 가지며 이를 통해 유방암 여부를 예측해야 합니다. 앞의 선형 회귀와 마찬가지로 판다스로 데이터를 변환합니다. 여기에서는 출력값을 class 속성으로 저장합니다.

```
df = pd.DataFrame(cancer.data, columns=cancer.feature_names)
df['class'] = cancer.target
```

이 데이터셋의 설명을 잘 읽어보면 각 10개 속성의 평균^{mean}, 표준편차^{standard error}, 최악 ^{worst} 값을 나타내고 있기 때문에 속성이 30개 임을 알 수 있습니다. 따라서 평균과 표준 편차 그리고 최악 속성들만 따로 모아서 class 속성과 비교하는 페어 플롯을 그리도록 하겠습니다.

```
sns.pairplot(df[['class'] + list(df.columns[:10])])
plt.show()
```

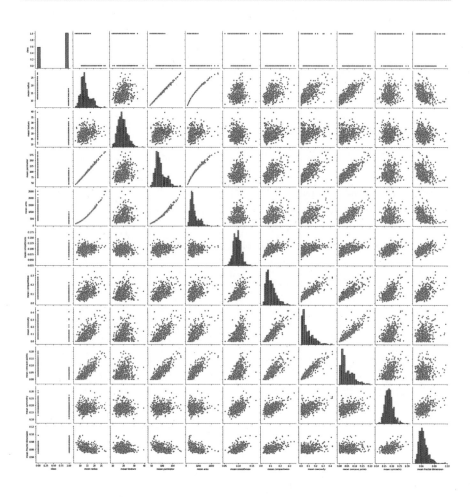

맨 위 줄만 떼어서 자세히 볼까요?

각 속성별 샘플의 점들이 0번 클래스에 해당하는 경우 아래쪽에 1번 클래스에 해당하는 경우 위쪽으로 찍혀 있는 것을 볼 수 있습니다. 만약 이 점들의 클래스별 그룹이 특정 값을 기준으로 명확하게 나눠진다면 좋다는 것을 확인할 수 있습니다. 마찬가지로 다른 속성들에 대해서도 페어 플롯을 그려줍니다.

```
sns.pairplot(df[['class'] + list(df.columns[10:20])])
plt.show()
```

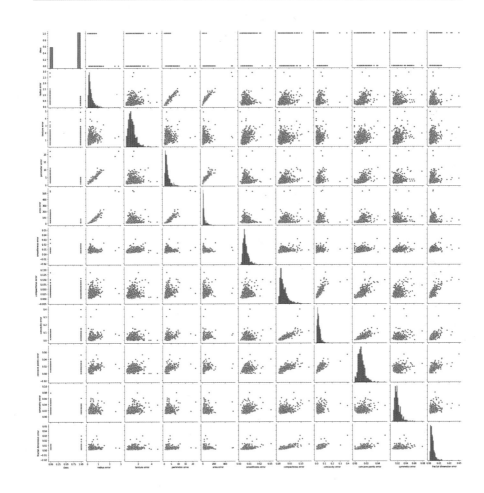

```
sns.pairplot(df[['class'] + list(df.columns[20:30])])
plt.show()
```

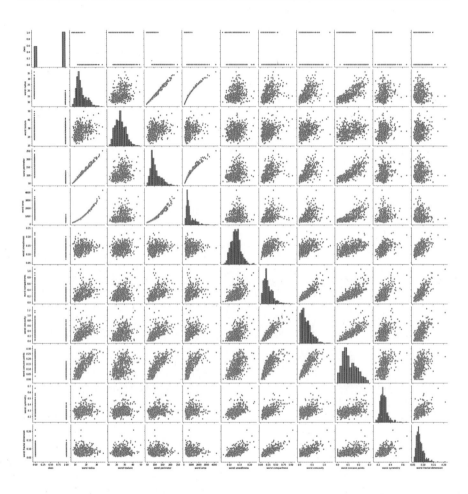

이렇게 그림을 그려놓고 보니 대략적으로 정답 클래스와의 관계를 파악할 수 있을 것 같습니다. 살펴보면 표준편차 속성은 크게 도움이 되지 않는 것 같습니다. 이번에는 이 그림들 바탕으로 몇 개를 골라서 좀 더 예쁘게 그려보도록 합시다.

```
cols = ["mean radius", "mean texture",
        "mean smoothness", "mean compactness", "mean concave points",
        "worst radius", "worst texture",
        "worst smoothness", "worst compactness", "worst concave points",
        "class"]

for c in cols[:-1]:
    sns.histplot(df, x=c, hue=cols[-1], bins=50, stat='probability')
    plt.show()
```

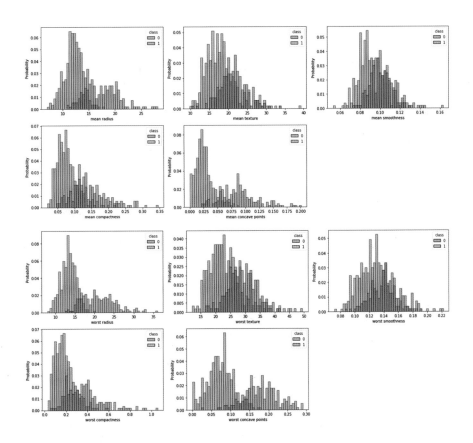

클래스에 따른 속성별 분포를 나타낸 것입니다. 0번 클래스는 파란색, 1번 클래스는 주황색으로 표시되어 있음을 확인할 수 있습니다. 겹치는 영역이 적을수록 좋은 속성이라고 볼 수 있습니다. 완벽하게 두 클래스를 나눠주는 속성은 없지만 부족한 부분은 다른 속성으로 보완할 수 있을 것이라 생각하고 해당 속성들을 가지고 로지스틱 회귀를 진행해보겠습니다.

② 학습 코드 구현

```python
import torch
import torch.nn as nn
import torch.nn.functional as F
import torch.optim as optim

data = torch.from_numpy(df[cols].values).float()

data.shape

# Split x and y.
x = data[:, :-1]
y = data[:, -1:]

print(x.shape, y.shape)
```

선형 회귀와 똑같은 방식으로 텐서 x와 텐서 y를 가져옵니다. 그리고 학습에 필요한 설정값을 정해줍니다.

```python
# Define configurations.
n_epochs = 200000
learning_rate = 1e-2
print_interval = 10000
```

이제 모델을 준비할 차례입니다. 선형 회귀에서는 선형 계층 하나만 필요했던 것과 달리 이번에는 시그모이드 함수도 모델에 포함되어야 합니다. 따라서 nn.Module을 상속받아 클래스를 정의하고 내부에 필요한 계층들을 소유하도록 합니다.

앞에서 배웠던 것처럼 nn.Module을 상속받은 자식 클래스를 정의할 때에는 보통 두 개의 함수(메서드method)를 오버라이드override합니다. 또한 __init__ 함수를 통해 모델을 구성하는 데 필요한 내부 모듈(e.g. 선형 계층)을 미리 선언해 둡니다. forward 함수는 미리 선언된 내부 모듈을 활용하여 계산을 수행합니다.

```python
# Define costum model.
class MyModel(nn.Module):

    def __init__(self, input_dim, output_dim):
        self.input_dim = input_dim
        self.output_dim = output_dim

        super().__init__()

        self.linear = nn.Linear(input_dim, output_dim)
        self.act = nn.Sigmoid()

    def forward(self, x):
        # |x| = (batch_size, input_dim)
        y = self.act(self.linear(x))
        # |y| = (batch_size, output_dim)

        return y
```

이제 정의한 나만의 로지스틱 회귀 모델 클래스를 생성하고 BCE 손실 함수와 옵티마이저도 준비합니다. 선형 회귀와 마찬가지로 모델의 입력 크기는 텐서 x의 마지막 차원 크기가 되고 출력 크기는 텐서 y의 마지막 차원 크기가 됩니다.

```
model = MyModel(input_dim=x.size(-1),
                output_dim=y.size(-1))
crit = nn.BCELoss() # Define BCELoss instead of MSELoss.

optimizer = optim.SGD(model.parameters(),
                      lr=learning_rate)
```

마침내 학습을 위한 준비가 끝났습니다. 선형 회귀와 똑같은 코드로 학습을 진행할 수 있습니다.

```
for i in range(n_epochs):
    y_hat = model(x)
    loss = crit(y_hat, y)

    optimizer.zero_grad()
    loss.backward()

    optimizer.step()

    if (i + 1) % print_interval == 0:
        print('Epoch %d: loss=%.4e' % (i + 1, loss))
```

결과를 보면 손실 값이 점점 작아지는 것을 확인할 수 있습니다.[4]

```
Epoch 10000: loss=2.7814e-01
Epoch 20000: loss=2.2899e-01
Epoch 30000: loss=1.9974e-01
Epoch 40000: loss=1.8068e-01
Epoch 50000: loss=1.6739e-01
Epoch 60000: loss=1.5761e-01
Epoch 70000: loss=1.5011e-01
Epoch 80000: loss=1.4418e-01
```

----

4 모델 마지막의 시그모이드로 인해 그래디언트가 작아지므로 수렴하는 데 좀 더 오래 걸리는 것을 볼 수 있습니다.

```
Epoch 90000: loss=1.3937e-01
Epoch 100000: loss=1.3538e-01
Epoch 110000: loss=1.3202e-01
Epoch 120000: loss=1.2914e-01
Epoch 130000: loss=1.2665e-01
Epoch 140000: loss=1.2447e-01
Epoch 150000: loss=1.2255e-01
Epoch 160000: loss=1.2084e-01
Epoch 170000: loss=1.1930e-01
Epoch 180000: loss=1.1792e-01
Epoch 190000: loss=1.1666e-01
Epoch 200000: loss=1.1551e-01
```

3 결과 확인

지금은 분류 문제이므로 분류 예측 결과에 대한 정확도 평가가 가능합니다. 그럼 마지막으로 모델을 통과하여 얻은 y_hat과 y를 비교하여 정확도를 계산해보겠습니다.

```python
correct_cnt = (y == (y_hat > .5)).sum()
total_cnt = float(y.size(0))

print('Accuracy: %.4f' % (correct_cnt / total_cnt))
```

이번 학습에서는 0.9649의 정확도가 나오는 것을 볼 수 있습니다.[5] 좀 전에 데이터를 분석하던 방법을 활용하여 예측된 결괏값의 분포도 살펴볼 수 있습니다.

```python
df = pd.DataFrame(torch.cat([y, y_hat], dim=1).detach().numpy(),
                  columns=["y", "y_hat"])

sns.histplot(df, x='y_hat', hue='y', bins=50, stat='probability')
plt.show()
```

---

5 학습할 때마다 성능은 달라질 수 있습니다.

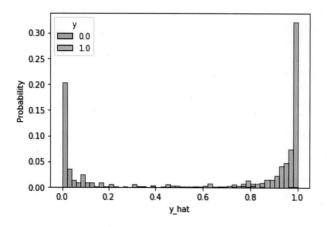

만약 각 클래스별 분포가 양 극단으로 완벽하게 치우쳐져 있다면 모델이 매우 예측을 잘하고 있다고 판단할 수 있습니다. 현재 그 정도는 아니지만 대부분의 값이 양쪽에 치우쳐져 있고 일부 샘플들이 중간에 뒤엉켜 혼재하고 있음을 확인할 수 있습니다.

8.6 마치며

이 장에서는 로지스틱 회귀의 개념과 로지스틱 회귀 모델의 학습 방식과 추론 방법에 대해 배우고 파이토치에서 위스콘신 유방암 데이터셋을 가지고 로지스틱 회귀 학습 모델을 구현해보았습니다. 실습을 통해 살펴보았듯이 로지스틱 회귀는 입력이 주어졌을 때 해당 데이터의 결과가 0과 1 사이의 값을 가지며 결괏값이 특정 범주 내에 존재하여 확률적인 의미 차원에서 어떠한 가능성을 예측할 때 사용할 수 있습니다. 로지스틱 회귀는 이진 분류 문제에서 많이 활용되기 때문에 잘 알아두기 바랍니다. 또한 앞 장에서 배운 선형 회귀와의 차이를 명확히 이해하고 넘어가세요.

요약

- **비선형 활성함수**
  - 시그모이드: 0에서 1사이의 값을 가짐
  - 하이퍼볼릭 탄젠트: −1에서 1사이의 값을 가짐
- **로지스틱 회귀**
  - 로지스틱 회귀는 이진 분류를 수행하는 함수를 학습하는 알고리즘
  - 선형 계층의 출력값을 시그모이드 함수에 통과시켜 0에서 1사이의 값으로 만들고, 0.5를 기준으로 참/거짓을 판단하도록 함
  - BCE 손실 함수를 활용하여 학습할 수 있으며, 나머지 학습 방법은 대동소이함
  - 로지스틱 회귀 모델의 출력값의 출력을 확률로 생각할 수도 있음
- **로지스틱 회귀의 수식**

$$\hat{\theta} = \underset{\theta \in \Theta}{\mathrm{argmin}} - \frac{1}{N} \sum_{i=1}^{N} y_i^\top \cdot \log f_\theta(x_i) + (1-y_i)^\top \cdot \log(1 - f_\theta(x_i)),$$
$$\text{where } \theta = \{W, b\} \text{ and } f_\theta(x) = \sigma(x \cdot W + b).$$

CHAPTER

9

심층신경망Ⅰ

Preview

지금까지 선형 계층 하나를 활용하여 회귀와 분류 문제를 풀어왔습니다. 돌이켜보면 풀고자 했던 문제는 모두 선형 데이터와 관련된 것 들이었습니다. 하지만 세상엔 선형 데이터뿐만 아니라 비선형 데이터도 많이 존재합니다. 비선형 데이터 문제를 해결하기 위해서는 심층신경망을 통해 해결할 수 있습니다. 이 장에서는 심층신경망의 개념과 구조에 대해 배우고 파이토치에서 예제 데이터셋을 가지고 구현해보겠습니다.

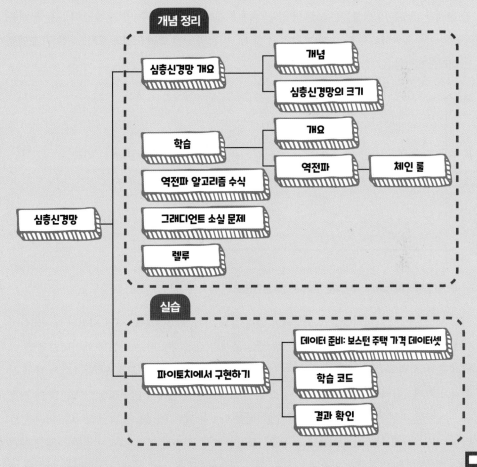

심층신경망

앞에서 언급했던 것처럼 우리는 다음 그림과 같이 비선형non-linear 함수 형태를 근사계산해야할 수도 있습니다. 예를 들어 아래 그림을 감기에 걸렸을 때 날짜 경과에 따른 증상 발현의 정도를 나타낸 것이라고 생각해봅시다. 앞서 선형 데이터의 예제와 같이 아웃라이어들이 존재하긴 하지만 대부분의 샘플들은 노란색 선 근처에 존재하는 것을 볼 수 있습니다. 이 노란색 선을 우리가 근사계산하고자 하는 함수 f^*라고 할 때, 기존의 **선형 회귀 모델과 로지스틱 회귀 모델로는 이러한 비선형 문제를 해결할 수 없습니다.**

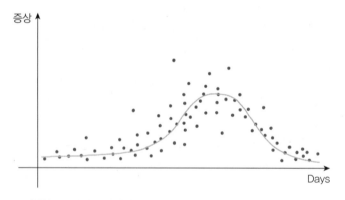

▶ 비선형 문제의 예: 날짜 경과에 따른 감기 증상의 발현 정도

사실 세상은 선형 데이터들로만 구성되어 있지 않습니다. 오히려 알고 보면 비선형 데이터들이 더 많을 것 같네요. 예를 들어 이미지, 텍스트, 음성과 같은 데이터는 비선형 데이터일 뿐만 아니라 높은 차원의 공간high-dimensional space에 분포하고 있는 데이터이므로 앞의 그림과 같이 시각적으로 데이터의 분포를 확인하는 것조차 불가능합니다. 기존의 머신러닝machine learning 기법들로는 이런 비선형적이고 높은 차원의 데이터를 다루는 데에 어려움이 많았습니다. 하지만 딥러닝deep learning의 시대에 접어들면서 심층신경망deep neural networks이란 것이 이러한 문제를 해결하는 데 큰 힘을 발휘하기 시작했습니다. 이제 심층신경망을 통해 문제를 해결하는 방법에 대해 살펴보도록 합시다.

① 심층신경망이란?

심층신경망에 용어를 최소한 한 번 정도는 들어 봤을 거라 생각합니다. 덧붙여 심층신경망이란 계층^{layer}을 깊게 쌓아올린 것이라는 말도 많이 들어봤을지도 모르겠습니다. 심층신경망은 서로 다른 선형 계층을 깊게 쌓아 구성할 수 있습니다. 다만 단순히 그냥 선형 계층을 많이 쌓는 것만으로 충분할까요?

$$h = x \cdot W_1 + b_1$$
$$y = h \cdot W_2 + b_2$$

예를 들어, 앞의 수식과 같이 두 개의 선형 계층을 가진 모델을 생각해볼 수 있습니다. 이 모델은 그럼 두 개의 계층을 지닌 심층신경망이 되는 것일까요? 아쉽게도 아닙니다. 다음 수식과 같이 h를 앞 계층의 수식으로 치환하여 전개해보면 그 이유를 알 수 있습니다.

$$\begin{aligned} y &= h \cdot W_2 + b_2 \\ &= (x \cdot W_1 + b_1) \cdot W_2 + b_2 \\ &= x \cdot \underbrace{W_1 \cdot W_2}_{\text{linear}} + b_1^\top \cdot W_2 + b_2 \\ &= x \cdot W' + b' \end{aligned}$$

흥미롭게도 **두 선형 계층을 통과하는 것은 또 다른 하나의 선형 계층을 통과하는 것과 같다**는 것을 알 수 있습니다. 즉, 선형 계층을 아무리 깊게 쌓아봤자 여전히 하나의 선형 계층을 마주하게 되는 것입니다. 이런 방법으로는 비선형 문제를 풀 수 없다는 말이기도 합니다. 그럼 어떻게 해야 할까요?

우리는 앞서 시그모이드와 탄에이치와 같은 활성 함수들에 대해 배웠습니다. 다음 그림은 시그모이드를 나타낸 것입니다.

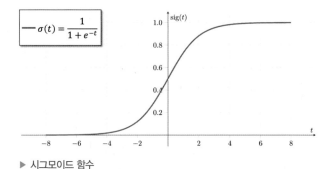

▶ 시그모이드 함수

앞의 그림에서 볼 수 있듯이 이 함수는 전 구간에서 미분 가능한 비선형적인 단조 증가 형태를 띠고 있습니다. 비선형 문제를 풀 수 있는 가장 간단한 방법으로 **선형 계층을 쌓을 때 그 사이에 이와 같은 비선형 함수를 끼워 넣는 것**이 있습니다.[1] 그럼 다음 그림과 같이 심층신경망이 구성될 수 있습니다.

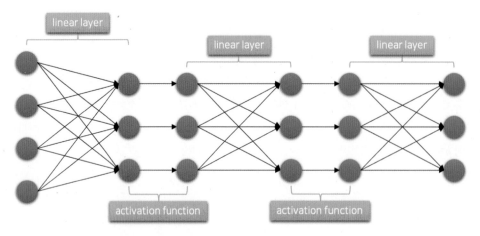

▶ 선형 계층 사이에 비선형 함수를 끼워 넣어 구성한 심층신경망

이렇게 심층신경망을 구성하고 이러한 구조를 통해 복잡한 비선형 데이터의 관계를 학습하거나 문제를 해결할 수 있게 되었습니다.

② 심층신경망의 크기

심층신경망은 세상에 존재하는 그 어떤 형태의 함수도 근사계산할 수 있음이 이론적으로 증명되었습니다.[2] 그렇다면 신경망의 깊이와 너비를 조절하여 함수가 더 복잡한 형태의 데이터 관계나 문제를 해결할 수 있도록 할 수 있을 것입니다. 보통 신경망을 구성할 때 다음 그림과 같이 계층이 진행될수록 너비가 줄어드는 형태로 설계를 하게 됩니다. 이때 너비가 줄어드는 양을 조절하거나 계층을 더 깊게 쌓을수록 네트워크의 표현 능력은 일반적으로 더 향상됩니다. 따라서 **신경망을 더 넓고 깊게 쌓아 더 복잡하고 어려운 데이터의 관계를 배우거나 문제를 풀 수 있습니다.**

---

1 꼭 시그모이드나 탄에이치일 필요는 없습니다. 미분 가능한 (되도록이면 단조증가 형태의) 비선형 함수이면 됩니다.
2 Universal Approximation Theorem, UAT – https://en.wikipedia.org/wiki/Universal_approximation_theorem

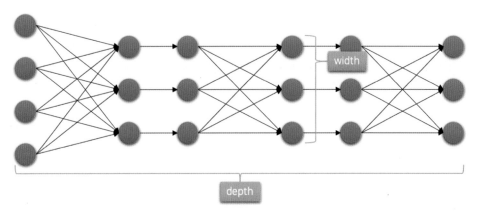

▶ 심층신경망의 너비가 줄어든 형태로 조절

하지만 깊이가 깊어지거나 너비가 넓어지게 되면 계층들의 가중치 파라미터 크기가 늘어나게 되면서, 경사하강법을 통해 최적화해야 하는 공간의 차원 크기도 같이 늘어나게 됩니다. 그렇기 때문에 신경망의 크기가 커지더라도 최적화에 어려움을 겪을 수 있어 실제로는 성능 향상의 한계가 있을 수 있습니다. 더 작은 신경망으로도 충분히 해결되는 경우에는 독으로 작용할 수도 있습니다. 따라서 적절한 신경망의 크기를 정해주어 신경망이 데이터의 관계를 배우는데 최적화가 잘 진행될 수 있도록 도와주는 것이 중요합니다.

9.2 심층신경망의 학습

우리는 실재하지만 알 수 없는 함수 f^*를 근사계산하고자 합니다. 따라서 데이터를 모아 입력으로 넣었을 때 원하는 출력값이 반환되도록 모델 f_θ를 학습시켜야 합니다. 이를 위해서 손실 함수를 활용하여 손실 함수의 출력값인 손실 값이 최소가 되는 손실 함수의 입력 가중치 파라미터를 찾도록 합니다. 손실 함수를 가중치 파라미터로 미분하면 경사하강법을 활용하여 손실 값이 낮아지는 방향으로 가중치 파라미터를 업데이트할 수 있습니다. 여기까지가 지금까지 배운 모델을 학습하는 방법입니다. 그렇다면 심층신경망의 학습은 어떻게 진행될까요?

1 심층신경망의 학습 개요

심층신경망도 결국엔 같습니다. 심층신경망을 구성하는 여러 계층의 가중치 파라미터들로 손실 함수를 미분하고, 그 결과를 경사하강법에 활용하여 각 가중치 파라미터를 업데이트합니다. 다음 그림은 심층신경망을 학습할 때를 대략적으로 나타낸 것입니다.

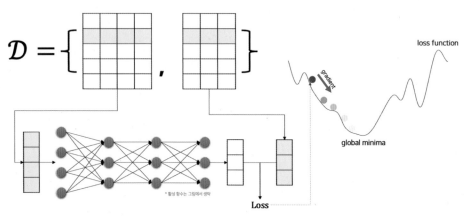

▶ 심층신경망의 학습 방식

기존의 선형 회귀의 그림과 비교하면 선형 계층 하나로 구성됐던 모델이 심층신경망으로 바뀌었을 뿐입니다. 마찬가지로 모델은 입력을 통과시켜 출력 $\hat{y}$를 얻게 되고 손실 함수를 활용하여 손실 값을 계산할 수 있습니다. 그러고 나면 손실 값을 가중치 파라미터로 미분하여 손실 값을 낮추는 방향으로 파라미터를 업데이트하는 것입니다.

하지만 다음 그림과 같이 심층신경망은 계층이 많아진 만큼, 가중치 파라미터도 늘어나게 됩니다. 따라서 업데이트되어야 할 가중치 파라미터들이 늘어난 만큼 손실 함수에 대해 미분을 해야 하는 일도 늘어나게 됩니다.

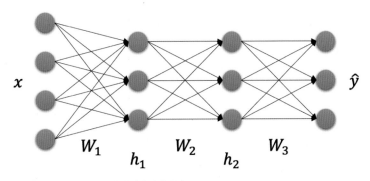

▶ 계층 증가에 따른 가중치 파라미터의 증가

더 큰 문제는 그림에서 확인할 수 있듯이 W_1과 같이 입력으로부터 가까운 계층의 파라미터일수록 손실 함수의 수식을 전개해서 W_1로 표현할 때 훨씬 복잡한 함수 꼴이 된다는 것입니다. 이것을 미분하는 일은 신경망이 깊어질수록 점점 더 비효율적이게 될 것입니다.

② 역전파

우리는 **역전파**back-propgation 알고리즘을 통해 효율적으로 심층신경망을 학습시킬 수 있습니다.

체인 룰

역전파 알고리즘은 **체인 룰**chain rule을 통해 구현됩니다. 만약 다음과 같이 f와 g로 구성된 합성 함수가 있다고 가정해봅시다.

$$y = g \circ f(x)$$

이때 y를 x로 미분하고자 할 때 가장 기본적인 방법으로 g와 f를 모두 전개해서 하나의 수식으로 합쳐 표현한 이후에 수식 내의 x와 관련된 부분에 미분을 적용하는 것을 생각할 수 있습니다. 하지만 체인 룰을 통해 좀 더 쉽게 미분을 수행할 수 있습니다. 이를 위해서 매개변수 h를 추가하여 다음과 같이 표현할 수 있습니다.

$$y = g(h)$$
$$h = f(x)$$

그러면 수행하고자 하는 y를 x로 미분하는 작업은 체인 룰에 의해서 y를 h로 미분한 값에 h를 x로 미분한 값을 곱하는 것과 같아집니다.

$$\frac{\partial y}{\partial x} = \frac{\partial y}{\partial h}\frac{\partial h}{\partial x}$$

수식에서 볼 수 있듯이 ∂h는 분모와 분자에 있으므로 없어질 수 있습니다.[3] 심층신경망도 여러 계층이 쌓여서 만들어진 합성 함수라고 볼 수 있습니다. 따라서 이런 성질을 이용하여 **심층신경망의 미분도 간단한 수식에 대한 미분의 곱으로 표현될 수 있습니다.** 심지어 간단한 수식들에 대한 미분은 다른 계층의 미분을 구할 때 다시 재활용할 수 있어 훨씬 효율적인 계산이 가능해집니다. 결론적으로 다음 그림과 같이 미분 계산 과정이 계속해서 뒤 쪽 계층으로 전달되는 것처럼 보이며 이것을 역전파라고 부릅니다.

---

3 정확하게는 분모와 분자처럼 동작하는 것은 아닙니다.

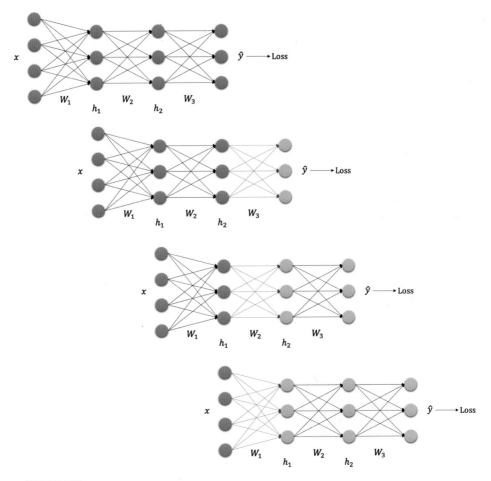

▶ 역전파의 과정

역전파 알고리즘이 없어도 심층신경망의 학습은 얼마든지 가능합니다. 하지만 역전파 알고리즘을 통해 훨씬 효율적인 미분 계산을 할 수 있게 되어 부담 없이 더욱 깊은 심층신경망을 구성할 수 있게 되었다고 볼 수 있습니다.

역전파 알고리즘의 수식

역전파 알고리즘은 심층신경망의 학습을 효율적으로 수행할 수 있도록 도와주는 도구입니다. 이 절에서는 역전파 알고리즘을 수식 수준에서 이해해보도록 하겠습니다. 심층신경망을 활용하여 회귀 문제를 풀고자 할 때, 다음 수식과 같이 MSE 손실 함수를 활용할 수 있습니다.

$$\mathcal{L}(\theta) = \sum_{i=1}^{N} \|y_i - \hat{y}_i\|_2^2$$

이때 심층신경망 f_θ 가 3개의 선형 계층과 활성 함수로 이루어져 있다고 가정해봅시다.

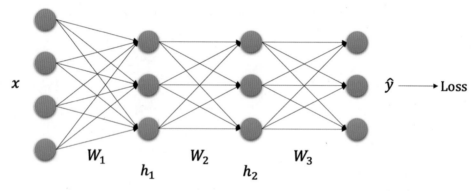

▶ 3개의 선형 계층과 활성 함수로 이루어진 심층신경망

그러면 $\hat{y}_i$ 를 구하기 위한 과정은 다음과 같을 것입니다.

$$\begin{aligned}
\hat{y}_i &= h_{2,i} \cdot W_3 + b_3 \\
h_{2,i} &= \sigma(h_{1,i} \cdot W_2 + b_2) \\
h_{1,i} &= \sigma(x_i \cdot W_1 + b_1)
\end{aligned}$$

입력 x_i 를 받아 첫 번째 계층[4]을 지나면 $h_{1,i}$ 가 나올 것이고 이후 계속해서 이어지는 선형 계

---

4 보통 선형 계층과 활성 함수 및 기타 부가 함수들을 뭉뚱그려서 하나의 계층으로 표현합니다.

층과 활성화 함수를 통과하게 될 것입니다. 우리가 해야 할 일은 각 가중치 파라미터 별로 손실 함수를 미분하고 결과를 바탕으로 각 가중치 파라미터들을 업데이트해야 합니다.

$$W_1 \leftarrow W_1 - \eta \cdot \nabla_{W_1} \mathcal{L}(\theta)$$
$$W_2 \leftarrow W_2 - \eta \cdot \nabla_{W_2} \mathcal{L}(\theta)$$
$$W_3 \leftarrow W_3 - \eta \cdot \nabla_{W_3} \mathcal{L}(\theta)$$

문제는 손실 함수를 각 가중치 파라미터로 미분한 그래디언트(예: $\nabla_{W_1}\mathcal{L}(\theta)$)를 구하기 위해서 각 가중치 파라미터로부터 손실 값을 구하는 과정 전체를 하나의 수식으로 만들어 전개한 후 미분을 취해야 한다는 것입니다.

$$\nabla_{W_3} \mathcal{L}(\theta) = \nabla_{W_3} \sum_{i=1}^{N} \left(y_i - (h_{2,i} \cdot W_3 + b_3) \right)^2$$
$$\nabla_{W_2} \mathcal{L}(\theta) = \nabla_{W_2} \sum_{i=1}^{N} \left(y_i - (\sigma(h_{1,i} \cdot W_2 + b_2) \cdot W_3 + b_3) \right)^2$$
$$\vdots$$

물론 계산은 컴퓨터가 수행하지만 매우 비효율적인 계산이 됩니다. 이때 손실 값을 각 가중치 파라미터로 미분하는 과정을 체인 룰을 통해 간단한 수식들의 미분 곱으로 표현할 수 있습니다.[5]

$$\frac{\partial \mathcal{L}}{\partial W_3} = \frac{\partial \mathcal{L}}{\partial \hat{y}} \cdot \frac{\partial \hat{y}}{\partial W_3}$$
$$\frac{\partial \mathcal{L}}{\partial W_2} = \frac{\partial \mathcal{L}}{\partial \hat{y}} \cdot \frac{\partial \hat{y}}{\partial h_2} \cdot \frac{\partial h_2}{\partial W_2}$$
$$\frac{\partial \mathcal{L}}{\partial W_1} = \frac{\partial \mathcal{L}}{\partial \hat{y}} \cdot \frac{\partial \hat{y}}{\partial h_2} \cdot \frac{\partial h_2}{\partial h_1} \cdot \frac{\partial h_1}{\partial W_1}$$

예를 들어 수식 마지막 줄에서 손실 값을 구하는 과정을 W_1에 대해서 하나의 수식으로 표현한 뒤 미분하는 것보다 앞의 수식처럼 4단계로 나누어 각기 계산 후 곱해주는 것이 훨씬 나을 것입니다. 다음 식에서 볼 수 있듯이, h_2를 W_2로 미분하는 것은 훨씬 간단하게 계산할 수 있습니다.

---

5 수식에 $\frac{\partial W_3}{\partial W_2}$와 같은 꼴이 없다는 것에 주의하세요. 흔히 헷갈려 하는 부분입니다.

$$\frac{\partial h_2}{\partial W_2} = \nabla_{W_2} h_2 = \nabla_{W_2} \sigma(h_1 \cdot W_2 + b_2)$$

더군다나 $\frac{\partial \mathcal{L}}{\partial \hat{y}}$ 나 $\frac{\partial \hat{y}}{\partial h_2}$ 의 경우에는 한 번 계산해 놓으면 이후에는 결괏값을 계산 없이 계속 재활용하여 사용할 수 있기 때문에 훨씬 효율적으로 개선할 수 있습니다.

이처럼 역전파 알고리즘은 심층신경망 학습이 효율적으로 수행될 수 있도록 해줍니다. 물론 역전파 알고리즘이 없더라도 학습은 가능하지만 역전파 알고리즘을 활용했을 때에 비해서 계산량이 많아져 훨씬 비효율적일 것입니다.

딥러닝을 처음 접하는 독자는 지금 언급한 내용에 대해 어려움을 느낄 수 있지만 역전파를 써야 하는 이유에 대해서만 잘 이해한다면 직접 심층신경망의 역전파 부분을 구현할 일은 거의 없기 때문에 너무 걱정하지 말기 바랍니다.

9.4 그래디언트 소실 문제

심층신경망이 너무 깊어지면(예를 들어 40층) 최적화가 잘 수행되지 않는 문제가 종종 발생하곤 합니다. 특히 입력에 가까운 계층의 가중치 파라미터가 잘 업데이트되지 않아 생기는데 이러한 것을 그래디언트 소실gradient vanishing 문제라고 부릅니다. 이 절에서는 그래디언트 소실과 그 원인에 대해 알아보도록 하겠습니다.

역전파처럼 3개의 계층을 갖는 심층신경망을 생각해볼 수 있습니다. 그리고 각 계층은 선형 계층과 비선형 활성 함수의 합성 함수가 됩니다. 그러면 다음 수식과 같이 손실 값을 계산하기 위한 과정을 나타낼 수 있습니다.

$$\mathcal{L}(\theta) = \sum_{i=1}^{N} \|y_i - \hat{y}_i\|_2^2$$

$$
\begin{aligned}
\hat{y}_i &= h_{2,i} \cdot W_3 + b_3 \\
h_{2,i} &= \sigma(\tilde{h}_{2,i}) \\
\tilde{h}_{2,i} &= h_{1,i} \cdot W_2 + b_2 \\
h_{1,i} &= \sigma(\tilde{h}_{1,i}) \\
\tilde{h}_{1,i} &= x_i^\mathsf{T} \cdot W_1 + b_1
\end{aligned}
$$

앞에서 나온 역전파의 수식과 비교했을 때 틸다tilde가 추가되어 선형 계층과 활성 함수를 분리하여 표현하고 있습니다. 즉, 선형 계층의 결괏값을 $\tilde{h}$로 표현하고, 이것을 활성 함수에 넣어 얻은 결과를 이전과 같이 h로 배정했습니다. 이때 활성 함수로 사용될 수 있는 것은 보통 시그모이드와 하이퍼볼릭 탄젠트가 됩니다. 흥미로운 점은 시그모이드와 탄에이치를 미분하면 다음 그림과 같은 값을 지니게 됩니다.

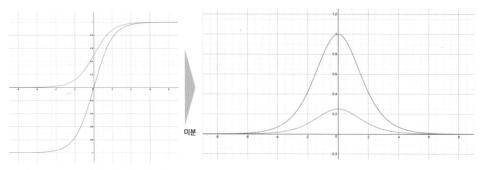

▶ 시그모이드와 탄이에치의 미분 후 기울기 변화

보다시피 **시그모이드는 전 구간에서 1보다 한참 작은 기울기를 가지며, 탄에이치의 경우에는 전 구간에서 1보다 같거나 작은 값을 갖는 것**을 볼 수 있습니다. 따라서 다음 수식과 같이 손실 값을 W_1 으로 미분할 때, 체인 룰을 통해 펼쳐보면 계속해서 1보다 같거나 작은 값이 반복적으로 곱해지는 것을 확인할 수 있습니다.

$$\frac{\partial \mathcal{L}}{\partial W_1} = \frac{\partial \mathcal{L}}{\partial \hat{y}} \cdot \frac{\partial \hat{y}}{\partial h_2} \cdot \frac{\partial h_2}{\partial h_1} \cdot \frac{\partial h_1}{\partial W_1}$$

$$= \frac{\partial \mathcal{L}}{\partial \hat{y}} \cdot \frac{\partial \hat{y}}{\partial h_2} \cdot \frac{\partial h_2}{\partial \tilde{h}_2} \cdot \frac{\partial \tilde{h}_2}{\partial h_1} \cdot \frac{\partial h_1}{\partial \tilde{h}_1} \cdot \frac{\partial \tilde{h}_1}{\partial W_1},$$

$$\text{where } \frac{\partial h_\ell}{\partial \tilde{h}_\ell} = \frac{\partial \sigma}{\partial \tilde{h}_\ell} <= 1.$$

이 수식에서는 비록 2번 밖에 없었지만 만약 심층신경망이 훨씬 깊었다면 더 많은 횟수가 반복되었을 것입니다. 이처럼 심층신경망이 깊어질수록 입력에 가까운 계층의 가중치 파라미터는 자꾸 1보다 작은 값이 곱해지는 바람에 더 작은 그래디언트를 갖게 됩니다. 결과적으로 그래디언트는 0에 근접하게 되어 입력에 가까운 계층의 가중치 파라미터는 업데이트 양이 거의 없게 될 것입니다. 예를 들어, W_1 은 데이터에 대해서 알맞은 출력을 반환하기 위해 학습이 되지 않는 것이죠.

이처럼 깊어지는 심층신경망에서 입력에 가까운 계층이 잘 학습되지 않는 문제를 **그래디언트 소실**이라고 부릅니다. 다음은 그래디언트 소실 문제를 해결하기 위한 방법에 대해 살펴보도록 하겠습니다.

9.5 렐루(ReLU)

앞에서 시그모이드와 같은 비선형 활성 함수non-linear activation function들로 인한 그래디언트 소실 문제에 대해 이야기했습니다. 이것은 활성 함수의 미분 계수가 전 구간에서 1보다 작기 때문에 발생하는 문제입니다. 또한 시그모이드나 탄에이치의 경우, 함수의 양 끝단에 갈수록 기울기가 0이 되는 형태를 띠고 있습니다. 그렇기 때문에 모델의 학습이 진행되어 선형 계층의 결괏값이 0으로부터 멀어져 어떤 의미를 지니게 될수록 학습이 점점 더뎌진다는 단점이 있습니다. 즉, 같은 성능에 도달하기 위해서 수행되어야 하는 경사하강법을 통한 업데이트 횟수가 많을 수밖에 없었습니다.

렐루Rectified Linear Unit, ReLU는 이러한 기존 활성 함수의 단점을 보완하기 위해 제안된 새로운 활성 함수입니다. 다음과 같은 수식으로 구현될 수 있으며 그림으로 표현하면 매우 간단한 형태를 띠게 됩니다.

$$y = \mathrm{ReLU}(x) = \max(0, x)$$

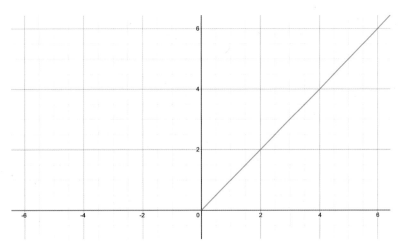

▶ 렐루 함수의 형태

음수 구간에서는 전부 0의 값을 지니게 되며 양수 구간에서는 전부 기울기가 1인 형태가 됩니다. 양수 구간에서의 기울기가 1인 덕분에 렐루를 통해 구현된 심층신경망은 매우 빠른 최적화가 가능합니다. 하지만 단점도 존재합니다. 보다시피 음수 구간에서의 기울기가 0이 되므로 렐루의 입력이 0이 되는 상황에서는 렐루 뒷 단의 가중치 파라미터들에 대해 학습을 진행할 수 없습니다. 혹시라도 데이터셋 내부의 모든 샘플이 렐루의 음수 구간으로 입력될 경우, 해당 렐루에 값을 전달해주는 노드와 관련된 가중치 파라미터들은 이후 학습 과정에서 영원히 업데이트될 수 없는 문제가 발생합니다.[6]

이러한 문제를 해결하기 위해서 제안된 것이 **리키렐루**Leaky ReLU입니다. 리키렐루는 다음의 수식과 같이 구현되며 음수 구간에서 비록 1보다 작지만 0이 아닌 기울기를 갖는 것이 특징입니다.[7]

$$y = \text{LeakyReLU}_\alpha(x) = \max(\alpha \cdot x, x),$$
$$\text{where } 0 \leq \alpha < 1.$$

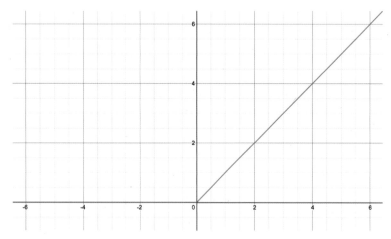

▶ 리키렐루

리키렐루가 기존 렐루의 단점을 보완했다고 해서 무조건 리키렐루가 좋은 것은 아닙니다. 실제 실험을 해보면 주어진 문제와 데이터 그리고 신경망의 구조에 따라 큰 차이는 아니지만 렐루가 좋을 때도 있고 리키렐루가 좋을 때도 있습니다. 따라서 렐루와 리키렐루 중에서 더 좋은 활성함수를 선택해야 하는 일은 사용자의 몫이지만 대단히 중요한 일은 아니며 이 부분에 대해 지나치게 고민하는 것은 독이 될 수 있으니 유의하세요.

....

6 데드 뉴런dead neuron 문제라고 부릅니다.
7 음수 영역 기울기가 0이 될 경우 일반 렐루가 되고 1이 될 경우 비선형성을 잃게 됩니다.

지금까지 그래디언트 소실 문제를 해결하기 위한 렐루와 리키렐루에 대해 살펴보았습니다. 렐루로 인해 기존에 학습할 수 없었던 좀 더 깊은 신경망도 큰 무리 없이 학습시킬 수 있었습니다. 학습이 진행됨에 따라 점점 속도가 더뎌지는 기존의 활성 함수들과 달리 렐루의 경우, 손실 값이 떨어지는 속도가 매우 빠릅니다. 학계에서는 이러한 렐루의 발명이 딥러닝의 발전에 공이 매우 크다는 평이 있을 정도로 렐루는 딥러닝의 역사에서 중요한 부분을 차지합니다.

하지만 렐루와 리키렐루를 사용하더라도 음수 구간은 기울기가 여전히 0보다 작기 때문에 그래디언트 소실 문제가 완전히 해결된 것은 아닙니다. 여전히 수 십 개가 넘는 계층을 쌓아보면 최적화가 원활하게 수행되지 않음을 확인할 수 있을 것입니다. 따라서 그래디언트 소실 문제를 완벽하게 해결하기 위해서는 다른 방법이 필요합니다.[8] 하지만 보통 여러분이 풀 문제들은 여전히 십 수개의 계층으로도 충분히 풀 수 있는 문제일 가능성이 높습니다. 그러므로 일단 렐루와 리키렐루 정도까지만 이해해도 괜찮을 것입니다.

---

8 레즈넷(ResNet)에 활용된 스킵-커넥션(skip-connection)을 통해 그래디언트 소실을 완벽하게 해결할 수 있습니다.

Deep Regression

1 데이터 준비

```
import pandas as pd
import seaborn as sns
import matplotlib.pyplot as plt

from sklearn.preprocessing import StandardScaler
```

필요한 라이브러리와 데이터를 불러옵니다. 출력값은 TARGET 속성으로 저장되도록 합니다.

```
from sklearn.datasets import load_boston
boston = load_boston()

df = pd.DataFrame(boston.data, columns=boston.feature_names)
df["TARGET"] = boston.target
```

보스턴 주택 가격 데이터셋은 13개의 속성을 가지며, 506개의 샘플로 구성되어 있습니다. 일부 속성만을 활용하여 선형 회귀를 학습했던 것과 달리 이번에는 전체 속성들을 활용하여 심층신경망을 학습시켜 보도록 하겠습니다. 이에 앞서, 좀 더 쉽고 수월한 최적화 및 성능 향상을 위해 표준 스케일링standard scaling을 통해 입력 값을 정규화하도록 하겠습니다.

```
scaler = StandardScaler()
scaler.fit(df.values[:, :-1])
df.values[:, :-1] = scaler.transform(df.values[:, :-1]).round(4)

df.tail()
```

정규화를 하는 이유는 무엇일까요? 앞에서는 날 것 그대로의 값을 활용하여 학습을 수행했습니다. 이러한 경우에는 각 열^{column}의 값이 다른 범위와 분포를 갖기 때문에 신경망이 학습할 때 어려움을 겪을 수 있습니다. 극단적인 예를 들어보겠습니다. 두 개의 열이 존재하는 데이터셋에서 첫 번째 열의 범위는 −10,000에서 10,000이고, 두 번째 열의 범위는 0에서 10이라고 해봅시다. 첫 번째 열의 값이 10의 크기로 변하는 것은 매우 작은 변화이지만 두 번째 열의 범위에서는 양 극단을 오고 가는 크기의 변화가 됩니다. 잘 학습된 신경망에서는 이러한 각 열의 특징에 따라 알맞은 계수^{coefficient}를 곱해주어 상쇄시킬 수 있지만, 처음 학습하는 신경망 입장에서는 잘 정규화된 데이터셋을 배우는 것에 비해 어려운 일이 될 수 있습니다. 따라서 적절한 정규화 과정을 통해 신경망의 최적화를 수월하게 만들 수 있습니다. 다양한 정규화 방법이 존재하는데 방금 사용한 표준 스케일링 같은 방법부터 최소/최대 스케일링$^{min/max\ scaling}$과 같은 다양한 정규화 방법들이 있습니다. 그렇기 때문에 **정규화를 적용하기에 전에 데이터셋 분포의 특징을 파악하고 어떤 정규화 방법이 가장 어울릴지 결정**해야 합니다. 여기에서는 보스턴 주택 가격 데이터셋의 각 열이 정규분포$^{normal\ distribution}$를 따른다고 가정하고 표준 스케일링을 적용했습니다. 다음 테이블은 표준 스케일링을 적용한 결과를 보여주고 있습니다.

	CRIM	ZN	INDUS	CHAS	NOX	RM	AGE	DIS	RAD	TAX	PTRATIO	B	LSTAT	TARGET
501	-0.4132	-0.4877	0.1157	-0.2726	0.1581	0.4393	0.0187	-0.6258	-0.9828	-0.8032	1.1765	0.3872	-0.4181	22.4
502	-0.4152	-0.4877	0.1157	-0.2726	0.1581	-0.2345	0.2889	-0.7166	-0.9828	-0.8032	1.1765	0.4411	-0.5008	20.6
503	-0.4134	-0.4877	0.1157	-0.2726	0.1581	0.9850	0.7974	-0.7737	-0.9828	-0.8032	1.1765	0.4411	-0.9830	23.9
504	-0.4078	-0.4877	0.1157	-0.2726	0.1581	0.7257	0.7370	-0.6684	-0.9828	-0.8032	1.1765	0.4032	-0.8653	22.0
505	-0.4150	-0.4877	0.1157	-0.2726	0.1581	-0.3628	0.4347	-0.6132	-0.9828	-0.8032	1.1765	0.4411	-0.6691	11.9

2 학습 코드 구현

```
import torch
import torch.nn as nn
import torch.nn.functional as F
import torch.optim as optim
```

학습에 필요한 패키지를 불러오고 판다스에 저장된 넘파이 값을 파이토치 텐서로 변환하여 입력 텐서 x와 출력 텐서 y를 만듭니다.

```
data = torch.from_numpy(df.values).float()

y = data[:, -1:]
x = data[:, :-1]
```

학습에 필요한 설정값을 정해줍니다. 이 설정값을 바꿔가며 학습해보면 더 많은 경험을 쌓을 수 있을 것입니다.

```
n_epochs = 200000
learning_rate = 1e-4
print_interval = 10000
```

이제 심층신경망deep neural networks을 정의합니다. 앞에서와 마찬가지로 nn.Module을 상속받아 MyModel이라는 나만의 모델 클래스를 정의합니다. 그리고 이나만의 심층 신경망은 4개의 선형 계층과 비선형 함수를 갖도록 하겠습니다. __init__ 함수를 살펴보면 선형 계층은 각각 linear1, linear2, linear3, linear4라는 이름을 가지도록 선언했습니다. 비선형 활성함수는 ReLU를 사용하려 합니다. 다만 선형 계층들은 각각 다른 가중치 파라미터를 가지게 되므로 다른 객체로 선언합니다. 이와 달리 비선형 활성 함수의 경우에는 학습되는 파라미터를 갖지 않았기 때문에 모든 계층에서 동일하게 동작하므로 한 개만 선언하여 재활용하도록 할 것입니다. 그리고 각 선형 계층의 입출력 크기는 최초 입력 차원(input_dim)과 최종 출력 차원(output_dim)을 제외하고는 임의로 정해주었습니다.[9]

그리고 forward 함수에서는 앞서 선언된 내부 모듈들을 활용하여 피드포워드feed-forward 연산을 수행할 수 있도록 합니다. x라는 샘플 개수 곱하기 입력 차원(batch_size, input_dim) 크기의 2차원 텐서가 주어지면 최종적으로 샘플 개수 곱하기 출력 차원 (batch_size, output_dim) 크기의 2차원 텐서로 뱉어내는 함수가 됩니다. 여기에서 input_dim과 output_dim은 __init__ 함수에서 미리 입력받는 것을 볼 수 있습니다. 앞에서 설명한 것처럼 **마지막 계층에는 활성 함수를 씌우지 않도록** 주의하세요.

```python
class MyModel(nn.Module):

    def __init__(self, input_dim, output_dim):
        self.input_dim = input_dim
        self.output_dim = output_dim

        super().__init__()

        self.linear1 = nn.Linear(input_dim, 3)
        self.linear2 = nn.Linear(3, 3)
        self.linear3 = nn.Linear(3, 3)
        self.linear4 = nn.Linear(3, output_dim)
        self.act = nn.ReLU()

    def forward(self, x):
        # |x| = (batch_size, input_dim)
        h = self.act(self.linear1(x)) # |h| = (batch_size, 3)
        h = self.act(self.linear2(h))
        h = self.act(self.linear3(h))
        y = self.linear4(h)
        # |y| = (batch_size, output_dim)
```

---

9 각 선형 계층의 입출력 크기는 모델의 성능을 높이기 위해서는 튜닝되어야 합니다.

```
        return y

model = MyModel(x.size(-1), y.size(-1))

print(model)
```

마지막 라인과 같이 모델을 출력하면 다음처럼 잘 정의된 모델을 볼 수 있습니다.

```
MyModel(
    (linear1): Linear(in_features=13, out_features=3, bias=True)
    (linear2): Linear(in_features=3, out_features=3, bias=True)
    (linear3): Linear(in_features=3, out_features=3, bias=True)
    (linear4): Linear(in_features=3, out_features=1, bias=True)
    (act): ReLU()
)
```

앞에서와 같은 방법으로 나만의 모델 클래스를 직접 정의하는 방법도 아주 좋습니다. 하지만 지금은 모델 구조model architecture가 매우 단순한 편입니다. 입력 텐서를 받아 단순하게 순차적으로 앞으로 하나씩 계산해 나가는 것에 불과하기 때문입니다. 이 경우에는 나만의 모델 클래스를 정의하는 대신에 다음과 같이 nn.Sequential 클래스를 활용하여 훨씬 쉽게 모델 객체를 선언할 수 있습니다. 다음은 앞의 MyModel 클래스와 똑같은 구조를 갖는 심층신경망을 nn.Sequential 클래스를 활용하여 정의한 모습입니다. 단순히 원하는 연산을 수행할 내부 모듈의 nn.Sequential을 생성할 때, 순차적으로 넣어주는 것을 볼 수 있습니다. 당연한 얘기지만 앞 쪽에 넣은 모듈들의 출력이 바로 뒷모듈의 입력이 될 수 있도록 내부 모듈들 입출력 크기를 잘 적어 주어야 합니다.

```
model = nn.Sequential(
    nn.Linear(x.size(-1), 3),
    nn.LeakyReLU(),
    nn.Linear(3, 3),
```

```
    nn.LeakyReLU(),
    nn.Linear(3, 3),
    nn.LeakyReLU(),
    nn.Linear(3, 3),
    nn.LeakyReLU(),
    nn.Linear(3, y.size(-1)),
)

print(model)
```

모델을 출력한 내용에서 아까와 다른 부분은 LeakyReLU를 사용하였다는 것과 하나의
LeakyReLU를 재활용하는 대신 매번 새로운 객체를 넣어준 것입니다.

```
Sequential(
  (0): Linear(in_features=13, out_features=3, bias=True)
  (1): LeakyReLU(negative_slope=0.01)
  (2): Linear(in_features=3, out_features=3, bias=True)
  (3): LeakyReLU(negative_slope=0.01)
  (4): Linear(in_features=3, out_features=3, bias=True)
  (5): LeakyReLU(negative_slope=0.01)
  (6): Linear(in_features=3, out_features=3, bias=True)
  (7): LeakyReLU(negative_slope=0.01)
  (8): Linear(in_features=3, out_features=1, bias=True)
)
```

이렇게 선언한 모델의 가중치 파라미터들을 옵티마이저에 등록합니다.

```
optimizer = optim.SGD(model.parameters(),
                      lr=learning_rate)
```

이제 모델을 학습할 준비가 끝났습니다. 본격적으로 심층신경망을 통해 회귀를 수행해
보도록 하겠습니다. n_epochs 만큼 for 반복문을 수행합니다. 반복문 내부에는 피드
포워드 및 손실 계산을 하고 역전파와 경사하강을 수행하도록 구성되어 있습니다.

```
for i in range(n_epochs):
    y_hat = model(x)
    loss = F.mse_loss(y_hat, y)

    optimizer.zero_grad()
    loss.backward()

    optimizer.step()

    if (i + 1) % print_interval == 0:
        print('Epoch %d: loss=%.4e' % (i + 1, loss))
```

print_interval 만큼 출력을 하도록 되어있으므로 이 코드를 실행하면 다음과 같은 학습 결과를 확인할 수 있을 것입니다. 약 1.4 정도에서 시작한 손실 값은 0.74 정도까지 줄어드는 것을 볼 수 있습니다. 손실 값이 줄어드는 추세를 보았을 때 학습을 더 진행한다면 손실 값이 더 떨어질 여지는 충분해보입니다.

```
Epoch 5000: loss=1.3951e+01
Epoch 10000: loss=1.1192e+01
Epoch 15000: loss=9.7621e+00
Epoch 20000: loss=9.3217e+00
Epoch 25000: loss=8.9595e+00
Epoch 30000: loss=8.7619e+00
Epoch 35000: loss=8.6107e+00
Epoch 40000: loss=8.4628e+00
Epoch 45000: loss=8.2988e+00
Epoch 50000: loss=8.1238e+00
Epoch 55000: loss=7.9395e+00
Epoch 60000: loss=7.8030e+00
Epoch 65000: loss=7.7524e+00
Epoch 70000: loss=7.7000e+00
Epoch 75000: loss=7.6094e+00
Epoch 80000: loss=7.5361e+00
Epoch 85000: loss=7.4911e+00
Epoch 90000: loss=7.4616e+00
Epoch 95000: loss=7.4345e+00
Epoch 100000: loss=7.4097e+00
```

❸ 결과 확인

앞에서 학습한 모델이 얼마나 잘 학습되었는지 시각화를 통해 확인해보도록 하겠습니다.

```
df = pd.DataFrame(torch.cat([y, y_hat], dim=1).detach().numpy(),
                  columns=["y", "y_hat"])

sns.pairplot(df, height=5)
plt.show()
```

정답 텐서 y와 예측값 텐서 y_hat을 이어붙이기concatenation 한 다음 판다스 데이터프레임에 넣어 페어 플롯을 출력한 모습입니다.

우상단의 빨간 점선을 따라 값이 잘 분포하고 있는 것을 볼 수 있습니다. 빨간 점선에서 멀어질수록 잘못된 예측을 하고 있는 것입니다. 또한 좌상단의 그림에서 y의 분포를 확인할 수 있는데 y_hat의 경우에도 y와 비슷하게 중심이 살짝 왼쪽으로 치우친 분포를 보여주고 있습니다.

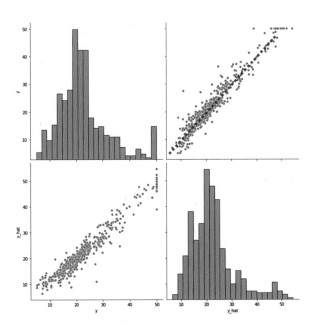

9.7 마치며

지금까지 비선형 문제를 해결할 수 있는 심층신경망의 개념과 학습 방법에 대해 익히고 효율적으로 심층신경망을 학습할 수 있는 대표적인 도구인 역전파 알고리즘에 대해 배웠습니다. 또한 그 과정에서 발생할 수 있는 그래디언트 소실 문제를 해결하기 위한 렐루 함수에 대해서도 설명했습니다. 마지막으로 보스턴 주택 가격 데이터셋을 통해 파이토치에서 심층신경망 모델을 정의해보고 구현해보았습니다. 심층신경망은 딥러닝에서 가장 기본적으로 사용하는 인공신경망입니다. 따라서 심층신경망의 기본 구조를 제대로 이해해야 뒤에서 배울 다른 인공신경망의 구조를 이해할 수 있기 때문에 꼭 숙지하고 넘어가기 바랍니다.

요약

- **심층신경망**
  - 선형 회귀 또는 로지스틱 회귀는 비선형 문제는 풀 수 없음
  - 선형 계층들 사이에 비선형 활성 함수를 넣어 비선형 함수로 만들 수 있음
  - 선형 계층과 비선형 활성 함수를 반복해서 쌓아 심층신경망을 구성할 수 있음
  - 학습 방법은 기존 선형 회귀와 대동소이
  - 신경망의 깊이와 너비는 하이퍼 파라미터로 깊이가 깊고 너비가 넓을수록 복잡한 함수를 배울 수 있는 수용 능력이 높아짐

- **역전파 알고리즘**
  - 역전파 알고리즘은 체인 룰을 활용하여 복잡한 수식의 미분을 작게 분리하여 효율적으로 계산 및 계산 결과를 재활용할 수 있게함

- **그래디언트 소실**
  - 시그모이드 함수와 탄에이치 함수의 기울기 값은 전 영역에서 1 이하임
  - 따라서 시그모이드 또는 탄에이치가 반복 사용될수록 신경망의 입력 쪽 계층 가중치 파라미터의 그래디언트는 작아짐
  - 너무 그래디언트가 작아지게 되면 가중치 파라미터 업데이트를 거의 할 수 없으므로, 학습이 진행되지 않음

- **ReLU**
  - 그래디언트 소실 문제를 어느 정도 해결할 수 있음
  - LeakyReLU는 음의 영역에 기울기가 존재하지만, ReLU와 딱히 성능 상에 우열을 가리기 어려움
  - 수식

$$\text{ReLU}(x) = \max(0, x)$$

CHAPTER

10

확률적 경사하강법

앞에서 배운 경사하강법은 전체 데이터를 모두 사용하여 기울기를 구하기 때문에 학습하는데 많은 시간이 필요하다는 단점이 있습니다. 이러한 단점을 보완하기 위해 확률적 경사하강법을 사용할 수 있습니다. 이 장에서는 확률적 경사하강법에 대해 배워보도록 하겠습니다.

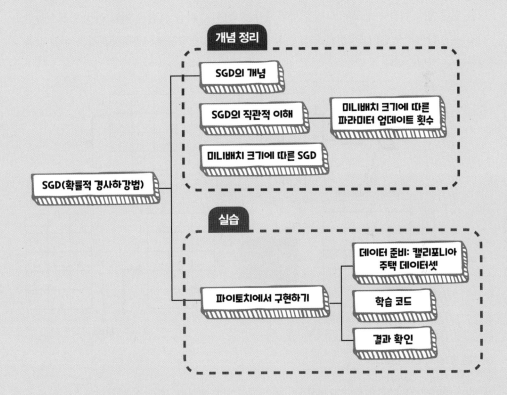

이제까지 우리는 파라미터 업데이트를 하기 위해 데이터셋의 모든 샘플들을 모델에 통과feed-forward시킨 후 손실 값을 계산했습니다. 그리고 손실 값을 가중치 파라미터들로 미분하여 파라미터 업데이트를 수행할 수 있었습니다. 즉 N개의 샘플이 존재할 때 한 번의 파라미터 업데이트를 위해 N개 샘플들이 모두 모델을 통과해야 했습니다. 다음 그림은 이런 과정을 도식화한 것입니다. 다행히도 GPU의 병렬 연산을 활용하여 N개의 입력을 한 번에 통과시켜 손실 값을 계산할 수 있었습니다.

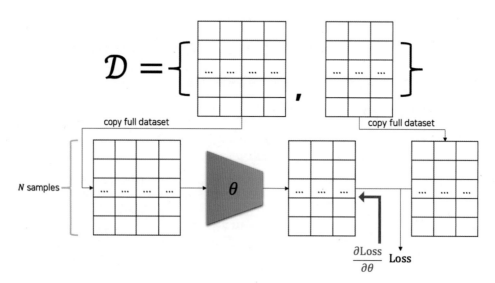

▶ 기존 파라미터 업데이트 과정

하지만 이와 같은 방법은 데이터셋이 큰 경우에 여러 문제점이 생길 수 있습니다. 첫 번째로 GPU 메모리는 한계가 있기 때문에 큰 데이터셋을 한 번에 계산하는 것이 어려울 수 있습니다. 이럴 때에는 GPU 메모리가 허용하는 범위 내에서 데이터를 나누어 모델에 통과시키고 최종 손실 값에 더해주어 해결할 수 있습니다. 두 번째로 학습 속도의 문제가 발생할 수 있습니다.

한 번의 파라미터 업데이트를 위해서 전체 데이터를 모델에 통과시키는 계산을 하는 것이 비효율적이라는 판단입니다. 이런 경우에는 확률적 경사하강법Stochastic Gradient Descent, SGD을 통해 문제를 해결할 수 있습니다. SGD는 전체 데이터셋을 모델에 통과시키는 대신에 랜덤 샘플링random sampling한 k개의 샘플을 모델에 통과시켜 손실 값을 계산하고, 미분 이후에 파라미터 업데이트를 수행합니다. 이때 샘플링 과정에서 주의할 것은 **비복원 추출을 수행**한다는 점입니다.

즉, 한 번 학습에 활용된 샘플은 모든 샘플들이 학습에 활용될 때까지 다시 학습에 활용되지 않습니다. 이처럼 샘플링을 하는 과정이 확률적으로 동작하므로 기존의 경사하강법에 확률적stochastic이라는 단어가 붙어 **확률적 경사하강법**이라고 부릅니다. 또한 랜덤 샘플링된 k개의 샘플들의 묶음을 **미니배치**mini-batch라고 부릅니다.

이러한 SGD의 동작 방식을 그림으로 나타내면 다음과 같습니다. 다음 그림은 SGD에서의 첫 번째 파라미터 업데이트를 나타낸 것입니다.

• k개 랜덤 샘플로부터 첫 번째 파라미터 업데이트

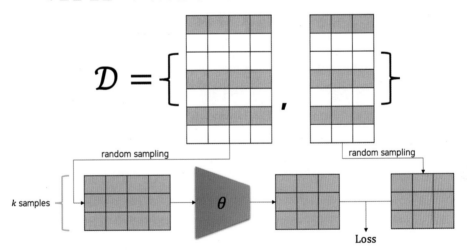

▶ SGD에서의 첫 번째 파리미터 업데이트

전체 데이터셋에서 랜덤 샘플링된 노란색 샘플들만 모델을 통과하여 손실 값 계산에 활용되는 것을 볼 수 있습니다. 다음은 두 번째 파라미터 업데이트를 나타낸 것입니다.

- 또 다른 k개 랜덤 샘플로부터 두 번째 파라미터 업데이트

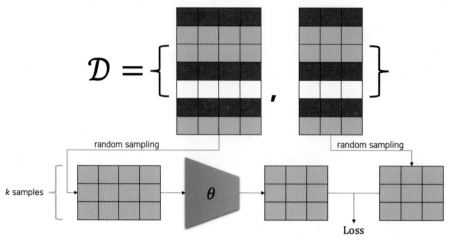

▶ SGD에서의 두 번째 파리미터 업데이트

마찬가지로 랜덤 샘플링된 노란색 샘플들만 모델을 통과하는 것을 볼 수 있습니다. 앞에서 첫 번째로 샘플링된 k개의 샘플들은 붉은색으로 처리되어 이번 샘플링 과정에는 참여하지 않습니다. 즉, 샘플링 과정이 비복원 추출이기 때문에 모델을 통과하지 않은 샘플이 더 이상 없을 때까지 기존에 모델을 통과한 샘플들은 사용되지 않는 것입니다. 다시 말해 남아있는 샘플들이 없을 때까지 비복원 랜덤 추출이 수행되며 샘플들이 전부 소진되면 다시 전체 샘플들에 대해서 비복원 추출이 진행됩니다. 이렇게 **전체 데이터셋의 샘플들이 전부 모델을 통과하는 것**을 한 번의 **에포크**epoch이라고 부르며, **한 개의 미니배치를 모델에 통과시키는 것을 이터레이션**iteration이라고 부릅니다.

그럼 데이터셋의 크기 N과 파라미터 업데이트(이터레이션) 횟수, 에포크 횟수, 그리고 미니배치의 크기 k는 다음과 같은 관계를 가집니다. 수식에서 $\lceil$과 $\rceil$은 소수점 값을 올림 하는 연산을 의미합니다.

$$\text{\#Iterations/Epoch} = \left\lceil \frac{N}{k} \right\rceil$$
$$\downarrow$$
$$\text{\#Iterations} = \left\lceil \frac{N}{k} \right\rceil \times \text{\#Epochs}$$

그러므로 미니배치의 크기가 작아질수록 파라미터 업데이트 횟수가 늘어나는 것을 알 수 있습니다. 또한 SGD를 실제로 구현하기 위해서는 자연스럽게 이중 for-loop가 만들어질 수밖에

없습니다.[1] 이처럼 SGD를 활용하면 기존 GD에 비해서 더 효율적으로 모델을 학습시킬 수 있습니다. 미니배치의 크기는 학습률과 마찬가지로 사용자에 의해 정해지는 하이퍼파라미터가 됩니다. 따라서 미니배치의 크기에 따라 학습의 성향이 바뀌기도 합니다.

보통 실무에서는 미니배치의 크기를 GPU 메모리 허용 범위 안에서 크게 잡습니다. 하지만 4,000이 넘는 등의 너무 큰 미니배치 크기를 활용할 경우에는 오히려 성능 저하가 생길 수 있기 때문에, 특별한 경우를 제외하고는 보통 256이나 512 정도의 크기가 적당합니다.[2]

---

1 바깥쪽의 for-loop는 에포크를 위한 것이 될 것이고, 안쪽의 for-loop는 이터레이션을 위한 것이 될 것입니다.
2 어차피 모델이 커지거나 데이터가 커지면 하나의 GPU로 큰 미니배치 크기를 가져가기 힘듭니다.

10.2 SGD의 직관적 이해

SGD는 이름 그대로 확률적으로 동작하기 때문에 그 동작 특성에 대해 좀 더 자세히 살펴볼 필요가 있습니다. 먼저 다음 그림과 같이 손실 표면^{loss surface}에 파인 구덩이가 있다고 해봅시다. 색깔이 짙어질수록 더 깊은 영역을 뜻합니다.

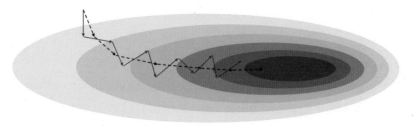

▶ SGD에서의 최소값을 찾는 과정

그림의 좌상단 지점에서 경사하강법을 시작한다고 했을 때 원래대로라면 검은색 화살표 점선처럼 구덩이 속으로 미끄러져 들어갈 것입니다.

하지만 SGD가 적용되면 이것은 약간 달라지게 됩니다. 미니배치는 전체 데이터셋에서 랜덤 샘플링이 되었기 때문에, 평균적으로는 전체 데이터셋의 분포를 따를 것이지만 어쩔 수 없이 편향^{bias}이 생길 수 있습니다. 즉, 미니배치를 통해 구성한 손실 함수는 실제 전체 데이터셋의 손실 함수와 모양이 다를 것이므로, 이것을 미분했을 때 얻을 수 있는 그래디언트의 방향과 크기도 다를 가능성이 있습니다.[3] 이렇게 미니배치의 다른 그래디언트를 빨간색 화살표 점선으로 표현했습니다.

앞의 그림에서처럼 SGD를 통해 업데이트한 파라미터의 위치는 GD의 업데이트 파라미터 위치와 다를 수밖에 없고, 이후의 과정들도 계속해서 달라지게 될 것입니다. 어쩌면 빨간색 화살표 점선이 올바른 방향을 가리키지 못한 채 중구난방으로 위치한 것과 같이 비효율적인 최적화

---

3 하지만 같은 가중치 파라미터 하에 수많은 미니배치를 샘플링해서 계산한 그래디언트들의 평균은 전체 데이터셋의 그래디언트와 같을 것입니다.

를 수행하고 있는 것처럼 보일 수 있습니다. 다만 검은색 화살표 점선은 전체 데이터셋을 모델에 통과시켜야 얻을 수 있지만, 빨간색 화살표 점선은 굉장히 극소수 샘플들을 통해 얻을 수 있는 것이므로 꼭 비효율적이라고 볼 수는 없습니다. 오히려 현실의 손실 표면은 이에 비해 훨씬 지저분하게 구성되어 있을 수 있기 때문에 검은색 화살표 점선도 삐뚤빼뚤하게 위치할 수도 있습니다. 또한 빨간색 화살표 점선이 실제 손실 표면과 다르게 움직이는 과정에서 GD 기준의 지역최소점에 빠지더라도 무시하고 빠져나올 가능성도 있습니다.

사실 손실 표면이 어떻게 생겼는지 알 수 없기 때문에 위의 내용은 추측에 불과할 수도 있습니다. 하지만 분명한 것은 미니배치 크기에 따라 실제 그래디언트에 비해서 미니배치의 그래디언트가 왜곡되는 정도가 바뀔 것이라는 점입니다. 결론적으로 미니배치가 커질수록 그래디언트는 실제 그래디언트와 비슷해질 확률이 높아질 것이고, 미니배치가 작아질수록 그래디언트는 실제 그래디언트와 달라질 확률이 높을 것입니다.

10.3 미니배치 크기에 따른 SGD

이 절에서는 미니배치 크기에 따른 SGD의 특성에 대해 이야기해보겠습니다. 만약 미니배치의 크기가 매우 커서 점점 데이터셋의 크기에 가까워 진다면 어떻게 될까요? 아마도 SGD를 통해 얻은 그래디언트의 방향과 GD를 통해 얻은 그래디언트의 방향이 비슷해질 것입니다. 즉, 좀 더 정확한 그래디언트를 얻을 수 있다고 볼 수 있습니다. 하지만 샘플 수가 많아진 만큼 계산량도 늘어나게 됩니다.

그러면 미니배치의 크기가 작아져서 점점 1에 가까워진다면 어떻게 될까요? 랜덤 샘플링된 미니배치의 분포는 전체 데이터셋의 분포와 달라 편향을 가지게 될 가능성이 높아질 것입니다. 물론 이로 인해 앞서 언급했듯이 전체 데이터셋의 손실 표면^{loss surface}에서 지역최소점은 탈출할 수도 있습니다. 하지만 결국 그래디언트에 너무 심한 노이즈가 생길 수 있으며 이로 인해 파라미터가 올바른 방향으로 학습되는 것을 저해할 수도 있습니다.

따라서 적절한 미니배치 크기를 정해줘야 합니다. 즉, 미니배치의 크기도 중요한 하이퍼파라미터 중의 하나입니다. **보통 256 정도 크기에서 시작하는 것이 좋습니다.** 메모리가 모자란다면 더 줄이는 방향으로, 메모리가 남고 성능의 하락이 없다면 더 늘리는 방향으로 튜닝해 나가면 됩니다.

■ 미니배치 크기에 따른 파라미터 업데이트 횟수

한 에포크 내에서 파라미터 업데이트 횟수는 이터레이션 횟수와 같습니다. 즉, 이터레이션이 많을수록 신경망은 학습할 기회가 많아집니다. 그럼 미니배치 크기를 줄여서 이터레이션 숫자를 마냥 늘리면 될 것 같지만, 앞에서 말한 대로 미니배치 크기를 줄이게 되면 그래디언트에 노이즈가 생길 수 있습니다. 반대로 미내배치 크기를 늘려서 이터레이션 숫자를 줄이면 오히려 그래디언트의 방향은 좀 더 정확해질 수도 있겠지요. 그렇다면 차라리 이터레이션 횟수를 줄이되 학습률을 크게 잡아 파라미터가 업데이트되는 양을 늘릴 수도 있을 것입니다. 이처럼 신경망을 잘 학습하기 위해서는 복잡하게 얽혀있는 여러 하이퍼파라미터 간의 관계에 대해 잘 이해해야 합니다. 따라서 적절한 미니배치 크기를 선택해야 합니다. 독자 여러분도 많은 경험이 쌓일수록 이에 대한 통찰력이 생길 것입니다.

실습
SGD 적용하기

1 데이터 준비

```
import pandas as pd
import seaborn as sns
import matplotlib.pyplot as plt

from sklearn.preprocessing import StandardScaler
from sklearn.datasets import fetch_california_housing
```

앞에서와같이 필요한 라이브러리를 불러오고 데이터셋을 로딩합니다. 이번 실습에서는
캘리포니아 주택 데이터셋을 사용합니다. 집에 대한 정보들이 주어졌을 때 평균 집값을
나타내는 Target 칼럼을 맞춰야 합니다.

```
california = fetch_california_housing()

df = pd.DataFrame(california.data, columns=california.feature_names)
df["Target"] = california.target
df.tail()
```

약 20,600개의 샘플로 이루어진 데이터셋이며 다음 그림과 같이 Target 칼럼을 포함
해 9개의 칼럼으로 이루어져 있습니다. 앞에서 다룬 데이터셋과의 차이점을 발견하셨
나요? 이제까지 다룬 데이터셋은 대부분 샘플 숫자가 그렇게 많지 않았을 것입니다.
SGD의 개념을 배우기 전이라 미니배치를 구성할 때 전체 데이터셋의 샘플을 한꺼번에
집어넣어 학습을 진행했었습니다. 즉, 이전 방식으로는 배치사이즈가 20,640인 상태에
서 SGD를 수행하게 됩니다. 하지만 지금과 같은 데이터셋의 크기라면 이전 방식대로
진행했을 때 메모리가 모자랄 가능성이 높습니다.

	MedInc	HouseAge	AveRooms	AveBedrms	Population	AveOccup	Latitude	Longitude	Target
20635	1.5603	25.0	5.045455	1.133333	845.0	2.560606	39.48	-121.09	0.781
20636	2.5568	18.0	6.114035	1.315789	356.0	3.122807	39.49	-121.21	0.771
20637	1.7000	17.0	5.205543	1.120092	1007.0	2.325635	39.43	-121.22	0.923
20638	1.8672	18.0	5.329513	1.171920	741.0	2.123209	39.43	-121.32	0.847
20639	2.3886	16.0	5.254717	1.162264	1387.0	2.616981	39.37	-121.24	0.894

데이터의 분포를 파악하기 위해서 1,000개만 임의 추출하여 페어 플롯을 그려보도록 합시다.

```
sns.pairplot(df.sample(1000))
plt.show()
```

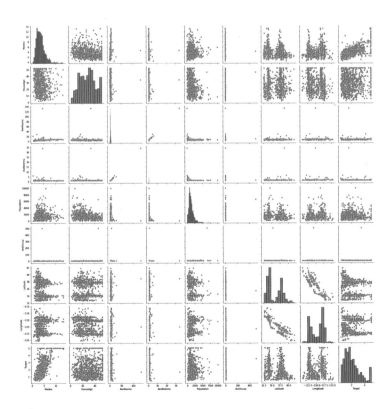

봉우리가 여러 개인 멀티모달multimodal 분포들도 일부 보이지만 일괄적으로 표준 스케일링standard scaling을 적용하도록 하겠습니다. 그림에는 잘 보이지 않겠지만 각 칼럼의 데이터들은 평균이 0이고 표준편차가 1인 분포의 형태로 바뀌었을 것입니다. 다음 코드에서 정답 칼럼을 제외하고 스케일링을 적용하는 것을 확인하기 바랍니다.

```
scaler = StandardScaler()
scaler.fit(df.values[:, :-1])
df.values[:, :-1] = scaler.transform(df.values[:, :-1])

sns.pairplot(df.sample(1000))
plt.show()
```

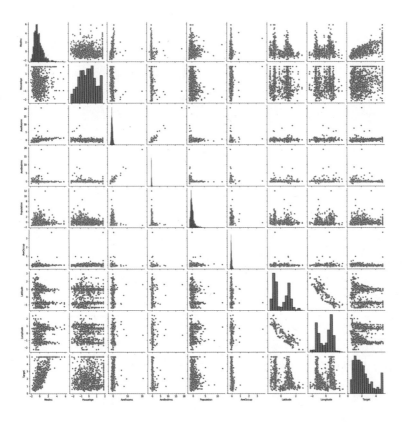

② 학습 코드 구현

데이터가 준비되었으니 모델의 학습을 진행하는 코드를 작성해보도록 하겠습니다. 필요한 파이토치 모듈을 불러옵니다.

```
import torch
import torch.nn as nn
import torch.nn.functional as F
import torch.optim as optim
```

앞에서 정제된 데이터를 파이토치 텐서로 변환하고 그 크기를 확인합니다.

```
data = torch.from_numpy(df.values).float()

print(data.shape)
```

```
torch.Size([20640, 9])
```

이제 입력 데이터와 출력 데이터를 분리하여 각각 x와 y에 저장합니다.

```
x = data[:, :-1]
y = data[:, -1:]

print(x.shape, y.shape)
```

```
torch.Size([20640, 8]) torch.Size([20640, 1])
```

학습에 필요한 세팅 값을 지정합니다. 모델은 전체 데이터셋의 모든 샘플을 최대 4천번 학습할 것입니다. 배치사이즈는 256으로 지정하고 학습률은 0.01로 합니다.

```
n_epochs = 4000
batch_size = 256
print_interval = 200
learning_rate = 1e-2
```

이전에 배웠던 것처럼 nn.Sequential 클래스를 활용하여 심층신경망을 구성합니다. nn.Sequential을 선언할 때, 선형 계층 nn.Linear와 활성 함수 nn.LeakyReLU를 선언하여 넣어줍니다. 주의할 점은 첫 번째 선형 계층과 마지막 선형 계층은 실제 데이터셋 텐서 x의 크기(8)와 y의 크기(1)를 입출력 크기로 갖도록 정해주었다는 것입니다. 또한 내부의 선형 계층들은 서로 입출력 크기가 호환되도록 되어 있다는 점도 주목하기 바랍니다.

```
model = nn.Sequential(
    nn.Linear(x.size(-1), 6),
    nn.LeakyReLU(),
    nn.Linear(6, 5),
    nn.LeakyReLU(),
    nn.Linear(5, 4),
    nn.LeakyReLU(),
    nn.Linear(4, 3),
    nn.LeakyReLU(),
    nn.Linear(3, y.size(-1)),
)

print(model)
```

모델을 프린트하면 앞에서 선언한 것과 같이 선형 계층과 활성 함수가 잘 들어있는 것을 확인할 수 있습니다.

```
Sequential(
  (0): Linear(in_features=8, out_features=6, bias=True)
  (1): LeakyReLU(negative_slope=0.01)
```

```
    (2): Linear(in_features=6, out_features=5, bias=True)
    (3): LeakyReLU(negative_slope=0.01)
    (4): Linear(in_features=5, out_features=4, bias=True)
    (5): LeakyReLU(negative_slope=0.01)
    (6): Linear(in_features=4, out_features=3, bias=True)
    (7): LeakyReLU(negative_slope=0.01)
    (8): Linear(in_features=3, out_features=1, bias=True)
)
```

앞에서 생성한 모델 객체의 파라미터를 학습시킬 옵티마이저를 생성합니다. 이제 옵티마이저의 클래스가 SGD인 이유를 이해할 수 있죠?

```
optimizer = optim.SGD(model.parameters(), lr=learning_rate)
```

학습에 필요한 객체들이 준비되었습니다. 본격적으로 반복문 루프를 돌며 학습을 진행해보도록 하겠습니다. 기존에는 가장 바깥에 for 반복문 한 개만 있던 것을 기억하시나요? 잘 기억이 나지 않는다면 이전 챕터의 실습 코드와 함께 비교해보기 바랍니다. 이번에는 for 반복문이 한 개 더 추가되었습니다. 바깥쪽 for 반복문은 정해진 최대 에포크 수만큼 반복을 수행하여, 모델이 데이터셋을 n_epochs 만큼 반복해서 학습할 수 있도록 합니다. 쪽 for 반복문은 미니배치에 대해서 피드포워딩^{feed-forwarding}과 역전파^{back-propagation} 그리고 경사하강을 수행합니다. 따라서 안쪽 for 반복문 앞을 보면 매 에포크마다 데이터셋을 랜덤하게 섞어(셔플링)주고 미니배치로 나누는 것을 볼 수 있습니다. 이때 중요한 점은 입력 텐서 x와 출력 텐서 y를 각각 따로 셔플링하는 것이 아니라 함께 동일하게 섞어주어야 한다는 것입니다. 만약 따로 섞어주게 된다면 x와 y의 관계가 끊어지게 되어 의미없는 노이즈로 가득찬 데이터가 될 것입니다.

이 과정을 좀 더 자세히 살펴봅시다. randperm 함수를 통해서 새롭게 섞어줄 데이터셋의 인덱스 순서를 정합니다. 그리고 index_select 함수를 통해 임의의 순서로 섞인 인덱스 순서대로 데이터셋을 섞어줍니다. 마지막으로 split 함수를 활용하여 원하는 배치사이즈로 텐서를 나누어 주면 미니배치를 만드는 작업이 끝납니다.

안쪽 for 반복문은 전체 데이터셋 대신에 미니배치 데이터를 모델에 학습시킨다는 점이 다를 뿐 앞의 장에서 보았던 코드와 동일합니다. 하나 추가된 부분은 y_hat이라는 빈 리스트를 만들어 미니배치마다 y_hat_i 변수에 피드포워딩 결과가 나오면 y_hat에 차례대로 저장하는 것입니다. 마지막 에포크가 끝나면 y_hat 리스트를 파이토치 cat 함수를 활용하여 이어 붙여 하나의 텐서로 만든 후에 실제 정답과 비교합니다.

```python
# |x| = (total_size, input_dim)
# |y| = (total_size, output_dim)

for i in range(n_epochs):
    # Shuffle the index to feed-forward.
    indices = torch.randperm(x.size(0))
    x_ = torch.index_select(x, dim=0, index=indices)
    y_ = torch.index_select(y, dim=0, index=indices)

    x_ = x_.split(batch_size, dim=0)
    y_ = y_.split(batch_size, dim=0)
    # |x_[i]| = (batch_size, input_dim)
    # |y_[i]| = (batch_size, output_dim)

    y_hat = []
    total_loss = 0

    for x_i, y_i in zip(x_, y_):
        # |x_i| = |x_[i]|
        # |y_i| = |y_[i]|
        y_hat_i = model(x_i)
        loss = F.mse_loss(y_hat_i, y_i)

        optimizer.zero_grad()
        loss.backward()

        optimizer.step()

        total_loss += float(loss) # This is very important to prevent memory leak.
        y_hat += [y_hat_i]
```

```
    total_loss = total_loss / len(x_)
    if (i + 1) % print_interval == 0:
        print('Epoch %d: loss=%.4e' % (i + 1, total_loss))

y_hat = torch.cat(y_hat, dim=0)
y = torch.cat(y_, dim=0)
# |y_hat| = (total_size, output_dim)
# |y| = (total_size, output_dim)
```

앞의 코드에서 loss 변수에 담긴 손실 값 텐서를 float 타입캐스팅^{type casting}을 통해 단순 float 타입으로 변환하여 train_loss 변수에 더하는 것을 볼 수 있습니다. 이 부분도 매우 중요하기 때문에 코드 상에 주석을 기입하였으니 한 번 더 짚고 넘어가기 바랍니다.

타입캐스팅 이전의 loss 변수는 파이토치 텐서 타입으로 그래디언트를 가지고 있고, 파이토치의 AutoGrad 작동 원리에 의해서 loss 변수가 계산될 때까지 활용된 파이토치 텐서 변수들이 loss 변수에 줄줄이 엮여 있습니다. 따라서 float 타입캐스팅이 없다면 total_loss도 파이토치 텐서가 될 것이고, total_loss 변수는 해당 에포크의 모든 loss 변수를 엮고 있을 것입니다. 결과적으로 total_loss가 메모리에서 없어지지 않는다면 loss 변수와 그에 엮인 텐서 변수들 모두 아직 참조 중인 상태이므로 파이썬 가비지컬렉터^{garbage collector}에 의해 메모리에서 해제되지 않습니다. 즉, 메모리 누수^{memory leak}가 발생하게 됩니다. 더욱이 추후에 진행할 실습처럼 손실 곡선을 그려보기 위해서 total_loss 변수를 따로 저장하기라도 한다면 학습이 끝날 때까지 학습에 사용된 대부분의 파이토치 텐서 변수가 메모리에서 해제되지 않는 최악의 상황이 발생할 수도 있습니다. 그러므로 앞과 같은 상황에서는 float 타입캐스팅 또는 detach 함수를 통해 AutoGrad를 하기 위해 연결된 그래프를 잘라내는 작업이 필요합니다.

학습을 진행했을 때 출력되는 손실 값은 다음과 같습니다. 0.3이라는 생각보다 큰 손실 값을 보여주고 있습니다만 학습률 등 다른 설정값 튜닝을 통해서 좀 더 낮출 수 있을 것입니다.

```
Epoch 200: loss=3.3620e-01
Epoch 400: loss=3.1224e-01
Epoch 600: loss=3.1349e-01
Epoch 800: loss=3.1115e-01
Epoch 1000: loss=3.1101e-01
Epoch 1200: loss=3.0942e-01
Epoch 1400: loss=3.0967e-01
Epoch 1600: loss=3.0942e-01
Epoch 1800: loss=3.0878e-01
Epoch 2000: loss=3.0931e-01
Epoch 2200: loss=3.0866e-01
Epoch 2400: loss=3.0938e-01
Epoch 2600: loss=3.0830e-01
Epoch 2800: loss=3.0768e-01
Epoch 3000: loss=3.0786e-01
Epoch 3200: loss=3.0829e-01
Epoch 3400: loss=3.0780e-01
Epoch 3600: loss=3.0782e-01
Epoch 3800: loss=3.0736e-01
Epoch 4000: loss=3.0732e-01
```

3 결과 확인

결과를 페어 플롯을 통해 확인해보면 조금 넓게 퍼져있긴 하지만 대체로 중앙을 통과하는 대각선 주변에 점들이 분포하고 있는 것을 확인할 수 있습니다.

```
df = pd.DataFrame(torch.cat([y, y_hat], dim=1).detach().numpy(),
                  columns=["y", "y_hat"])

sns.pairplot(df, height=5)
plt.show()
```

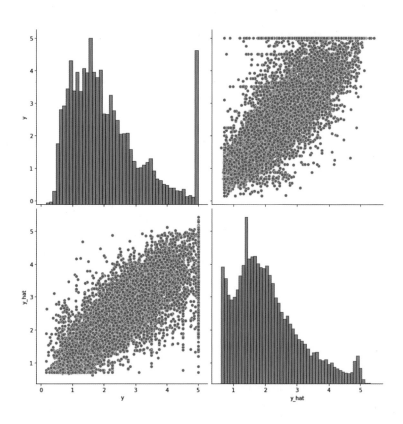

10.5 마치며

이 장에서는 확률적 경사하강법에 대해 배웠습니다. 다만 확률적 경사하강법은 단일 반복에서 기울기를 구할 때 사용되는 데이터가 1개이므로 노이즈가 심하다는 단점이 있습니다. 따라서 미니배치의 크기 설정을 통해 이러한 단점을 줄이는 방법에 대해서도 언급했었습니다. 이 밖에도 확률적 경사하강법을 변형시킨 여러 알고리즘이 존재합니다. 따라서 확률적 경사하강법의 개념을 이해하면 수월하게 배울 수 있을 것입니다.

요약

- **SGD**
  - SGD는 비복원 추출을 통해 일부 샘플을 뽑아 미니배치를 구성하고 피드포워딩 및 파라미터 업데이트를
  - 수행하는 방법
  - 기존 전체 데이터셋을 활용하는 방식에 비해 파라미터 업데이트를 효율적으로 수행할 수 있음
  - 용어 설명
    - 에포크^{epoch}: 모델이 데이터 전체를 학습하는 것
    - 이터레이션^{iteration}: 모델의 파라미터 업데이트를 1회 수행하는 것
  - 미니배치 크기에 따른 특징
    - 미니배치가 작을수록 한 에포크 내에서 파라미터를 업데이트 하는 횟수가 증가
    - 미니배치가 클수록 그래디언트에 노이즈가 줄어듦
    - 메모리가 허용하는 한에서 큰 미니배치를 사용하면 좋음
    - 미니배치 크기는 2^n 형태로 정해주는 것이 속도에 유리함
  - 데이터 크기와 미니배치 크기에 따른 이터레이션 횟수 계산 수식

$$\#\text{Iterations/Epoch} = \left\lceil \frac{N}{k} \right\rceil$$

$$\downarrow$$

$$\#\text{Iterations} = \left\lceil \frac{N}{k} \right\rceil \times \#\text{Epochs}$$

CHAPTER

11

최적화

신경망에는 여러 하이퍼파라미터가 존재합니다. 이러한 하이퍼파라미터의 값을 어떻게 설정하냐에 따라 학습 모델의 성능이 달라집니다. 이 장에서는 중요한 하이퍼파라미터 중의 하나인 학습률을 자동으로 정해주는 방법에 대해서 다루도록 하겠습니다.

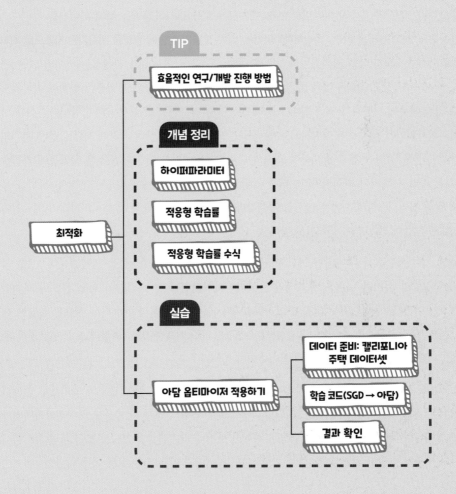

11.1 하이퍼파라미터란?

앞에서 학습률과 미니배치 크기에 대해 배우면서 하이퍼파라미터hyper-parameter에 대해 언급했었습니다. 모델의 가중치 파라미터weight parameter는 보통 경사하강법을 통해 데이터를 기반으로 자동으로 최적화되는 반면, **하이퍼파라미터는 비록 모델의 성능에 영향을 끼치지만 자동으로 최적화되지 않는 파라미터**를 가리킵니다. 즉, 모델의 성능을 끌어올리기 위해서는 하이퍼파라미터도 최적optimal 값을 찾아주어야 하는데 경사하강법과 같이 자동으로 찾아주는 방법이 기본적으로 없기 때문에 사용자가 직접 실험을 통해 성능을 지켜보면서 값을 튜닝해야 합니다.[1] 이때 하이퍼파라미터가 생각보다 다양하므로 탐색 공간search space이 굉장히 커지게 되므로 높은 차원의 탐색 공간을 일일이 전부 탐색하여 최적의 하이퍼파라미터를 찾는다는 것은 불가능에 가깝습니다. 따라서 최적의 하이퍼파라미터를 경험적emphricial으로 또는 휴리스틱heuristic한 방법을 통해 찾게 됩니다. 실제로 많은 실험을 진행하다 보면 나중에는 '대충 이 하이퍼파라미터는 얼마 정도면 되겠다'라는 감이 생기기도 합니다.

사실 이미 학습률과 미니배치 크기 이외에도 많은 하이퍼파라미터들을 만났습니다. 예를 들어 신경망의 깊이와 너비도 대표적인 하이퍼파라미터입니다. 신경망이 너무 깊으면 과적합overfitting이 발생하기 쉽고 최적화가 어려워집니다. 이에 반해 신경망이 너무 작으면 복잡한 데이터의 관계를 학습할 수 없습니다. 따라서 신경망의 크기도 분명히 최적의 크기라는 것이 존재할 것이기 때문에 사용자가 직접 찾아주어야 합니다.[2]

이외에도 굉장히 사소한 하이퍼파라미터들도 존재합니다. 예를 들어 렐루와 리키렐루 중에서 어떤 활성 함수를 사용할 것인지, 리키렐루에서 음수 영역의 경사 각도 등도 하이퍼파라미터가 될 것입니다. 하지만 렐루를 리키렐루로 바꿔서 쓰거나 리키렐루의 각도를 조금 바꿨다고 해서 갑자기 풀리지 않던 문제가 해결되는 일은 거의 일어나지 않습니다. 보통 아주 약간의 (어쩌면

---

1 AutoML이 이러한 하이퍼파라미터를 자동으로 찾아주기 위한 방법 중의 하나입니다

2 AutoML에서도 이를 위한 NASNetwork Architecture Search라는 연구 주제가 있습니다.

오차 범위 내의) 성능만 바뀌게 되므로 사실상 이런 하이퍼파라미터들을 튜닝하는 것까지 신경 쓸 겨를이 없습니다.[3]

하이퍼파라미터 튜닝은 보통 모델의 학습이 종료되고 성능을 평가한 이후에나 가능하기 때문에 데이터셋과 모델이 커져서 학습에 많은 시간이 소요될수록 튜닝은 점점 힘들어집니다. 따라서 우리는 중요한 하이퍼파라미터와 사소한 하이퍼파라미터를 구분할 수 있는 능력이 필요합니다. 성능에 큰 영향을 끼치는 하이퍼파라미터들 위주로 먼저 튜닝하여 최소한의 실험을 통해 최고의 성능을 이끌어낼 수 있어야 합니다. 이를 위해서 많은 실험 경험이 필요하며 평소에도 실험을 잘 정리하는 요령과 습관을 가질 수 있도록 노력해보기 바랍니다.

---

3 특히 이런 사소한 하이퍼파라미터들은 다른 하이퍼파라미터들과 독립적으로 작용할 가능성이 높아 나중에 따로 튜닝해주어도 충분합니다.

11.2 팁 : 효율적인 연구/개발 진행 방법

효율적인 연구/개발 진행 방법에 대해서 필자의 경험에 기반하여 가볍게 얘기해보겠습니다.

1 천 리길도 한 걸음부터

이 책을 읽는 대부분의 독자들은 딥러닝 연구만을 목적으로 하기보다 실무에 접목하여 애플리케이션을 개발하는 것을 목표로 둘 것이라고 생각합니다. 그렇다면 아마 새로운 알고리즘을 처음부터 개발하는 등의 깊은 연구는 하지 않을 수도 있겠죠. 오히려 대부분은 인터넷에 공개되어 있는 코드를 활용하게 될 것입니다. 하지만 그렇다고해서 여러분이 하는 일이 연구의 성격을 전혀 가지고 있지 않는 것은 아니라고 생각합니다. 어쨌든 여러분이 만들고자 하는 애플리케이션에 딥러닝을 적용한 사례는 거의 없을 것입니다. 있다고 하더라도 똑같은 데이터셋에 똑같은 환경에서 같은 업무를 한 사례는 없겠죠.

결국 아무리 공개된 모델과 코드를 그대로 가져오더라도 여러분의 문제에 완벽하게 동작하지는 않을 것입니다. 따라서 높은 산에 올라 정상 고지에 깃발을 꽂는 것과 같은 목표를 달성하기 위해 계속해서 문제를 파악하고 성능을 개선하려는 업무를 진행해야 합니다.

출처: https://ko.wikipedia.org/wiki/히말라야산맥

▶ 히말라야 산맥의 한 봉우리

목표하고자 하는 높은 산을 정복하기 위해서 어떤 일부터 해야 할까요? 무엇보다 베이스캠프 basecamp를 세우는 일이 가장 먼저라고 생각합니다. 실제로 에베레스트와 같은 산은 등산이 가능한 날씨가 얼마 되지 않아서 베이스캠프에서 대기하는 시간이 굉장히 많다고 합니다. 등산을 하다가도 계획된 길이 아닌 곳에 잘못 들어가거나 날씨가 갑자기 안 좋아진다면 다음 기회를 기약하고 회귀해야 할 것입니다. 그때 베이스캠프로 돌아가 쉬면서 다른 경로를 구상하거나 왜 실패했는지를 돌이켜 볼 것입니다.

연구도 마찬가지입니다. 단순히 공개된 코드를 활용할 때 적용하고자 하는 데이터에 맞게 성능을 개선하는 작업이 필요합니다. 성능이 낮게 나왔다면 왜 잘 나오지 않았는지 고민하고 분석해서 가설을 세우고 검증하는 작업이 필요합니다. 이때 든든한 베이스캠프와 같은 것이 있다면 실패하더라도 다음을 기약할 수 있을 것입니다. 따라서 연구에 있어서도 베이스캠프와 같은 베이스라인baseline 구축이 가장 중요합니다. 최소한의 가정과 가장 간단한 방법으로 베이스라인을 구축하고 차근차근 하나씩 개선해 나가면 됩니다. 물론 최신 논문의 내용을 적용해보고 싶을 수도 있을 것입니다. 하지만 시간은 한정되어 있고 논문의 내용이 해당 문제에서 잘 동작하지 않는다면 시간을 낭비한 꼴이 되고 맙니다.[4] 따라서 가장 간단한 방법을 적용한 베이스라인을 만들어 뒤를 든든하게 하고 이후에 공격적인 방법을 적용해보는 것이 바람직합니다. 이런 방법으로 추가적인 시도나 방법이 실패하더라도 최소한의 성능은 보장될 수 있습니다.

② 하이퍼파라미터에 따른 결과물 정리

앞에서 이야기한 대로 우리는 다양한 하이퍼파라미터에 대해서 굉장히 많은 실험을 반복 수행하며 성능을 체크해야 합니다. 문제는 손실 값이나 정확도accuracy 등의 점수와 모델 가중치 파라미터 파일 등 관리해야 할 내용이 너무 많다는 것입니다. 나중에는 수많은 실험 결과에 파묻혀 정신이 혼미해지기도 합니다. 따라서 실험 결과를 체계적으로 저장하고 정리할 수 있는 능력과 시스템을 갖춰야 합니다.

제가 처음 일을 시작하던 시절에는 이러한 시스템이 없었습니다. 그저 엑셀을 통해 나름 체계를 구축하고 성실하게 기록하는 수밖에 없었지요. 당시에는 음성인식기의 언어 모델이라는 하나의 문제에 대해서 몇 년을 연구했기에 그나마 괜찮았지만 만약에 다양한 문제를 풀어야 했다면 어려움이 더 커졌을 것입니다.

---

4 모든 논문이 자신의 방법이 최고라고 자부하지만 대부분의 논문은 널리 사용되지 않습니다.

제가 이러한 시스템이 없는 상황에서 자주 사용한 방법은 파일 이름을 최대한 활용하는 것이었습니다. 파일 이름에 '.'을 구분자^{delimiter}로 활용하여 필드^{field}를 나누고 '-'를 사용하여 키^{key}값과 밸류^{value} 값을 구분합니다. 그럼 아래와 같이 적용될 수 있습니다.

- **model.n_layers-10.n_epochs-100.act-leaky_relu.loss-xxx.accuracy-xx.pth**
  - n_layers: 10
  - n_epochs: 100
  - act_func: leaky_relu
  - loss: xxx
  - accuracy: xx

하지만 이 방법도 개인의 기억과 체계에 의존하는 것이기 때문에 확장이 어렵고 장기 보존도 어렵습니다. 다행히 요새는 이런 실험 결과를 저장해 줄 수 있는 도구나 라이브러리가 존재합니다.[5] 이런 도구들을 잘 활용하면 실험 결과를 잘 관리할 수 있을 뿐만 아니라 추후 보고를 위한 시각화 자료 등도 자동으로 얻을 수 있습니다. 하지만 사내에 이러한 도구의 필요성을 인식하는 구성원이 적다면 필자가 예전에 각자 구축한 실험 결과 정리 방법을 활용해야 할 것입니다.

❸ 파이프라인 구축

이런 과정을 거치다 보면 연구/실험 과정에 대한 파이프라인 구축이 가장 중요하다는 것을 알게 됩니다.

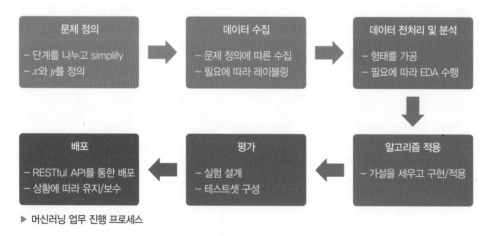

▶ 머신러닝 업무 진행 프로세스

---

5 MLFlow: https://mlflow.org/, WanDB: https://www.wandb.com/ (일부 유료)

반복되는 작업을 최대한 자동화할 수 있도록 파이프라인을 구축함으로써 연구와 실험을 효율적으로 진행할 수 있습니다. 물론 파이프라인을 너무 정형화하고 자동화하려다가 배보다 배꼽이 더 큰 상황이 올 수도 있기 때문에 균형을 잘 유지해야 합니다. 어쨌든 데이터를 수집해서 정제하고 모델에 집어넣고 성능을 구하는 과정은 분명히 계속해서 반복될 것입니다. 그뿐만 아니라 베이스라인을 구축 후 모델을 개선하고 이를 검증하기 위한 실험과 성능을 구하는 과정도 반복되겠지요. 반복되는 부분을 매번 손으로 직접 하다 보면 업무의 효율이 저하될 수밖에 없고 레거시^{legacy} 관리 측면에서도 굉장히 어려움이 생깁니다.

따라서 머신러닝 업무를 진행하면서 프로세스를 잘 정리하고 반복되는 작업들이 어떻게 구성되어 있는지 판단해야 합니다. 그중에서 자동화가 가능한 부분을 스크립트로 구현하여 파이프라인을 점차 구성해 나갑니다. 요즘은 이런 작업을 자동화하기 위한 워크플로^{workflow} 도구들이 많이 있습니다.[6] 따라서 자동화 파이프라인을 구축하는 과정에서도 나만의 방법을 활용하기보다는 사내의 요구사항을 모아 공개된 도구를 활용하여 함께 구축하는 것이 더 나을 것입니다.

---

6 에어플로우Airflow(https://airflow.apache.org/)와 쿠배플로우Kebeflow(https://www.kubeflow.org/)가 대표적인 사례입니다.

11.3 적응형 학습률

기존의 경사하강법에 여러 가지 기법을 더함으로써 좀 더 수월하게 가중치 파라미터를 최적화할 수 있습니다. 이 절에서는 먼저 여러 가지 기법의 개념을 살펴보고 이어서 수식 단계에서도 이해해보도록 하겠습니다.

학습률은 대표적인 하이퍼파라미터입니다. 값이 너무 크면 학습이 안정적으로 이루지지 않고 값이 너무 작으면 학습 시간이 더뎌지기 때문에 가장 먼저 튜닝이 필요한 파라미터이기도 합니다.

1 학습률의 크기에 따른 특성과 동적 학습률의 필요성

앞에 경사하강법에 대해 배울 때 학습률을 다룬 적이 있습니다. 다음 수식과 같이 경사하강법에서 기존 파라미터에서 그래디언트를 빼줄 때 그래디언트에 학습률 η를 곱해주어 파라미터가 변화하는 양을 조절할 수 있습니다.

$$\theta \leftarrow \theta - \eta \cdot \nabla_\theta \mathcal{L}(\theta)$$

이 학습률의 크기에 따라 학습이 진행되는 양상이 달라질 수 있습니다. 다음 그림의 왼쪽은 손실 표면loss surface의 골짜기가 너무 가파른데 반해 학습률이 큰 경우에 손실 값이 발산하는 상황을 나타냅니다. 오른쪽 그림은 학습률이 작은 경우에 손실 표면의 경사가 거의 없을 경우에 학습 시간이 더뎌지거나 지역최소점에 빠질 수 있음을 보여줍니다.

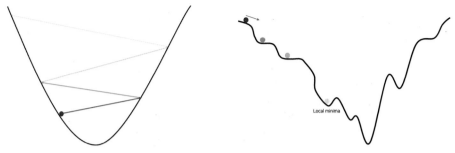

▶ 학습률이 클 때와 작을 때의 비교

이처럼 학습률에 따라 학습 진행 양상이 상이하기 때문에 좋은 학습률 값을 설정해야 합니다. 너무 작은 학습률을 설정하게 되면 학습 초반에 너무 더딘 학습을 경험하게 될 것이고, 너무 큰 학습률을 설정하게 되면 학습 후반에 좀 더 나은 손실 값을 얻기 힘들 수도 있습니다. 그렇다면 학습 중간에 학습률을 다르게 가져가는 방법도 생각해볼 수 있습니다. 갈 길이 먼 학습 초반에 는 큰 학습률을 가져가고 학습이 진행됨에 따라 점점 작은 학습률을 가져가는 방법은 어떨까요?

처음에는 큰 학습률을 가져가되 현재 에포크의 손실 값이 지난 과거 에포크의 손실 값보다 나 아지지 않을 경우, 학습률을 일정 비율로 줄이는 방법을 생각해볼 수 있습니다. 여기에서 일정 비율은 학습률 감쇠 비율learning rate decay ratio라고 표현하기도 하며 보통 0.5 또는 0.1의 값을 활 용합니다.

이처럼 학습률을 학습 내내 고정하는 것이 아니라 동적으로 가져간다면 이점이 있습니다. 한 발 더 나아가 필요한 학습률을 아예 자동으로 찾아서 적용해주는 방법이 있다면 정말 좋겠죠? 실제로 좋은 학습률의 선정은 성능에 지대한 영향을 끼치는 부분일 뿐 아니라 최적의 학습률 탐색 및 튜닝 과정 자체가 매우 힘들기 때문에 적응형 학습률에 대한 연구는 계속해서 꾸준히 이어져오고 있습니다. 다음 그림은 적응형 학습률의 주요 계보를 나타낸 것입니다.

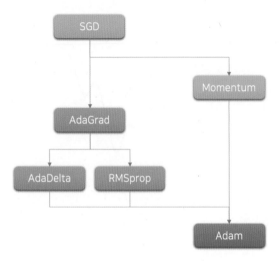

▶ 적응형 학습률의 주요 계보

이처럼 다양한 적응형 학습률에 대한 알고리즘이 존재하는데 요즘 **가장 많이 쓰이는 알고리즘은 아담**Adam 입니다. 사실 아담은 꽤나 복잡한 수식으로 이루어져 있어서 수식을 완전히 이해하는 것이 쉽지 않습니다. 하지만 워낙 널리 쓰이는 알고리즘인 만큼 최대한 다루고 넘어가도록 하겠습니다. 그전에 아담의 기반이 되는 기초 알고리즘을 먼저 다루도록 하겠습니다.

❷ 모멘텀

모멘텀momentum은 딥러닝 이전부터 활용되어 온 유서 깊은 최적화 기법입니다. 모멘텀을 통해 여러 가지 이점을 얻을 수 있는데 지역최소점을 쉽게 탈출할 수 있을 뿐만 아니라 학습 속도를 가속화할 수 있습니다. **모멘텀은 시작부터 매번 계산된 그래디언트를 누적하는 형태로 구현**됩니다. 따라서 '관성'이라는 의미의 단어인 모멘텀이라는 이름이 붙여졌습니다. 구체적인 예시를 통해 좀 더 깊게 살펴봅시다. 다음 그림과 같이 깊은 골짜기가 있다고 하겠습니다.

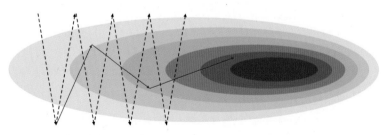

▶ 모멘텀에서의 최소값을 찾는 과정

골짜기 가운데 어떤 지점이 우리가 찾고자 하는 전역최소점global minima이 될 것입니다. 하지만 가로 방향의 기울기는 세로 방향의 기울기에 비해서 훨씬 덜 가파릅니다. 따라서 그림과 같은 시작 지점에서는 세로 방향의 기울기가 훨씬 강하기 때문에 오른쪽으로 가는 와중에도 위아래 진동이 매우 심할 것입니다. 이것은 검은색 화살표 점선으로 표현되어 있습니다. 즉, 오른쪽으로 가야 하는 간단한 문제인데 위아래 왔다 갔다 하느라 최적화가 더디게 진행되는 비효율적인 상황이 될 수 있습니다.

이때 모멘텀을 적용한다면 위아래로 진동하는 방향이 서로 상쇄되어 작아질 것이고 오른쪽으로 나아가는 방향은 계속 누적되어 커질 것입니다. 즉, 위아래 진동은 줄어들고 오른쪽으로 진행되는 속도는 빨라져 우리가 원하는 형태로 최적화가 더 빨리 진행될 수 있습니다. 이것은 빨간색 화살표 실선으로 표현되어 있습니다.

3 적응형 학습률

모멘텀의 경우에는 그래디언트에 노이즈가 많은 상황에서도 가속시켜준다는 점에서 널리 활용되었습니다. 다만 근본적인 아쉬움이 남아있었는데 여전히 학습률의 튜닝이 필요하다는 것입니다. 수식 단계에서도 살펴보겠지만 모멘텀의 경우, 여전히 기존의 학습률이 모멘텀에 결괏값에 곱해짐으로써 파라미터가 업데이트되어야 하는 양이 결정됩니다. 결국 학습률의 크기에 따라서 최적화 여부가 좌지우지될 수 있다는 얘기입니다.

따라서 학습률 자체를 따로 튜닝하지 않아 대부분의 상황에서 최적화가 수행될 수 있는 방법에 대한 연구가 많이 있었습니다. 즉, 새로운 데이터셋과 새로운 모델 구조를 가지고 학습을 시작할 때 학습률에 대한 고민을 하지 않고 기본 설정값을 사용하더라도 학습이 잘 되었으면 하는 목적인 것이지요. 결국 상황에 따라 학습률이 자동으로 정해지는 형태가 될 것이고 이것을 **적응형 학습률**adaptive learning rate이라고 부릅니다.

학습률 스케줄링

적응형 학습률에 대해 본격적으로 이야기하기에 앞서 학습률 스케줄링learning rate scheduling에 대해서 알아봅시다. 보통 데이터셋의 특성과 모델 구조 그리고 손실 함수에 따라 손실 표면의 모양이 바뀌게 됩니다. 따라서 매번 다른 문제를 풀 때 달라지는 최적의 학습률을 찾기 위해 튜닝이 필요합니다.

흥미롭게도 이와 별개로 한 번의 학습 안에서도 학습 경과(e.g. 에포크)에 따른 학습의 특성이 나누어집니다. 직관적으로는 **학습 초반은 어차피 갈 길이 멀기 때문에 학습률을 크게 가져가면 좋고 학습 후반에 갈수록 미세한 가중치 파라미터 조정이 필요할 수 있기 때문에 학습률이 작아지면 좋을 것**이라고 생각할 수 있습니다. 그런데 작은 학습률을 갖고 시작하면 학습 초반에 더딘 진행에 답답할 것이고 큰 학습률을 갖고 시작하면 학습 후반에 미세한 파라미터 조정이 어려워질 수 있습니다. 따라서 이런 이유로 학습률 스케줄링 기법이 활용되기도 합니다. 학습률 스케줄링은 다양한 방법이 있는데 대개 다음과 같이 적용이 됩니다.

- 초기 학습률initial learning rate을 가지고 모델 최적화를 수행합니다.
- 일정 에포크 또는 이터레이션이 경과한 후에 감쇠decay를 시작합니다. 또는 해당 에포크에서 모델의 학습이 더 이상 진전되지 않을 때 감쇠를 하기도 합니다.
- 학습률 감쇠learning rate decay는 선형linear적으로 적용될 수도 있으며 비율ratio이 곱해지는 형태로 적용되거나 코사인cosine 함수의 형태로 적용될 수도 있습니다.[7]

이 경우에는 학습 내에서 동적으로 학습률을 가져갈 수 있으나 오히려 학습률과 관련한 하이퍼파라미터가 더 추가되는 아쉬움이 생깁니다. 따라서 학습률 스케줄에 모델의 성능이 굉장히 민감한 경우에는 스케줄 튜닝에 있어 어려움을 겪기도 합니다.[8]

아다그래드 옵티마이저

아다그래드AdaGrad는 최초로 제안된 적응형 학습률 알고리즘이라고 할 수 있습니다.[9] 아다그래드의 가장 큰 특징은 가중치 파라미터마다 별도의 학습률을 가진다는 것입니다. **각 가중치 파라미터의 학습률은 가중치 파라미터가 업데이트될수록 반비례하여 작아지게 됩니다.** 따라서 가중치 파라미터의 업데이트가 각자 다르게 된다고 하면 업데이트가 많이 된 파라미터의 경우 작은 학습률을 갖게 되고 업데이트가 적게 된 파라미터의 경우 큰 학습률을 갖게 될 것입니다. 문제는 학습이 진행됨에 따라 파라미터 업데이트가 많이 될 경우 학습률이 너무 작아져 나중에는 그래디언트가 크더라도 가중치 파라미터 업데이트가 잘 이루어지지 않을 수도 있습니다.

---

7 감쇠되는 형태 또는 비율 또한 하이퍼파라미터 입니다.

8 자연어 처리에 널리 활용되는 트랜스포머Transformer의 원형은 아담 옵티마이저Adam optimizer를 사용함에도 학습률 스케줄링이 필요한데 스케줄링에 굉장히 민감한 사례라고 볼 수 있습니다.

9 Adaptive Subgradient Methods for Online Learning and Stochastic Optimization, Duchi et al., 2011

아담 옵티마이저

아다그래드 이후에도 많은 알고리즘이 제안되었으며 그중 가장 널리 쓰이는 것은 **아담 옵티마이저**Adam optimizer입니다.[10] **아담은 기존 적응형 학습률 방식에 모멘텀이 추가된 알고리즘으로 기존 알고리즘들을 보완함으로써 가장 보편적으로 쓰이는 알고리즘**이 되었습니다. 아담 옵티마이저를 사용하면 기본 설정값을 가지고도 대부분의 문제에서 좋은 성능을 얻을 수 있습니다. 즉, 모델이나 학습 방법training scheme이 학습률에 강인robust해지는 효과를 볼 수 있습니다.

물론 아담도 사실 학습률을 내부 하이퍼파라미터로 갖고 있고 나중에 이것을 튜닝해야 하는 경우도 있지만 독자분들이 접하는 상황에서는 거의 발생하지 않는 일이라고 봐도 무방합니다. 따라서 일단 아담의 기본 세팅을 가지고 문제 접근을 시작해도 좋습니다. 우리가 고민해야 할 하이퍼파라미터는 너무나도 많으니까요.

---

10 Adam: A Method for Stochastic Optimization, Kingma et al., 2015

11.4 적응형 학습률의 수식

앞에서 모멘텀과 아다그래드, 아담의 개념을 살펴보았습니다. 이제 수식을 통해서 더 깊게 이해해보도록 합시다. 먼저 그동안 우리가 활용해온 최적화 방법을 수식으로 나타내면 다음과 같습니다.

$$\mathcal{L}(\theta_t) = \frac{1}{N} \sum_{i=1}^{N} \Delta(f(x_i; \theta_t), y_i)$$

$$g_t = \nabla_\theta \mathcal{L}(\theta_t)$$

손실 함수는 데이터셋의 샘플들에 대해 타깃 출력값과 함수의 출력값 사이의 차이(Δ)를 계산합니다. 이것을 가중치 파라미터에 대해서 미분하면 그래디언트 벡터 g_t를 얻을 수 있습니다. 그러면 경사하강법의 수식은 다음과 같습니다. 앞서 구한 그래디언트에 학습률을 곱해 기존 파라미터에서 빼 준 결과를 다음 파라미터로 정합니다. 여기에서 t는 파라미터 업데이트 횟수를 뜻합니다. 즉, 이터레이션을 의미하며 에포크가 아니라는 것을 알아두시기 바랍니다.

$$\theta_{t+1} = \theta_t - \eta \cdot g_t$$

따라서 학습률은 그래디언트가 얼마나 파라미터 업데이트에 반영될지를 나타내며 학습률의 크기에 따라 학습이 발산하거나 더디게 진행될 수 있습니다. 그러므로 데이터셋이 바뀌거나 모델 구조가 바뀌는 등의 상황에서는 매번 최적 학습률을 찾기 위한 튜닝 작업을 수행해야 합니다.

1 모멘텀의 수식

다음 수식을 살펴보면 모멘텀은 '관성'이라는 의미를 지니고 있는 만큼 예전 그래디언트를 누적해서 계산하는 것을 볼 수 있습니다.

$$\tilde{g}_t = \gamma \cdot \tilde{g}_{t-1} - \eta \cdot g_t$$
$$= -\eta \cdot \sum_{i=1}^{t} \gamma^{t-i} \cdot g_i,$$

where $\tilde{g}_0 = 0$ and γ is discountfactor.

이 수식을 통해 그래디언트를 재정의하는데 이전까지의 모멘텀 그래디언트와 현재 그래디언트의 선형 결합linear combination을 계산합니다. 다르게 표현하면 처음부터 현재까지의 디스카운트discount 파라미터가 곱해진 그래디언트의 누적 합이 됩니다.

그러고 나면 다음 가중치 파라미터를 업데이트하기 위해 현재 가중치 파라미터에 모멘텀 그래디언트를 더해주게 됩니다. 풀어보면 결국 모든 타임스텝time-step의 그래디언트를 누적하여 빼주는 형태로 수식이 정리된 것을 볼 수 있습니다.

$$\theta_{t+1} = \theta_t + \tilde{g}_t$$
$$= \theta_t - \eta \cdot \sum_{i=1}^{t} \gamma^{t-i} \cdot g_i$$

또한 여전히 수식에 학습률 η가 남아있는 것을 볼 수 있고 결국 누적된 그래디언트가 파라미터 업데이트에 끼치는 영향도를 설정하고 있음을 알 수 있습니다.

2 아다그래드의 수식

이제 자동으로 학습률이 설정되도록 해봅시다. 학습 초반에는 큰 학습률을 통해 빠르게 학습되도록 하고 학습 후반에는 작은 학습률을 통해 파라미터를 미세하게 조정할 수 있도록 하고자 합니다. 먼저 아다그래드는 각 가중치 파라미터 별로 학습률이 따로 정해지는 것을 기본으로 합니다. 여기에 다음 수식과 같이 그래디언트의 제곱을 누적한 값을 계산하여 활용할 것입니다.

$$r_t = r_{t-1} + g_t \odot g_t$$
$$= \sum_{i=1}^{t} g_i \odot g_i,$$

where $r_0 = 0$ and $\odot$ is element$-$wise multiplication.

r_t는 t까지의 그래디언트의 제곱 값을 누적한 값입니다. 수식에서 언급했듯이 벡터나 행렬의 같은 위치의 요소element끼리 곱셈을 수행한 것이므로 제곱 과정에서 벡터나 행렬의 크기는 보존될 것입니다. 이제 이 누적값을 초기 학습률에서 나눠줌으로써 동적으로 학습률이 설정될 수 있습니다. 참고로 수식에서 ϵ은 매우 작은 실수를 나타내고 분모가 0이 되는 것을 막아줍니다.

$$\theta_{t+1} = \theta_t - \frac{\eta}{\sqrt{r_t + \epsilon}} \odot g_t$$
$$= \theta_t - \eta \cdot \frac{g_t}{\sqrt{\epsilon + \sum_{i=1}^{t} g_i \odot g_i}}$$

누적값 r_t 와 그래디언트 g_t 는 같은 크기를 지닌 벡터 또는 행렬이 될 것이기 때문에 r_t 가 각 가중치 파라미터별 학습률이 됨을 확인할 수 있습니다. 이로 인해 그동안 업데이트의 크기가 큰 가중치 파라미터 요소는 작은 학습률이 곱해질 것입니다.

이처럼 **적응형 학습률을 사용하게 되면 학습 초기에는 큰 학습률과 학습 후기에는 작은 학습률을 가질 수 있게 됩니다.** 여전히 하이퍼파라미터로써 학습률이 존재하지만 학습이 진행됨에 따라 점점 작아질 것이므로 흐름 자체는 동일하게 진행됩니다. 따라서 데이터셋이나 모델 구조가 바뀌었을 때에도 학습률에 대한 별다른 튜닝 없이 기본 설정값을 가지고 준수한 성능을 얻어낼 수 있습니다. 하지만 앞의 수식에서 볼 수 있듯이 아다그래드의 경우에는 후반부에 갈수록 0에 가까운 학습률이 되어 그래디언트 g_t 가 충분히 큰 상황이더라도 학습이 진전되지 못할 수 있습니다.

3 아담의 수식

아담의 경우, 기존 적응형 학습률 방식에 모멘텀이 추가된 것이 가장 큰 특징입니다. 또한 기존 아다그래드에서 볼 수 있던 학습 후반부의 학습 부진 현상을 해소하기 위한 기법들도 생겨나 다음 수식과 같이 기존 하이퍼파라미터인 학습률 이외에도 하이퍼파라미터가 2개나 더 추가되었습니다. 추가된 하이퍼파라미터들은 다음과 같은 기본 설정값을 지니고 있습니다. 다행히 독자분들은 **당분간 해당 하이퍼파라미터들을 건드릴 필요는 없을 것입니다.**

$$\rho_1 = 0.9 \text{ and } \rho_2 = 0.999.$$

아담에서 모멘텀 역할을 하는 수식의 경우에는 앞에서 살펴본 수식과 굉장히 유사하게 진행되는 것을 볼 수 있습니다. 다만 기존 모멘텀에는 현재 그래디언트에 학습률 η 가 바로 곱해졌지만, 여기에서는 $1-\rho_1$ 가 대신 곱해지고 있는 것을 확인할 수 있습니다.

$$s_t = \rho_1 \cdot s_{t-1} + (1-\rho_1) \cdot g_t, \text{where } s_0 = 0.$$
$$= (1-\rho_1) \cdot \sum_{i=1}^{t} \rho_1^{t-i} \cdot g_i$$

앞의 수식에서 본 것처럼 처음부터 그래디언트가 누적된 모멘텀의 텀^{term}을 s_t 라고 부르겠습니다. 여기에 적응형 학습률을 다음 수식과 같이 정의하고 r_t 라고 부르도록 하겠습니다.

$$r_t = \rho_2 \cdot r_{t-1} + (1-\rho_2) \cdot (g_t \odot g_t), \text{where } r_0 = 0.$$
$$= (1-\rho_2) \cdot \sum_{i=1}^{t} \rho_2^{t-i} \cdot (g_i \odot g_i)$$

이 적응형 학습률 수식과 기존의 아다그래드의 가장 큰 차이점은 디스카운트 파라미터의 존재 유무입니다. 앞에서 소개한 하이퍼파라미터 ρ_2 가 반복되어 곱해짐으로써 학습 후반으로 갈수록 그래디언트 제곱 값의 누적이 마냥 커지기만 하는 것을 방지할 수 있습니다. 이렇게 모멘텀과 적응형 학습률을 위한 수식이 정의되었는데 여기서 한 발 더 나아가 학습 초반에 좀 더 안정된 학습을 위한 장치가 추가됩니다. 다음 수식과 같이 모멘텀 s_t 와 적응형 학습률 r_t 를 재정의하게 됩니다.

$$\hat{s}_t = \frac{s_t}{1-\rho_1^t}$$

$$\hat{r}_t = \frac{r_t}{1-\rho_2^t}$$

이렇게 재정의된 수식들을 전체 경사하강법 수식에 넣어 전개하면 다음과 같이 됩니다.

$$\theta_{t+1} = \theta_t - \eta \cdot \frac{\hat{s}_t}{\sqrt{\hat{r}_t + \epsilon}}$$
$$\approx \theta_t - \eta \cdot \frac{\hat{s}_t}{\sqrt{\hat{r}_t}}$$
$$= \theta_t - \eta \cdot \frac{\sqrt{1-\rho_2^t}}{1-\rho_1^t} \cdot \frac{1-\rho_1}{\sqrt{1-\rho_2}} \cdot \frac{\sum_{i=1}^{t} \rho_1^{t-i} \cdot g_i}{\sqrt{\sum_{i=1}^{t} \rho_2^{t-i} \cdot (g_i \odot g_i)}}$$

이처럼 수식을 가중치 파라미터 θ 와 하이퍼파라미터 η, ρ_1, ρ_2 그리고 그래디언트 g_t 로 온전히 나타낼 수 있습니다. 이때 맨 마지막 줄을 살펴보면 다음과 같은 의미를 지니는 것으로도 생각해볼 수 있습니다.

$$\theta_t - \eta \cdot \underbrace{\frac{\sqrt{1-\rho_2^t}}{1-\rho_1^t}}_{(1)} \cdot \underbrace{\frac{1-\rho_1}{\sqrt{1-\rho_2}}}_{(2)} \cdot \frac{\overbrace{\sum_{i=1}^{t} \rho_1^{t-i} \cdot g_i}^{(3)}}{\underbrace{\sqrt{\sum_{i=1}^{t} \rho_2^{t-i} \cdot (g_i \odot g_i)}}_{(4)}}$$

수식에서 (2)번의 경우에는 하이퍼파라미터로만 구성되어 있으므로 맨 앞의 학습률 파라미터와 함께 단순히 상수로 취급 가능합니다. (3)번의 경우에는 모멘텀, (4)번은 적응형 학습률에 대응되는 부분으로 볼 수 있습니다. (1)번의 경우, 학습이 진행되며 t가 증가함에 따라 다음과 같은 값이 됩니다.

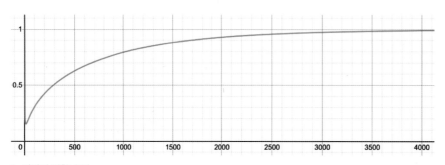

▶ 아담의 편향 수정

학습 초반에 작은 값을 가지다가 학습이 진행됨에 따라 1에 근접하는 것을 볼 수 있습니다.[11] 이것은 편향 수정bias correction으로 불리며 특히, 학습 극 초반에 불안정하게 의도치 않은 방향으로 학습이 진행되는 것을 방지하기 위한 장치입니다.[12]

이와 같이 아담 옵티마이저는 모멘텀과 적응형 학습률이 모두 포함되어 있어 수렴 속도도 굉장히 빠르고 학습률의 변화에도 강인한 모습을 보입니다. 여전히 학습률이 수식에 남아있고 오히려 추가적인 하이퍼파라미터가 생겼지만 사실 대부분은 기본default값으로 두어도 매우 잘 동작하기 때문에 튜닝해야 할 필요가 거의 없습니다. 물론 아담이 항상 모든 상황에서 완벽하게 동작하는 것은 아니라서 이를 보완한 여러 가지 알고리즘들[13]이 많이 제시되었으나 아담의 큰 흐름은 그대로 이어받았습니다. 독자 여러분도 주로 아담을 활용하면 훨씬 수월하게 준수한 모델의 성능을 달성할 수 있을 것입니다.

---

11 4000번 즈음에서 1에 근접하는데 데이터셋이 크다면 이것도 여전히 학습 초반이라고 볼 수도 있습니다.

12 일부 딥러닝 프레임워크에는 구현되어 있지 않습니다.

13 RAdam: On the Variance of the Adaptive Learning Rate and Beyond, Liu et al., 2019, AdamP: Slowing Down the Slowdown for Momentum Optimizers on Scale-invariant Weights, Heo et al., 2021

실습
아담 옵티마이저 적용하기

1 데이터 준비

이번에는 기존 캘리포니아 주택 데이터셋에서 SGD를 아담으로 교체하는 방법에 대해서 다루려고 합니다. 사실 코드 대부분은 이전과 동일하며 옵티마이저를 선언하는 부분만 바뀌게 되므로 동일한 부분에 대해서는 길게 설명하지 않도록 하겠습니다.

```
import pandas as pd
import seaborn as sns
import matplotlib.pyplot as plt

from sklearn.preprocessing import StandardScaler
from sklearn.datasets import fetch_california_housing
```

필요한 패키지들과 데이터셋을 불러오고 판다스에서 읽어들여 Target이라는 이름을 갖는 열에 출력 데이터를 넣어줍니다.

```
california = fetch_california_housing()

df = pd.DataFrame(california.data, columns=california.feature_names)
df["Target"] = california.target
df.tail()
```

그리고 앞에서와 마찬가지로 표준 스케일링을 적용하여 입력 데이터를 정규화^{normalization}
합니다.

```
scaler = StandardScaler()
scaler.fit(df.values[:, :-1])
df.values[:, :-1] = scaler.transform(df.values[:, :-1])

df.tail()
```

② 학습 코드 구현

학습에 필요한 파이토치 관련 패키지를 불러옵니다.

```
import torch
import torch.nn as nn
import torch.nn.functional as F
import torch.optim as optim
```

그리고 넘파이로 되어 있는 데이터셋을 파이토치 텐서로 변환합니다.

```
data = torch.from_numpy(df.values).float()

x = data[:, :-1]
y = data[:, -1:]

print(x.shape, y.shape)
```

입력 데이터와 출력 데이터에 해당하는 열을 각각 슬라이싱하여 변수 x와 y에 집어넣고
크기를 출력해봅니다. 다음 출력 결과에서 알 수 있듯이, 20,640개의 입출력 쌍 샘플들
이 줄었습니다. 입력 샘플은 8차원의 벡터로 이루어지며 출력 샘플은 스칼라scalar 값으
로 되어 있습니다.

```
torch.Size([20640, 8]) torch.Size([20640, 1])
```

지금부터 다른 코드가 나옵니다. 학습에 필요한 세팅 값을 선언해주는 부분인데, 이제 학습률이 필요 없게 되었습니다. 삭제하는 대신 눈에 띄게 일부러 주석으로 처리했습니다.

```
n_epochs = 4000
batch_size = 256
print_interval = 200
#learning_rate = 1e-2
```

그리고 nn.Sequential을 활용하여 똑같이 모델을 만듭니다.

```
model = nn.Sequential(
    nn.Linear(x.size(-1), 6),
    nn.LeakyReLU(),
    nn.Linear(6, 5),
    nn.LeakyReLU(),
    nn.Linear(5, 4),
    nn.LeakyReLU(),
    nn.Linear(4, 3),
    nn.LeakyReLU(),
    nn.Linear(3, y.size(-1)),
)
```

만든 모델을 옵티마이저에 등록할 차례입니다. 앞에서는 optim.SGD 클래스를 통해서 모델을 학습하기 위한 옵티마이저 객체를 생성했었습니다. 이번에는 optim.Adam 클래스를 통해서 아담 옵티마이저를 선언합니다. 이때 모델 파라미터만 등록하되 학습률은 인자로 넣어주지 않는 모습을 볼 수 있습니다.

```
# We don't need learning rate hyper-parameter.
optimizer = optim.Adam(model.parameters())
```

사실 다음 그림과 같이 아담 옵티마이저 클래스도 생성 시에 lr 인자를 입력으로 받을 수 있긴 합니다. 하지만 이 학습률은 웬만해선 튜닝할 필요가 없습니다. 나중에 자연어 처리나 영상처리, 음성인식 등 다양한 분야의 심화 과정에서 쓰이는 트랜스포머를 사용하는 수준에 다다르면 그제야 아담의 학습률을 튜닝해야 할 필요성이 생길 것입니다. 당분간은 잊으셔도 괜찮습니다.

ADAM

```
CLASS torch.optim.Adam(params, lr=0.001, betas=(0.9,
    0.999), eps=1e-08, weight_decay=0, amsgrad=False) [SOURCE]
```

▶ 아담 옵티마이저 클래스 생성 시 lr 인자 입력 가능

다음은 두 단계의 for 반복문을 통해 학습을 진행하는 코드입니다. 아담 옵티마이저의 도입으로 인해 바뀐 부분은 없습니다.

```python
# |x| = (total_size, input_dim)
# |y| = (total_size, output_dim)

for i in range(n_epochs):
    # Shuffle the index to feed-forward.
    indices = torch.randperm(x.size(0))
    x_ = torch.index_select(x, dim=0, index=indices)
    y_ = torch.index_select(y, dim=0, index=indices)

    x_ = x_.split(batch_size, dim=0)
    y_ = y_.split(batch_size, dim=0)
    # |x_[i]| = (batch_size, input_dim)
    # |y_[i]| = (batch_size, output_dim)

    y_hat = []
    total_loss = 0

    for x_i, y_i in zip(x_, y_):
        # |x_i| = |x_[i]|
        # |y_i| = |y_[i]|
        y_hat_i = model(x_i)
        loss = F.mse_loss(y_hat_i, y_i)
```

```
        optimizer.zero_grad()
        loss.backward()

        optimizer.step()

        total_loss += float(loss)
        y_hat += [y_hat_i]

    total_loss = total_loss / len(x_)
    if (i + 1) % print_interval == 0:
        print('Epoch %d: loss=%.4e' % (i + 1, total_loss))

y_hat = torch.cat(y_hat, dim=0)
y = torch.cat(y_, dim=0)
# |y_hat| = (total_size, output_dim)
# |y| = (total_size, output_dim)
```

아담 옵티마이저 덕분인지 좀 더 낮은 손실 값을 보여주는 것을 볼 수 있습니다. 만약
SGD를 사용했다면 비슷한 손실 값을 얻기 위해서 여러 번의 튜닝이 필요했거나 학습
중에 학습률을 바꿔주는 등의 다양한 트릭이 필요했을 것입니다. 하지만 아담 옵티마이
저를 사용하여 훨씬 편리하고 빠르게 더 낮은 손실 값에 수렴할 수 있게 되었습니다.

```
Epoch 200: loss=3.1430e-01
Epoch 400: loss=3.0689e-01
Epoch 600: loss=3.0328e-01
Epoch 800: loss=3.0001e-01
Epoch 1000: loss=2.9695e-01
Epoch 1200: loss=2.9685e-01
Epoch 1400: loss=2.9601e-01
Epoch 1600: loss=2.9575e-01
Epoch 1800: loss=2.9495e-01
Epoch 2000: loss=2.9482e-01
Epoch 2200: loss=2.9314e-01
Epoch 2400: loss=2.9309e-01
```

```
Epoch 2600: loss=2.9253e-01
Epoch 2800: loss=2.9197e-01
Epoch 3000: loss=2.9228e-01
Epoch 3200: loss=2.9151e-01
Epoch 3400: loss=2.9211e-01
Epoch 3600: loss=2.9156e-01
Epoch 3800: loss=2.9199e-01
Epoch 4000: loss=2.9094e-01
```

③ 결과 확인

```python
df = pd.DataFrame(torch.cat([y, y_hat], dim=1).detach().numpy(),
                  columns=["y", "y_hat"])

sns.pairplot(df, height=5)
plt.show()
```

흥미롭게도 이번 실습에서는 $\hat{y}$에서 가장 큰 값에서의 분포가 마치 실제 정답 y처럼 튀어나와 있는 것을 확인할 수 있습니다. 이로 인해 이번 예측이 좀 더 잘 이루어졌다고 할 수 있습니다.

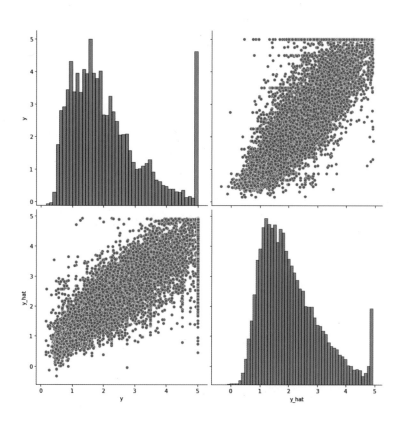

11.6 마치며

지금까지 딥러닝 최적화 기법에 대해서 알아보았습니다. 그중 아담은 모멘텀과 기존 적응형 학습률 방식이 합쳐진 알고리즘이라고 했습니다. 재차 언급하지만 기본적인 단계에서는 아담의 기본 세팅을 가지고 문제 접근을 시작해도 무방합니다. 무엇보다 이 장의 실습 절에서 나와있는 파이토치에서 아담 옵티마이저를 적용한 구현 방법에 대해 주의 깊게 다시 살펴보기 바랍니다.

요약

- **하이퍼 파라미터**
  - 하이퍼 파라미터란 모델의 성능에 영향을 주지만 데이터를 통해 자동으로 학습할 수 없는 파라미터를 가리키며 학습률, 신경망의 깊이/너비, 활성함수의 종류 등이 있음
- **적응형 학습률**
  - 학습률의 설정에 따라 모델의 학습 경향이 매우 달라질 수 있음
  - 학습 초반에는 큰 학습률이 선호되고 학습 후반에는 작은 학습률이 선호됨
  - 이를 응용하여 각 가중치 파라미터별 학습 진행 정도에 따라 학습률을 다르게 자동 적용할 수 있음
- **Adam 최적화 방법**
  - 가장 널리 쓰이는 알고리즘
  - 모멘텀과 적응형 학습률이 복합 적용된 방식
  - 학습률 하이퍼 파라미터가 존재하지만 입문 단계에서는 딱히 튜닝할 필요가 없음

CHAPTER
12

오버피팅을 방지하는 방법

Preview

오버피팅은 학습 데이터셋에서의 오차(손실 값)가 일반화 오차에 비해서 현격하게 낮아지는 현상을 말합니다. 다시 말해 학습 데이터에 편향이나 노이즈가 있을 때 모델이 이 내용까지 학습함으로써 모델이 일반화를 수행하는 데 방해되는 상태를 말합니다. 따라서 기계학습에서는 오버피팅을 방지하는 것이 중요한 과제입니다. 이 장에서는 오버피팅의 개념과 오버피팅을 방지하는 방법의 과정에 대해 살펴봅니다. 그전에 어떤 모델이 제대로 작동하고 있는지 평가하는 방법에 대해 알아보도록 하겠습니다.

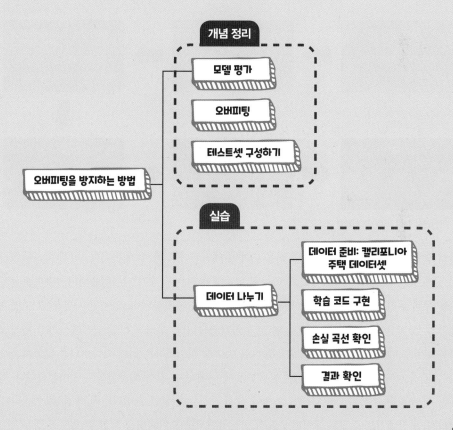

12.1 모델 평가하기

이전 장까지 우리는 어떻게 모델을 잘 학습시킬 것인지에 대해 배웠습니다. 이제는 이렇게 학습시킨 모델이 얼마나 잘 f^*를 잘 근사계산^{approximate}하고 있는지 평가하는 방법에 대해서 이야기해보고자 합니다. 다음 그림은 이미 여러 번 설명한 머신러닝 프로젝트를 수행하는 절차를 보여주고 있습니다.

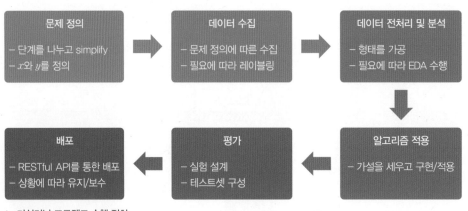

▶ **머신러닝 프로젝트 수행 절차**

앞의 장 내용들은 대부분 알고리즘 적용 단계에 해당된다고 볼 수 있습니다. 이제 학습된 모델이 실제 우리가 원하는 대로 잘 동작하는지 평가해야 하는 단계가 남아있습니다. 이미 손실 함수를 통해 우리가 배웠고 수행한 것이 아니냐고 의문을 제기할 수도 있지만 사실 알고 보면 이제까지 우리가 해 온 방법은 제대로 된 것이 아니었습니다. 우리는 f^*를 근사계산하기 위해 입력을 넣었을 때 원하는 출력이 나오도록 손실 함수를 최소화하는 입력 파라미터를 찾고자 하였습니다. 즉, 우리의 목표는 학습하는 데이터셋에 대해 손실 값을 최소화하는 것이었습니다. 하지만 이 방향은 수집된 데이터에만 모델이 잘 동작하는 현상인 오버피팅에 빠질 수 있습니다. 따라서 이 장에서는 수집된 데이터셋을 잘 학습하면서도 오버피팅을 피할 수 있도록 하는 방법에 대해서 소개하도록 하겠습니다.

❶ 좋은 평가란?

우리는 결국 학습이 완료된 모델 f_θ를 실제 서비스에 배포하는 과정을 거치게 될 것입니다. 그리고 배포된 모델이 서비스상에서 계속 잘 동작하기를 기대합니다. 좋은 평가에 대해 여러 가지 정의가 가능하겠지만 실제 서비스에 들어올 데이터와 최대한 비슷한 데이터를 활용한 평가가 되어야 할 것입니다. 그러나 실제 서비스에서 들어오는 데이터가 학습된 데이터와 다른 성질을 갖는다면 우리의 모델은 제대로 동작하지 않을 가능성이 높습니다. 이런 경우, 학습 데이터가 편향되었거나 잘못 수집되었다고 볼 수 있을 것입니다. 또는 실제 서비스에서 들어오는 데이터가 학습 데이터와 비슷한 성질을 갖더라도 모델이 잘 학습되지 않아서 애초에 잘 동작하지 않을 가능성도 있습니다. 이와 같은 경우에는 학습 방식 또는 모델 구조를 개선하여 좀 더 모델이 데이터를 잘 학습할 수 있도록 해야 합니다. 따라서 모델을 실제 배포하고 나서 이러한 상황을 발견하는 것보다 미리 잘 준비된 테스트 데이터셋을 통해 객관적인 평가를 수행하는 것이 중요합니다.

테스트를 위한 데이터셋의 난이도 설정도 중요한 포인트 중의 하나입니다. 사실 실제 서비스에서 모델이 예측할 데이터는 대부분 쉬운 수준의 샘플들일 것입니다. 그러다 가끔 어려운 데이터가 주어질 수 있습니다. 당연하겠지만 서비스의 품질을 판가름하는 것은 바로 그 어려운 데이터에 달려있습니다. 물론 가능성이 매우 희박한 어려운 케이스를 이야기하는 것이 아닙니다. 사용자가 느끼는 서비스의 품질은 너무 쉽지 않으면서 자주 나타날 만한 케이스 같은 부분에서 판단될 것입니다. 시험과 비슷합니다. 시험을 통한 변별력은 소수의 높은 난이도의 문제에 달려있기 때문이죠.

때문에 테스트 데이터셋을 공들여 구성해야 합니다. 결국 이 평가를 통해서 타사의 서비스 또는 실험 내에서의 베이스라인과 비교를 수행하게 됩니다. 너무 문제가 쉽다면 경쟁 모델과 나의 모델 모두 높은 점수를 받을 것이고, 너무 문제가 어렵다면 경쟁 모델과 나의 모델이 모두 낮은 점수를 받을 것입니다. 이렇게 되면 정확한 판단이 어렵습니다. 그래서 테스트 데이터셋은 단순히 수집된 데이터셋 중에서 임의로 고르기보단 적절한 수준의 샘플을 직접 엄선하여 구성하는 것이 좀 더 바람직합니다. 가끔 데이터셋에는 레이블label이 틀린 샘플도 있으며 대부분 굉장히 전형적typical인 난이도로 구성되어 있습니다. 따라서 임의로 테스트셋을 고르는 것은 노이즈가 섞이거나 너무 쉬운 테스트셋이 될 수 있음을 의미합니다.

② 정성평가와 정량평가

학습이 완료된 모델이 테스트 데이터셋에 대해 추론inference을 수행하고 나면 예측된 값predicted value을 실제 정답과 비교함으로써 모델의 성능을 알 수 있을 것입니다. 이때 분류classification와 같이 명확하게 채점이 가능한 경우도 있지만 이미지 생성image generation이나 문장 생성sentence generation(e.g. 기계 번역machine translation)과 같이 채점이 애매한 문제들도 있습니다.

따라서 채점의 명확한 기준이 없거나 정답이 정해져 있지 않은 경우에는 정성평가intrinsic evaluation를 수행하는 것이 가장 정확합니다. 정성평가란 실제 사람이 예측된 결괏값을 채점하는 것입니다. 예를 들어 한영 기계 번역 문제의 경우에 입력된 한국어 문장을 보고 예측된 영어 문장에 대해서 번역 정확도를 채점하는 것입니다. 당연히 사람이 평가를 진행하는 만큼 가장 정확하다고 볼 수 있으나 평가하는 사람에 의한 편차가 존재하기도 합니다. 또한 사람이 평가하는 속도는 한정되어 있기 때문에 평가 비용이 비싸고 소요 시간이 오래 걸리는 단점도 존재합니다.

이러한 정성평가의 단점을 보완하기 위해 보통 정량평가extrinsic evaluation도 함께 진행됩니다. 잘 고안된 점수 채점 공식score metric에 의해서 테스트 데이터셋 예측 결괏값에 대한 채점을 진행할 수 있는데 당연히 컴퓨터가 자동으로 채점을 진행하는 만큼 대량 평가 및 자동화가 가능하며 비용과 시간 측면에서 효율적이라는 이점이 있습니다. 물론 채점 공식이 사람의 채점 기준만큼 완벽하게 반영하지 못할 수 있기 때문에 정성평가와 약간의 괴리가 존재할 수도 있습니다. 이러한 부분을 줄이기 위해 채점 공식에 대한 연구도 종종 진행됩니다.

방법	장점	특징
정성평가intrinsic evaluation	정확함	사람에 의한 채점 방식으로 채점 기준이 모호한 경우에 필수.
정량평가extrinsic evaluation	빠르고 저렴함	컴퓨터에 의한 자동 채점됨. 정성 평가와 비슷할수록 좋은 알고리즘.

▶ 표: 정성평가와 정량평가 비교

③ 실무에서 평가가 진행되는 과정의 예

필자는 지금까지 다양한 인공지능 서비스를 배포해온 만큼 다양한 평가 진행 경험을 가지고 있습니다. 실제 실무에서 평가를 진행한 경험을 간략하게 소개하면 다음과 같습니다.

1. 학습이 완료된 모델에 테스트 데이터셋을 넣어 추론을 수행합니다.

2. 또한 동일한 테스트 데이터셋을 다른 베이스라인 모델에 넣어 추론을 수행합니다. 이때 베이스라인 모델의 코드를 가지고 있을 수도 있지만 경쟁사 서비스와 같이 코드가 없는 경우에는 직접 서비스에 데이터를 넣어 결과를 얻어올 수 있습니다.

3. 채점 기준이 모호한 경우에는 정성평가를 수행합니다. 이때 중요한 것은 누가 어떤 예측 결과를 내놓았는지를 가리고 평가하는 블라인드 테스트[blind test]를 수행해야 한다는 점입니다. 만약 블라인드 테스트가 수행되지 않으면 이 테스트는 객관성을 갖추지 못했다고 볼 수 있습니다.[1]

4. 미리 잘 정의된 정성평가 기준[2]에 따라 평가가 완료되면 결과를 취합하여 보고합니다.

이러한 정성평가 과정은 앞서 언급했듯이 매우 비싸고 시간이 오래 걸리기 때문에 작은 개선 사항이 있는 모델을 가지고 매번 정성평가를 수행하는 것은 매우 비효율적일 것입니다. 따라서 작은 개선 사항에 대해서는 주로 정량평가를 통해 성능을 평가하고 이후에 실제 서비스에 배포할 때 정성평가를 수행하는 것이 올바른 과정입니다.[3] 즉, 큰 배포 주기에 따라 정성평가를 수행하고 정량평가는 수시로 수행될 것입니다.

---

1 사람 마음이 참 간사하다는 말이 있듯이 누군가가 어떤 결과를 예측했는지 알고 있다면 자꾸 편향된 채점을 진행할 수밖에 없습니다.

2 베이스라인들과의 비교 등수를 통해 상대 점수로 매기거나 기준에 따른 배점(e.g. 상/중/하)을 통해 절대 점수로 평가할 수 있습니다.

3 서비스 배포는 신중하게 진행되어야 하기 때문에 작은 개선 사항을 반영한 모델을 바로 배포할 일은 거의 없습니다.

12.2 오버피팅이란?

앞에서 그동안 우리가 해온 방법은 사실 제대로 된 학습 과정이 아니었다고 밝혔습니다. 그렇다면 왜 이전의 방법이 잘못되었는지에 대해서 알아보고 모델을 제대로 학습하는 방법에 대해서도 알아보도록 합시다.

1 목표 수정

이제까지 우리는 학습 데이터로부터 손실 값을 구해서 모델의 학습 여부를 판단했습니다. 이를 다른 표현으로 학습 오차[training error]라고 부르기도 합니다. 그런데 만약 학습 데이터에 잘못된 레이블이 있다면 어떻게 될까요? 또는 데이터셋을 수집하는 과정에서 의도치 않게 편향이 생긴다면 어떻게 될까요?[4]

보통 실무에서 사용하는 데이터는 인터넷에서 크롤링[crawling]하거나 사람이 직접 레이블링[labeling] 한 것이 대부분일 것입니다. 그렇다 보니 어쩔 수 없이 레이블의 오류나 편향이 존재할 가능성이 충분히 있습니다. 애초에 문제가 애매하거나 외주 작업자 또는 아르바이트생이 실수할 수도 있을 것입니다. 그럼에도 불구하고 학습 데이터셋의 손실 값을 최소화시켜서 심지어 0이 되었다면 어떻게 될까요? 즉, 잘못된 레이블까지 신경망이 학습했다면 어떻게 될까요? 그러면 실제 배포된 상황에서도 모델이 잘못된 정답을 뱉어낼 수 있습니다.

이 책의 초반부에 좋은 인공지능이란 일반화[generalization]를 잘하는 것이라고 언급한 적이 있습니다. 보지 못한 데이터[unseen data]에 대해서 좋은 예측[prediction]을 하는 것이 목표라는 말이기도 합니다. 따라서 우리는 학습 오차를 최소화 하는 것이 최종 목표가 아닙니다. **최종 목표는 일반화 오차[generalization error]를 최소화하는 것**입니다.

---

4 데이터셋이 작을수록 모집단의 랜덤 샘플링 과정에서 편향이 생길 가능성이 높아집니다.

② 오버피팅과 언더피팅

이제 본격적으로 오버피팅overfitting의 개념을 도입할 차례입니다. **오버피팅**이란 **학습 오차가 일반화 오차에 비해서 현격하게 낮아지는 현상**을 말합니다. 즉, 앞서 이야기한 사례와 같이 학습 데이터에 편향이나 노이즈가 있을 때 이것까지 모델이 학습함으로써 오히려 모델이 일반화를 수행하는 데 방해되는 상태를 뜻합니다.

이때 언더피팅underfitting에 대해서도 언급할 수 있는데 **언더피팅**이란 **모델이 충분히 데이터를 학습하지 못하여 학습 오차가 충분히 낮지 않은 현상**을 말합니다. 보통 모델의 수용 능력capacity이 부족하여 복잡한 데이터의 관계를 학습하지 못하는 경우에 많이 발생합니다. 또는 비록 모델의 수용 능력은 충분하지만 적절한 최적화를 거치지 않아서 발생하기도 합니다. 예를 들어, 학습을 위한 에포크가 충분하지 않거나 최적화 과정에서 경사하강법으로 복잡한 손실 표면을 잘 헤쳐 나가지 못하는 과정에서 발생할 수 있습니다.

우리는 오버피팅과 언더피팅 여부를 통해 최종 목표에 잘 도달하고 있는지 확인할 수 있습니다. 특히 오버피팅은 무조건 피해야 하는 것이라기 보다 모델의 수용 능력을 나타내는 좋은 지표로 활용되기도 합니다. 예를 들어, 오버피팅이 발생했다는 것은 모델의 수용 능력이 데이터의 복잡한 관계를 학습하기에 충분하다고 판단하기도 합니다.[5] 오버피팅 여부를 확인한 이후에 오버피팅을 방지하는 방향으로 모델을 개선하면 되기 때문입니다. 보통 언더피팅과 오버피팅의 개념은 다음 그림처럼 표현됩니다.

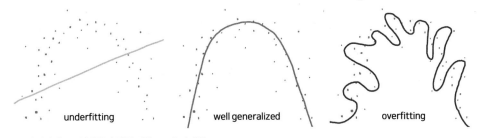

underfitting   well generalized   overfitting

▶ 언더피팅 vs 일반화가 잘된 경우 vs 오버피팅

예를 들어, 앞과 같이 분포된 데이터를 수집했을 때 이 데이터를 생성해낸 알 수 없는 어떤 함수 f^*를 근사계산하고 싶을 것입니다. 하지만 그림에서 확인할 수 있듯이 이 데이터셋은 편향

---

5 보통 학습 데이터의 편향이나 노이즈는 매우 디테일한 부분일 가능성이 높으므로 대개 모델의 일반화가 어느 정도 진행된 이후에 오버피팅이 발생하곤 합니다.

또는 노이즈를 포함하고 있기도 합니다. 이때 왼쪽과 같이 선형 모델linear model(e.g. 선형 회귀)로 이 데이터를 모델링하고자 한다면 잘 동작하지 않을 것입니다. 선형 모델은 이 데이터를 학습하기에 너무 수용 능력이 작습니다. 따라서 언더피팅이 발생합니다. 또는 오른쪽 그림과 같이 너무 복잡한 형태의 함수로 근사계산할 수도 있을 것입니다. 하지만 이 경우에는 지나친 일반화가 이루어진 것이라고 볼 수 있습니다. 어쩌면 학습 오차는 낮을 수도 있지만 일반화 오차는 높은 상태인 오버피팅이 발생했다고 판단할 수 있습니다. 따라서 가운데 그림처럼 어느정도 노이즈가 편향이 있음을 감안했을 때 데이터를 간단하게 일반화할 수 있는 2차 함수 곡선의 형태로 근사계산할 수 있습니다.

❸ 검증 데이터셋

만약 모델의 최적화가 잘 수행되고 있고 모델의 수용 능력이 충분하다면 학습 초반에는 보통 언더피팅으로 시작해서 어느 순간 오버피팅으로 전환될 것이라고 예상해볼 수 있습니다. 즉 초반에는 중요한 데이터의 특징feature들을 배우다가 어느 순간부터 학습 데이터의 불필요한 특징까지 학습되는 순간이 올 텐데 이것을 잘 감지하고 **오버피팅으로 전환되는 순간에 학습을 멈춘다면 아마 가장 이상적**이라고 볼 수 있겠죠?

이것을 수행하기 위해서 우리는 **검증 데이터셋**validation dataset을 도입합니다. 앞서 언급한 것처럼 우리는 일반화 오차를 최소화하는 것을 목적으로 합니다. 만약에 모델이 오버피팅이 발생하지 않고 검증 데이터셋이 학습 데이터셋과 같은 성질(분포)을 갖고 있다면, 모델은 검증 데이터셋에 대해서도 비슷한 손실 값을 가질 것입니다.

▶ 학습 데이터 일부를 임의로 나누어 검증 데이터셋으로 구성

이를 위해서 학습 데이터 일부를 임의로 나누어 검증 데이터셋으로 구성하고 이것을 학습하는 도중에 **주기적으로 모델에 넣어 손실 값을 구함으로써 오버피팅 여부를 확인**할 수 있습니다. 보통 매 에포크마다 이 작업을 수행하며 이 과정을 검증validation 과정이라 부릅니다. 또한, 검증 과정에서 얻은 **검증 데이터셋에 대한 손실 값을 검증 손실**validation loss **값**이라고 부릅니다. 여기에서 중요한 점은 검증 데이터셋을 통해서는 최적화(학습)를 진행하지 않으며, 데이터셋을 랜덤하게

나누는 과정에서 편향이 있어서는 안된다는 것입니다.

결국 일반화 오차를 최소화하는 것이 최종 목적이므로 검증 손실 값을 최소화하는 것이라고 볼 수 있습니다. 모델은 학습 데이터에 대해서만 학습된 상태이므로 검증 데이터셋에 대해서 좋은 예측을 수행한다면 일반화가 잘 되었다고 판단할 수 있습니다. 또는 학습 오차는 낮지만 검증 오차가 높다면 일반화가 잘 되고 있지 않다고 판단할 수 있을 것입니다. 정리하면 이와 같이 학습 데이터를 통째로 학습시키는 것이 아니라 일부를 떼어내어 검증 데이터로 활용함으로써 모델의 일반화 성능을 측정하고 오버피팅을 피할 수 있습니다.

4 모델 학습 과정 정리

앞의 내용을 바탕으로 심층신경망deep neural networks, DNN의 학습 과정을 도식화하면 다음과 같습니다.

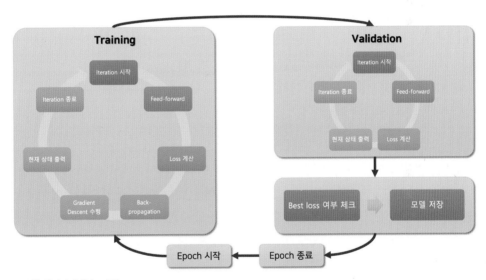

▶ 심층신경망의 학습 과정

전체 학습 과정은 에포크 반복 횟수(e.g. n_epochs) 만큼 반복될 것이며 앞의 그림에서 가장 바깥쪽의 사이클이 보여주고 있습니다. 또한 한 에포크는 학습training 과정과 검증validation 과정으로 구성되어 있으며 각각의 학습 과정과 검증 과정은 미니배치로 구성된 여러 이터레이션으로 구성되어 있습니다. 검증 과정에서는 손실 값을 계산하지만 역전파 계산과 경사하강법의 수행이 없다는 것에 주목하세요.

또한 검증 과정 이후에는 현재 에포크의 검증 손실 값이 기존보다 더 낮아졌는지의 확인을 통해 오버피팅 여부를 체크할 수 있습니다. 다만 모델 최적화 과정에서는 손실 값이 들쑥날쑥할 수 있기 때문에 한 번 검증 손실 값이 낮아지지 못했다고 오버피팅이라고 볼 수는 없습니다. 따라서 모든 학습이 종료된 이후에 최소 검증 손실 값을 기록했던 에포크의 모델 가중치 파라미터를 복원하는 과정을 거칩니다. 이 과정을 거치면 일반화 오차가 가장 낮은 모델을 선택할 수 있고 오버피팅을 피할 수 있습니다. 다음 그림은 실제 모델이 학습되는 과정에서 에포크에 따른 학습 손실 값과 검증 손실 값을 기록한 것입니다.

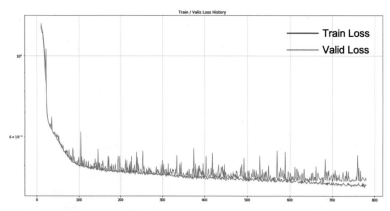

▶ 에포크에 따른 학습 손실 값과 검증 손실 값

아마도 모델 수용 능력은 충분하기 때문에 파란색 선은 계속해서 내려가는 것을 확인할 수 있습니다. 또한 학습 손실 값과 검증 손실 값 모두 단조 감소하기보다는 들쑥날쑥하게 움직이는 것을 볼 수 있습니다. 마지막으로 두 손실 값이 계속해서 낮아지고 있는 것으로 보이지만 학습 손실 값과 검증 손실 값도 점점 벌어지고 있는 것을 알 수 있습니다. 따라서 학습 데이터셋의 불필요한 특징을 학습하는 상황도 진행되고 있음을 확인할 수 있는데 어쨌든 검증 손실 값도 낮아지고 있는 상황인 것이지요. 만약 계속해서 검증 손실 값도 감소하는 중이라면 학습은 계속 진행되어야 할 것이고, 충분한 시간이 흘렀을 때에도 최소 검증 손실 값이 더 이상 낮아지지 않는다면 학습을 종료해도 좋습니다.[6] **학습이 종료된 이후에는 앞서 언급한 대로 가장 낮은 검증 손실 값을 갖는 모델을 복원하여 f^*에 대한 근사 함수로 활용**할 수 있을 것입니다.

---

6 이 기법을 조기 중단early stopping 기법이라고 부릅니다. 조기 중단을 위해서는 최소 검증 손실이 갱신되지 않았음에도 학습이 종료되지 않을 수 있는 임계치threshold 값이 하이퍼파라미터가 됩니다.

12.3 테스트셋 구성하기

앞에서 좋은 평가란 무엇인지에 대해 언급했었습니다. 좋은 평가를 위한 핵심은 얼마나 객관적으로 평가를 진행하였는가입니다. 만약 평가를 수행할 때 특정 모델에게만 유리한 환경이 조성된다면 객관적인 평가가 진행될 수 없습니다.

■ 테스트셋의 필요성

이러한 관점에서 앞에서는 검증 데이터셋을 구성하여 모델의 오버피팅 여부를 확인하는 방법에 대해서 알아보았습니다. 다만 아직도 반쪽짜리 학습/평가 과정으로 볼 수 있습니다. 왜냐하면 학습을 종료하고 수많은 에포크에서 나온 모델(가중치 파라미터) 중 검증 손실 값이 가장 낮은 모델을 선택하기 때문입니다. 보통 하이퍼파라미터도 검증 손실 값을 낮추는 방향으로 튜닝됩니다. 따라서 이것은 검증 데이터셋을 활용한 하이퍼파라미터(어떤 에포크를 선택할 것인지도 포함하여) 학습 과정입니다. 다시 말해 검증 데이터셋을 활용한 최종 평가 수행은 평가 데이터를 이미 모델에게 노출한 것이나 다름없습니다. 즉, 평가를 위한 테스트셋으로 검증 데이터셋을 활용한다면 모델은 테스트셋에 오버피팅될 것입니다. 반면에 베이스라인 모델들에게는 불공정한 평가가 되는 셈인 것이죠.

■ 데이터 나누기

따라서 **최종적으로 학습을 위한 데이터셋과 검증을 위한 데이터셋, 마지막으로 평가(테스트)를 위한 데이터셋을 따로 구성**해야 합니다.

▶ 데이터 나누기(학습 데이터셋, 검증 데이터셋, 테스트셋)

애초에 테스트를 위한 데이터셋을 손수 엄선하여 구성할 수도 있지만 임의로 데이터셋을 랜덤하게 나누어 구성한다면 편향과 중복이 없도록 주의해야 합니다.[7] 보통 3가지 데이터셋의 비율로 8:1:1 또는 6:2:2가 되도록 구성합니다.

3 정리

앞에서 다룬 내용을 다음과 같이 표로 정리할 수 있습니다.

	Train set	Valid set	Test set
Parameter	결정	**검증**	**검증**
Hyper-parameter		결정	**검증**
Algorithm			결정

▶ 나누어 구성한 각 데이터셋의 역할 비교

학습 데이터셋을 통해 가중치 파라미터를 결정(학습)할 수 있으며, 검증 데이터셋과 테스트 데이터셋을 통해 오버피팅과 같은 정합성 여부를 확인할 수 있습니다. 하이퍼파라미터의 경우 경사하강법과 같은 최적화 방법을 통해 결정될 수 없기 때문에 사용자에 의해 손으로 결정되는 작업이 수반되어야 합니다. 따라서 대부분의 하이퍼파라미터들은 검증 데이터셋을 통해 결정되며 테스트셋을 통해서 검증을 수행할 수 있습니다. 알고리즘을 결정한다는 것은 여러 가지 베이스라인을 비롯한 모델 구조나 학습 기법 중에서 어떤 것이 가장 좋은지 결정하는 것을 의미합니다. 결국 테스트 데이터셋을 통한 평가를 통해 최고 성능의 알고리즘을 선택해야 하기 때문입니다.

---

[7] MNIST와 같은 일부 데이터셋은 애초에 테스트 데이터를 따로 구성해 놓기도 합니다.

실습 데이터 나누기

▌1 ▌ 데이터 준비

사실 지금까지의 실습은 모두 잘못된 방법이었습니다. 단지 학습 데이터셋에 모델을 피팅시키면서 학습 손실 값만 살펴보았습니다. 또한 학습 데이터의 손실 값을 낮추고선, 모델의 성능을 확인한다고 손실 값이나 정확도를 확인하는 정도만 진행했었습니다. 하지만 이 장에서 배운 내용을 바탕으로 학습, 검증, 테스트 데이터를 잘 나누어 모델을 학습시키고 모델이 객관적으로 잘 학습되었는지 체크하는 실습을 수행할 것입니다.

```python
import numpy as np
import pandas as pd
import seaborn as sns
import matplotlib.pyplot as plt

from sklearn.preprocessing import StandardScaler
from sklearn.datasets import fetch_california_housing
```

필요한 라이브러리 패키지를 불러옵니다. 그리고 앞의 실습에서 활용했던 캘리포니아 하우징 데이터셋을 불러옵니다. 앞선 실습과 같이 Target 열에 우리가 예측해야 하는 출력값을 넣어줍니다.

```python
california = fetch_california_housing()
df = pd.DataFrame(california.data, columns=california.feature_names)
df["Target"] = california.target
```

본격적으로 데이터를 나누기에 전에 필요한 파이토치 패키지들을 불러옵니다.

```
import torch
import torch.nn as nn
import torch.nn.functional as F
import torch.optim as optim
```

캘리포니아 주택 데이터셋의 값을 파이토치 Float 텐서로 변환합니다. 그리고 입력 데이터를 x 변수에 슬라이싱하여 할당하고 출력 데이터를 y 변수에 슬라이싱하여 할당합니다.

```
data = torch.from_numpy(df.values).float()

x = data[:, :-1]
y = data[:, -1:]

print(x.size(), y.size())
```

x와 y의 크기를 출력해보면 20,640개의 샘플들로 데이터셋이 구성된 것을 확인할 수 있습니다. 입력 변수는 한 샘플당 8개의 값을 가지고 있으며 출력 변수는 하나의 값(스칼라)으로 되어 있음을 볼 수 있습니다.

```
torch.Size([20640, 8]) torch.Size([20640, 1])
```

이렇게 준비된 입출력을 임의로 학습, 검증, 테스트 데이터로 나눌 차례입니다. 앞에서 배웠듯이 60%의 학습 데이터와 20%의 검증 데이터, 20%의 테스트 데이터로 구성하기 위해서 미리 비율을 설정합니다.

```
# Train / Valid / Test ratio
ratios = [.6, .2, .2]
```

그리고 나면 ratios에 담긴 값을 활용하여 실제 데이터셋에서 몇 개의 샘플들이 각각 학습, 검증, 테스트셋에 할당되어야 하는지 구할 수 있습니다.

```
train_cnt = int(data.size(0) * ratios[0])
valid_cnt = int(data.size(0) * ratios[1])
test_cnt = data.size(0) - train_cnt - valid_cnt
cnts = [train_cnt, valid_cnt, test_cnt]

print("Train %d / Valid %d / Test %d samples." % (train_cnt, valid_cnt, test_
cnt))
```

전체 20,640개의 샘플 중에 학습 데이터는 12,384개가 되어야 하며 검증 데이터와 테스트 데이터는 각각 4,128개가 되어야 합니다.

```
Train 12384 / Valid 4128 / Test 4128 samples.
```

이때 중요한 점은 앞에서 설정한 비율로 데이터셋을 나누되 임의로 샘플을 선정하여 진행해야 한다는 것입니다. 다음 코드를 통해 데이터셋의 랜덤 셔플링random shuffling 후 나누기를 수행합니다. 추가로 주목해야 할 부분은 **x와 y에 대해서 각각 랜덤 선택 작업을 수행하는 것이 아니라 쌍으로 짝지어 수행이 된다는 것**입니다. 마치 앞에서 진행한 SGD 실습 때와 같은 상황인데 만약 x와 y를 각각 따로 섞어서 둘의 관계가 깨져버린다면 아무 의미 없는 노이즈로 가득 찬 데이터가 될 것입니다. 다음의 코드를 보면 데이터셋을 나누는 코드는 앞에서 나왔던 SGD에서 미니배치를 나누는 것과 상당히 유사한 것을 볼 수 있습니다.

```
# Shuffle before split.
indices = torch.randperm(data.size(0))
x = torch.index_select(x, dim=0, index=indices)
y = torch.index_select(y, dim=0, index=indices)
```

```
# Split train, valid and test set with each count.
x = list(x.split(cnts, dim=0))
y = y.split(cnts, dim=0)

for x_i, y_i in zip(x, y):
    print(x_i.size(), y_i.size())
```

이 작업이 끝나면 6:2:2의 비율대로 학습, 검증, 테스트셋이 나누어진 것을 확인할 수 있습니다. 이제 학습에 들어가면 매 에포크마다 12,384개의 학습 샘플들을 임의로 섞어 미니배치들을 구성하여 학습 이터레이션을 돌게 됩니다.

```
torch.Size([12384, 8]) torch.Size([12384, 1])
torch.Size([4128, 8]) torch.Size([4128, 1])
torch.Size([4128, 8]) torch.Size([4128, 1])
```

데이터셋이 정상적으로 나뉜 것을 확인했다면 데이터셋 정규화normalization 작업도 마저 수행합니다. 돌이켜보면 이전 실습에서는 데이터셋을 불러오자마자 표준 스케일링을 통해 정규화를 진행했습니다. 하지만 이번 실습에서는 이제서야 정규화를 진행하고 있는데 그 이유는 여기에서도 데이터셋을 피팅하는 작업이 수행되기 때문입니다. 표준 스케일링을 진행하기 위해서는 데이터셋의 각 열에 대해 평균과 표준편차를 구해야 합니다. 이 과정을 통해 데이터셋의 각 열의 분포를 추정하고 추정된 평균과 표준편차를 활용하여 표준정규분포standard normal distribution로 변환합니다. 만약 검증 데이터 또는 테스트 데이터를 학습 데이터와 합친 상태에서 평균과 표준편차를 추정한다면 정답을 보는 것과 같습니다. 물론 아주 잘 정의된 매우 큰 데이터셋이라면 임의로 학습 데이터와 검증/테스트 데이터셋을 나눌 때 그 분포가 매우 유사하겠지만 그렇다고 해서 학습 데이터와 테스트 데이터를 합친 상태에서 평균과 표준편차를 추정해도 되는 것은 아닙니다.

다음 코드를 보면 학습데이터인 x[0]에 대해서 표준 스케일링을 피팅시키고, 이후에 해당 스케일러를 활용하여 학습(x[0]), 검증(x[1]), 테스트(x[2]) 데이터에 대해 정규화를 진행하는 것을 볼 수 있습니다. 이처럼 **학습 데이터만을 활용하여 정규화를 진행하는 것은 매우 중요**합니다. 실수가 자주 발생하는 과정이기도 꼭 주의 깊게 살펴보기 바랍니다.

```
scaler = StandardScaler()
scaler.fit(x[0].numpy()) # You must fit with train data only.

x[0] = torch.from_numpy(scaler.transform(x[0].numpy())).float()
x[1] = torch.from_numpy(scaler.transform(x[1].numpy())).float()
x[2] = torch.from_numpy(scaler.transform(x[2].numpy())).float()
```

❷ 학습 코드 구현

앞에서와 똑같이 nn.Sequential을 활용하여 모델을 선언하고, 아담 옵티마이저에 등록합니다.

```
model = nn.Sequential(
    nn.Linear(x[0].size(-1), 6),
    nn.LeakyReLU(),
    nn.Linear(6, 5),
    nn.LeakyReLU(),
    nn.Linear(5, 4),
    nn.LeakyReLU(),
    nn.Linear(4, 3),
    nn.LeakyReLU(),
    nn.Linear(3, y[0].size(-1)),
)

optimizer = optim.Adam(model.parameters())
```

모델 학습에 필요한 세팅 값을 설정합니다.

```
n_epochs = 4000
batch_size = 256
print_interval = 100
```

앞서 우리가 원하는 모델은 가장 낮은 검증 손실 값을 갖는 모델이라고 했습니다. 따라서 매 에포크마다 학습이 끝날 때 검증 데이터셋을 똑같이 피드포워딩하여 검증 데이터셋 전체에 대한 평균 손실 값을 구하고, 이전 에포크의 검증 손실 값과 비교하는 작업을 수행해야 합니다. 만약 현재 에포크의 검증 손실 값이 이전 에포크 까지의 최저lowest 검증 손실 값보다 더 낮다면 최저 검증 손실 값은 새롭게 갱신되고 현재 에포크의 모델은 따로 저장되어야 할 것입니다. 현재 에포크의 검증 손실 값이 이전 에포크까지의 최저 검증 손실 값보다 크다면 이번 에포크의 모델을 따로 저장할 필요 없이 넘어가면 됩니다.

학습이 모두 끝났을 때, 정해진 에포크가 n_epochs번 진행되는 동안 최저 검증 손실 값을 뱉어냈던 모델이 우리가 원하는 일반화가 잘된 모델이라고 볼 수 있습니다. 따라서 학습이 종료되고 나면 최저 검증 손실 값의 모델을 다시 복원하고 사용자에게 반환하면 됩니다.

다음 코드는 최저 검증 손실을 추적하기 위한 변수 lowest_loss와 최저 검증 손실 값을 뱉어낸 모델을 저장하기 위한 변수 best_model을 미리 생성하는 모습을 보여주고 있습니다. 이때 best_model에 단순히 현재 모델을 저장한다면 얇은 복사shallow copy가 수행되어 주솟값이 저장되므로 깊은 복사deep copy를 통해 값 자체를 복사하여 저장해야 합니다. 이를 위해서 copy 패키지의 deepcopy 함수를 불러오는 것을 볼 수 있습니다.

```
from copy import deepcopy

lowest_loss = np.inf
best_model = None

early_stop = 100
lowest_epoch = np.inf
```

또한 학습 조기 종료를 위한 세팅 값과 가장 낮은 검증 손실 값을 뱉어낸 에포크를 저장하기 위한 변수인 lowest_epoch도 선언합니다.

이제 본격적으로 학습을 위한 for 반복문을 수행합니다. 이전까지의 실습과 달라진 점은 바깥쪽 for 반복문의 후반부에 검증 작업을 위한 코드가 추가되었다는 것입니다. 따라서 코드가 굉장히 길어지게 되었습니다. 같은 for 반복문 내에 있는 검증 작업을 위한 코드는 설명을 하기 위해 따로 떼어 내겠습니다. 그러고 나면 앞에서 우리가 보았던 코드와 상당히 유사하게 나타납니다. 새롭게 추가된 코드의 내용은 학습/검증 손실 값 히스토리를 저장하기 위한 train_history와 valid_history 변수가 추가되었다는 것 정도입니다.

```python
train_history, valid_history = [], []

for i in range(n_epochs):
    # Shuffle before mini-batch split.
    indices = torch.randperm(x[0].size(0))
    x_ = torch.index_select(x[0], dim=0, index=indices)
    y_ = torch.index_select(y[0], dim=0, index=indices)
    # |x_| = (total_size, input_dim)
    # |y_| = (total_size, output_dim)

    x_ = x_.split(batch_size, dim=0)
    y_ = y_.split(batch_size, dim=0)
    # |x_[i]| = (batch_size, input_dim)
    # |y_[i]| = (batch_size, output_dim)

    train_loss, valid_loss = 0, 0
    y_hat = []

    for x_i, y_i in zip(x_, y_):
        # |x_i| = |x_[i]|
        # |y_i| = |y_[i]|
        y_hat_i = model(x_i)
        loss = F.mse_loss(y_hat_i, y_i)
```

```
        optimizer.zero_grad()
        loss.backward()

        optimizer.step()
        train_loss += float(loss)

    train_loss = train_loss / len(x_)
```

이처럼 학습 데이터셋을 미니배치로 나누어 한 바퀴 학습하고 나면 검증 데이터셋을 활용하여 검증 작업을 수행합니다. 학습과 달리 검증 작업은 역전파를 활용하여 학습을 수행하지 않습니다. 따라서 **그래디언트를 계산할 필요가 없기 때문에 torch.no_grad 함수를 호출하여 with 내부에서 검증 작업을 진행**합니다. 그럼 그래디언트를 계산하기 위한 배후 작업들이 없어지기 때문에 계산 오버헤드가 줄어들어 속도가 빨라지고 메모리 사용량도 줄어들게 됩니다.

with 내부를 살펴보겠습니다. split 함수를 써서 미니배치 크기로 나누어 주는 것을 볼 수 있습니다. 앞에서 설명한 것처럼 검증 작업은 메모리 사용량이 적기 때문에 검증 작업을 위한 미니배치 크기는 학습용보다 더 크게 가져가도 됩니다만 간편함을 위해서 기존 학습용 미니배치 크기와 같은 크기를 사용했습니다. 그리고 학습과 달리 셔플링 작업이 빠진 것을 볼 수 있습니다. 또한 for 반복문 내부에도 피드포워드만 있고 역전파 관련 코드는 없습니다.

```
# You need to declare to PYTORCH to stop build the computation graph.
    with torch.no_grad():
        # You don't need to shuffle the validation set.
        # Only split is needed.
        x_ = x[1].split(batch_size, dim=0)
        y_ = y[1].split(batch_size, dim=0)

        valid_loss = 0

        for x_i, y_i in zip(x_, y_):
```

```
            y_hat_i = model(x_i)
            loss = F.mse_loss(y_hat_i, y_i)

            valid_loss += loss

            y_hat += [y_hat_i]

    valid_loss = valid_loss / len(x_)

    # Log each loss to plot after training is done.
    train_history += [train_loss]
    valid_history += [valid_loss]

    if (i + 1) % print_interval == 0:
        print('Epoch %d: train loss=%.4e  valid_loss=%.4e  lowest_loss=%.4e' %
(
            i + 1,
            train_loss,
            valid_loss,
            lowest_loss,
        ))
```

앞과 같이 학습과 검증 작업이 끝나고 나면 검증 손실 값을 기준으로 모델 저장 여부를 결정합니다. 우리가 원하는 것은 검증 손실을 낮추는 것입니다. 따라서 기존 최소 손실 값 변수 lowest_loss와 현재 검증 손실 값 valid_loss를 비교하여 최소 손실 값이 갱신될 경우에 현재 에포크의 모델을 저장합니다.[8] 또한 정해진 기간(early_stop 변수) 동안 최소 검증 손실 값의 갱신이 없을 경우에 학습을 종료합니다. 조기 종료 파라미터 또한 하이퍼파라미터임을 잊지 마세요.

---

8 state_dict 함수가 현재 모델 파라미터를 key-value 형태의 주솟값으로 0을 반환하기에 그냥 변수에 state_dict 결괏값을 저장할 경우 에포크가 끝날 때마다 best_model에 저장된 값이 바뀔 수 있습니다. 따라서 deepcopy를 활용하여 현재 모델의 가중치 파라미터를 복사하여 저장합니다.

```
    if valid_loss <= lowest_loss:
        lowest_loss = valid_loss
        lowest_epoch = i

        # 'state_dict()' returns model weights as key-value.
        # Take a deep copy, if the valid loss is lowest ever.
        best_model = deepcopy(model.state_dict())
    else:
        if early_stop > 0 and lowest_epoch + early_stop < i + 1:
            print("There is no improvement during last %d epochs." % early_
stop)
            break

print("The best validation loss from epoch %d: %.4e" % (lowest_epoch + 1,
lowest_loss))

# Load best epoch's model.
model.load_state_dict(best_model)
```

모든 작업이 수행되고 나면 for 반복문을 빠져나와 best_model에 저장되어 있던 가중치 파라미터를 모델 가중치 파라미터로 복원합니다. 그러면 최소 검증 손실 값을 얻은 모델로 되돌릴 수 있게 됩니다.

코드를 수행하면 다음과 같이 출력되는 것을 볼 수 있습니다. 539번째 에포크에서 최소 검증 손실 값을 얻었음을 알 수 있습니다. 만약 손실 값이 좀 더 떨어질 여지가 있다면 조기 종료 파라미터를 늘릴 수도 있습니다.

```
Epoch 100: train loss=3.4720e-01  valid_loss=3.3938e-01  lowest_loss=3.4056e-01
Epoch 200: train loss=3.0026e-01  valid_loss=2.9215e-01  lowest_loss=2.9067e-01
Epoch 300: train loss=2.9045e-01  valid_loss=2.8444e-01  lowest_loss=2.8279e-01
Epoch 400: train loss=2.8746e-01  valid_loss=2.8237e-01  lowest_loss=2.8207e-01
Epoch 500: train loss=2.8728e-01  valid_loss=2.8370e-01  lowest_loss=2.8160e-01
Epoch 600: train loss=2.8657e-01  valid_loss=2.8159e-01  lowest_loss=2.8090e-01
There is no improvement during last 100 epochs.
The best validation loss from epoch 539: 2.8090e-01
```

❸ 손실 곡선 확인

이제 train_history, valid_history에 쌓인 손실 값을 그림으로 그려서 확인해보도록 하겠습니다. 이렇게 그림을 통해서 확인하면 화면에 프린트된 숫자들 보다 훨씬 쉽게 손실 값 추세를 확인할 수 있습니다.

```python
plot_from = 10

plt.figure(figsize=(20, 10))
plt.grid(True)
plt.title("Train / Valid Loss History")
plt.plot(
    range(plot_from, len(train_history)), train_history[plot_from:],
    range(plot_from, len(valid_history)), valid_history[plot_from:],
)
plt.yscale('log')
plt.show()
```

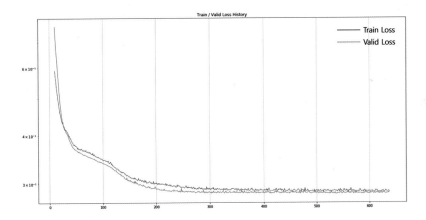

가장 먼저 눈에 띄는 부분은 대부분의 구간에서 검증 손실 값이 학습 손실 값 보다 낮다는 것입니다. 아무래도 검증 데이터셋은 학습 데이터셋에 비해 일부에 불과하기 때문에 편향이 있을 수 있습니다. 따라서 우연히 검증 데이터셋이 좀 더 쉽게 구성이 되었다면 학습 데이터셋에 비해 더 낮은 손실 값을 가질 수도 있습니다. 만약 이 두 손실 값이 차

이가 너무 크게 나지만 않는다면 크게 신경 쓰지 않아도 됩니다.

또한 검증 손실 값과 학습 손실 값의 차이가 학습 후반부로 갈수록 점점 더 줄어드는 것을 확인할 수 있습니다. 모델이 학습 데이터에만 존재하는 특성을 학습하는 과정이라고도 볼 수 있습니다. 하지만 검증 손실 값도 천천히 감소하고 있는 상황이므로 온전히 오버피팅에 접어들었다고 볼 수는 없습니다.[9] 여러분도 조기 종료 파라미터 등을 바꿔가며 좀 더 낮은 검증 손실 값을 얻기 위한 튜닝을 해보는 것도 좋습니다.

❹ 결과 확인

테스트 데이터셋에 대해서도 성능을 확인해보려합니다. 우리의 최종 목표는 테스트 성능이 좋은 모델을 얻는 것이지만 이 과정에서 학습 데이터셋과 검증 데이터셋만 활용할 수 있었고 중간 목표는 검증 손실 값을 낮추는 것이었습니다. 이제 이렇게 얻어진 모델이 테스트 데이터셋에 대해서도 여전히 좋은 성능을 유지하는지 확인해봅시다. 다음 코드를 보면 검증 작업과 거의 비슷하게 진행되는 것을 알 수 있습니다. torch.no_grad 함수를 활용하여 with 내부에서 그래디언트 계산 없이 모든 작업이 수행됩니다. 또한 미니배치 크기로 분할하여 for 반복문을 통해 피드포워드합니다.

---

9 조기 종료를 하지 않고 계속 학습시킨다면 오버피팅이 될 겁니다.

```
test_loss = 0
y_hat = []

with torch.no_grad():
    x_ = x[2].split(batch_size, dim=0)
    y_ = y[2].split(batch_size, dim=0)

    for x_i, y_i in zip(x_, y_):
        y_hat_i = model(x_i)
        loss = F.mse_loss(y_hat_i, y_i)

        test_loss += loss # Gradient is already detached.
```

```
        y_hat += [y_hat_i]

test_loss = test_loss / len(x_)
y_hat = torch.cat(y_hat, dim=0)

sorted_history = sorted(zip(train_history, valid_history),
                        key=lambda x: x[1])

print("Train loss: %.4e" % sorted_history[0][0])
print("Valid loss: %.4e" % sorted_history[0][1])
print("Test loss: %.4e" % test_loss)
```

마지막으로 sorted 함수를 활용하여 가장 낮은 검증 손실 값과 이에 대응하는 학습 손실 값을 찾아서 테스트 손실 값과 함께 출력합니다. 최종적으로 이 모델은 0.296이라는 테스트 손실 값이 나오는 것으로 확인되었습니다. 만약 다른 방법론을 적용하거나 모델 구조 변경 등을 한다면 0.296라는 테스트 손실 값이 나오는 모델이 베이스라인 모델이 될 것입니다. 그렇게 되면 **새로운 모델은 이 베이스라인을 이겨야 할 것입니다.**[10]

---

10 정당한 비교를 위해서 매번 랜덤하게 학습/검증/테스트셋을 나누기 보다 아예 테스트셋을 따로 빼두는 것도 좋습니다.

```
Train loss: 2.8728e-01
Valid loss: 2.8090e-01
Test loss: 2.9679e-01
```

앞선 실습들과 마찬가지로 샘플들에 대한 정답과 예측 값을 페어 플롯을 그려보도록 하겠습니다. 앞의 실습들과 다른 점은 테스트셋에 대해서만 그림을 그려본다는 것입니다.

```
df = pd.DataFrame(torch.cat([y[2], y_hat], dim=1).detach().numpy(),
                  columns=["y", "y_hat"])

sns.pairplot(df, height=5)
plt.show()
```

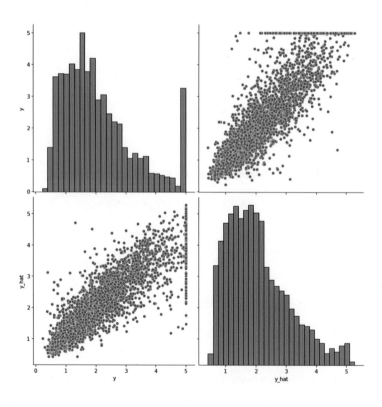

12.5 마치며

다시 말하지만 모델이 제대로 작동하기 위해서는 일반화가 잘 되었는지 확인하는 것이 중요합니다. 지금까지 오버피팅이 왜 발생하고 그 부작용이 무엇인지 또한 이러한 오버피팅은 어떻게 방지할 수 있는지에 대해 알아보았습니다. 데이터 분할을 통해 어느 정도 오버피팅 발생 리스크를 줄일 수 있음을 다시 한번 상기하고 다음 장으로 넘어가기 바랍니다.

요약

- **평가**
  - 정성평가
    - 주로 사람이 직접 평가를 진행하며 Human Evaluation이라고 불리기도 함
    - 가장 정확한 평가 방법이지만 비용과 시간이 많이 소모
  - 정량평가
    - 평가 메트릭에 의해 자동으로 수행되는 평가
    - 속도가 빠르고 비용이 들지 않음
    - 정성평가와 가장 비슷한 결과가 나올수록 좋은 정량 평가 방법이라고 볼 수 있음
    - 정량평가만으로는 부족할 수 있으므로 서비스 전에는 정성평가를 거치는 것이 바람직함

- **오버피팅**
  - 모델의 수용 능력이 데이터에 비해 충분할 때 발생할 수 있으며 반대로 수용 능력이 부족하면 언더피팅이 발생할 수 있음
  - 오버피팅이란 학습 데이터셋에서의 오차(손실 값)가 일반화 오차에 비해서 현격하게 낮아지는 현상으로 일반화 오차는 검증 데이터셋의 손실 값으로 알 수 있음

- **데이터 분할**
  - 사용자가 임의의 비율(e.g. 6:2:2)로 학습/검증/테스트 데이터셋을 분할하여 학습과 평가를 수행
  - 데이터가 분할된 이후에 학습 데이터를 기준으로 학습/검증/테스트 데이터셋에 대해 전처리를 수행
  - 예를 들어, 학습 데이터의 평균과 표준편차를 활용하여 3개 데이터셋에 대해 표준 스케일링을 수행해야 함

CHAPTER

13

심층신경망 II

이 장에서는 심층신경망을 활용해서 분류classification 문제를 해결하는 방법에 대해 배워보도록 하겠습니다.

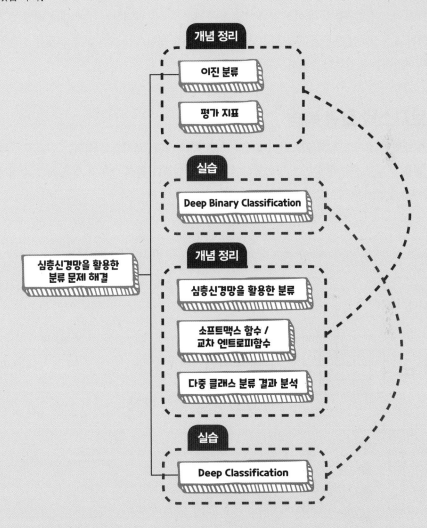

13.1 이진 분류

앞에서 로지스틱 회귀를 통해 이진 분류^{binary classification} 문제를 해결하는 것에 대해 배웠습니다. 마찬가지로 본격적인 분류 문제를 살펴보기 전에 특수한 케이스인 이진 분류 문제를 심층신경망으로 해결하는 방법부터 소개하도록 하겠습니다.

❶ 로지스틱 회귀 복습

앞에서 배웠던 로지스틱 회귀를 다시 떠올려 보도록 합시다. 로지스틱 회귀는 이름과는 달리 이진 분류 문제를 해결하기 위한 방법입니다. 따라서 입력과 출력 데이터 쌍을 N개 수집하였을 때 다음과 같이 수식으로 표현할 수 있습니다.

$$\mathcal{D} = \{(x_i, y_i)\}_{i=1}^{N},$$
$$\text{where } x_{1:N} \in \mathbb{R}^{N \times n} \text{ and } y_{1:N} \in \{0,1\}^{N \times m}.$$

다음 그림은 앞의 수식과 같은 상황에서 로지스틱 회귀 모델의 학습 과정을 간단하게 나타낸 것입니다.

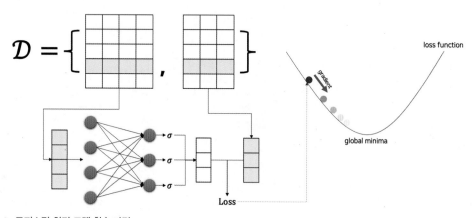

▶ 로지스틱 회귀 모델 학습 과정

앞의 그림에서 볼 수 있듯이 로지스틱 회귀 모델은 사실 선형 회귀 모델에 단순하게 마지막 활성 함수를 시그모이드로 추가해 준 것이라고 볼 수 있습니다.

$$\hat{y}_i = f_\theta(x_i) = \sigma(x \cdot W + b),$$
$$\text{where } \theta = \{W, b\}.$$

시그모이드 함수를 마지막에 활용했기 때문에 이진 분류 문제를 확률 문제로 접근해볼 수 있었습니다. 가능한 정답 클래스가 2개이기 때문에 입력 x가 주어졌을 때 출력 클래스에 대한 확률 값은 다음과 같은 관계를 가집니다.

$$0 \leq P(y = \text{True}|x) \leq 1$$
$$P(y = \text{True}|x) = 1 - P(y = \text{False}|x)$$

다만, 회귀와 달리 이진 분류 문제에는 BCE$^{\text{Binary Crossentropy}}$ 손실 함수를 사용하는 것을 잊지 마세요.

$$\text{BCE}(y_{1:N}, \hat{y}_{1:N}) = -\frac{1}{N} \sum_{i=1}^{N} y_i^\top \cdot \log \hat{y}_i + (1 - y_i)^\top \cdot \log(1 - \hat{y}_i)$$

$$\hat{\theta} = \underset{\theta \in \Theta}{\text{argmin}} \, \text{BCE}(y_{1:N}, \hat{y}_{1:N})$$

또한 처음 심층신경망을 소개한 장에서 회귀 문제를 심층신경망을 통해 풀고자 했었죠? 그때에도 선형 회귀 모델을 단순히 심층신경망 모델로 바꿔서 똑같은 학습 방법을 통해 문제를 해결할 수 있었습니다. 아마 이번에도 비슷한 방법으로 풀 수 있을 것 같지 않나요?

2 심층신경망을 활용한 이진 분류

앞에서 심층신경망을 활용하여 회귀 문제를 해결했을 때와 마찬가지로 **기존 f_θ를 심층신경망으로 교체하면 바로 해결**됩니다. 다음 그림과 같이 심층신경망을 구성하고 마지막 계층의 출력에 시그모이드 함수를 씌워줍니다. 간편하게 표현하기 위해 활성함수는 생략되어 있습니다.

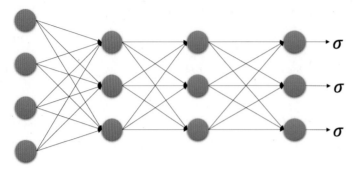

▶ 마지막 계층 출력에 시그모이드 함수 적용

이후에 이 모델을 f_θ로 삼아 기존 이진 분류 학습 방식에 집어넣으면 끝입니다.

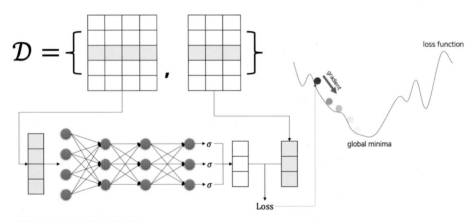

▶ 로지스틱 회귀에 심층신경망 적용

앞서 로지스틱 회귀에서 살펴보았던 수식은 $\theta = \{W, b\}$ 만 빼고 현재의 그림에서도 전부 그대로 유효합니다. 그러면 새로운 θ는 다음과 같이 ℓ개의 계층을 가진 심층신경망의 가중치 파라미터의 집합으로 정의될 것입니다.

$$\theta = \{W_1, b_1, \cdots, W_\ell, b_\ell\}$$

그럼 **BCE 손실 함수를 미분할 때 체인 룰을 통해 역전파가 적용되고 각 가중치 파라미터별로 경사하강법이 적용되는 것을 제외하면 모두 똑같이 동작**할 것입니다. 딥러닝을 다루는 이 책에서 선형 회귀와 로지스틱 회귀에 대해 짚고 넘어갔던 이유가 이러한 부분 때문입니다.

13.2 평가 지표

분류 문제의 경우 레이블이 이산^{discrete} 데이터로 표현됩니다. 따라서 손실 값 이외에도 정확도와 같은 다른 평가 지표가 존재하는데, 이 절에서는 이러한 다양한 평가 지표를 살펴보도록 하겠습니다.

1 임곗값 설정과 그에 따른 상충 문제

이진 분류 문제를 설명할 때, 모델의 출력값이 시그모이드 함수를 거쳤기 때문에 0에서 1사이의 값을 가진다고 했었습니다. 따라서 0.5를 기준으로 1번 클래스(참^{True})에 속하는지 0번 클래스(거짓^{False})에 속하는지를 결정합니다. 하지만 경우에 따라서 클래스 결정을 위한 임곗값^{threshold}을 0.5가 아닌 다른 값으로 설정하기도 합니다. 이 경우에 임곗값은 하이퍼파라미터가되어 사용자에 의해 결정되는 값이 됩니다.

다음 그림은 이진 분류기^{classifier}가 검증 데이터셋의 참과 거짓 샘플들에 대해서 뱉어낸 출력값의 분포를 나타낸 것입니다.[1] 빨간색 분포가 원래 정답이 참인 샘플들의 실제 모델 출력값들의 분포를 나타낸 것이고, 초록색 분포는 원래 정답이 거짓인 샘플들에 대한 실제 모델 출력 값들의 분포입니다. 녹색과 빨간색 분포가 대부분은 겹치지 않게 위치하고 있지만 일부 겹치는 구간이 존재하는 것을 확인할 수 있습니다.

---

[1] 임곗값 하이퍼파라미터를 설정하기 위한 과정이기 때문에 테스트 데이터셋이 아닌 검증 데이터셋의 샘플들에 대한 분포임을 꼭 명심하세요.

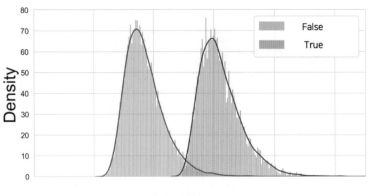

▶ 이진 분류기를 통한 출력값(검증 데이터셋의 참과 거짓 샘플의 분포)

이러한 상황에서 풀고자 하는 문제의 성격에 따라 임곗값을 설정할 수 있습니다. 만약 참 클래스를 하나라도 놓치는 것이 심각한 문제라면 임곗값을 최대한 왼쪽으로 보내야 합니다. 또는 참 클래스를 잘못 예측하는 것이 치명적인 상황이라면 임곗값을 최대한 오른쪽으로 보내야 할 것입니다. 이렇게 **임곗값을 설정하기 위한 정책**policy**은 우리가 풀고자 하는 문제의 성격을 따릅니다.** 예를 들어 원자력 발전소의 방사능 누출 감지 여부를 이진 분류 문제로 풀고자 한다면 어떤 임곗값 정책을 가져가야 할까요? 누출 클래스의 샘플을 하나라도 놓치면 안 될 것입니다. 또는 전재산을 주식에 투자한다고 할 때에는 어떤 정책이 필요할까요? 필자의 경우 전 재산을 잃는 것은 훨씬 두렵기 때문에 하락 이벤트 발생 여부를 최대한 놓치지 않도록 임곗값을 설정할 것입니다.

흥미 있는 것은 같은 모델 하에서 임곗값의 움직임에 따라 각 클래스에 대한 성능이 상충tradeoff된다는 것입니다. 참 클래스를 놓치지 않기 위해 임곗값을 왼쪽으로 움직인다면 참 클래스는 놓치지 않는 대신에 거짓 클래스를 참 클래스로 잘못 예측하는 빈도도 늘어날 것입니다. 이처럼 임곗값 설정을 통해 분류기의 성격을 우리가 원하는 대로 이끌어갈 수 있습니다.

② 정답과 예측에 따른 명칭

이진 분류 문제는 정답이 두 가지 클래스 중 하나에 속하게 됩니다. 따라서 실제 정답 2가지와 예측 클래스 2가지의 조합이 맞물려 총 4가지 경우의 수를 고려할 수 있습니다. 다음의 표는 이 4가지 케이스에 대한 각각의 명칭을 나타낸 것입니다.

		실제 정답	
		1	0
모델 예측	1	True Positive	False Positive
	0	False Negative	True Negative

▶ 정답과 예측 클래스의 조합에 따른 명칭 구분

일단 모델이 1번 클래스로 예측한 것을 양성^{positive}이라고 하고, 0번 클래스로 예측한 것을 음성 ^{negative}이라고 부르도록 하겠습니다. 이때 양성이라고 예측한 결과 중 실제 양성이 맞는 경우를 TP$^{True\ Positive}$라고 하고 가짜 양성에 해당될 경우 FP$^{False\ Positive}$라고 부릅니다. 마찬가지로 음성 이라고 예측한 결과 중에서 실제 음성이 맞는 경우 TN$^{True\ Negative}$이라 하고, 가짜 음성일 경우 FN$^{False\ Negative}$이라고 부릅니다. 즉, 양성과 음성을 떠나 실제 맞춘 경우에는 앞에 참^{True}이 붙고 틀린 경우에는 거짓^{False}이 붙습니다. 우리는 이 4가지 결과물을 가지고 다양한 평가 지표를 도 입할 수 있습니다.

❸ 정확도 그리고 정밀도와 재현율

앞에서 소개한 개념을 활용하여 가장 널리 쓰이는 지표가 **정확도**^{accuracy}입니다. 정확도의 수식 은 다음과 같이 정의됩니다.

$$Accuracy = \frac{TP+TN}{TP+FP+FN+TN}$$

정확도는 전체 예측 개수와 전체 예측 중에서 실제로 맞춘 참의 개수 비율을 나타냅니다. 정확 도는 테스트 데이터셋의 클래스가 불균형^{imbalance}할 경우 모델의 성능을 정확하게 반영하지 못 합니다. 또한 각 클래스별 성능을 자세히 파악하고자 할 때 어려움을 겪을 수 있습니다.

이때 우리가 고려해볼 수 있는 또 다른 지표가 바로 **정밀도**^{precision}와 **재현율**^{recall}입니다. 정밀도 와 재현율은 다음 수식과 같이 정의됩니다.

$$Precision = \frac{TP}{TP+FP}$$
$$Recall = \frac{TP}{TP+FN}$$

정밀도는 '모델이 양성 클래스라고 예측한 개수' 중에서 '예측 중 실제로 맞춘 양성 클래스 개수'의 비율을 나타냅니다. 재현율은 '실제로 양성 클래스인 샘플의 개수' 중에서 '예측 중 실제로 맞춘 양성 클래스 개수'의 비율을 나타냅니다.[2] 앞에서 설명했던 임곗값 설정에 따른 상충되던 성능이 정밀도와 재현율입니다. 보통 **같은 모델 안에서 임곗값을 바꾸게 되면 정밀도와 재현율이 서로 반대로 움직이는 것을 확인할 수 있습니다.** 특정 클래스에 대해 정밀도가 올라가면 재현율이 떨어지고 재현율이 올라가면 정밀도가 떨어지게 됩니다.

❹ F1 점수

결국 우리는 여러 모델 중에서 가장 좋은 모델을 고르는 일을 하고 있을 것입니다. 그럼 모델들을 점수에 따라 줄 세우는 일을 해야 합니다. 하지만 정밀도와 재현율처럼 여러 개의 점수가 상존한다면 어떤 점수를 기준으로 줄을 세워야 할까요? 따라서 1개의 종합 총점을 뽑아내야 합니다. **F1 점수**도 그런 의미에서 정밀도와 재현율을 기반으로 계산할 수 있는 유용한 지표입니다. F1 점수는 다음과 같이 정의됩니다.

$$F1-Score = 2 \times \frac{Recall \times Precision}{Recall + Precision}$$

F1은 임곗값이 고정되어 있을 때 정밀도와 재현율을 기반으로 계산하게 됩니다. 만약 모델이 다양한 분야에 적용된다면 적용되는 애플리케이션에 따라 정책과 임곗값이 달라져 F1 점수도 바뀔 것입니다. F1 점수가 항상 일정하게 유지되거나 여러 베이스라인들 중에서 순위가 유지된다면 상관없을 것입니다. 하지만 그렇지 않다면 사용자 입장에서는 F1 점수만으로 모델의 성능을 파악하기 어렵다고 봐야 할 것입니다.

❺ AUROC

앞의 상황에서 필요한 것이 바로 **AUROC**Area Under Receiver Operating Characteristic입니다. 결국 이 상황에서 사용자가 알고 싶은 것은 **변화하는 임곗값에 따른 모델의 성능**입니다. 이것은 모델의 강인함robustness을 알 수 있는 척도이기도 합니다.

---

2 정밀도와 재현율에 대해서 많이 헷갈려 하곤 합니다. 이때 recall의 실제 또 다른 의미인 '회수'를 기억하면 헷갈리지 않을 수 있습니다. 즉, 실제 양성 클래스 중에서 모델이 얼마나 회수했는지에 대한 비율이라고 기억하기 바랍니다.

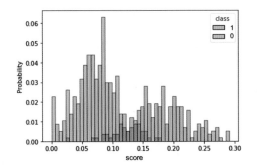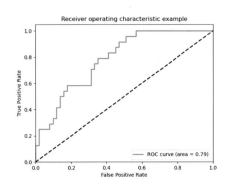

▶ 검증 데이터셋에 대한 모델 출력값의 분포와 AUROC를 통한 성능 평가

앞의 그림에서 왼쪽 그래프는 검증 데이터셋에 대한 모델 출력값의 분포를 각 클래스별로 나타낸 것입니다. 1번 클래스의 분포와 0번 클래스의 분포가 겹쳐있는 구간이 적을수록 모델은 정확한 정답을 출력할 수 있을 것입니다. 즉, 두 분포 사이의 거리가 멀수록 모델이 임곗값 변화에 대해 강인하다고 볼 수 있습니다.

이때 AUROC는 이 강인함에 대한 지표라고 볼 수 있는데, 구하는 방법은 다음과 같습니다. 왼쪽 그림에서 임곗값을 움직이며 TP의 비율과 FP의 비율을 계산하고, 그 값을 오른쪽 그래프의 주황색 선과 같이 표시합니다. 이렇게 구한 주황색 선 아래 구간의 넓이를 AUROC라고 합니다. 보통 모델이 좋은 성능을 가질수록 주황색 선이 좌상단 꼭짓점에 가까이 붙게 되고 이런 경우 AUROC의 값은 1이 됩니다. 반대로 모델이 정답을 마구잡이로 찍는 수준에 가까울 경우 파란색 점선에 근접하게 되고 AUROC의 값은 0.5가 됩니다.[3]

특히 이진 분류 문제의 경우 이와 같이 다양한 지표를 활용하여 모델의 성능을 평가할 수 있습니다. 더욱이 실제 서비스 배포를 고려한다면 다양한 관점에서 모델을 바라보고 평가해야 하는데 이와 같은 다양한 지표를 활용하여 객관적인 모델의 성능을 평가할 수 있습니다.

---

3 오히려 정답과 반대로 예측할 경우 점점 0.5에서 멀어져 0에 가까워집니다. 즉, 0.5보다 낮을 경우 정답과 반대로 행동한다고 볼 수 있습니다.

PRACTICE 13.3

실습

Deep Binary Classification

1 데이터 준비

앞서 로지스틱 회귀에서 실습했던 유방암 예측 데이터셋을 활용하여 딥러닝을 통한 이진 분류를 실습해봅니다. 다음과 같이 필요한 라이브러리를 불러옵니다.

```python
import numpy as np
import pandas as pd
import seaborn as sns
import matplotlib.pyplot as plt
from copy import deepcopy

from sklearn.preprocessing import StandardScaler
from sklearn.datasets import load_breast_cancer
```

유방암 데이터셋을 판다스 데이터프레임에 넣고 class 열에 정답 데이터를 넣어줍니다.

```python
cancer = load_breast_cancer()
df = pd.DataFrame(cancer.data, columns=cancer.feature_names)
df['class'] = cancer.target
```

로지스틱 회귀를 배울 때 데이터셋에 대한 분석은 어느 정도 진행했으니 바로 데이터셋 분할을 하도록 하겠습니다. 이를 위해서 파이토치에서 필요한 패키지들을 불러옵니다.

```python
import torch
import torch.nn as nn
import torch.nn.functional as F
import torch.optim as optim
```

데이터프레임의 넘파이 데이터를 파이토치 데이터로 변환하고 크기를 확인합니다.

```
data = torch.from_numpy(df.values).float()

x = data[:, :-1]
y = data[:, -1:]

print(x.shape, y.shape)
```

유방암 데이터는 569개의 입출력 쌍으로 샘플이 구성되어 있습니다. 입력 데이터는 한 샘플이 569 차원의 벡터로 구성되며 출력 데이터 샘플은 하나의 이진 값으로 표현됩니다.

```
torch.Size([569, 30]) torch.Size([569, 1])
```

이제 이 데이터를 6:2:2의 비율로 학습/검증/테스트 데이터셋으로 나눠보겠습니다. 앞 장의 실습과 똑같은 코드입니다.

```
# Train / Valid / Test ratio
ratios = [.6, .2, .2]

train_cnt = int(data.size(0) * ratios[0])
valid_cnt = int(data.size(0) * ratios[1])
test_cnt = data.size(0) - train_cnt - valid_cnt
cnts = [train_cnt, valid_cnt, test_cnt]

print("Train %d / Valid %d / Test %d samples." % (train_cnt, valid_cnt, test_cnt))
```

6:2:2의 비율로 나눌 경우 각각 341개, 113개, 115개의 샘플로 학습/검증/테스트 데이터셋이 구성됩니다.

```
Train 341 / Valid 113 / Test 115 samples.
```

이제 이 개수대로 랜덤하게 섞어서 나누어 줍니다.

```
indices = torch.randperm(data.size(0))

x = torch.index_select(x, dim=0, index=indices)
y = torch.index_select(y, dim=0, index=indices)

x = x.split(cnts, dim=0)
y = y.split(cnts, dim=0)

for x_i, y_i in zip(x, y):
    print(x_i.size(), y_i.size())
```

나누어진 크기를 확인해봅니다.

```
torch.Size([341, 30]) torch.Size([341, 1])
torch.Size([113, 30]) torch.Size([113, 1])
torch.Size([115, 30]) torch.Size([115, 1])
```

그리고 학습 데이터를 기준으로 표준 스케일링을 학습한 후, 해당 스케일러를 학습/검증/테스트 데이터셋에 똑같이 적용합니다.

```
scaler = StandardScaler()
scaler.fit(x[0].numpy())

x = [torch.from_numpy(scaler.transform(x[0].numpy())).float(),
     torch.from_numpy(scaler.transform(x[1].numpy())).float(),
     torch.from_numpy(scaler.transform(x[2].numpy())).float()]
```

☑ 학습 코드 구현

nn.Sequential 클래스를 활용하여 모델을 구현합니다. 선형 계층과 리키 렐루를 차례로 집어넣어 줍니다.[4] 이어지는 계층의 입력 크기가 이전 계층의 출력 크기와 맞도록 해줘야 함을 참고하세요. **모델 구조의 마지막에는 시그모이드를 넣어주어** 이진 분류를 위한 준비를 마칩니다. 그리고 아담 옵티마이저에 선언한 모델 가중치 파라미터를 등록해 줍니다.

```
model = nn.Sequential(
    nn.Linear(x[0].size(-1), 25),
    nn.LeakyReLU(),
    nn.Linear(25, 20),
    nn.LeakyReLU(),
    nn.Linear(20, 15),
    nn.LeakyReLU(),
    nn.Linear(15, 10),
    nn.LeakyReLU(),
    nn.Linear(10, 5),
    nn.LeakyReLU(),
    nn.Linear(5, y[0].size(-1)),
    nn.Sigmoid(),
)

optimizer = optim.Adam(model.parameters())
```

그다음 학습에 필요한 하이퍼파라미터를 설정해 줍니다. 어차피 조기 종료를 걸어두었으니 n_epochs 파라미터를 굉장히 크게 잡아 보았습니다.

```
n_epochs = 10000
batch_size = 32
print_interval = 10
early_stop = 100
```

---
4 사실 데이터가 적기 때문에 이렇게 깊게 쌓을 필요가 없을 수도 있습니다.

```
lowest_loss = np.inf
best_model = None
lowest_epoch = np.inf
```

다음은 모델 학습 이터레이션을 진행하는 반복문 코드입니다. 여기에서 눈여겨보아야
할 부분은 손실 함수를 BCE 함수로 쓴다는 것이고 F.binary_cross_entropy를 활용
하는 것을 볼 수 있습니다. 나머지는 앞 장에서 실습한 코드와 거의 같기 때문에 자세한
설명은 생략하도록 하겠습니다. 추가 설명이 필요한 독자는 앞 챕터를 참고하기 바랍니
다. 이처럼 한번 만든 학습 코드는 제대로 만든다면 계속 재활용해서 쓸 수 있습니다.

```
train_history, valid_history = [], []

for i in range(n_epochs):
    indices = torch.randperm(x[0].size(0))
    x_ = torch.index_select(x[0], dim=0, index=indices)
    y_ = torch.index_select(y[0], dim=0, index=indices)

    x_ = x_.split(batch_size, dim=0)
    y_ = y_.split(batch_size, dim=0)

    train_loss, valid_loss = 0, 0
    y_hat = []

    for x_i, y_i in zip(x_, y_):
        y_hat_i = model(x_i)
        loss = F.binary_cross_entropy(y_hat_i, y_i)

        optimizer.zero_grad()
        loss.backward()

        optimizer.step()
        train_loss += float(loss)

    train_loss = train_loss / len(x_)

    with torch.no_grad():
```

```
            x_ = x[1].split(batch_size, dim=0)
            y_ = y[1].split(batch_size, dim=0)

            valid_loss = 0

            for x_i, y_i in zip(x_, y_):
                y_hat_i = model(x_i)
                loss = F.binary_cross_entropy(y_hat_i, y_i)

                valid_loss += float(loss)

                y_hat += [y_hat_i]

        valid_loss = valid_loss / len(x_)

        train_history += [train_loss]
        valid_history += [valid_loss]

        if (i + 1) % print_interval == 0:
            print('Epoch %d: train loss=%.4e  valid_loss=%.4e  lowest_loss=%.4e' %
(
                i + 1,
                train_loss,
                valid_loss,
                lowest_loss,
            ))

        if valid_loss <= lowest_loss:
            lowest_loss = valid_loss
            lowest_epoch = i

            best_model = deepcopy(model.state_dict())
        else:
            if early_stop > 0 and lowest_epoch + early_stop < i + 1:
                print("There is no improvement during last %d epochs." % early_
stop)
                break

print("The best validation loss from epoch %d: %.4e" % (lowest_epoch + 1,
lowest_loss))
model.load_state_dict(best_model)
```

학습을 실행하면 다음과 같이 10 에포크마다 손실 값을 프린트하는 것을 확인할 수 있습니다. 재미있게도 워낙 데이터가 작고 단순하기 때문인지 16번째 에포크에서 최소 손실 값을 기록한 것을 알 수 있습니다. 이후에는 확연한 오버피팅이 시작되어 학습 손실 값은 계속해서 작아지는데 반해 검증 손실 값이 계속해서 올라가는 것을 볼 수 있습니다.

```
Epoch 10: train loss=1.8343e-01  valid_loss=1.5224e-01  lowest_loss=2.5708e-01
Epoch 20: train loss=5.4922e-02  valid_loss=7.3675e-02  lowest_loss=6.5090e-02
Epoch 30: train loss=4.4038e-02  valid_loss=7.8259e-02  lowest_loss=6.5090e-02
Epoch 40: train loss=3.8160e-02  valid_loss=1.1363e-01  lowest_loss=6.5090e-02
Epoch 50: train loss=3.1684e-02  valid_loss=1.8388e-01  lowest_loss=6.5090e-02
Epoch 60: train loss=2.5677e-02  valid_loss=2.9206e-01  lowest_loss=6.5090e-02
Epoch 70: train loss=9.5019e-03  valid_loss=1.6712e+00  lowest_loss=6.5090e-02
Epoch 80: train loss=2.5008e-03  valid_loss=1.7079e+00  lowest_loss=6.5090e-02
Epoch 90: train loss=8.3700e-04  valid_loss=1.7277e+00  lowest_loss=6.5090e-02
Epoch 100: train loss=5.0989e-04  valid_loss=1.7420e+00  lowest_loss=6.5090e-02
Epoch 110: train loss=3.1076e-04  valid_loss=1.7533e+00  lowest_loss=6.5090e-02
There is no improvement during last 100 epochs.
The best validation loss from epoch 16: 6.5090e-02
```

❸ 손실 곡선 확인

손실 곡선을 찍어 확인해보면 학습 초반부 함께 내려가던 손실 값이 16번째 에포크 이후로 벌어지는 것을 볼 수 있습니다. 실제로 조기 종료 파라미터를 바꿔 학습을 더 진행해보면 학습 손실 값은 계속해서 내려가는 것을 확인할 수 있습니다.

```
plot_from = 2

plt.figure(figsize=(20, 10))
plt.grid(True)
plt.title("Train / Valid Loss History")
plt.plot(
```

```
        range(plot_from, len(train_history)), train_history[plot_from:],
        range(plot_from, len(valid_history)), valid_history[plot_from:],
)
plt.yscale('log')
plt.show()
```

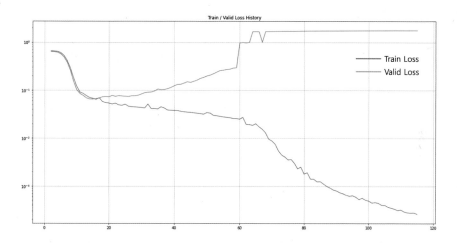

④ 결과 확인

앞에서와 마찬가지로 같은 코드를 활용하여 테스트 데이터셋에 대해서 평균 손실 값을 구해봅니다.

```
test_loss = 0
y_hat = []

with torch.no_grad():
    x_ = x[2].split(batch_size, dim=0)
    y_ = y[2].split(batch_size, dim=0)

    for x_i, y_i in zip(x_, y_):
        y_hat_i = model(x_i)
        loss = F.binary_cross_entropy(y_hat_i, y_i)
```

```
        test_loss += loss # Gradient is already detached.

        y_hat += [y_hat_i]

test_loss = test_loss / len(x_)
y_hat = torch.cat(y_hat, dim=0)

sorted_history = sorted(zip(train_history, valid_history),
                        key=lambda x: x[1])

print("Train loss: %.4e" % sorted_history[0][0])
print("Valid loss: %.4e" % sorted_history[0][1])
print("Test loss: %.4e" % test_loss)
```

```
Train loss: 6.7450e-02
Valid loss: 6.5090e-02
Test loss: 4.1954e-02
```

이번 실습은 일반적인 회귀가 아닌 분류이기 때문에 정확도 계산할 수 있습니다. 모델의 예측 값이 0.5보다 클 경우에 1로 예측한 것으로 가정하고 작거나 같은 경우에는 0으로 예측한 것이라고 가정해봅시다. 이렇게 가정했을 때 실제 정답과 똑같은 개수를 구하고 전체 개수로 나누면 정확도를 구할 수 있습니다.

```
correct_cnt = (y[2] == (y_hat > .5)).sum()
total_cnt = float(y[2].size(0))

print('Test Accuracy: %.4f' % (correct_cnt / total_cnt))
```

계산 결과 테스트 데이터셋에 대해 무려 98%의 높은 정확도를 보이는 것으로 나타났습니다.

```
Test Accuracy: 0.9826
```

예측 값의 분포도 확인해보도록 하겠습니다. 각 클래스별로 다른 색깔로 칠해 히스토그램histogram으로 나타냈을 때 각 클래스의 분포가 서로 겹치지 않을수록 좋은 예측이라고 볼 수 있습니다.

```
df = pd.DataFrame(torch.cat([y[2], y_hat], dim=1).detach().numpy(),
                  columns=["y", "y_hat"])

sns.histplot(df, x='y_hat', hue='y', bins=50, stat='probability')
plt.show()
```

그림을 확인해보면 극히 일부를 제외하고 대부분 왼쪽과 오른쪽에 잘 나누어져 있는 것을 확인할 수 있습니다.

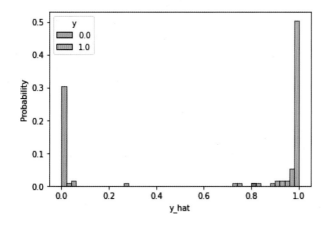

이번에는 AUROC를 구해보도록 하겠습니다. **AUROC는 싸이킷런**sklearn[5]**을 활용해서 쉽게 계산**할 수 있습니다.

---

5 https://scikit-learn.org/stable/

```
from sklearn.metrics import roc_auc_score

roc_auc_score(df.values[:, 0], df.values[:, 1])
```

정답 값과 예측 실숫값을 함께 넣어주면 자동으로 계산해주는데 앞의 그림에서 보았듯
이 두 클래스의 분포가 확연하게 나뉠 수 있는 상황이기 때문에 매우 높은 값을 보여줍
니다.

```
0.9990112063282794
```

앞서 심층신경망을 활용하여 이진 분류를 수행하는 방법에 대해 알아보았습니다. 이진 분류를 위해 심층신경망의 가장 마지막 계층 이후에 시그모이드 활성 함수를 넣어주어 확률 값 $P(y = \text{True}|x)$ 으로 취급할 수 있었습니다.

'주어진 이미지는 고양이인가?'라는 물음에 답하기 위한 이진 분류 문제를 그림으로 표현하면 다음과 같습니다.

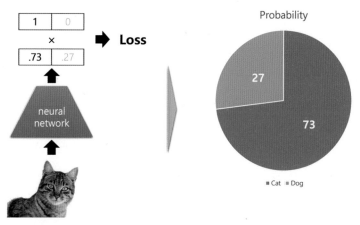

▶ 이진 분류 문제로 표현('주어진 이미지는 고양이인가?')

이진 분류의 경우 클래스가 단 두 개뿐이므로 한 클래스에 대한 확률 값을 알면 나머지 클래스의 확률 값도 자연스럽게 알 수 있습니다. 따라서 비록 시그모이드의 출력값은 참 클래스에 대한 확률 값이지만 거짓 클래스에 대한 확률 값이 존재하는 것과 마찬가지입니다. 그러므로 그림에서는 옅은 색의 확률 값으로 표현되었는데 결과적으로 심층신경망이 입력 x가 각 클래스에 속할 확률 값을 출력한다고 생각할 수 있습니다. 이것을 다중 클래스 분류multi-class classification

문제로 확장할 수 있습니다.[6] 이진 분류와 마찬가지로 어떤 구조를 가진 심층신경망을 통해 입력 x에 대한 각 클래스별 조건부 확률 값을 출력합니다. '주어진 이미지는 어떤 클래스인가?'라는 물음에 답하기 위한 다중 클래스 분류 문제를 그림으로 나타내면 다음과 같습니다.

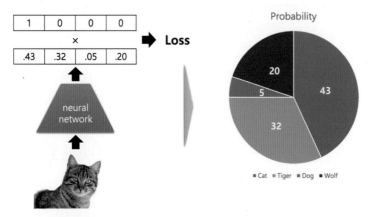

▶ 다중 클래스 분류 문제로 확장('주어진 이미지는 어떤 클래스인가?')

이진 분류와 달리 정답 레이블은 다양한 클래스가 될 수 있습니다. 따라서 모델의 출력 벡터는 각 후보 클래스에 대한 조건부 확률 값을 요소로 가지고 있도록 합니다.

그림의 확률 값 위에 0과 1로만 채워져있는 정답 벡터가 있는 것에 주목해주세요. 쉽게 생각하면 실제로 주어진 그림이 고양이 그림이기 때문에 고양이의 확률 값이 100%로 되어있다고 생각해볼 수 있습니다. 이 정답 벡터는 원 핫one-hot 벡터인데 이와 관련된 내용은 다른 장에서 다루도록 하겠습니다. 각 클래스별 확률 값이 담긴 모델의 출력 벡터 $\hat{y}$와 실제 정답 레이블 벡터 y를 비교하면 손실 값을 계산할 수 있을 것입니다. 그럼 우리는 이 손실 값을 최소로 만드는 모델의 파라미터를 찾으면 됩니다.

1 분류 문제를 위한 심층신경망의 구조와 손실 함수

앞서 언급한 것처럼 모델이 입력 x에 대해 조건부 확률 값을 갖도록 하기 위한 심층신경망 구성 방법을 살펴보도록 하겠습니다. 이진 분류 문제 해결을 위해 심층신경망에서 시그모이드 함수를 활용했던 것과 비슷하게 일반 분류 문제 해결을 위해 **소프트맥스**softmax **함수를 활용**합니다.

---

6 이진 분류가 분류 문제의 특수 케이스입니다.

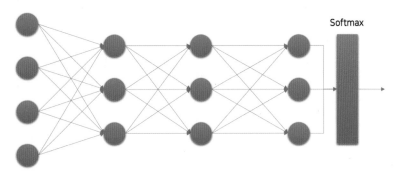

▶ 심층신경망에서의 소프트맥스 함수 적용

중요한 것은 **이진 분류의 경우 출력 벡터 $\hat{y}$의 차원만큼 별도의 이진 분류 문제가 있었던 것에 비해 일반 다중 클래스 분류의 경우에는 한 모델이 하나의 분류 문제만 풀 수 있습니다.**[7] 좀 더 상세히 설명하면 시그모이드 함수의 경우 벡터를 입력으로 받더라도 각 차원이 독립적으로 계산되어 출력 벡터가 반환되지만 소프트맥스 함수는 벡터를 입력으로 받으면 각 차원이 상호 작용하여 출력 벡터가 계산됩니다.

예를 들어, 기존의 이진 분류에서는 2차원의 출력 벡터를 갖는 분류기였다면 각 차원은 별도의 이진 분류 문제를 의미하였습니다. 만약 어떤 사람의 인적 사항을 입력으로 받았다고 했을 때 출력 벡터의 첫 번째 차원은 그 사람의 성별을 예측하고, 두 번째 차원은 그 사람의 소득 유무를 예측하는 형태가 될 것입니다. 하지만 소프트맥스를 활용하는 분류 문제에서 동물 이미지를 입력으로 받는다고 했을 때 출력 벡터의 각 차원은 해당 이미지가 어떤 동물 클래스에 속할지에 대한 확률 값이 들어있을 것입니다.

이에 대한 수식은 다음 장에서 좀 더 자세히 살펴보도록 하겠습니다. 이렇게 구성된 심층신경망을 분류 문제를 위한 교차 엔트로피[cross entropy], CE 손실 함수를 활용하여 f^*를 근사계산할 수 있도록 합니다. CE 손실 함수의 경우에도 BCE 손실 함수와 마찬가지로 확률 및 정보 이론과 밀접한 연관이 있으며 이와 관련된 내용은 추후에 다시 다루겠습니다.

② 회귀 vs 분류

대부분의 머신러닝 문제는 크게 **회귀** 또는 **분류** 문제로 나눌 수 있습니다. 회귀와 분류를 구분하기 위한 가장 쉬운 방법은 타깃 값 y을 살펴보는 것입니다. 다음 표와 같이 각 문제들은 다른

---

7 신경망의 마지막 계층의 값을 여러 소프트맥스 함수에 통과시키는 방법도 있지만 일단 논외로 하겠습니다.

형태의 타깃 값을 가지며 문제에 따라 각기 다른 손실 함수와 마지막 계층의 활성 함수를 활용해야 합니다.

문제	타깃 값	마지막 계층의 활성 함수	손실 함수	예제
회귀regression	연속continuous형 실수 벡터	없음	MSE 손실 함수	주어진 신상 정보를 바탕으로 연봉 예측하기
이진 분류binary classification	0 또는 1	시그모이드 함수	BCE 손실 함수	주어진 신상 정보를 바탕으로 성별 예측하기
분류classification	카테고리 또는 이산discrete 값	소프트맥트 함수	CE 손실 함수	주어진 신상 정보를 바탕으로 직업군 예측하기

▶ 회귀, 이진 분류, 분류 문제 구분에 따른 비교(타깃 값, 마지막 계층 활성 함수, 손실 함수 등)

이진 분류나 분류 문제에 MSE 손실 함수를 쓴다고 해서 동작하지 않는 것은 아닙니다. 하지만 각 문제에 따라 정해진 손실 함수를 사용해야 하는 이론적인 이유가 명확하게 존재합니다. 따라서 지금 단계에서는 일단 각 문제에 따른 손실 함수와 활성 함수를 외워서 사용하기 바랍니다.

13.5 소프트맥스 함수와 교차 엔트로피 손실 함수

이 절에서는 분류 문제를 위한 소프트맥스 함수와 교차 엔트로피 손실 함수에 대해 좀 더 상세히 살펴보도록 하겠습니다.

1 소프트맥스 함수

소프트맥스 함수는 임의의 벡터를 입력을 받아 **이산 확률 분포**discrete probability distribution**의 형태로 출력을 반환**합니다. 따라서 출력 벡터의 요소들의 합은 1이 됩니다.

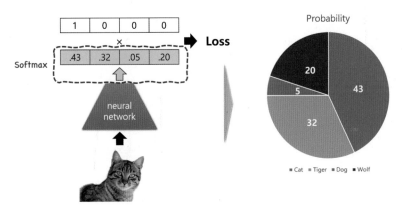

▶ 소프트맥스 함수 적용

앞의 그림과 같이 실제 정답 벡터를 맞추기 위해서 가장 첫 번째 클래스 요소의 확률 값은 1이 되어야 할 것입니다. 그럼 자연스럽게 다른 요소들의 값은 0에 가까워질 것입니다. 소프트맥스는 이름에서 알 수 있듯이 맥스max 함수의 소프트soft 버전입니다.[8] 예를 들어 다음과 같이 임의의 벡터가 주어져 있다고 해보겠습니다.

---

8 보통 하드hard라 불리는 경우에 이산discrete적으로 값이 변화하며 소프트한 경우에는 연속continuous하게 값이 바뀝니다.

$$v = \begin{bmatrix} -7 \\ 5 \\ 10 \end{bmatrix}$$

그러면 벡터 v에서 가장 큰 값의 인덱스^{index}를 찾기 위한 맥스(또는 argmax) 함수를 활용하면 다음과 같은 결과가 나올 것입니다.

$$\max(v) = \begin{bmatrix} 0 \\ 0 \\ 1 \end{bmatrix}$$

살펴보면 가장 큰 값의 인덱스가 1이 되고 나머지는 0이 되도록 동작하고 있는 것을 볼 수 있습니다. 여기에서 소프트맥스는 이 맥스 함수의 소프트 버전이기 때문에 모든 벡터 요소의 합이 1이 되도록 0에서 1사이의 실수 값을 반환합니다.

소프트맥스 함수의 수식

그럼 소프트맥스의 수식을 살펴보도록 하겠습니다.

$$\text{softmax}_i(x) = \frac{e^{x_i}}{\sum_{j=1}^{n} e^{x_j}}$$
$$\text{where } x \in \mathbb{R}^n.$$

수식을 살펴보면 i번째 차원의 값을 결정하기 위해 $j=1$부터 n까지 다른 차원이 관여하는 것을 볼 수 있습니다. 시그모이드 함수의 경우에 각 차원이 다른 차원과 상호작용 없이 독립적으로 값이 결정됩니다. 하지만 **소프트맥스 함수는 벡터 내의 다른 차원과 상호작용하여 해당 차원의 값이 결정**됩니다. 따라서 전체 소프트맥스 함수는 다음 수식과 같이 표현해볼 수 있습니다.

$$softmax\left(\begin{bmatrix} x_1 \\ \vdots \\ x_n \end{bmatrix}\right) = \begin{bmatrix} \text{softmax}_1(x) \\ \vdots \\ \text{softmax}_n(x) \end{bmatrix}, \text{where } x = \begin{bmatrix} x_1 \\ \vdots \\ x_n \end{bmatrix}.$$

소프트맥스 함수의 결과는 각 차원에 대한 소프트맥스 결과를 모아서 벡터로 만든 것이라고 볼 수 있을 것입니다. 그럼 이 소프트맥스 함수에 ℓ개의 계층을 가진 심층신경망의 마지막 계층 결괏값^{logit}을 집어넣습니다. 그 이후 소프트맥스 함수 결괏값을 다음 수식과 같이 모델의 출력 벡터 $\hat{y}$로 삼을 것입니다. 그리고 이 **출력 벡터는 입력 x가 주어졌을 때 입력 샘플이 어떤 클래스에 속할지에 대한 조건부 확률 분포**로 볼 수도 있습니다. 이 내용을 수식으로 나타내면 다음과 같이 표현될 수 있습니다.

$$P_\theta(\cdot|x) \approx \hat{y} = \mathrm{softmax}(h_\ell),$$
$$\text{where } h_i = f_i(h_{i-1}) \text{ and } \ell \text{ is a number of layers.}$$

이처럼 소프트맥스 함수의 결괏값은 확률 분포와 비슷한 형태를 가지고 있고 따라서 그 결괏값을 확률 분포로 생각해서 활용하게 됩니다. 그러면 우리는 이 확률 분포 벡터를 정답 원 핫$^{one-hot}$ 벡터[9]와 똑같아지도록 손실 함수를 통해 경사하강법을 수행하면 될 것입니다.

❷ 교차 엔트로피 손실 함수

앞에서 이진 분류에 대해서 배웠을 때 회귀에서 사용하던 MSE 손실 함수를 사용하지 않고 BCE$^{\text{binary cross entropy}}$ 손실 함수를 사용한다고 이야기했습니다. **다중 클래스 분류 문제는 이진 분류 문제의 일반화 버전이기 때문에 마찬가지로 BCE 손실 함수의 일반 버전인 교차 엔트로피$^{\text{cross entropy, CE}}$ 손실 함수를 사용**합니다. 다음 수식은 N개 샘플에 대한 손실 값을 구하기 위한 CE 손실 함수를 나타낸 것입니다.

$$\begin{aligned}
\mathrm{CE}(y_{1:N}, \hat{y}_{1:N}) &= -\frac{1}{N}\sum_{i=1}^{N} y_i^\top \cdot \log \hat{y}_i \\
&= -\frac{1}{N}\sum_{i=1}^{N}\sum_{j=1}^{m} y_{i,j} \times \log \hat{y}_{i,j},
\end{aligned}$$
$$\text{where } y_{1:N} \in \{0,1\}^{N\times m} \text{ and } \hat{y}_{1:N} \in [0,1]^{N\times m}.$$

BCE 손실 함수와 비교해서 어떤 부분이 달라졌는지 느껴지시나요? BCE 손실 함수는 전체 2개의 클래스만 존재하기 때문에 정답이 1번 클래스일 때의 텀과 정답이 0번 클래스일 때의 텀을 각각 구해서 더하도록 동작합니다. 이에 대응하여 CE 손실 함수는 전체 m개의 클래스에 대해서 정답이 각 클래스일 때의 텀들을 더하도록 되어 있는 것을 볼 수 있습니다.

이 수식에서 $\hat{y}_i$ 는 소프트맥스 함수의 결괏값입니다. 앞에서 이 벡터가 각 클래스에 대한 확률 값을 가지고 있고 확률 분포로 취급할 수 있다고 했습니다. 이것을 수식으로 나타내면 다음과 같습니다.

---

9 원핫 벡터는 한 차원을 제외한 전체 벡터가 0으로 되어 있고, 하나의 차원은 1로 된 벡터를 말합니다. 이와 관련된 자세한 내용은 뒤에 나오는 표현 학습 장에서 다루도록 하겠습니다.

$$\mathrm{CE}(y_{1:N}, \hat{y}_{1:N}) = -\frac{1}{N} \sum_{i=1}^{N} y_i^\top \cdot \log \hat{y}_i$$
$$= -\frac{1}{N} \sum_{i=1}^{N} \sum_{j=1}^{m} y_{i,j} \times \log \hat{y}_{i,j}$$
$$= -\frac{1}{N} \sum_{i=1}^{N} \log P_\theta(y_i | x_i),$$
$$\text{where } y_{1:N} \in \{0, 1\}^{N \times m} \text{ and } \hat{y}_{1:N} \in [0, 1]^{N \times m}.$$

정답 벡터 y_i는 정답 인덱스가 1이고 나머지는 0으로 채워진 원 핫 벡터였음을 기억해보죠. 따라서 모델 출력 벡터 $\hat{y}_i$에 로그log를 취하고 정답 벡터와 내적을 수행하면 정답 클래스의 확률 값이 나오게 됩니다. 예를 들어 다음과 같이 정답 벡터와 모델 출력 벡터가 구성되어 있다고 생각해봅시다.

$$y_i = \begin{bmatrix} 0 \\ 0 \\ 1 \\ 0 \end{bmatrix} \text{ and } P_\theta(\mathrm{y}|x_i) = \hat{y}_i = \begin{bmatrix} .2 \\ .1 \\ .65 \\ .05 \end{bmatrix}.$$

이 두 벡터를 내적하면 다음과 같은 결과를 얻을 것입니다.

$$y_i^\top \cdot \log \hat{y}_i = [0, 0, 1, 0] \times \log \begin{bmatrix} .2 \\ .1 \\ .65 \\ .05 \end{bmatrix}$$
$$= 0 \times \log 0.2 + 0 \times \log 0.1 + 1 \times \log 0.65 + 0 \times \log 0.05$$
$$= \log 0.65$$
$$= \log P_\theta(\mathrm{y} = 2 | x_i)$$

즉, 교차 엔트로피 내부 수식은 입력 x_i가 주어졌을 때 정답 클래스에 대한 로그 조건부 확률 값을 구하는 과정이 됩니다. 이 확률 값은 1이 되면 잘 동작하는 것일 테지요. 따라서 우리는 로그 확률 값이 최대화되도록 파라미터를 움직여야 하는데 전체 손실 함수 입장에서는 가장 바깥쪽에 마이너스가 붙어 있으므로 최소화 문제로 바뀌게 됩니다.

3 로그소프트맥스 함수와 음의 로그 가능도 손실 함수

앞에서 살펴본 수식은 다른 이름의 수식들로 대체되어 표현될 수 있습니다. 파이토치에서는 **음의 가능도**negative log-likelihood, NLL **손실 함수**를 제공합니다. 또한 소프트맥스 함수와 같이 **로그소프**

트맥스log-softmax **함수**도 제공하는데, 소프트맥스에 그냥 로그를 취한 형태로 수식은 다음과 같습니다.

$$\log-\text{softmax}_i(x) = \log \frac{e^{x_i}}{\sum_{j=1}^{n} e^{x_j}}$$

그럼 로그소프트맥스 함수의 결괏값을 모델 출력 벡터 $\hat{y}_i$로 삼을 경우 각 클래스별 로그 확률 log probability 값을 얻을 수 있는 것입니다. NLL 손실 함수의 경우에 애초에 로그소프트맥스의 결괏값을 활용하여 다음과 같이 표현됩니다.

$$\begin{aligned}
\text{NLL}(y_{1:N}, \hat{y}_{1:N}) &= -\frac{1}{N}\sum_{i=1}^{N} y_i^{\top} \cdot \hat{y}_i \\
&= -\frac{1}{N}\sum_{i=1}^{N} \log P_{\theta}(y_i | x_i),
\end{aligned}$$
$$\text{where } \hat{y}_i = \log P_{\theta}(y_i | x_i) \text{ from } \log-\text{softmax}.$$

수식 첫 줄에서 $\log \hat{y}_i$가 아닌 $\hat{y}_i$임을 주의하세요.

즉, 소프트맥스 함수에 CE 손실 함수를 사용하는 것은 로그소프트맥스 함수에 NLL 손실 함수를 사용하는 것과 같은 결과를 얻을 수 있습니다. 지수 함수를 사용하는 소프트맥스의 특성상 로그소프트맥스가 좀 더 빠른 연산 속도를 제공[10]할 수 있기 때문에 후자가 좀 더 선호되는 편입니다. 앞으로 이 책에서도 다중 클래스 분류 문제를 풀 때에는 로그소프트맥스에 NLL 손실 함수를 주로 사용하도록 하겠습니다.

---

10 애초에 둘 다 연산 속도가 워낙 빨라서 큰 차이는 없습니다.

13.6 다중 클래스 분류 결과 분석하기

실제 서비스나 배포를 염두에 두고 있는 머신러닝 프로젝트를 수행 중이라면 모델을 배포하기에 앞서 면밀하게 모델의 성능을 검토하는 작업을 수행해야 합니다. 이 절에서는 다중 클래스분류의 결과 분석을 위한 방법인 혼동 행렬confusion matrix에 대해서 소개하도록 하겠습니다.

1 혼동 행렬

보통 분류 문제는 정확도를 통해서 모델의 성능을 평가할 수 있습니다. 하지만 서비스를 위해서는 단순히 정확도만 살펴보기 보다 모델이 어떤 케이스에서 약하고 쉽게 틀릴 수 있는지를파악할 수 있어야 합니다. 또한 모델의 단점에 대한 면밀한 분석이 있어야지만 이후 모델의 개선에 있어서도 효율적으로 올바른 방향에 맞게 개선 작업을 수행할 수 있을 것입니다. 이런 의미에서 혼동 행렬은 매우 유용하게 활용될 수 있습니다. 다음 그림은 MNIST 분류에 대한 테스트셋 예측 결과를 가지고 혼동 행렬을 구성한 표입니다.

	pred_0	pred_1	pred_2	pred_3	pred_4	pred_5	pred_6	pred_7	pred_8	pred_9
true_0	972	0	0	0	1	0	1	0	4	2
true_1	0	1122	1	3	0	1	2	1	5	0
true_2	5	0	1016	3	1	0	0	4	3	0
true_3	2	0	6	975	0	9	0	7	4	7
true_4	4	0	4	0	953	0	6	2	1	12
true_5	6	0	0	4	2	863	4	1	6	6
true_6	4	2	0	0	9	7	932	0	4	0
true_7	1	1	12	1	0	0	0	1006	2	5
true_8	6	0	7	3	3	1	2	5	946	1
true_9	6	2	0	5	12	1	0	5	6	972

▶ MNIST 분류에 대한 테스트셋 예측 결과를 바탕으로 한 혼동 행렬 표

행렬 표의 대각 성분은 정답을 맞힌 개수를 의미합니다. 또한 표에서 'true_3'행의 'pred_2'열에 위치한 값이 6으로 되어 있는데 이것은 실제 3이 정답인데 2로 예측해서 틀린 샘플의 숫자

가 6개라는 의미입니다. 사실 이미 테스트셋 기준 정확도 98%가 넘는 상황이므로 대부분의 샘플들이 올바르게 예측되고 있는 것을 볼 수 있습니다. 다만 그럼에도 불구하고 일부 틀리는 샘플들이 존재하는데 특히, 그림에서 빨간색 네모로 강조된 영역들은 모델이 잘 예측하지 못한 케이스를 가리킵니다.

예를 들어 'true_4' 행의 'pred_9' 열의 경우에 정답이 4인데 예측을 9라고 해서 틀린 경우가 12개였음을 의미합니다. 실제로 4와 9는 비슷한 모양을 가지고 있어 헷갈릴 여지가 있어보입니다. 따라서 배포를 염두에 두고 모델 개선을 하고자 한다면 4와 9에 대한 데이터를 더 모으거나 4와 9를 구별하기 위한 추가적인 조치를 고민해야 할 것입니다. 이후 모든 영역에서 쏠림 없이 용납되는 수준의 오류만 보인다면 배포 준비가 되었다고 판단할 수 있습니다.

실습

Deep Classification

이번 실습에서는 드디어 MNIST 데이터셋 분류를 해보고자 합니다. MNIST 데이터셋[11]은 한 샘플당 한 개의 0부터 9까지의 손글씨 숫자로 구성되어 있습니다. 따라서 딥러닝을 통해 각 샘플이 0부터 9 사이에 어떤 클래스에 속하는지 분류해야 합니다.

▶ MNIST 데이터셋

MNIST 데이터셋은 딥러닝계의 Hello World나 마찬가지인데 보통 딥러닝을 접할 때 가장 먼저 접하는 데이터셋 중에 하나입니다.[12] 이 책에서는 이제서야 MNIST 데이터셋을 다루게 되네요. 그동안 딥러닝의 기초를 탄탄히 배워온 만큼 MNIST 분류 문제도 여러 장에 걸쳐 제대로 다뤄보고자 합니다.

---

11 https://ko.wikipedia.org/wiki/MNIST_데이터베이스
12 사실 딥러닝이 정착하고 나서야 굉장히 쉬운 문제로 전락했지만 절대 만만한 문제가 아니었습니다.

❶ 데이터 준비

데이터 로딩과 학습에 필요한 라이브러리와 패키지들을 불러옵니다.

```python
import numpy as np
from copy import deepcopy
import matplotlib.pyplot as plt

import torch
import torch.nn as nn
import torch.nn.functional as F
import torch.optim as optim

from torchvision import datasets, transforms
```

파이토치 비전^{torchvision}에서 제공하는 datasets 패키지에서 MNIST 데이터셋을 불러옵니다. 훌륭하게도 datasets 패키지는 MNIST 데이터셋이 경로에 없다면 자동으로 다운로드해 "../data" 경로에 저장합니다. MNIST 데이터셋은 테스트셋을 따로 제공하기 때문에 train 인자를 통해서 학습과 테스트 데이터셋을 각각 불러옵니다. 이후에 학습 데이터셋은 다시 학습 데이터셋과 검증 데이터셋으로 나뉘게 됩니다.

```python
train = datasets.MNIST(
    '../data', train=True, download=True,
    transform=transforms.Compose([
        transforms.ToTensor(),
    ]),
)
test = datasets.MNIST(
    '../data', train=False,
    transform=transforms.Compose([
        transforms.ToTensor(),
    ]),
)
```

데이터 샘플을 시각화할 수 있는 함수를 미리 하나 만들어보려 합니다. 지금이야 MNIST라는 유명한 데이터셋을 다루기 때문에 딱히 데이터에 대한 분석 없이 넘어가지만, 만약 처음 보는 데이터셋이라면 다양한 시각화를 통해 데이터셋에 대한 특성을 먼저 파악해야 할 것입니다.

```python
def plot(x):
    img = (np.array(x.detach().cpu(), dtype='float')).reshape(28, 28)

    plt.imshow(img, cmap='gray')
    plt.show()
```

앞서 만든 plot 함수에 학습 데이터셋의 첫 번째 샘플을 집어넣어보겠습니다.

```python
plot(train.data[0])
```

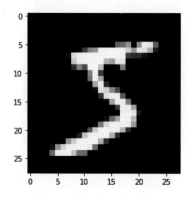

MNIST 샘플의 각 픽셀은 0에서부터 255까지의 숫자로 이루어진 그레이스케일gray scale로 구성되어 있습니다. 따라서 255로 각 픽셀 값을 나눠주면 0에서 1까지의 값으로 정규화할 수 있습니다. 그리고 현재 신경망은 선형 계층으로만 이루어질 것이기 때문에, 2D 이미지도 1차원 벡터로 평평하게flatten해서 나타내야 합니다. 하나의 샘플은

28×28 크기의 픽셀들로 이루어져 있습니다.[13] 따라서 이 2차원 행렬을 1차원 벡터로 단조롭게 할 경우 784 크기의 벡터가 될 것입니다.

```
x = train.data.float() / 255.
y = train.targets

x = x.view(x.size(0), -1)
print(x.shape, y.shape)
```

다음의 프린트 결과와 같이 MNIST는 60,000개의 학습 데이터셋 샘플을 가지고 있습니다.

```
torch.Size([60000, 784]) torch.Size([60000])
```

앞에서와 마찬가지로 우리는 항상 하드코딩hard-coding[14]을 최소화해야 합니다. 따라서 어떠한 크기의 흑백 이미지가 들어오더라도 동작하는 코드를 만들어보겠습니다. 이를 위해서 딥러닝 모델의 입력과 출력의 크기를 자동으로 계산하도록 합니다.

```
input_size = x.size(-1)
output_size = int(max(y)) + 1

print('input_size: %d, output_size: %d' % (input_size, output_size))
```

데이터셋 차원의 크기를 활용하여 모델 입력 크기를 알아내고 최대 클래스 인덱스를 통해 모델 출력의 크기를 알아냅니다. 그 결과 모델은 784 크기의 입력을 받아 10개의 확률 값을 뱉어낼 것입니다.

---

13 만약에 컬러 이미지라면 RGB의 각 색깔을 나타내야 하기 때문에 28×28×3 크기가 되어야 합니다.

14 소스코드에 직접 특정 상숫값을 적어 넣는 것을 의미합니다. 하드코딩이 많아지면 추후 코드 유지/보수 측면에서 굉장히 큰 부담이 됩니다.

```
input_size: 784, output_size: 10
```

앞서 말했듯이 MNIST는 테스트 데이터셋을 따로 제공하므로 학습 데이터와 검증 데이터를 나누는 작업만 수행하면 됩니다. 따라서 이번에는 8:2의 비율로 학습/검증 데이터 셋을 나누도록 하겠습니다.

```python
# Train / Valid ratio
ratios = [.8, .2]

train_cnt = int(x.size(0) * ratios[0])
valid_cnt = int(x.size(0) * ratios[1])
test_cnt = len(test.data)
cnts = [train_cnt, valid_cnt]

print("Train %d / Valid %d / Test %d samples." % (train_cnt, valid_cnt, test_
cnt))

indices = torch.randperm(x.size(0))

x = torch.index_select(x, dim=0, index=indices)
y = torch.index_select(y, dim=0, index=indices)

x = list(x.split(cnts, dim=0))
y = list(y.split(cnts, dim=0))

x += [(test.data.float() / 255.).view(test_cnt, -1)]
y += [test.targets]

for x_i, y_i in zip(x, y):
    print(x_i.size(), y_i.size())
```

60,000개의 학습 데이터 샘플들이 각각 48,000개와 12,000개의 학습/검증 데이터로 다시 나누어졌습니다.

```
Train 48000 / Valid 12000 / Test 10000 samples.
torch.Size([48000, 784]) torch.Size([48000])
torch.Size([12000, 784]) torch.Size([12000])
torch.Size([10000, 784]) torch.Size([10000])
```

2 학습 코드 구현

이번에도 nn.Sequential을 활용하여 MNIST 이미지를 분류하기 위한 모델을 구현해
봅니다. 한 개의 MNIST 이미지는 변환을 통해 784개의 요소를 갖는 1차원 벡터가 될
것입니다. 그리고 모델은 784차원 벡터를 입력받아 10개 클래스에 속할 확률 값을 각
각 출력해야 합니다. 즉, 입력의 크기는 784, 출력의 크기는 10이 됩니다. 앞의 문제들
보다 입력 크기가 더 큰 것을 볼 수 있습니다. 다시 말해 MNIST는 훨씬 더 큰 공간인
784차원에 정의되어 있는 데이터셋이며 해당 공간 대부분은 샘플이 존재하지 않아 비
어있는 공간이기 때문에 희소한 데이터라고 말할 수 있습니다. 따라서 이전까지의 문제
들보다 더 어려운 문제라고 할 수 있으며 우리는 딥러닝 모델의 용량capacity을 늘려 문제
해결 능력을 향상시켜야 할 것입니다. 모델의 크기를 충분히 깊고 넓게 가져가도록 하
겠습니다.

```python
model = nn.Sequential(
    nn.Linear(input_size, 500),
    nn.LeakyReLU(),
    nn.Linear(500, 400),
    nn.LeakyReLU(),
    nn.Linear(400, 300),
    nn.LeakyReLU(),
    nn.Linear(300, 200),
    nn.LeakyReLU(),
    nn.Linear(200, 100),
    nn.LeakyReLU(),
    nn.Linear(100, 50),
    nn.LeakyReLU(),
```

```
    nn.LeakyReLU(),
    nn.Linear(50, output_size),
    nn.LogSoftmax(dim=-1),
)
```

이렇게 선언한 모델의 가중치 파라미터를 아담 옵티마이저에 등록하고 NLL 손실 함수도 선언합니다. **NLL 손실 함수를 사용하기 위해서 로그소프트맥스 함수를 모델 마지막에 사용**한 것에 대해 주목하세요.

```
optimizer = optim.Adam(model.parameters())
crit = nn.NLLLoss()
```

이제까지는 작은 데이터셋과 작은 모델 위주로 실습을 진행했기 때문에 CPU에서 학습을 진행했더라도 큰 불편함이 없었습니다. 이번에는 6만 장의 이미지 데이터를 조금 더 큰 모델에서 학습할 것이므로 가능하다면 GPU에서 학습을 진행해보도록 합니다. 물론 아직 실무에서의 작업량에 비해서는 매우 작은 데이터셋과 작은 모델이기 때문에 CPU에서 학습을 진행해도 무방합니다. 다음은 CUDA 활용이 가능할 때 GPU를 기본 디바이스로 지정하는 코드입니다.

```
device = torch.device('cpu')
if torch.cuda.is_available():
    device = torch.device('cuda')
```

이렇게 지정된 device 변수를 to 함수나 cuda 함수에 넣어주면 텐서나 모델을 GPU로 옮기거나 복사할 수 있게 됩니다. 다음 코드에서는 모델의 to 함수에 device를 지정해주어 원하는 디바이스로 모델을 이동하고 학습/검증/테스트 데이터셋에 대해서도 복사를 진행하는 내용이 구현되어 있습니다. 똑같은 to 함수이더라도 모델은 이동, 텐서는 복사로 적용된다는 점에 대해 유의하세요. 또한 GPU가 없어서 device 변수가 CPU로 적용되어 있다면, 해당 코드가 실행되더라도 아무 작업이 수행되지 않습니다.

```
model = model.to(device)

x = [x_i.to(device) for x_i in x]
y = [y_i.to(device) for y_i in y]
```

그다음 학습에 필요한 하이퍼파라미터 및 변수들을 초기화해 줍니다.

```
n_epochs = 1000
batch_size = 256
print_interval = 10

lowest_loss = np.inf
best_model = None

early_stop = 50
lowest_epoch = np.inf
```

다음 학습 코드는 앞에서의 실습과 똑같은 코드입니다. n_epochs 만큼의 에포크를 반복하는 for 반복문 내부에 학습과 검증을 위한 for 반복문이 각각 존재하며, 학습에 앞서 학습 데이터를 임의의 순서로 섞어주는 코드가 구현되어 있습니다. 학습에서는 피드포워드, 역전파, 경사하강이 진행됩니다. 검증에서는 피드포워드만 진행됩니다. 학습/검증의 두 for 반복문이 끝나면 최저 검증 손실 값과 현재 검증 손실 값을 비교하여 모델을 저장하는 로직이 구현되어 있습니다.

```
train_history, valid_history = [], []

for i in range(n_epochs):
    indices = torch.randperm(x[0].size(0)).to(device)
    x_ = torch.index_select(x[0], dim=0, index=indices)
    y_ = torch.index_select(y[0], dim=0, index=indices)

    x_ = x_.split(batch_size, dim=0)
    y_ = y_.split(batch_size, dim=0)
```

```python
    train_loss, valid_loss = 0, 0
    y_hat = []

    for x_i, y_i in zip(x_, y_):
        y_hat_i = model(x_i)
        loss = crit(y_hat_i, y_i.squeeze())

        optimizer.zero_grad()
        loss.backward()

        optimizer.step()
        train_loss += float(loss)

    train_loss = train_loss / len(x_)

    with torch.no_grad():
        x_ = x[1].split(batch_size, dim=0)
        y_ = y[1].split(batch_size, dim=0)

        valid_loss = 0

        for x_i, y_i in zip(x_, y_):
            y_hat_i = model(x_i)
            loss = crit(y_hat_i, y_i.squeeze())

            valid_loss += float(loss)

            y_hat += [y_hat_i]

    valid_loss = valid_loss / len(x_)

    train_history += [train_loss]
    valid_history += [valid_loss]

    if (i + 1) % print_interval == 0:
        print('Epoch %d: train loss=%.4e  valid_loss=%.4e  lowest_loss=%.4e' % (
            i + 1,
            train_loss,
            valid_loss,
```

```
                lowest_loss,
        ))

    if valid_loss <= lowest_loss:
        lowest_loss = valid_loss
        lowest_epoch = i

        best_model = deepcopy(model.state_dict())
    else:
        if early_stop > 0 and lowest_epoch + early_stop < i + 1:
            print("There is no improvement during last %d epochs." % early_stop)
            break

print("The best validation loss from epoch %d: %.4e" % (lowest_epoch + 1,
lowest_loss))
model.load_state_dict(best_model)
```

이렇게 구현한 코드를 통해 학습을 수행하면 다음과 같이 손실 값이 출력됩니다.

```
Epoch 10: train loss=2.2119e-02  valid_loss=1.1302e-01  lowest_loss=9.5662e-02
Epoch 20: train loss=1.1494e-02  valid_loss=1.1124e-01  lowest_loss=9.5662e-02
Epoch 30: train loss=7.9660e-03  valid_loss=1.1719e-01  lowest_loss=9.5662e-02
Epoch 40: train loss=4.3731e-03  valid_loss=1.2816e-01  lowest_loss=9.5662e-02
Epoch 50: train loss=4.4661e-03  valid_loss=1.3524e-01  lowest_loss=9.5662e-02
There is no improvement during last 50 epochs.
The best validation loss from epoch 8: 9.5662e-02
```

일찌감치 8번째 에포크에서 최저 검증 손실 값이 달성된 것을 볼 수 있습니다. 그 이후에 학습 데이터에 대한 손실 값은 계속 내려가고 있지만 검증 손실 값이 점차 높아지는 것을 보아 완전히 오버피팅 단계에 접어들었음을 알 수 있습니다.

3 손실 곡선 확인

이번에도 손실 값의 변화를 직접 화면에 그려보도록 하겠습니다. train_history와 valid_history에 저장된 각 에포크별 손실 값을 그려주도록 합니다.

```
plot_from = 0

plt.figure(figsize=(20, 10))
plt.grid(True)
plt.title("Train / Valid Loss History")
plt.plot(
    range(plot_from, len(train_history)), train_history[plot_from:],
    range(plot_from, len(valid_history)), valid_history[plot_from:],
)
plt.yscale('log')
plt.show()
```

앞에서 보았던 대로 학습 초반에 제일 낮은 검증 손실 값을 찍은 후에 점차 천천히 검증 손실 값이 올라가는 것을 보여줍니다. 학습 손실 값은 흥미롭게도 후반부에 좀 더 급격히 떨어지는 모습을 보여줍니다.

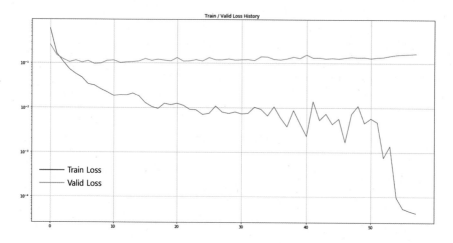

4 결과 확인

이번에는 검증 손실 값을 통해 선정된 베스트 모델을 활용하여 테스트 데이터셋에 대해 성능을 측정해보도록 하겠습니다. 앞서 말했듯이 MNIST 데이터셋은 10,000장의 이미지 샘플이 테스트 데이터셋으로 따로 지정되어 있습니다. 따라서 임의로 나눈 학습/

검증/테스트 데이터셋에 비해 좀 더 객관적으로 테스트 데이터셋에 대한 성능을 측정할
수 있습니다. 아래 코드는 앞에서의 실습과 똑같은 코드입니다.

```
test_loss = 0
y_hat = []

with torch.no_grad():
    x_ = x[-1].split(batch_size, dim=0)
    y_ = y[-1].split(batch_size, dim=0)

    for x_i, y_i in zip(x_, y_):
        y_hat_i = model(x_i)
        loss = crit(y_hat_i, y_i.squeeze())

        test_loss += loss

        y_hat += [y_hat_i]

test_loss = test_loss / len(x_)
y_hat = torch.cat(y_hat, dim=0)

print("Test loss: %.4e" % test_loss)
```

테스트 손실은 검증 손실 값보다 약간 더 작은 값이 나오는 것을 확인할 수 있습니다.
어쨌든 오차 범위 내의 비슷한 값이라고 볼 수 있으므로 정상적인 상황이라고 판단할
수 있습니다. 만약 검증 손실 값과 테스트 손실 값이 오차 범위 밖의 차이를 보여준다면
뭔가 잘못된 상황이라고 볼 수 있겠지요.

```
Test loss: 8.9894e-02
```

그러면 좀 더 명확하게 성능을 파악하기 위해서 테스트 데이터셋에 대해 정확도를 측정
해보도록 하겠습니다. 우리는 **분류 문제를 다루고 있으므로 신경망의 마지막 계층은 확률
값 또는 로그 확률 값을 나타내고 있을 것입니다.** 따라서 마지막 계층의 출력값 중 **가장 높**

은 값을 가지고 있는 클래스 인덱스가 모델이 예측한 클래스의 인덱스라고 볼 수 있습니다. 이는 파이토치의 argmax 함수를 통해 구현할 수 있습니다.

argmax를 통해 구한 예측 클래스 인덱스가 실제 정답 클래스 인덱스와 같은 경우를 모두 더하면 테스트 데이터셋에서 예측이 맞은 횟수를 구할 수 있을 것입니다. 그럼 전체 테스트셋의 개수로 맞은 횟수를 나누어 주어 정확도를 계산할 수 있습니다.

```
correct_cnt = (y[-1].squeeze() == torch.argmax(y_hat, dim=-1)).sum()
total_cnt = float(y[-1].size(0))

print("Test Accuracy: %.4f" % (correct_cnt / total_cnt))
```

계산해보니 무려 97.57%의 정확도를 보여줍니다. 딱히 튜닝을 한 부분이 없는데도 불구하고 매우 높은 정확도를 보여주네요.

```
Test Accuracy: 0.9757
```

이번에는 혼동 행렬을 출력하기 위해 필요한 패키지들을 불러옵니다.

```
import pandas as pd
from sklearn.metrics import confusion_matrix
```

스킷런에서 제공하는 confusion_matrix 함수를 통해 우리는 쉽게 혼동 행렬을 계산할 수 있습니다. confusion_matrix 함수의 결과물을 받아 화면에 예쁘게 찍어주기 위해서 판다스 데이터프레임에 넣어줍니다.

```
pd.DataFrame(confusion_matrix(y[-1], torch.argmax(y_hat, dim=-1)),
            index=['true_%d' % i for i in range(10)],
            columns=['pred_%d' % i for i in range(10)])
```

	pred_0	pred_1	pred_2	pred_3	pred_4	pred_5	pred_6	pred_7	pred_8	pred_9
true_0	971	0	0	1	0	1	3	0	3	1
true_1	0	1123	2	2	1	1	1	0	5	0
true_2	11	1	980	6	2	0	3	10	18	1
true_3	0	0	2	986	0	3	0	6	3	10
true_4	1	0	1	0	967	0	5	1	1	6
true_5	1	0	0	15	0	866	2	1	3	4
true_6	2	3	0	0	2	4	942	0	5	0
true_7	2	2	6	0	0	0	0	996	3	19
true_8	4	0	1	3	2	7	0	3	949	5
true_9	3	2	0	2	18	1	0	3	3	977

결과를 해석해보면 당연히 대부분의 문제들에 대해서 정답을 맞혔기 때문에 행렬의 대각 성분 값이 높은 것을 확인할 수 있습니다. 대각 성분 이외에 높은 부분을 확인하면 현재 모델의 약한 부분을 확인할 수 있을 텐데 모델이 2를 8이라고 예측하거나 7을 9라고 예측하거나 9를 4라고 예측하는 경우가 많음을 확인할 수 있습니다. 재미있는 것은 모델이 헷갈려 하는 것의 방향성을 지니고 있다는 점입니다. 예를 들어 7을 9라고 헷갈리는 경우는 많지만 9를 7로 헷갈리는 경우는 많지 않다는 것을 확인할 수 있습니다. 만약 실무에서 수행한다면 이처럼 약한 부분을 파악하고 데이터를 보강하거나 모델을 보강하는 형태로 나아가야 할 것입니다.

13.8 마치며

지금까지 분류 문제에 대한 평가 지표에 대해 알아보고 심층신경망을 통해 분류 문제를 해결하는 과정에 대해 살펴보았습니다. 재차 말하지만 머신러닝 문제는 보통 분류나 회귀로 나눌 수 있습니다. 해당 문제가 어떤 문제인지에 따라 사용하는 활성 함수와 타깃 값, 손실 함수 등이 달라지므로 앞의 내용을 꼼꼼히 다시 살펴보기 바랍니다.

요약

- **분류 문제 평가 지표**
  - 정밀도: 모델이 정답이라고 예측한 샘플 중에서 실제 정답의 비율
  - 재현율: 실제 정답 중에서 모델이 맞춘 비율
  - 임곗값 설정에 따른 모델의 성격 변화

    임곗값이 높을 때: 정밀도가 높아지지만 재현율이 내려감

    임곗값이 낮을 때: 재현율이 높아지지만 정밀도가 내려감
  - AUROC: ROC 곡선 아래 면적의 넓이. 모델이 강인할수록 수치가 높아짐
  - F1 점수 수식

    $$F1 - Score = 2 \times \frac{Recall \times Precision}{Recall + Precision}$$
- **심층신경망을 활용한 분류**
  - 심층신경망의 마지막에 소프트맥스 함수를 씌워 분류기로 만듦
  - 소프트맥스: 입력 벡터를 이산 확률 분포 형태의 벡터로 출력
  - 출력 벡터의 각 차원은 각 클래스별 확률 값이 들어있음
  - 교차 엔트로피를 손실 함수로 사용하여 학습을 수행
  - '소프트맥스 + 교차 엔트로피'를 사용하는 것은 '로그소프트맥스 + NLL 손실 함수'를 사용하는 것과 같음
- **심층신경망을 활용한 분류 수식**

  $$\hat{\theta} = \underset{\theta \in \Theta}{\operatorname{argmin}} - \frac{1}{N} \sum_{i=1}^{N} y_i^{\top} \cdot \log f_\theta(x_i),$$
  $$\text{where } y_{1:N} \in \{0, 1\}^{N \times m} \text{ and } \hat{y}_{1:N} \in [0, 1]^{N \times m}.$$

문제	타깃 값	마지막 계층의 활성 함수	손실 함수	예제
회귀	연속형 실수 벡터	없음	MSE 손실 함수	주어진 신상 정보를 바탕으로 연봉 예측하기
이진 분류	0 또는 1	시그모이드 함수	BCE 손실 함수	주어진 신상 정보를 바탕으로 성별 예측하기
분류	카테고리 또는 이산 값	소프트맥트 함수	CE 손실 함수	주어진 신상 정보를 바탕으로 직업군 예측하기

CHAPTER

14

정규화

이 장에서는 오버피팅을 최소화하고 일반화 성능을 올리기 위한 정규화regularization에 대해 배워보도록 하겠습니다.

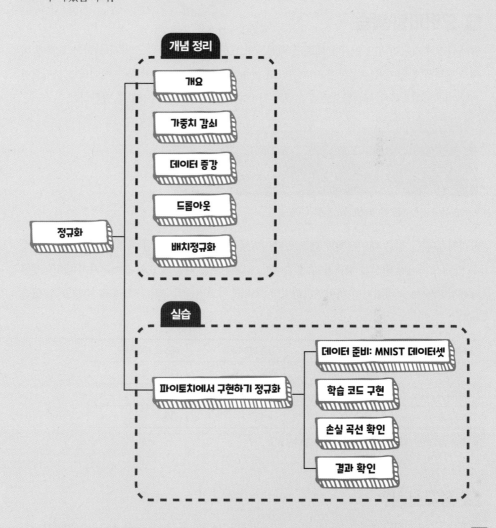

14.1 정규화의 개요

1 오버피팅 복습

앞에서 오버피팅이 무엇인지에 대해서 배웠는데 오버피팅이란 '학습 오차가 일반화 오차에 비해서 현격하게 낮아지는 현상'을 의미한다고 했습니다. 따라서 모델이 학습 데이터의 불필요한 편향이나 노이즈까지 학습함으로써 모델의 일반화 성능이 떨어지는 상황을 말합니다.

▶ 학습 데이터셋, 검증 데이터셋, 테스트셋의 구분

따라서 우리는 검증 데이터셋과 테스트 데이터셋을 도입하여 모델의 최적화 과정에서 발생할 수 있는 오버피팅 현상을 방지할 수 있습니다. 결과적으로 다음의 표와 같이 3가지 데이터셋에 대해서 가중치 파라미터와 하이퍼파라미터 그리고 알고리즘의 결정과 검증을 수행할 수 있습니다.

범주	학습 데이터셋	검증 데이터셋	테스트 데이터셋
가중치 파라미터	결정	검증	검증
하이퍼파라미터		결정	검증
알고리즘			결정

▶ 학습 데이터셋, 검증 데이터셋, 테스트셋의 역할 비교

2 정규화란?

정규화란 오버피팅을 늦추고 모델이 학습 데이터로부터 적절한 특징feature들을 학습하여 일반화 오차를 낮춰줄 수 있는 기법을 말합니다. 일반화 오차를 낮추는 정규화 과정에서 종종 학습 오차가

높아질 수 있습니다. 이것은 보통 다양한 정규화 방식들이 학습 오차를 최소화하는 것을 방해하는 형태로 적용되기 때문인데 이와 같은 과정을 통해 얻어진 '잘 일반화된' 모델은 노이즈에 더 강인한 모델이 됩니다.

NOTE **정규화의 표기**

정규화라는 표현은 경우에 따라 normalization을 의미하기도 하기 때문에 혼동이 생길 수 있지만 여기에서 정규화라 함은 regularization을 말하는 것으로 합니다. 위키피디아에서는 정칙화(https://ko.wikipedia.org/wiki/정칙화)라고 표현하기도 하는데 좀 더 널리 쓰이는 표현인 정규화를 그대로 사용하겠습니다.

🔳 다양한 정규화 방법들

오버피팅을 최소화하고 일반화 성능을 개선하는 것은 모델링에 있어서 가장 중요한 이슈인 만큼 다양한 정규화 방법들이 존재하는데 크게 4가지 방법으로 나누어볼 수 있습니다.

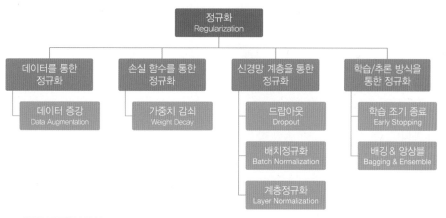

▶ 다양한 정규화의 방식

이번 절에서는 앞의 그림에 나와있는 다양한 정규화 방식의 일부에 대해 자세히 살펴보도록 하겠습니다.

14.2 가중치 감쇠

이 절에서는 가중치 파라미터가 학습되는 것을 방해하여 오버피팅을 방지하는 정규화 기법인 **가중치 감쇠**weight decay에 대해서 배워보겠습니다.

1 가중치 감쇠의 수식 표현

가중치 감쇠 기법은 기본적으로 손실 함수를 수정하는 방법을 통해 적용됩니다. 가중치 파라미터의 L2 노름norm을 구하고 기존의 손실 함수와 함께 이 노름을 같이 최소화하도록 함으로써 모델의 학습을 방해하는 형태로 동작합니다. 다음은 기존의 손실 함수에서 가중치 감쇠를 위한 텀이 추가된 새로운 손실 함수의 수식입니다.

$$\begin{aligned}
\tilde{\mathcal{L}}(\theta) &= \mathcal{L}(\theta) + \alpha \|W\|_2^2 \\
&= \mathcal{L}(\theta) + \alpha W^\top \cdot W, \\
\text{where } \theta &= \{W, b\}.
\end{aligned}$$

수식에서 볼 수 있듯이 가중치 파라미터의 L2 노름과 기존의 손실 값을 동시에 최소화하도록 손실 함수가 수정되었습니다. 또한 α 라는 하이퍼파라미터가 추가되어 L2 노름과 기존의 손실 값 사이의 균형을 맞춰주도록 합니다. 주의할 점은 가중치 파라미터 중에서 편향 b는 가중치 감쇠에서 제외된다는 것입니다. 이 손실 함수 때문에 가중치 파라미터가 학습 과정에서 점점 원점으로부터 멀어지는 것을 방지하는 효과가 발생합니다.

2 왜?

가중치 파라미터에서 W의 각 요소들은 선형 계층에서 입출력 노드 사이의 관계를 나타냅니다.

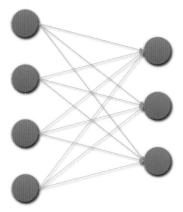

▶ 가중치 파라미터의 W의 각 요소는 선형 계층에서 입출력 노드 사이의 관계를 의미

요소 값의 크기가 클수록 강한 관계임을 의미한다고 볼 수 있습니다. 이때

W에 L2 노름을 취하여 관계를 약화함으로써 노드 사이 관계의 강도를 제한하여 각 계층의 출력 노드가 다수의 입력 노드로부터 많이 학습하는 것을 제한하게 됩니다.

③ L1 노름의 사용

L2 노름 대신에 L1 노름을 사용하여 가중치 감쇠를 실행할 수도 있습니다. 다음은 가중치 감쇠 기법에 L1 노름을 활용한 수식 표현입니다.

$$\tilde{\mathcal{L}}(\theta) = \mathcal{L}(\theta) + \alpha\|W\|_1,$$
$$\text{where } \theta = \{W, b\}.$$

L1 노름도 마찬가지로 가중치 파라미터의 크기를 나타내지만 조금 특성이 다릅니다. 다음 그림에 이 부분이 잘 나타나 있습니다.

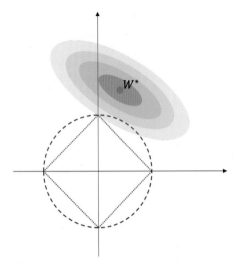

▶ L1 정규화

W^*은 정규화가 적용되지 않은 기존의 손실 함수 $\mathcal{L}(\theta)$ 로 최적화를 수행했을 때 얻을 수 있는 가중치 파라미터라고 생각해봅시다.[1] 또한 W^* 주변의 점점 옅어지는 타원의 색깔은 W^*로부터 멀어질수록 높아지는 손실 값을 의미합니다. 학습이 수행됨에 따라 가중치 파라미터는 W^*에 가까이 다가갈 것입니다. 하지만 L1 또는 L2 노름이 적용된 가중치 감쇠 정규화 기법이 적용되면 예전처럼 W^*에 가까이 다가가지 못하게 됩니다. L2의 경우 점선으로 구성된 원 위에 점은 원점으로부터 같은 거리로 인식됩니다. 마찬가지로 L1의 경우에도 점선으로 구성된 사각형 위의 점들이 원점으로부터 같은 거리로 인식됩니다. 따라서 L1 노름을 활용하여 가중치 감쇠를 적용할 경우, 가중치 파라미터의 값들이 희소sparse하도록 제한됩니다.[2]

④ 가중치 감쇠의 구현

가중치 감쇠의 경우 신경망을 구성할 때 계층을 추가하는 형태가 아니라 파이토치 옵티마이저를 생성할 때 설정을 통해 구현할 수 있습니다.

---

1 여기에서는 W^*가 최적의 정답 파라미터라는 말이 아니라 현재 데이터셋을 최적화했을 때 얻을 수 있는 최적의 파라미터라고 가정합니다.
2 보통 벡터나 행렬이 희소할수록 많은 요소 값들이 0이 됩니다.

▶ 파이토치 옵티마이저 생성 시 설정을 통한 가중치 감쇠 구현

그림의 weight_decay 파라미터가 앞의 수식의 하이퍼파라미터 α를 의미합니다. 기본 설정 값은 0으로 되어 있으므로 가중치 감쇠가 적용되지 않도록 설정되어 있음을 확인할 수 있습니다.

5 손실 함수의 최소화를 방해하는 성질

가중치 감쇠를 적용하는 경우는 매우 흔하지는 않지만 종종 최신 논문 등에도 쓰이고 있습니다. 개인적으로 필자는 가중치 감쇠를 그다지 선호하지는 않습니다. 이후에 소개할 다른 정규화 기법에 비해 너무 학습을 방해하는 성격이 강해서 좋은 성과를 얻지 못한 경험이 많기 때문입니다. 이처럼 가중치 감쇠는 손실 함수에서 최소화를 방해하는 수식이 추가됨으로써 정규화를 달성하고자 합니다. 가중치 감쇠의 수식을 다시 살펴보면 원래의 손실 함수와 가중치 파라미터의 L2 노름을 동시에 최소화하도록 되어 있습니다.

$$\tilde{\mathcal{L}}(\theta) = \underbrace{\mathcal{L}(\theta)}_{(1)} + \underbrace{\alpha \|W\|_2^2}_{(2)}$$

우리는 보통 학습을 진행하게 되면 (1)번 텀을 최소화하도록 할 것입니다. 그런데 앞서 말한 대로 이러한 학습 과정은 (2)번 텀을 커지게 만듭니다. 즉 (2)번 텀을 최소화한다는 것은 (1)번 텀이 최소화되는 것을 방해하게 됩니다. 이 과정에서 (2)번 텀의 스케일을 설정하는 하이퍼파라미터 α의 역할도 굉장히 중요한데 스케일 설정값이 0에 가까울수록 (1)번 텀을 최소화하는데 방해가 적어지게 될 것이고, 커질수록 가중치 파라미터가 W^*에 가까이 다가가는 데 어려움이 높아질 것입니다. 따라서 해당 하이퍼파라미터에 따라 모델의 성능이 결정되게 됩니다.

이처럼 가중치 감쇠와 같은 다양한 정규화 기법들은 **보통 학습을 방해하는 형태를 취함으로써 오버피팅을 최소화하는 목적을** 달성하고자 합니다.

특히 가중치 감쇠는 손실 함수를 수정하는 방법으로 학습을 방해하며 정규화를 수행합니다. 어찌 보면 이러한 손실 함수의 수정에 의한 정규화 방식이 가장 고난도의 방법이라고 볼 수 있습니다. 보통 풀고자 하는 문제별로 각기 다른 가정을 세우고 그 가정에 따라 손실 함수를 수정하여 학습하는 형태로 이루어집니다. 예를 들어 오토인코더라는 모델 구조에서는 단순히 MSE 손실 함수를 사용하는 것이 아니라 쿨백–라이블러 발산KL Divergence을 손실 함수에 추가하여 병목 구간을 통과하는 정보량을 효율적으로 통제하여 성능을 높이기도 합니다. 비록 가중치 감쇠가 널리 쓰이는 정규화 방법이 아닐 수도 있지만 손실 함수 수정을 통한 정규화 방법의 대표 주자라고 볼 수 있습니다.

14.3 데이터 증강

이번에는 데이터를 통해 오버피팅을 피하고 모델의 일반화 성능을 개선하는 방법에 대해 알아보겠습니다. **데이터 증강**^{data augmentation} 기법은 데이터의 핵심 특징은 간직한 채 노이즈를 더하여 데이터셋을 확장하는 방법을 말합니다. 보통 데이터의 핵심 특징에 대한 여러 가정을 바탕으로 휴리스틱한 방법을 사용하여 데이터를 증강하는 데 이를 통해 노이즈에 더 강인한 모델을 얻을 수 있습니다. 이 절에서는 이미지와 텍스트에 대한 증강 기법을 주로 살펴보도록 하겠습니다.

1 이미지 증강 기법

소금과 후추 노이즈 추가

가장 간단하게 이미지를 증강할 수 있는 방법으로 소금^{salt}과 같이 하얀색 점들을 임의로 흩뿌리거나, 후추^{pepper}와 같이 검은색 점들을 임의로 흩뿌리는 기법이 있습니다.

▶ 노이즈 추가(소금, 후추 기법 등 사용)

앞의 그림과 같이 일부 노이즈가 추가되더라도 여전히 사람 눈에는 같은 이미지로 보이는 것처럼 컴퓨터도 두 이미지가 같다고 판단할 수 있어야 하기 때문에 굉장히 간단하면서도 효과적인 노이즈 추가 기법입니다. 이러한 노이즈 추가 과정에서 불필요한 특징들이 노이즈에 의해 제거되거나 변형될 수 있으며, 이로 인해 모델의 일반화 성능이 높아질 수 있습니다.

회전과 이동, 뒤집기

다음 그림과 같이 사람의 얼굴 같은 경우에 눈코입의 위치에 대한 가정을 도입할 수 있습니다. 예를 들어 '눈은 2개이고 코는 눈 사이에 위치하며 그 아래에 입이 위치한다'와 같은 내용이죠. 이러한 가정을 통해 형태의 이미지 변형을 수행함으로써 데이터의 증강을 수행할 수 있습니다.

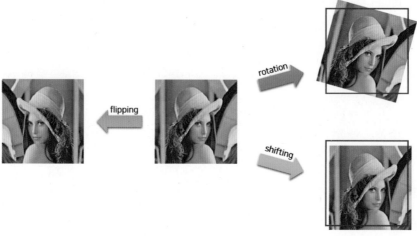

▶ 이미지의 회전, 이동, 뒤집기

사람의 얼굴은 좌우 대칭이므로, 좌우 수평 뒤집기flipping 기법은 얼굴 데이터 증강에 유용하게 활용될 수 있습니다. 예를 들어 MNIST와 같이 글씨를 인식하고자 할 때에는 일부 뒤집기가 가능한 경우(e.g. 0, 8)도 있겠지만 대부분은 뒤집기를 할 경우 존재하지 않는 글씨가 될 것입니다. 이와 같이 데이터를 면밀히 분석한 후에 데이터에서 성립하는 가정을 바탕으로 데이터 증강을 수행할 수 있습니다. 마찬가지로 회전rotation과 이동shifting의 경우에도 데이터의 주요 특징을 손상시키지 않는 범위 내에서 수행할 수 있습니다. 당장 이러한 기법들을 적용하면 최소 수 배에서 최대 수십 배에 이르는 데이터의 확장을 기대할 수 있을 것입니다.

생성 모델을 활용한 데이터 증강

데이터에 의한 것은 아니지만 생성 모델generative model을 활용한 데이터 증강 기법이 있습니다. 생성 모델은 데이터셋의 분포 자체를 학습하여 모델로부터 데이터셋의 샘플과 유사한 샘플들을 생성해낼 수 있는 모델로 생성적적대신경망generative adversarial networks, GAN이나 오토인코더 autoencoder가 대표적인 사례입니다. 자연어 생성 분야에서의 언어 모델language model이나 시퀀스-투-시퀀스sequence to sequence도 이에 속합니다.

▶ GAN을 활용한 실제 사람과 유사한 이미지 생성

이러한 생성 모델을 활용하여 생성한 이미지를 데이터 증강에 활용하면 좀 더 다양한 데이터 학습에 활용할 수 있을 것입니다. 다만 생성 모델에 데이터셋이 편향될 수 있다는 점에서 너무 많이 생성된 샘플을 데이터셋에 포함시키는 것은 위험할 수 있습니다.

2 텍스트 증강 기법

텍스트의 경우에도 노이즈를 추가하는 방식을 통해 데이터를 확장 및 증강할 수 있습니다. 다만 자연어 문장의 경우 생각보다 어순 변화나 단어의 변화에 민감하기 때문에 생각처럼 잘 동작하지 않을 수 있습니다. 또한 규칙에 의해서 문장을 변형할 경우에 신경망이 규칙 자체를 학습할 수 있기 때문에 위험하기도 합니다. 따라서 이미지만큼 쉽게 데이터를 증강할 수는 없지만 종종 다음과 같은 방법을 통해 데이터를 증강합니다.

단어의 생략

다음 그림과 같이 일정 확률로 임의의 단어를 생략하는 것입니다. 실제로는 빈칸에 텍스트를 넣어주는 게 아니라 해당 단어가 빠진 문장이 들어갑니다. 만약 생략 확률이 너무 높다면 문장의 의미가 왜곡될 가능성이 높아지고 생략 확률이 낮다면 단어 증강의 효과가 줄어들 것입니다.

나는 학교에 가는 것을 좋아한다 .

나는 _____ 가는 것을 좋아한다 .

▶ 단어 생략

단어 교환

다음 그림과 같이 임의로 일정 윈도window 내에서 단어를 교환하는 것입니다. 예를 들어 '학교에'라는 단어를 앞뒤 3단어까지의 범위 내에서 임의의 단어를 선택하여 교환하는 것입니다.

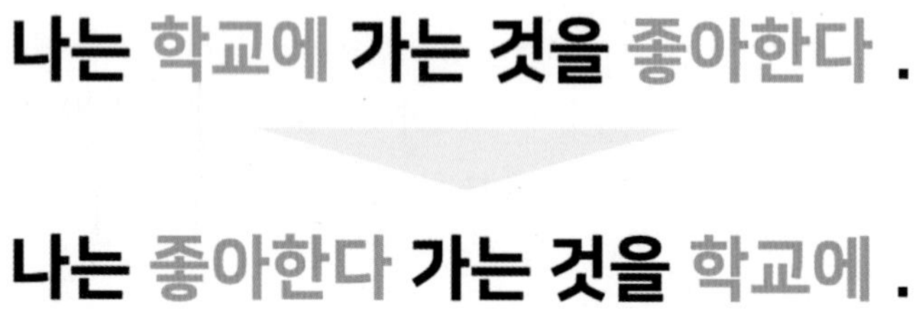

나는 학교에 가는 것을 좋아한다 .

나는 좋아한다 가는 것을 학교에 .

▶ 단어 교환

단어 이동

다음 그림과 같이 임의로 일정 윈도 내에서 단어를 이동하는 것입니다. 교환보다는 조금 더 공격적인 방법이 될 수 있습니다.

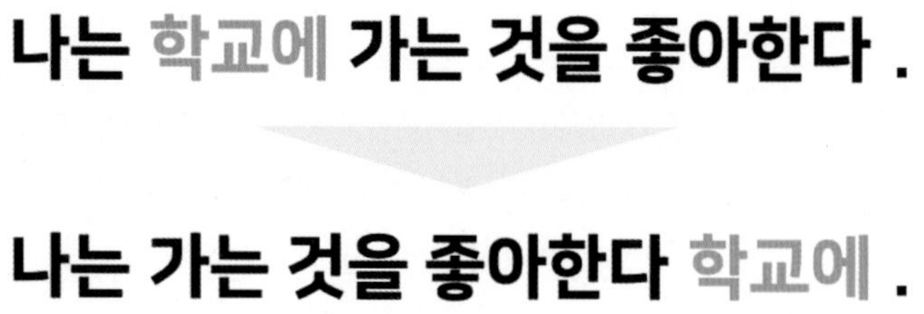

나는 학교에 가는 것을 좋아한다 .

나는 가는 것을 좋아한다 학교에 .

▶ 단어 이동

한국어는 교착어에 속하여 어순의 제한을 받지 않기 때문에 이러한 단어의 교환 및 이동 등은 한국어에서 훨씬 더 잘 동작할 수 있습니다. 반면 일부 다른 언어에서는 이에 비해 훨씬 제한적일 수 있으므로 해당 언어에 대한 면밀한 고찰이 수행된 이후에 데이터 증강 작업이 수행되어야 합니다.

❸ 데이터 증강의 장점과 한계

데이터 증강은 쉽게 데이터를 확장시킬 수 있고 신경망의 구조나 학습 기법의 수정 없이 정규화를 적용할 수 있다는 장점이 있습니다. 즉, 공짜로 데이터를 더 얻을 수 있는 것과 비슷한 느낌을 얻을 수 있죠. 하지만 실제로는 데이터를 더 수집하는 것에 비해서는 훨씬 낮은 성능 개선을 얻을 수밖에 없고 그 한계도 명확합니다. 예를 들어 백인 얼굴 이미지를 아무리 증강한다 해도 인종에 대한 다양성을 확보할 수 없습니다. 다만 다양한 백인 얼굴들 사이의 빈 공간을 메꿔줄 수는 있을 것입니다. 다시 말해 **데이터를 증강한다는 것은 새로운 지식을 배우는 것이 아니라 오히려 최적화를 수월하게 수행할 수 있도록 도와주는 측면**이 더 강하다고 볼 수 있습니다.

14.4 드롭아웃

앞에서는 데이터 증강 기법을 통해 데이터에 노이즈를 추가함으로써 모델이 불필요한 특징들을 학습하는 것을 방지한다고 설명했었습니다. 이것은 신경망의 입력 또는 출력 위치에 노이즈를 추가하는 것으로 볼 수도 있습니다. 그렇다면 **신경망의 중간에 노이즈를 추가할 수는 없을까요?**

1 드롭아웃의 동작 방식

드롭아웃dropout[3]이 어쩌면 그 답이 될 수 있을 것 같습니다. 드롭아웃은 **임의의 노드를 일정 확률로 드롭drop해서 학습에 참여하지 않도록 하는 방법**입니다. 데이터를 신경망에 통과시키는 과정에서 노드가 생략되므로 자연스럽게 역전파에서도 제외됩니다. 다음 그림은 드롭아웃의 개략적인 동작 방식을 보여주고 있습니다.

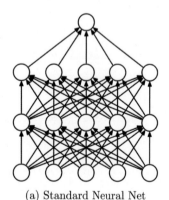
(a) Standard Neural Net

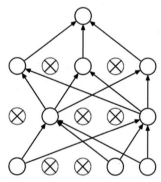
(b) After applying dropout.

▶ 드롭아웃 동작 방식

---

3 Dropout: a simple way to prevent neural networks from overfitting, Srivastava et al., Journal of Machine Learning Research, 2014

앞의 그림과 같이 일부 노드가 드롭되어 해당 노드와 연결된 가중치들도 끊어져 있는 것을 볼 수 있습니다. 드롭되는 노드는 매 미니배치마다 이항분포binomial distribution를 활용하여 랜덤으로 선정됩니다. 이때 노드의 드롭 확률 p가 하이퍼파라미터가 되어 사용자가 최적의 설정값을 찾아 주어야 합니다.

❷ 학습과 추론 방식의 차이

드롭아웃에서 또 하나 알아두어야 하는 것은 바로 학습과 추론 방법의 차이입니다. 앞에서 설명한 드롭아웃의 동작 방식은 학습에서만 적용되는 방법인데 추론inference에서는 드롭되는 노드 없이 모든 노드가 항상 추론에 참여합니다.

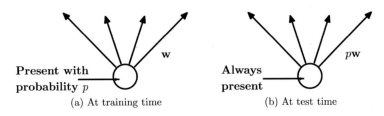

▶ 드롭아웃의 학습 할 때와 추론할 때의 차이

이때 중요한 점은 가중치 파라미터 W에 $(1-p)$를 곱해주어야 한다는 것입니다.[4] 예를 들어 앞의 그림과 같이 하나의 입력 노드가 3개인 선형 계층이 있다고 가정하겠습니다. 만약에 $p = 0.33$의 확률로 드롭아웃이 적용되었다면 학습할 때에는 평균적으로 2개의 노드만 살아남을 것입니다. 따라서 학습할 때의 다음 계층은 평균적으로 3개 중에서 2개 노드로부터 값을 전달받을 것입니다. 하지만 추론할 때에는 다음 계층은 항상 전체 노드로부터 값을 전달받을 것입니다. 즉, 추론할 때의 다음 계층은 평균적으로 학습할 때보다 1.5배 큰 입력값을 전달받습니다. 그러므로 추론할 때에는 가중치 파라미터에 $(1-p) = 0.67$을 곱해주어 이것을 상쇄해야 합니다.

파이토치에서는 조금 다르게 구현되어 있습니다. 학습할 때에 $\frac{1}{1-p}$를 드롭아웃 계층 출력값에 곱해주도록 합니다. 앞 예제의 설정값에 따르면 학습할 때 $\frac{1}{1-p} \approx 1.5$를 출력값에 곱해주어 학습과 추론 사이의 차이를 없앨 수 있습니다.

----

4 그림에는 출현 확률 p로 표현되어 있습니다.

3 드롭아웃의 구현

드롭아웃은 이전까지 소개한 정규화 기법과 달리 신경망의 계층으로 구현될 수 있습니다. 파이토치에서는 미리 구현된 드롭아웃 계층을 제공하고 있습니다. 우리는 이것을 활용하여 쉽게 드롭아웃을 구현할 수 있는데 보통 **드롭아웃이 구현되는 위치는 다음 그림과 같이 활성 함수와 다음 계층 사이**가 됩니다.

▶ 신경망계층에 드롭아웃 삽입

앞의 그림에서 이전 계층과 활성 함수 다음에 드롭아웃이 삽입되고 이후에 다음 계층이 존재하는 것을 확인할 수 있습니다. 이를 코드로 적용하면 다음과 같이 될 것입니다. 보통 신경망의 양 끝단인 입력 계층 이전과 출력 계층 이후에는 드롭아웃이 적용되지 않습니다.

```
p = 0.3

net = nn.Sequential(
    nn.Linear(300, 200),
    nn.LeakyReLU(),
    nn.Dropout(p),
    nn.Linear(200, 100),
    nn.LeakyReLU(),
    nn.Dropout(p),
    nn.Linear(100, 50),
    nn.LeakyReLU(),
    nn.Dropout(p),
    nn.Linear(50, 10)
)
```

또한 추론과 학습이 다르게 동작하도록 해야 하기 때문에 학습과 추론 코드에 추가적인 구현이 필요합니다. 파이토치의 nn.Module을 상속받은 클래스는 **train()과 eval()이라는 메서드를 제공하여 모델의 학습 모드와 추론 모드를 쉽게 왔다갔다 할 수 있도록 합니다.** train()과 eval()이 호출되면 해당 객체 안에 포함된 드롭아웃과 같이 학습과 추론에서 다르게 동작하는 계층들은 자동으로 학습 모드와 추론 모드로 전환됩니다. 물론 드롭아웃 자체도 nn.Module을 상속받은 클래스의 객체일 테니 train()과 eval()을 통해 직접 모드를 전환할 수 있습니다.

```
for epoch_idx in range(n_epochs):
    net.train()
    for iter_idx in range(n_train_iters):
        # Training procedure

    net.eval()
    for iter_idx in range(n_valid_iters):
        # Validation procedure
```

따라서 학습과 검증으로 구성되는 에포크는 내부에 모델의 학습 모드와 추론 모드의 전환 과정이 포함되어 있어야 합니다. 만약에 테스트와 같은 추론을 수행한다고 했을 때 추론 모드로의 전환을 깜빡한다면 모델의 기본 모드는 학습 모드이기 때문에 모델의 성능이 실제 성능이 비해서 낮게 나올 것입니다. 따라서 적절한 위치에서 train()과 eval()을 호출해주는 것을 잊지 않도록 해야 합니다. 이후에 소개할 다른 기법을 포함한 대부분의 정규화 기법에서도 마찬가지이기 때문에 당장의 정규화 여부와 상관없이 항상 기본적으로 모드 변환 코드를 집어넣는 것을 권장합니다.

◪ 드롭아웃의 의미와 한계

드롭아웃을 처음 소개할 때 드롭아웃은 신경망의 중간에 노이즈를 추가하는 기법으로 볼 수 있다고 했었습니다. 곰곰이 생각해보면 드롭아웃은 임의의 노드를 학습에서 생략하여 특정 노드 사이의 관계가 불필요하게 강해지는 것을 방지하여 학습을 방해하는 방식으로 동작하는 것임을 알 수 있습니다. 따라서 **드롭아웃이 적용되면 비록 일반화 성능이 개선될 수는 있어도 손실 값의 수렴**convergence **속도가 저하될 수 있고 학습 오차가 증가할 수 있습니다.** 또한 노드의 드롭 확률 값 p라는 하이퍼파라미터가 추가됨으로써 사용자의 추가적인 튜닝을 요구하게 됩니다. 다행히도 해당 하이퍼파라미터를 보통 0.1에서 0.5사이의 0.1 단위 값으로 튜닝하기 때문에 많은 실험이 필요하지는 않습니다.

14.5 배치정규화

이번엔 가장 널리 쓰이는 정규화 기법인 **배치정규화**[batch normalization][5]에 대해서 살펴보도록 하겠습니다. 배치정규화 기법은 드롭아웃과 마찬가지로 신경망 계층으로 구현되어 작동할 수 있는 정규화 기법입니다. 그뿐만 아니라 드롭아웃처럼 모델의 모드 전환에 따라 다르게 동작한다는 점도 같습니다. 드롭아웃을 비롯한 기존의 정규화 기법 대부분은 학습을 방해하는 형태로 작용합니다. 따라서 일반화 성능을 개선하기 위해 학습 및 수렴 속도가 느려지게 되는 단점도 존재합니다. 하지만 **배치정규화 기법의 경우 학습 속도를 비약적으로 향상시킬 수 있을 뿐만 아니라 일반화 성능까지 대폭 개선할 수 있는 훌륭한 방법**입니다.

1 공변량 변화 문제

배치정규화는 공변량 변화[covariate shift] 문제를 해결하고자 제안되었습니다. 공변량 변화 문제가 무엇인지 알아봅시다. 다음은 공변량 변화를 도식화한 것입니다.

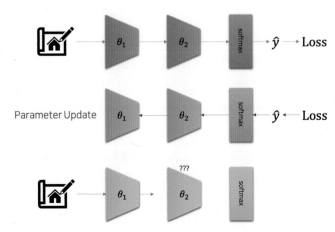

▶ 공변량 변화

---

5 Batch Normalization: Accelerating Deep Network Training by Reducing Internal Covariate Shift, Ioffe et al., ICML, 2015

앞의 그림에서 볼 수 있는 것처럼 어떤 입력이 주어졌을 때 신경망은 이에 대한 모델의 출력 $\hat{y}$ 을 반환할 것입니다. 그러면 이를 활용하여 손실을 계산하고 곧이어 역전파와 경사하강법을 통해 파라미터를 업데이트할 것입니다. 문제는 심층신경망의 각 계층들이 서로 어떻게 바뀔지 협의하에 상호작용하며 파라미터 업데이트가 이루어지는 것이 아니라는 것입니다.

예를 들어 ℓ 개의 계층을 가진 신경망 내부에 i번째 계층과 $i+1$번째 계층이 있다고 가정해봅시다. 먼저 입력 미니배치 x가 주어졌을 때, 이를 바탕으로 $\hat{y}$과 손실이 계산될 것입니다. 그리고 이것을 가중치 파라미터 θ로 미분하여 각 계층의 파라미터를 업데이트합니다. 그다음 미니배치 x'가 주어졌을 때, i번째 계층을 통과할 것입니다.

문제는 $i+1$번째 계층에서 발생합니다. 앞서 $i+1$번째 계층은 i번째 계층의 결괏값을 바탕으로 더 나은 모델의 출력을 만들기 위한 파라미터 업데이트를 수행했습니다. 그런데 기껏 업데이트를 했더니 i번째 계층이 다른 출력을 반환하는 것입니다. 따라서 i번째와 $i+1$번째 계층은 다시 성능이 떨어질 수밖에 없습니다. 이처럼 신경망의 계층은 연쇄적으로 동작하기 때문에 학습 과정에서 공변량 문제가 발생할 수 있고 이것이 학습의 효율과 성능 개선을 저하시키는 문제로 지적되고 있습니다.

② 배치정규화의 동작

배치정규화는 미니배치 분포를 정규화하여 이러한 문제를 해결하고자 합니다. 다음은 배치정규화의 동작을 수식으로 표현한 것입니다.

$$\text{batch\_norm}(x) = \gamma \frac{(x-\mu)}{\sqrt{\sigma^2 + \epsilon}} + \beta$$

$$\mu = x.\text{mean}(\dim = 0)$$
$$\sigma = x.\text{std}(\dim = 0)$$

$$\text{where } x \in \mathbb{R}^{N \times n}.$$

수식을 살펴보면 미니배치를 단위 가우시안$^{\text{unit gaussian}}$ 분포로 바꾸는 정규표준분포화^{standardization}를 한 이후에 스케일 파라미터 γ와 이동^{shift} 파라미터 β를 적용합니다. 이때, γ와 β는 학습되는 가중치 파라미터로써 신경망 내의 비선형적$^{\text{non-linearity}}$인 성질을 유지하도록 돕습니다.[6]

---

[6] 예를 들어 단순히 평균이 0이고 표준편차가 1인 표준정규분포인 경우에 대부분의 값이 0 근처에 몰려 있을 것입니다. 그런데 이 분포에 시그모이드를 통과시키면 대부분은 직선 구간을 통과하면서 비선형성이 적용되기 힘들 것입니다.

3 학습과 추론의 동작 차이

배치정규화 기법도 드롭아웃과 마찬가지로 학습과 추론에서의 동작 방식이 다릅니다. 배치정규화가 추론에서 동작이 다른 이유는 바로 미니배치의 평균과 표준편차를 구하는 방식 때문입니다. 앞에서 소개한 수식에 따르면 매 신경망을 통과하는 미니배치마다 평균과 표준편차를 구하고, 이를 활용하여 표준정규분포화를 수행한다고 되어 있습니다. 예를 들어 미니배치가 256개의 샘플로 이루어져 있다고 했을 때 우리는 전체 256개의 샘플을 살펴보고 이들의 통계 수치를 계산하는 것이라고 볼 수 있습니다. 그런데 미니배치로 병렬 연산을 수행할 수 있다고 하더라도 미니배치 내의 i번째 샘플에 대한 추론을 수행할 때, i번 이후의 샘플들을 살펴보게 되는 것은 반칙과 다름없겠죠? 즉, 추론 과정에서 미니배치의 전체 샘플들 살펴보고 통계를 구하는 것은 올바르지 못합니다. 따라서 추론 과정에서는 들어오는 샘플들에 대한 이동평균과 이에 따른 표준편차를 계산하고 이를 활용하여 각 샘플들의 대략적인 표준정규분포화를 수행합니다.

4 배치정규화의 구현

배치정규화 기법은 신경망 내부에 계층으로 구현할 수 있습니다. 따라서 파이토치에서는 배치정규화 계층을 제공하고 있습니다. 그러면 배치정규화 계층을 적절한 위치에 삽입해야 합니다. 원래 배치정규화를 제안한 사람은 다음 그림과 같이 배치정규화 계층을 선형 계층과 활성 함수 사이에 넣을 것을 제안했습니다.

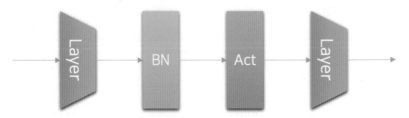

▶ 선형 계층과 활성 함수 사이에 배치정규화 삽입

하지만 이 경우에는 드롭아웃과 위치가 달라지게 되어 구현 시에 무언가 불편해지는 상황이 연출되기도 합니다. 따라서 필자를 비롯한 많은 사람들이 배치정규화 계층을 다음 그림과 같이 원래 드롭아웃 계층을 삽입하던 위치에 삽입하곤 합니다.

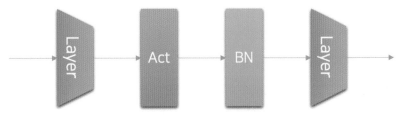

▶ 드롭아웃을 삽입하던 위치에 배치정규화 삽입

다행히도 배치정규화가 훌륭하게 동작하기에 큰 문제가 없습니다. 학계에서 출판되는 논문들을 살펴보면 오히려 두 번째 방법을 좀 더 선호하는 것 같기도 합니다. 코드로 옮기면 다음과 같이 표현됩니다.

```python
net = nn.Sequential(
    nn.Linear(300, 200),
    nn.LeakyReLU(),
    nn.BatchNorm1d(200),
    nn.Linear(200, 100),
    nn.LeakyReLU(),
    nn.BatchNorm1d(100),
    nn.Linear(100, 50),
    nn.LeakyReLU(),
    nn.BatchNorm1d(50),
    nn.Linear(50, 10)
)
```

배치정규화 계층을 생성할 때의 파라미터 입력은 이전 계층으로부터 나온 출력 벡터의 크기를 넣어주면 됩니다. 독자분들도 기호에 따라서 좋은 위치를 선택하여 배치정규화를 사용하기 바랍니다. 또한 배치정규화를 활용하게 되면 보통 드롭아웃을 쓰지 않습니다. 따라서 필요에 따라 배치정규화와 드롭아웃 중 정규화를 위한 계층을 선택하여 사용하기 바랍니다.

5 배치정규화의 장점과 한계

기존의 정규화 기법과 달리 배치정규화의 경우 튜닝이 필요한 하이퍼파라미터가 추가되지 않는다는 점이 가장 큰 특징이자 장점입니다. 더욱이 배치정규화를 적용할 경우에 정규화로 인한 일반화 성능 개선뿐만 아니라 학습과 수렴 속도가 빨라지게 됩니다. 따라서 단점은 거의 존재하지 않고 장점만 존재하는 훌륭한 방법이므로 사용할 수 있는 조건이라면 무조건 사용해야 하는 정규화 기법이라고 생각합니다.[7]

다만 배치정규화는 동작 원리가 명확하게 밝혀지지 않았습니다. 배치정규화가 제안되고 효과가 뛰어나 널리 알려진 뒤에도 많은 후속 연구들이 이어졌지만 아쉽게도 배치정규화가 명확하게 어떻게 심층신경망의 성능을 올리는지는 여전히 연구 대상입니다.

---

7 아쉽게도 순환신경망recurrent neural networks, RNN이나 트랜스포머와 같이 시퀀셜sequential 데이터를 다루는 환경에서는 사용할 수 없습니다.

▣ 데이터 준비

이번 실습에서도 MNIST 데이터셋을 활용하여 정규화 실습을 진행해보겠습니다. 앞서 딥러닝을 활용한 분류 문제 실습에서도 MNIST 데이터셋으로 진행했었는데 과연 성능이 향상되는지 확인해봅시다. 대부분의 코드는 앞의 장에서 구현된 코드와 동일합니다. 동일한 부분에 대한 자세한 설명은 생략하도록 하겠습니다.

필요한 라이브러리들을 불러옵니다.

```python
import numpy as np
from copy import deepcopy
import matplotlib.pyplot as plt

import torch
import torch.nn as nn
import torch.nn.functional as F
import torch.optim as optim

from torchvision import datasets, transforms
```

MNIST 데이터셋을 불러옵니다. 만약 정해진 위치에 데이터가 없다면 자동으로 다운로드할 것입니다. 그럼 60,000장의 학습 샘플과 10,000장의 테스트 샘플을 각각 불러올 수 있습니다.

```python
train = datasets.MNIST(
    '../data', train=True, download=True,
    transform=transforms.Compose([
```

```
        transforms.ToTensor(),
    ]),
)
test = datasets.MNIST(
    '../data', train=False,
    transform=transforms.Compose([
        transforms.ToTensor(),
    ]),
)

x = train.data.float() / 255.
y = train.targets

x = x.view(x.size(0), -1)
print(x.shape, y.shape)

input_size = x.size(-1)
output_size = int(max(y)) + 1

print('input_size: %d, output_size: %d' % (input_size, output_size))
```

중요한 점은 이전 실습에서와같이 2차원 이미지 행렬을 1차원 벡터로 변환했다는 것입니다. 따라서 학습 데이터의 입력과 출력 텐서 크기는 다음과 같습니다.

```
torch.Size([60000, 784]) torch.Size([60000])
input_size: 784, output_size: 10
```

MNIST는 테스트 데이터셋이 이미 정해져 있기 때문에 학습 데이터셋을 학습과 검증 데이터셋으로 나누기만 하면 됩니다. 따라서 8:2의 비율로 나누도록 합니다.

```
# Train / Valid ratio
ratios = [.8, .2]

train_cnt = int(x.size(0) * ratios[0])
```

```
valid_cnt = int(x.size(0) * ratios[1])
test_cnt = len(test.data)
cnts = [train_cnt, valid_cnt]

print("Train %d / Valid %d / Test %d samples." % (train_cnt, valid_cnt, test_
cnt))

indices = torch.randperm(x.size(0))

x = torch.index_select(x, dim=0, index=indices)
y = torch.index_select(y, dim=0, index=indices)

x = list(x.split(cnts, dim=0))
y = list(y.split(cnts, dim=0))

x += [(test.data.float() / 255.).view(test_cnt, -1)]
y += [test.targets]

for x_i, y_i in zip(x, y):
    print(x_i.size(), y_i.size())
```

그러면 48,000장의 학습 샘플과 12,000장의 검증 샘플 그리고 10,000장의 테스트 샘플로 데이터셋이 구성됩니다.

```
Train 48000 / Valid 12000 / Test 10000 samples.
torch.Size([48000, 784]) torch.Size([48000])
torch.Size([12000, 784]) torch.Size([12000])
torch.Size([10000, 784]) torch.Size([10000])
```

❷ 학습 코드 구현

앞에서의 실습에서는 대부분 nn.Sequential에 원하는 계층과 활성 함수를 집어넣어 쉽고 간편하게 모델을 구현할 수 있었습니다. 이번에도 비슷하게 진행할 수도 있지만 한 단계 발전된 방향으로 나아가 봅시다. 사실 생각해보면 앞의 실습에서 활용된 모델들도 선형 계층과 비선형 활성 함수의 반복이었습니다. 즉, 하나의 층이 선형 계층과 비선형 활성 함수의 조합으로 이루어집니다. 이것을 전체 모듈에 대한 부분 모듈 또는 서브 모듈로 봤을 때 입출력 크기만 바뀐 서브 모듈이 반복되고 있던 것으로 볼 수 있습니다. 이번에는 여기에 정규화 계층이 더해져 '선형 계층 + 비선형 활성 함수 + 정규화 계층'이 하나의 서브 모듈이 될 것이고 마찬가지로 입출력 크기만 바뀌어서 반복 사용될 것입니다. 이와 같은 내용에 착안하여 서브 모듈을 nn.Module을 상속받아 하나의 클래스로 정의하고 nn.Sequential에 '선형 계층 + 비선형 활성 함수 + 정규화 계층'을 각각 인자로 넣어주는 대신 정의한 클래스 객체를 넣어주면 될 것입니다.

다음 코드는 서브 모듈 클래스를 정의하는 코드입니다. 이 모듈은 생성 시에 배치 정규화와 드롭아웃 중에서 하나를 선택받고 입출력 크기를 입력받습니다. 그래서 self.block에 선형 계층, 리키 렐루 nn.Sequential에 정규화 계층을 넣어서 가지고 있습니다. 배치정규화를 사용한 경우에는 앞서 사용된 선형 계층의 출력 크기를 넣어주어야 하고 드롭아웃의 경우 확률 값을 넣어 주어야 합니다. 그리고 forward 함수에서 피드포워드를 구현해 줍니다.

```python
class Block(nn.Module):

    def __init__(self,
                 input_size,
                 output_size,
                 use_batch_norm=True,
                 dropout_p=.4):
        self.input_size = input_size
        self.output_size = output_size
        self.use_batch_norm = use_batch_norm
        self.dropout_p = dropout_p

        super().__init__()

        def get_regularizer(use_batch_norm, size):
            return nn.BatchNorm1d(size) if use_batch_norm else
nn.Dropout(dropout_p)
```

```
        self.block = nn.Sequential(
            nn.Linear(input_size, output_size),
            nn.LeakyReLU(),
            get_regularizer(use_batch_norm, output_size),
        )

    def forward(self, x):
        # |x| = (batch_size, input_size)
        y = self.block(x)
        # |y| = (batch_size, output_size)

        return y
```

이렇게 정의된 Block 클래스를 곧이어 정의할 MyModel 클래스에서 활용할 계획입니다. 다음 코드는 MyModel 클래스를 정의한 코드로 nn.Module을 상속받아 만들었습니다. 마찬가지로 init 함수에서 필요한 객체들을 미리 선언해주는데 self.layer는 nn.Sequential 객체를 가지고 있고, 그 내부는 Block 클래스 객체들로 채워져 있습니다. 이전 장과의 실습과 똑같이 784(input_size) –> 500 –> 400 –> 300 –> 200 –> 100 –> 50 –> 10(output_size)으로 이어지도록 구성되어 있고 마지막에는 로그소프트맥스가 위치합니다.

```
class MyModel(nn.Module):

    def __init__(self,
                 input_size,
                 output_size,
                 use_batch_norm=True,
                 dropout_p=.4):

        super().__init__()

        self.layers = nn.Sequential(
            Block(input_size, 500, use_batch_norm, dropout_p),
            Block(500, 400, use_batch_norm, dropout_p),
```

```
            Block(400, 300, use_batch_norm, dropout_p),
            Block(300, 200, use_batch_norm, dropout_p),
            Block(200, 100, use_batch_norm, dropout_p),
            Block(100, 50, use_batch_norm, dropout_p),
            nn.Linear(50, output_size),
            nn.LogSoftmax(dim=-1),
        )

    def forward(self, x):
        # |x| = (batch_size, input_size)
        y = self.layers(x)
        # |y| = (batch_size, output_size)

        return y
```

MyModel 모델 객체를 선언하고 프린트해보도록 합니다.

```
model = MyModel(input_size,
                output_size,
                use_batch_norm=True)

print(model)
```

모델을 프린트해보면 기존에 비해 조금 내용이 길어졌지만 보기 좋게 서브 모듈들이 나누어져 반복되고 있는 것을 볼 수 있습니다.

```
MyModel(
  (layers): Sequential(
    (0): Block(
      (block): Sequential(
        (0): Linear(in_features=784, out_features=500, bias=True)
        (1): LeakyReLU(negative_slope=0.01)
        (2): BatchNorm1d(500, eps=1e-05, momentum=0.1, affine=True, track_
running_stats=True)
      )
    )
```

```
    (1): Block(
      (block): Sequential(
        (0): Linear(in_features=500, out_features=400, bias=True)
        (1): LeakyReLU(negative_slope=0.01)
        (2): BatchNorm1d(400, eps=1e-05, momentum=0.1, affine=True, track_
running_stats=True)
      )
    )
    (2): Block(
      (block): Sequential(
        (0): Linear(in_features=400, out_features=300, bias=True)
        (1): LeakyReLU(negative_slope=0.01)
        (2): BatchNorm1d(300, eps=1e-05, momentum=0.1, affine=True, track_
running_stats=True)
      )
    )
    (3): Block(
      (block): Sequential(
        (0): Linear(in_features=300, out_features=200, bias=True)
        (1): LeakyReLU(negative_slope=0.01)
        (2): BatchNorm1d(200, eps=1e-05, momentum=0.1, affine=True, track_
running_stats=True)
      )
    )
    (4): Block(
      (block): Sequential(
        (0): Linear(in_features=200, out_features=100, bias=True)
        (1): LeakyReLU(negative_slope=0.01)
        (2): BatchNorm1d(100, eps=1e-05, momentum=0.1, affine=True, track_
running_stats=True)
      )
    )
    (5): Block(
      (block): Sequential(
        (0): Linear(in_features=100, out_features=50, bias=True)
        (1): LeakyReLU(negative_slope=0.01)
        (2): BatchNorm1d(50, eps=1e-05, momentum=0.1, affine=True, track_
running_stats=True)
      )
    )
    (6): Linear(in_features=50, out_features=10, bias=True)
```

```
    (7): LogSoftmax(dim=-1)
  )
)
```

그리고 모델 가중치 파라미터를 아담 옵티마이저에 등록하고 NLL 손실 함수를 선언합니다.

```
optimizer = optim.Adam(model.parameters())
crit = nn.NLLLoss()
```

CUDA가 활용 가능할 경우 GPU가 기본 디바이스가 되도록 device 변수에 집어넣어주고, 이를 활용하여 모델과 텐서를 원하는 디바이스로 이동 및 복사합니다.

```
device = torch.device('cpu')
if torch.cuda.is_available():
    device = torch.device('cuda')

model = model.to(device)

x = [x_i.to(device) for x_i in x]
y = [y_i.to(device) for y_i in y]
```

학습에 필요한 하이퍼파라미터 및 변수들을 미리 초기화합니다.

```
n_epochs = 1000
batch_size = 256
print_interval = 10

lowest_loss = np.inf
best_model = None

early_stop = 50
lowest_epoch = np.inf
```

다음은 학습을 위한 코드입니다. 똑같은 코드가 계속해서 쓰이고 있습니다. 설명은 생략하도록 하겠습니다.

```python
train_history, valid_history = [], []

for i in range(n_epochs):
    model.train()

    indices = torch.randperm(x[0].size(0)).to(device)
    x_ = torch.index_select(x[0], dim=0, index=indices)
    y_ = torch.index_select(y[0], dim=0, index=indices)

    x_ = x_.split(batch_size, dim=0)
    y_ = y_.split(batch_size, dim=0)

    train_loss, valid_loss = 0, 0
    y_hat = []

    for x_i, y_i in zip(x_, y_):
        y_hat_i = model(x_i)
        loss = crit(y_hat_i, y_i.squeeze())

        optimizer.zero_grad()
        loss.backward()

        optimizer.step()
        train_loss += float(loss)

    train_loss = train_loss / len(x_)

    model.eval()
    with torch.no_grad():
        x_ = x[1].split(batch_size, dim=0)
        y_ = y[1].split(batch_size, dim=0)

        valid_loss = 0

        for x_i, y_i in zip(x_, y_):
            y_hat_i = model(x_i)
```

```
                loss = crit(y_hat_i, y_i.squeeze())

                valid_loss += float(loss)

                y_hat += [y_hat_i]

        valid_loss = valid_loss / len(x_)

        train_history += [train_loss]
        valid_history += [valid_loss]

        if (i + 1) % print_interval == 0:
            print('Epoch %d: train loss=%.4e  valid_loss=%.4e  lowest_loss=%.4e' %
(
                i + 1,
                train_loss,
                valid_loss,
                lowest_loss,
            ))

        if valid_loss <= lowest_loss:
            lowest_loss = valid_loss
            lowest_epoch = i

            best_model = deepcopy(model.state_dict())
        else:
            if early_stop > 0 and lowest_epoch + early_stop < i + 1:
                print("There is no improvement during last %d epochs." % early_
stop)
                break

print("The best validation loss from epoch %d: %.4e" % (lowest_epoch + 1,
lowest_loss))
model.load_state_dict(best_model)
```

학습 코드를 실행하면 다음과 같은 학습 결과를 얻을 수 있습니다.

```
Epoch 10: train loss=2.2342e-02  valid_loss=7.7366e-02  lowest_loss=6.9548e-02
Epoch 20: train loss=1.0553e-02  valid_loss=7.4174e-02  lowest_loss=6.7155e-02
Epoch 30: train loss=8.6981e-03  valid_loss=8.2112e-02  lowest_loss=6.7155e-02
Epoch 40: train loss=5.7398e-03  valid_loss=8.4239e-02  lowest_loss=6.7155e-02
Epoch 50: train loss=6.5757e-03  valid_loss=7.6408e-02  lowest_loss=6.7155e-02
Epoch 60: train loss=3.4350e-03  valid_loss=7.8569e-02  lowest_loss=6.7155e-02
There is no improvement during last 50 epochs.
The best validation loss from epoch 16: 6.7155e-02
```

16번째 에포크에서 최소 검증 손실 값을 얻었음을 볼 수 있고 학습 손실 값은 계속해서 낮아지며 오버피팅이 진행되고 있는 것을 확인할 수 있습니다. 앞의 장에서 진행되었던 MNIST 분류에 비해 더 낮은 검증 손실 값을 얻은 것도 확인할 수 있습니다.

③ 손실 곡선 확인

```
plot_from = 0

plt.figure(figsize=(20, 10))
plt.grid(True)
plt.title("Train / Valid Loss History")
plt.plot(
    range(plot_from, len(train_history)), train_history[plot_from:],
    range(plot_from, len(valid_history)), valid_history[plot_from:],
)
plt.yscale('log')
plt.show()
```

손실 곡선을 그려보면 앞서 프린트된 내용과 같이 학습 손실 곡선은 계속해서 내려가는 것을 볼 수 있고, 검증 손실 곡선은 16 에포크 이후부터 천천히 올라가는 것을 확인할 수 있습니다.

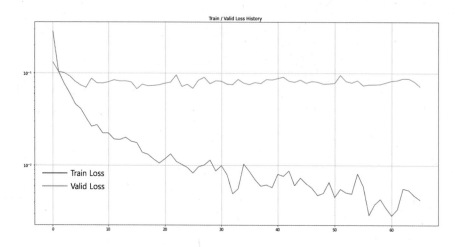

❹ 결과 확인

과연 테스트셋에 대해서도 이전 장 보다 더 좋은 성능이 나왔을까요?

```python
test_loss = 0
y_hat = []

model.eval()
with torch.no_grad():
    x_ = x[-1].split(batch_size, dim=0)
    y_ = y[-1].split(batch_size, dim=0)

    for x_i, y_i in zip(x_, y_):
        y_hat_i = model(x_i)
        loss = crit(y_hat_i, y_i.squeeze())

        test_loss += loss # Gradient is already detached.

        y_hat += [y_hat_i]

test_loss = test_loss / len(x_)
y_hat = torch.cat(y_hat, dim=0)
```

```
print("Test Loss: %.4e" % test_loss)

correct_cnt = (y[-1].squeeze() == torch.argmax(y_hat, dim=-1)).sum()
total_cnt = float(y[-1].size(0))

print('Test Accuracy: %.4f' % (correct_cnt / total_cnt))
```

이전 장의 실습 결과에 비해 훨씬 더 좋은 결과가 나오는 것을 볼 수 있습니다.

```
Test loss: 6.8407e-02
Test Accuracy: 0.9832
```

그럼 지난 실습 대비 얼마나 성능이 좋아졌을까요? 단순히 성능의 개선폭을 보는 것은
좋은 방법이 아닐 수도 있습니다. 예를 들어 보통 성능 60%의 모델이 70%로 개선되는
것보다 97%의 모델이 98%로 개선되는 것을 더 좋은 개선으로 평가하기 때문입니다.
이때 우리는 **ERR**Error Reduction Rate**을 통해 상대적인 모델의 개선 폭을 측정**할 수 있습니다.
이전 장 대비 이 장에서 상승한 성능을 비교하면 다음과 같습니다.

$$\begin{aligned}
ERR &= \frac{(1-0.9757)-(1-0.9832)}{1-0.9757} \\
&= \frac{0.0243-0.0168}{0.0243} \\
&= \frac{0.0075}{0.0243} = 0.3086
\end{aligned}$$

이전 장 대비 오류가 약 31% 줄어든 것을 볼 수 있습니다. 물론 이전 장의 실습과 이번
장의 실습 모두 각 한 번씩만 돌린 것이기 때문에 적절한 비교라고는 할 수 없습니다.
제대로 비교하고자 한다면 최소한 5번 이상 같은 실험을 반복하여 평균 테스트 정확도
를 측정한 후에 ERR을 계산해볼 수 있을 것입니다.

```
import pandas as pd
from sklearn.metrics import confusion_matrix
```

```
pd.DataFrame(confusion_matrix(y[-1], torch.argmax(y_hat, dim=-1)),
        index=['true_%d' % i for i in range(10)],
        columns=['pred_%d' % i for i in range(10)])
```

	pred_0	pred_1	pred_2	pred_3	pred_4	pred_5	pred_6	pred_7	pred_8	pred_9
true_0	974	0	0	0	0	0	4	1	1	0
true_1	0	1122	2	0	0	0	3	4	3	1
true_2	2	0	1015	4	1	1	3	3	3	0
true_3	1	0	1	993	0	2	0	2	6	5
true_4	0	0	4	1	959	0	4	1	1	12
true_5	1	1	0	8	1	870	6	2	1	2
true_6	2	2	1	0	2	5	945	0	1	0
true_7	0	1	8	2	0	0	0	1016	1	0
true_8	4	1	0	5	0	2	1	4	956	1
true_9	0	2	0	2	4	7	1	4	7	982

혼동 행렬을 살펴보면 역시 이전 장에 비해 대각 성분의 값이 더 커지고 나머지 값은 줄
어든 것을 확인할 수 있습니다. 그나마 4를 9로 잘못 예측하는 경우가 가끔 있다는 것
이 현재 모델의 가장 큰 약점이라고 볼 수 있습니다. 이처럼 정규화를 도입하여 모델의
오버피팅을 최대한 지연시키고 일반화 성능을 향상시킬 수 있음을 확인하였습니다. 이
과정에서 정규화 계층을 간편하게 모델에 삽입하기 위해 nn.Module을 상속받은 클래
스를 통해 서브 모듈을 정의하여 nn.Sequential에 반복하여 사용하였습니다.

14.7 마치여

지금까지 정규화가 무엇이고 정규화 도입을 통해 오버피팅을 최대한 지연시키고 일반화 성능을 최대화하는 과정에 대해 살펴보았습니다. 데이터 증강, 정규화, 드롭아웃 등의 정규화 기법은 요즘 시대의 딥러닝 구현에 있어 빼놓을 수 없는 핵심 기술들입니다. 따라서 정확히 이해가 될 때까지 다시 한번 구현 원리에 대해 자세히 살펴보기 바랍니다. 이제 다음 장에서는 지금까지 배운 내용을 총동원하여 MNIST 분류를 좀 더 제대로 구현하는 방법에 대해 살펴보도록 하겠습니다.

요약

- **정규화**
  - 정규화란 오버피팅을 늦추고 모델이 학습 데이터로부터 적절한 특징을 학습하여 일반화 오차를 낮춰줄 수 있는 기법
  - 대부분의 정규화 계층 기법들은 학습과 추론 모드를 별도로 가지고 있음
- **드롭아웃**
  - 학습할 때에 임의의 확률 p (e.g. 0.2)로 신경망의 노드를 비활성화
  - 추론할 때에 모든 노드를 활성화 및 계층의 파라미터에 $1 - p$ 곱해줌
- **배치정규화**
  - 하이퍼 파라미터가 추가되지 않음
  - 정규화가 수행될 뿐만 아니라 학습 손실도 빠르게 감소
  - RNN 계열을 제외하고 거의 대부분 적용 가능
  - 추론할 때에는 학습과 달리 미니배치의 평균을 구하지 않고 이동평균을 활용하여 정규화

CHAPTER

15

실무 환경에서의 프로젝트 연습

이 장에서는 지금까지 배운 내용을 토대로 좀 더 실무에 가까운 형태의 실습을 진행해보겠습니다.

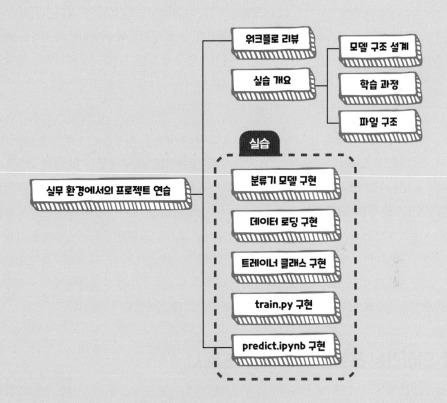

15.1 실무를 진행하듯 실습하기

지금까지는 주피터 노트북을 활용한 실습을 진행했었습니다. 하지만 머신러닝 프로젝트를 진행할 때 주피터 노트북은 실무 환경에서 일부만 쓰이고 있습니다. 왜냐하면 주피터 노트북은 복잡한 프로그램 개발에 적합하지 않은 형태일 뿐만 아니라 배포에 적합하지 않기 때문입니다. 주피터 노트북은 바로 각 셀cell의 실행 결과를 확인할 수 있기 때문에 데이터를 분석하는 과정과 같이 각 셀의 결과에 따라 해야 하는 일이 바뀌는 경우에 적합합니다. 하지만 해야 할 작업이 명확하고 반복되는 경우에는 py 확장자를 가진 파이썬 스크립트로 제작하여 CLIcommand line interface 환경에서 작업을 수행하는 것이 좀 더 바람직합니다.

따라서 데이터 분석 과정을 제외한 머신러닝 프로젝트 대부분의 과정은 CLI 환경에서 수행됩니다. 특히 **모델링 및 하이퍼파라미터 튜닝 작업 시에는 반복적인 실험이 수행되기 때문에 코드를 수정하여 실험을 수행하는 것이 아니라 CLI 환경에서 파이썬 스크립트 실행과 함께 실행 파라미터를 넣어주어 실험을 수행하도록 하는 것**이 더 낫습니다. 그러므로 주피터 노트북을 활용한 실습을 벗어나 실무 환경에서 머신러닝 프로젝트를 수행하는 것처럼 프로젝트 또는 설루션을 설계하고 구현할 수 있어야 업무에 투입되었을 때 잘 적응할 수 있을 것입니다. 사실 대부분의 머신러닝 프로젝트의 설계 구조도 다음에 소개할 구조에서 크게 벗어나지 않기 때문에 이러한 형태의 프로젝트를 많이 설계하고 구현해 본다면 효율적인 업무를 진행할 수 있습니다.

1 머신러닝 프로젝트 파일 구조 예시

가장 간단한 형태의 머신러닝 프로젝트를 구현하면 다음과 같은 구조를 지닐 것입니다. 역할에 따른 파일 이름은 예시로 든 것입니다.

파일명	설명
model.py	모델 클래스가 정의된 코드
trainer.py	데이터를 받아와 모델 객체를 학습하기 위한 트레이너trainer가 정의된 코드

dataloader.py	데이터 파일을 읽어와 전처리를 수행하고 신경망에 넣기 좋은 형태로 변환하는 코드
train.py	사용자로부터 하이퍼파라미터를 입력받아 필요한 객체들을 준비하여 학습을 진행
predict.py	사용자로부터 기학습된 모델과 추론을 위한 샘플을 입력받아 추론을 수행

▶ 머신러닝 프로젝트 파일 예시

기능에 따라 각 모듈을 나누어 클래스를 정의하고 다른 프로젝트에 재활용하기도 합니다. 또한 모델 개선이나 기타 수정 작업이 필요할 때 코드 전체를 바꾸거나 할 필요 없이 필요한 최소한의 부분만 수정하여 사용할 수 있습니다. 실제로 이에 따라 하나의 템플릿을 구성해 놓으면 계속해서 일부만 수정해서 사용할 수 있으며 이 책에서도 그렇게 활용되고 있습니다. 다음 그림은 앞에서 소개한 파일들이 어떤 식으로 상호작용하는지 나타낸 것입니다.

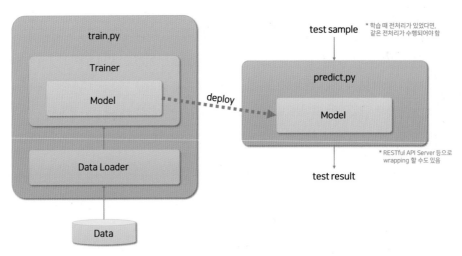

▶ 머신러닝 프로젝트 파일 간의 상호작용

train.py는 사용자가 학습을 진행할 때 직접 실행(엔트리 포인트[entry point])할 파이썬 스크립트 파일입니다. 이 파일을 실행하면 사용자로부터 필요한 하이퍼파라미터를 입력받아 각 클래스의 객체를 생성하고 학습을 진행합니다. 사용자는 이 **train.py를 통해서 코드 수정 없이 다양한 하이퍼파라미터들을 변경해가며 반복적인 실험을 수행**할 수 있습니다.

예를 들어 CLI 환경에서 다음과 같이 train.py를 실행하고 하이퍼파라미터를 아규먼트[argument]를 통해 전달합니다. 아래의 실행 명령은 모델 가중치 파일이 저장될 파일 경로와 모델의 깊이 그리고 드롭아웃의 확률을 train.py에 넘겨줍니다. 그러면 **프로그램은 이러한 하이퍼파라미터를 넘겨받아 코드 수정 없이 다양한 실험을 수행하도록 구현**되어야 할 것입니다.

```
$ python train.py --model_fn ./models/model.pth --n_layers 10 --dropout 0.3
```

또한 트레이너는 데이터로더^{data loader}로부터 준비된 데이터를 넘겨받아 모델에 넣어 학습과 검증을 진행하는 역할을 수행합니다. 이렇게 학습이 완료되면 모델의 가중치 파라미터는 보통 피클^{pickle} 형태로 다른 필요한 정보(e.g. 모델을 생성하기 위한 각종 설정 및 하이퍼파라미터)들과 함께 파일로 저장됩니다.

그러면 predict.py는 저장된 피클 파일을 읽어와서 모델 객체를 생성하고 학습된 가중치 파라미터를 그대로 복원합니다. 그리고 사용자로부터 추론을 위한 샘플이 주어지면 모델에 통과시켜 추론 결과를 반환합니다. 이때 predict.py에 선언된 함수들을 감싸서 RESTful API 서버로 구현할 수도 있을 것입니다. 이처럼 실제 머신러닝 프로젝트는 반복적으로 수행되는 작업을 효율적으로 수행하기 위해서 복잡한 구조를 잘게 쪼개어 각각 모듈들로 구현하도록 합니다. 복잡한 머신러닝 프로젝트일지라도 결국 데이터와 모델을 불러와서 학습하고 기학습된 모델을 가지고 추론을 수행한다는 역할은 근본적으로 같습니다. 따라서 이러한 구조를 기반으로 더 발전된 형태이기 때문에 근본적인 뼈대는 비슷한 형태를 취할 수밖에 없습니다. 이 장에서는 이러한 방식을 통해 기존의 MNIST 분류를 학습하고 추론하는 코드를 구현해보도록 하겠습니다.

15.2 워크플로 리뷰

이 절에서는 실제 머신러닝 프로젝트를 수행하듯이 각 기능별 모듈들을 구성하여 MNIST 분류를 구현하고자 합니다. 이를 위해 이 책의 전반부에서 언급했던 머신러닝 프로젝트의 워크플로에 대해 복습해봅시다.

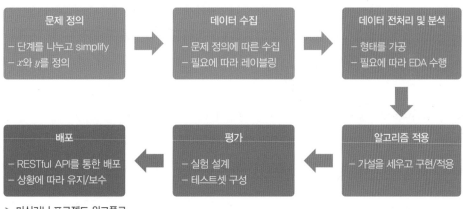

▶ 머신러닝 프로젝트 워크플로

1 문제 정의

우리는 손글씨 숫자를 인식하는 함수 f^*를 근사계산하고 싶습니다. 따라서 근사계산한 모델 함수 f_θ는 이미지를 입력받아 숫자 레이블을 출력하도록 구성될 것입니다. 이 모델을 만들기 위해서 우리는 손글씨 숫자를 수집하고 이에 대한 레이블링도 수행합니다. 이렇게 데이터셋 구축 작업을 수행한 것이 바로 MNIST 데이터셋[1]입니다.

---

1 https://ko.wikipedia.org/wiki/MNIST_데이터베이스

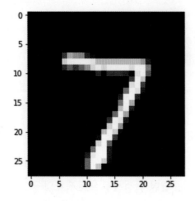

▶ 손글씨 숫자의 샘플 이미지

앞의 그림과 같이 한 장의 이미지는 28×28 개의 256단계 흑백grayscale 픽셀로 구성되어 있습니다. 따라서 우리가 만들 함수의 입력은 784차원의 벡터가 되고 출력은 각 숫자 클래스별 확률 값이 되도록 구현될 것입니다.

2 데이터 수집

현재는 MNIST라는 공개된 데이터셋을 활용해서 매우 수월하지만 실무 환경에서는 데이터가 없거나 데이터가 있더라도 레이블이 존재하지 않는 상황도 맞이하게 될 것입니다. 데이터 수집 및 레이블링 작업을 수행하기 위한 두 가지 선택지가 있는데. 첫 번째로 직접 데이터 수집 및 레이블링을 진행하는 것이 있습니다. 두 번째로는 외주를 맡기거나 단기 계약직 등을 고용하는 방법도 있습니다. 둘 중 어떤 선택을 하든지 업무의 크기를 산정해야 하고 예산을 준비하는 작업도 필요합니다.

데이터 수집은 여차저차 완료된 상태에서 레이블링을 직접 수행한다고 가정해보도록 하겠습니다. MNIST 데이터셋과 같이 70,000장의 손 글씨에 대한 레이블링을 진행해야 합니다. 먼저 파일이 이름 순서대로 정렬되어 있을 때 파일 이름과 이에 대한 레이블을 적을 수 있도록 엑셀 파일을 준비합니다.[2] 그럼 차례대로 그림을 띄우면서 엑셀 시트에 정답 레이블을 기입해야 할 것입니다. 이러한 상황에서 기대되는 레이블링 속도를 넉넉잡아 1장의 이미지당 5초가 소요된다고 가정해봅시다. 따라서 70,000장 전체 이미지 데이터셋에 대한 예상 레이블링 소요 시간은 다음과 같이 계산 가능할 것입니다.

---

2 엑셀 파일을 준비하든지 전용 프로그램을 제작하든지 간에 효율성이 이 작업의 핵심입니다.

$$5\text{secs/sample} \times 70{,}000\text{samples} = 350{,}000\text{secs} \approx 97.22\text{hours}$$

약 100시간이 소요될 것으로 예상되네요. 만약 팀원 3명이서 이 작업을 나눠서 한다면 약 33시간 내외가 소요될 것입니다. 산술적으로 하루에 8시간씩 작업을 한다고 하면 대략 4일 정도면 전체 70,000장에 대한 레이블링 작업이 완료될 수 있습니다. 물론 이 과정에서 팀원들의 멘탈이 무너지기라도 할 수 있기 때문에 약간의 버퍼buffer와 회식비 등이 추가될 수도 있습니다.

이러한 계산 과정을 통해 전하고 싶은 것은 생각보다 레이블링을 직접 수행할만하다는 점입니다. 머신러닝 서비스 또는 프로젝트를 기획하고 수행하는 단계에서 무턱대고 회사로부터 예산을 받아와 데이터를 수집하고 모델을 만드는 것은 프로젝트가 잘 진행되지 않았을 때 위험한 행동이 될 수 있습니다. 따라서 개념 증명proof of conecept, PoC 과정을 거쳐서 실현 가능성을 확인한 후에 본격적인 자원을 투입하는 것이 훨씬 바람직합니다. 이때 보통 프로토타입prototype 모델은 실제 서비스 또는 배포를 위한 모델인 만큼 대단히 뛰어날 필요 없이 다만 데이터셋이 수집되었을 때의 가능성만 증명할 수 있으면 됩니다. 따라서 프로토타입 모델을 학습하기 위한 데이터셋은 위와 같이 70,000장이나 모을 필요도 없고 10,000장 정도면 충분하기도 합니다.[3]

개념 증명이 완료된 이후에 이를 바탕으로 예산을 확보하고 외주를 맡기는 등의 작업 진행 방향이 바람직할 것입니다. 외주를 맡길 경우의 견적을 내볼까요? 보통 작업의 난이도에 따라서 샘플당 몇 십 원에서 많게는 몇 백 원까지 책정됩니다.[4] 문제는 이외에도 비용과 노력이 필요하다는 점입니다. 아무래도 실제 프로젝트를 수행하는 직원들이 레이블링을 직접 수행한 것이 아니다 보니 레이블링의 정확도나 품질이 떨어질 수도 있습니다. 따라서 레이블링 결과물의 품질을 관리하는 업무가 수반되어야 합니다. 즉, 외부에 작업을 맡기더라도 데이터 수집에 대해 마냥 손을 놓을 수 없다는 말입니다. 따라서 데이터 수집 업무를 수행할 때 이러한 점을 모두 고려해야 합니다.

❸ 데이터 전처리

이제 데이터셋을 학습용과 검증용 그리고 테스트용으로 나누는 작업을 수행할 차례입니다. MNIST 데이터셋의 경우 기본적으로 60,000장의 학습 데이터셋training dataset과 10,000장의 테

---

3 대략 3명이서 하루 정도면 해결할 수 있는 분량입니다.

4 이미지 내에서 특정 객체의 영역을 표시하는 등 어려운 작업들도 많기 때문에 지금과 같이 숫자 이미지에 레이블링하는 작업은 매우 쉬운 편에 속합니다.

스트 데이터셋test dataset으로 구분되어 있습니다. 따라서 테스트셋은 주어진 10,000장을 사용하도록 하고 60,000장을 8:2의 비율로 학습 데이터셋과 검증 데이터셋validation dataset으로 나누어 줍니다. 그러면 최종적으로 다음 그림과 같이 학습 데이터셋 48,000장, 검증 데이터셋 12,000장 그리고 테스트 데이터셋 10,000장을 얻을 수 있습니다.

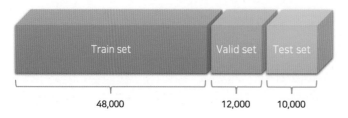

▶ 학습/검증/테스트용 데이터셋 분할

데이터를 분할한 이후 데이터 전처리를 수행합니다. 이때 데이터의 성격에 따라 필요한 전처리가 매우 다릅니다. 따라서 본격적으로 전처리를 수행하기에 앞서 데이터가 어떤 분포와 형태를 띠고 있는지 면밀히 분석해야 합니다. 다양한 전처리들은 데이터의 종류와 형태 그리고 상태에 따라서 다르게 적용되며 크게 다음 그림과 같이 나눌 수 있습니다.

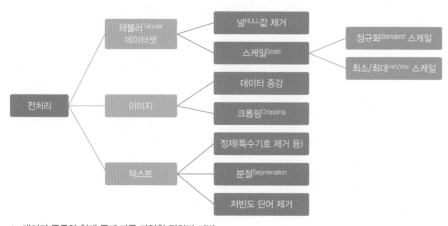

▶ 데이터 종류와 형태 등에 따른 다양한 전처리 기법

일부 전처리 기법들은 데이터를 기반으로 파라미터가 결정됩니다. 예를 들어 정규화 스케일은 평균과 표준편차를 계산하여 표준정규분포 형태로 변환하는 것인데 당연히 평균과 표준편차는 데이터로부터 계산되어야 합니다. 따라서 이러한 평균과 표준편차 계산과 같은 데이터 기반의 전처리 기법은 학습 데이터셋 기준으로 수행되어야 합니다. 즉, 학습 데이터만을 가지고 평균과 표준편차를 계산한 뒤 학습/검증/테스트 데이터셋에 일괄 적용하는 형태가 되어야 합니다. 만약 전체 데이터셋을 기반으로 평균과 표준편차를 계산하고 정규화 스케일을 적용하게 되면 테스트셋을 보고 테스트를 평가하는 것과 다를 바 없습니다. 결론적으로 전처리는 학습/검증/테스트 데이터셋 분할 작업 이후에 수행하는 것이 바람직합니다. 다행히도 MNIST 데이터셋의 경우 별다른 전처리가 필요하지 않습니다. 0에서 255사이의 값으로 채워진 픽셀 값을 255로 나누어 0에서 1사이의 값으로 정규화해주는 작업 정도면 충분합니다.

4 알고리즘 적용

데이터 전처리 과정에서 수행된 분석을 통해 데이터의 분포나 성질을 파악할 수 있었을 것입니다. 따라서 우리는 분석 결과를 바탕으로 알맞은 가설을 설정하고 알고리즘 구현 및 적용해야 합니다. 이 과정에서 꼭 심층신경망이 적용될 필요는 없고 분석 결과에 따라 가장 적절한 머신 러닝 알고리즘을 적용하면 됩니다. 만약 심층신경망을 적용하기로 결정했다면 다음 그림과 같이 신경망의 구조를 결정하는 작업을 생각해볼 수 있습니다.

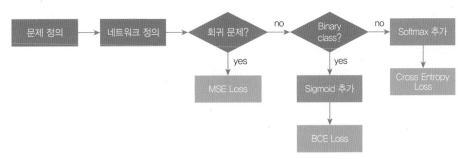

▶ 신경망 구조 결정 과정

신경망 내부의 자세한 구조 결정에 앞서 회귀 문제인지 분류 문제인지에 따라 손실 함수와 마지막 계층의 활성 함수가 결정됩니다. 또한 계층의 개수, 활성 함수의 종류, 정규화 방법 등의 하이퍼파라미터가 남아 있는데 이들을 결정하기 위한 프로세스는 다음과 같습니다.

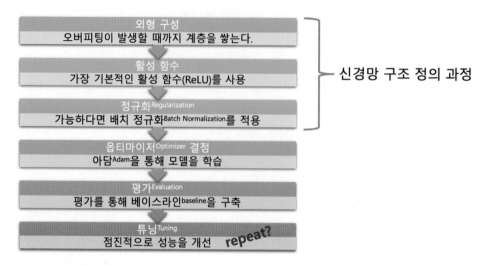

외형 구성
오버피팅이 발생할 때까지 계층을 쌓는다.

활성 함수
가장 기본적인 활성 함수(ReLU)를 사용

정규화Regularization
가능하다면 배치 정규화Batch Normalization를 적용

신경망 구조 정의 과정

옵티마이저Optimizer 결정
아담Adam을 통해 모델을 학습

평가Evaluation
평가를 통해 베이스라인baseline을 구축

튜닝Tuning
점진적으로 성능을 개선 repeat?

▶ 하이퍼파라미터 결정 과정

먼저 적당한 선택으로 초기 하이퍼파라미터를 설정한 다음에 오버피팅이 발생할 때까지 신경망을 깊고 넓게 만듭니다. 오버피팅이 발생하는 것을 확인함으로써 데이터셋의 복잡한 데이터를 신경망이 충분히 학습할 만한 수용 능력을 지녔음을 알 수 있습니다. 또한 오버피팅이 발생하더라도 매 에포크마다 검증 데이터셋에 대한 손실 값을 추적하고 있으므로 큰 문제가 되지 않습니다. 이후에 적절한 채점 공식score metric을 적용하여 모델을 평가하고 모델의 성능을 수치화합니다. 여기까지가 한 번의 모델링 과정을 거친 것이 되고 이후 하이퍼파라미터를 수정하며 이 과정을 반복하여 모델의 성능을 점진적으로 개선합니다. 또는 단순한 하이퍼파라미터 수정만으로는 충분한 성능 개선이 이루어지지 않는다면 성능 저하 문제의 원인에 대한 적절한 가설을 설정하고 모델의 구조를 바꾸는 등 수정을 거쳐 성능을 개선할 수도 있습니다.

5 평가

서비스 또는 배포를 위해서 공정하고 객관적인 평가가 이루어져야 할 뿐만 아니라 앞서 '알고리즘 적용' 항목에서 소개한 것처럼 모델의 성능 개선을 위해서도 적절한 평가가 수행되어야 합니다.

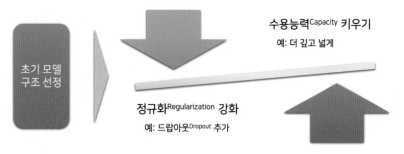

▶ 모델 평가 결과에 개선 작업

평가 결과에 따라 언더피팅이 의심될 경우에는 모델의 수용 능력을 더 키우는 방향으로 하이퍼 파라미터를 튜닝하고 오버피팅으로인해 일반화 성능이 저하되는 것이 우려될 때에는 정규화 기법을 강화하는 방향으로 튜닝하면서 학습과 평가를 반복 수행하게 될 것입니다.

범주	학습 데이터셋	검증 데이터셋	테스트 데이터셋
가중치 파라미터	결정	검증	검증
하이퍼파라미터		결정	검증
알고리즘			결정

▶ 테스트 데이터셋을 활용한 평가 수행

이와 같이 모델 성능 개선 작업이 종료되고 나면 테스트 데이터셋을 활용하여 평가를 수행함으로써 진정한 모델(또는 알고리즘)의 성능을 공정하게 평가할 수 있습니다.

6 배포

이제 알고리즘이 실전에 투입될 준비가 되었다고 판단되면 본격적으로 배포 과정에 들어가게 됩니다. 이번 실습에서 배포를 위한 추론 코드는 손쉬운 시각화를 위해서 주피터 노트북을 통해 구현하겠습니다. 주피터 노트북에 함수 형태로 기능별로 나누어 잘 구현하면 실무 환경에서는 이 함수들을 별도의 스크립트 파일에 구현하는 형태로 활용할 수 있을 것입니다.

15.3 실습 소개

본격적인 실습에 앞서 어떤 내용을 구현할지에 대해 알아봅시다.

① 모델 구조 설계

우리는 MNIST 분류기를 만들 것입니다. 따라서 모델은 28×28 크기의 이미지를 펼쳐진 784 차원의 벡터로 입력받아 각 숫자 클래스별 확률 값을 반환해야 합니다. 다음은 우리가 구현할 모델의 구조를 그림으로 나타낸 것입니다.

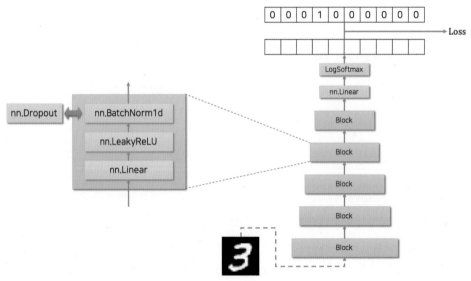

▶ **MNIST 분류기 구현 모델의 구조**

반복되는 계층을 쌓아 구현할 것이기 때문에 반복되는 부분을 깔끔하게 블록block 클래스로 정의하고 쌓아 올릴 것입니다. 하나의 블록 내에는 선형 계층과 비선형 활성 함수인 리키렐루 그리고 정규화를 위한 배치정규화 계층이 차례대로 들어가 있습니다. 기본값은 배치정규화 계층이지만 사용자의 필요에 따라 드롭아웃으로 대체하여 사용할 수 있도록 구현해 놓을 것입니다. 이후에는 분류를 위해 클래스 개수(MNIST의 경우에는 10차원)만큼의 차원으로 변환하는 선형 계층과 로그소프트맥스 함수를 배치할 것입니다.

이렇게 하면 모델은 각 클래스(MNIST의 경우에는 0부터 9까지의 숫자)별 로그 확률 값을 뱉어낼 것이고 이것을 정답 원 핫 벡터와 비교하면 손실 값을 계산할 수 있습니다. 이때 그냥 소프트맥스 함수가 아닌 로그소프트맥스 함수를 활용했기 때문에 손실 값 계산을 위해서 NLL 손실 함수를 사용해야 합니다.

흥미로운 점은 이 모델을 구현할 때 우리가 풀고자 하는 MNIST와 연관된 하드코딩을 거의 하지 않을 것이므로 이 모델이 MNIST 이외의 분류 문제에도 바로 적용 가능할 것이라는 것입니다. 따라서 만약 다른 문제에 바로 코드를 적용하고자 한다면 데이터 로더 부분만 수정하면 거의 그대로 동작할 것입니다. 이와 같이 애초에 구현 단계에서 최소한의 수정으로 최대한 재활용과 확장이 가능하도록 설계하고 구현하는 것이 매우 중요합니다. 또한 이를 위해서 각 기능의 모듈이 잘 나뉘어 독립적으로 구현되어 있어야 합니다.

2 학습 과정

심층신경망을 학습하기 위한 과정은 다음 그림과 같습니다.

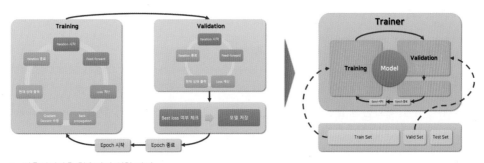

▶ 심층신경망을 학습하기 위한 과정

오른쪽 그림과 같이 학습/검증/테스트 데이터셋으로 구성된 데이터를 트레이너 모듈에 넣어주어 모델을 학습할 것입니다. 이때 학습을 위한 전체 n_epochs만큼의 반복이 진행될 것이고, 이것은 왼쪽 그림의 맨 바깥쪽 싸이클로 표현되어 있습니다. 하나의 에포크는 학습을 위한 부분과 검증을 위한 부분으로 나누어져 있을 것입니다. 학습과 검증은 각각 미니배치별로 이터레이션을 위한 반복문으로 구현되어 있을 텐데 이중 학습 과정에서는 손실 계산 후 역전파와 경사하강법을 통한 가중치 파라미터 업데이트 과정이 포함되어 있을 것입니다.

이 과정을 구현할 때 MNIST 분류 또는 상기한 모델과 직접적으로 연관되어 있는 부분은 하드코딩을 통해 구현하지 않으므로 트레이너 코드는 다른 문제나 다른 모델 구조를 학습할 때에도 활용 가능합니다. 더욱이 손실 함수도 사용자로부터 따로 입력받아 계산하도록 한다면 분류 문제뿐만 아니라 회귀 문제에도 적용 가능할 수도 있을 것입니다.

학습 과정을 수식으로 표현

앞에서 소개한 모델 학습 과정을 수식으로 표현하면 다음과 같습니다. 우리는 N개의 입출력 쌍을 모아 데이터셋을 구축합니다.

$$\mathcal{D} = \{(x_i, y_i)\}_{i=1}^{N},$$
$$\text{where } x \in [0,1]^{N \times (28 \times 28)} \text{ and } y \in \{0,1\}^{N \times 10}.$$

이때 **입력 샘플의 경우 28×28 크기의 이미지를 변환하여 784차원의 벡터로 만들어주는 것에 주의해주세요.** 또한 정답 출력 벡터는 클래스의 인덱스를 나타내는 10차원의 원 핫 벡터입니다. 그러면 가중치 파라미터 θ를 갖는 모델 f_θ를 통해 f^*를 근사계산하고자 합니다. 이때 이 문제를 확률 문제로 접근할 수 있습니다. 따라서 **모델 f_θ의 출력 벡터 $\hat{y}$은 각 클래스별 로그 확률 값이 담겨있는 벡터라고 볼 수 있는데 로그소프트맥스 함수를 활용하여 구현**할 수 있습니다.

$$\log P_\theta(\cdot | x_i) = \hat{y}_i = f_\theta(x_i)$$

그럼 이제 손실 함수를 정의해볼 수 있습니다. 손실 함수는 NLL 손실 함수를 통해 구현할 수 있습니다. 다만 NLL 손실 함수를 직접 구현할 필요 없이 파이토치에서 제공하는 nn.NLLLoss 클래스를 활용하면 됩니다.

$$\begin{aligned}\mathcal{L}(\theta) &= -\frac{1}{N}\sum_{i=1}^{N}\log P(\text{y}=y_i | \text{x}=x_i; \theta) \\ &= -\frac{1}{N}\sum_{i=1}^{N}y_i^\top \cdot \hat{y}_i\end{aligned}$$

이렇게 정의된 손실 함수를 최소화하는 입력 파라미터를 찾게 되면 우리가 원하는 f^*를 잘 근사계산하는 가중치 파라미터가 될 것입니다.

$$\hat{\theta} = \operatorname*{argmin}_{\theta \in \Theta} \mathcal{L}(\theta)$$

이러한 최소화 작업을 수행하기 위해서 경사하강법을 통해 파라미터를 업데이트하여 손실 값을 최소화하는 가중치 파라미터를 점진적으로 찾을 수 있습니다.

$$\theta \leftarrow \theta - \eta \cdot \frac{\partial \mathcal{L}(\theta)}{\partial \theta}$$

이 수식들이 어떻게 실제 코드로 구현되는지 이 절을 통해 주의 깊게 살펴보기 바랍니다.

3 파일 구조

앞에서 머신러닝 프로젝트의 파일 구조에 대해 설명했었죠? 이 실습 프로젝트의 파일 구조도 그때의 설명과 대동소이합니다.

파일명	설명
model.py	nn.Module을 상속받아 모델 클래스를 정의
predict.ipynb	학습이 완료된 모델 피클 파일을 불러와 샘플을 입력받아 추론 수행
train.py	사용자가 학습을 진행하기 위한 진입 지점
trainer.py	모델 객체와 데이터를 받아 실제 학습 이터레이션을 수행하는 클래스를 정의
utils.py	프로그램 내에서 공통적으로 활용되는 모듈을 모아 놓은 스크립트

▶ 머신러닝 프로젝트 파일 구조

지금은 일단 굉장히 작은 프로젝트라 이 파일들 전부를 한 디렉터리 내에 위치하게 할 것이지만 나중에 프로젝트 규모가 커지고 파일이 많아진다면 디렉터리 구조를 추가하여 좀 더 효율적으로 관리해야 합니다. 예를 들어 현재의 선형 계층을 활용한 모델 이외에도 다른 신경망 구조를 활용한 모델들(e.g. 순환신경망RNN 또는 컨볼루션신경망CNN)이 추가될 수 있습니다.

4 실습 파일 위치

이번 실습의 파일은 깃허브 레포(https://github.com/kh-kim/deep_learning_book_
exercise) 내의 다음 위치에서 볼 수 있습니다.

```
./15-practical_exercise/
```

이 책에서는 지면 관계상 중요한 부분만 설명할 것입니다. 좀 더 깊은 이해를 위해서 전체 코드
를 꼭 참고해주세요.

실습
분류기 모델 구현하기

이 장에서는 분류기^{classifier} 모델 클래스를 정의하도록 하겠습니다. 앞서 설명하였듯이 반복되는 형태를 블록으로 만들어 크기만 다르게 한 후에 필요한 만큼 쌓을 수 있도록 구현할 것입니다. 먼저 블록을 서브 모듈^{sub-module}로 넣기 위해 클래스로 정의합니다.

```python
class Block(nn.Module):

    def __init__(self,
                 input_size,
                 output_size,
                 use_batch_norm=True,
                 dropout_p=.4):
        self.input_size = input_size
        self.output_size = output_size
        self.use_batch_norm = use_batch_norm
        self.dropout_p = dropout_p

        super().__init__()

        def get_regularizer(use_batch_norm, size):
            return nn.BatchNorm1d(size) if use_batch_norm else
nn.Dropout(dropout_p)

        self.block = nn.Sequential(
            nn.Linear(input_size, output_size),
            nn.LeakyReLU(),
            get_regularizer(use_batch_norm, output_size),
        )

    def forward(self, x):
        # |x| = (batch_size, input_size)
        y = self.block(x)
        # |y| = (batch_size, output_size)
```

```
        return y
```

하나의 블록은 nn.Linear 계층, nn.LeakyReLU 활성 함수, nn.BatchNorm1d 계층 또는 nn.Dropout 계층 이렇게 3개로 이루어져 nn.Sequential에 차례대로 선언되어 있는 것을 볼 수 있습니다.

눈여겨보아야 할 점은 get_regularizer 함수를 통해 use_batch_norm이 True이면 nn.BatchNorm1d 계층을 넣어주고, False이면 nn.Dropout 계층을 넣어준다는 것입니다. 이렇게 선언된 nn.Sequential은 self.block에 지정되어 forward 함수에서 피드포워드가 되도록 간단히 구현됩니다.

모델은 이렇게 선언된 블록을 반복해서 재활용할 수 있습니다. 다음 코드는 최종 모델로써 앞에서 선언된 블록을 재활용하여 아키텍처를 구성하도록 되어 있습니다. 참고로 이 모델은 이후에 작성할 코드에서 MNIST 데이터를 28×28이 아닌 784차원의 벡터로 잘 변환했을 거라고 가정했습니다. 따라서 추후에 잊지 말고 올바른 데이터를 넣어주도록 구현해주어야 합니다.

```python
class ImageClassifier(nn.Module):

    def __init__(self,
                 input_size,
                 output_size,
                 hidden_sizes=[500, 400, 300, 200, 100],
                 use_batch_norm=True,
                 dropout_p=.3):

        super().__init__()

        assert len(hidden_sizes) > 0, "You need to specify hidden layers"

        last_hidden_size = input_size
        blocks = []
```

```
        for hidden_size in hidden_sizes:
            blocks += [Block(
                last_hidden_size,
                hidden_size,
                use_batch_norm,
                dropout_p
            )]
            last_hidden_size = hidden_size

        self.layers = nn.Sequential(
            *blocks,
            nn.Linear(last_hidden_size, output_size),
            nn.LogSoftmax(dim=-1),
        )

    def forward(self, x):
        # |x| = (batch_size, input_size)
        y = self.layers(x)
        # |y| = (batch_size, output_size)

        return y
```

마찬가지로 nn.Sequential을 활용하여 블록을 필요한 만큼 쌓도록 합니다. 여기에서 클래스 선언 시에 입력받은 hidden_sizes를 통해 필요한 블록의 개수와 각 블록의 입출력 크기를 알 수 있습니다. 따라서 hidden_sizes를 활용하여 for 반복문 안에서 Block 클래스를 선언하여 blocks라는 리스트에 넣어줍니다. 이렇게 채워진 blocks를 nn.Sequential에 바로 넣어주고 이어서 각 클래스별 로그 확률 값을 표현하기 위한 nn.Linear와 nn.LogSoftmax를 넣어줍니다. 이후 self.layers에 선언한 nn.Sequential 객체를 넣어주어 forward 함수에서 피드포워드하도록 구현하였음을 확인할 수 있습니다. 앞의 수식과 그림으로 설명한 모델이 어떻게 코드로 구현되는지 잘 살펴보세요.

이제 데이터를 로딩하는 부분을 구현해봅시다. 다행히도 파이토치에는 MNIST를 쉽게 로딩할 수 있도록 코드를 제공하고 있습니다. 따라서 MNIST 파일을 직접 손으로 다운로드해서 코드상에 경로를 지정하여 읽어오는 일 따위는 하지 않아도 됩니다. 다음 함수는 MNIST를 로딩하는 함수입니다.

```python
def load_mnist(is_train=True, flatten=True):
    from torchvision import datasets, transforms

    dataset = datasets.MNIST(
        '../data', train=is_train, download=True,
        transform=transforms.Compose([
            transforms.ToTensor(),
        ]),
    )

    x = dataset.data.float() / 255.
    y = dataset.targets

    if flatten:
        x = x.view(x.size(0), -1)

    return x, y
```

x와 y에는 이미지 데이터와 이에 따른 클래스 레이블이 담겨있을 것입니다. 다만 x의 경우 원래 28×28 이므로 flatten이 True일 때 view 함수를 통해 784차원의 벡터로 바꿔주는 것을 볼 수 있습니다. 또한, 원래 **각 픽셀은 0에서 255까지의 그레이 스케일 데이터이기 때문에 이를 255로 나누어서 0에서 1사이의 데이터로** 바꿔주는 부분도 눈여겨보세요.

앞서 설명한 대로 MNIST는 본래 60,000장의 학습 데이터와 10,000장의 테스트 데이터로 나누어져 있습니다. 따라서 60,000장의 학습 데이터를 다시 학습 데이터와 검증 데이터로 나누는 작업을 수행해야 합니다. 다음의 함수는 해당 작업을 수행합니다.

```python
def split_data(x, y, train_ratio=.8):
    train_cnt = int(x.size(0) * train_ratio)
    valid_cnt = x.size(0) - train_cnt

    # Shuffle dataset to split into train/valid set.
    indices = torch.randperm(x.size(0))
    x = torch.index_select(
        x,
        dim=0,
        index=indices
    ).split([train_cnt, valid_cnt], dim=0)
    y = torch.index_select(
        y,
        dim=0,
        index=indices
    ).split([train_cnt, valid_cnt], dim=0)

    return x, y
```

이제 앞에서 작성한 모델 클래스의 객체를 학습하기 위한 트레이너 클래스를 살펴볼 차례입니다. 클래스의 각 메서드(함수)를 살펴보도록 하겠습니다. 다음은 클래스의 가장 바깥에서 실행될 train 함수입니다.

```python
def train(self, train_data, valid_data, config):
    lowest_loss = np.inf
    best_model = None

    for epoch_index in range(config.n_epochs):
        train_loss = self._train(train_data[0], train_data[1], config)
        valid_loss = self._validate(valid_data[0], valid_data[1], config)

        # You must use deep copy to take a snapshot of current best weights.
        if valid_loss <= lowest_loss:
            lowest_loss = valid_loss
            best_model = deepcopy(self.model.state_dict())

        print("Epoch(%d/%d): train_loss=%.4e  valid_loss=%.4e  lowest_loss=%.4e" % (
            epoch_index + 1,
            config.n_epochs,
            train_loss,
            valid_loss,
            lowest_loss,
        ))

    # Restore to best model.
    self.model.load_state_dict(best_model)
```

앞에서 코드를 살펴보기 전 그림을 통해 전체 과정을 설명을 했었습니다. 그때 학습과 검증 등을 아우르는 큰 루프loop가 있었고 학습과 검증 내의 작은 루프가 있었습니다.

train 함수 내의 for 반복문은 큰 루프를 구현한 것입니다. 따라서 내부에는 self._train 함수와 self._validate 함수를 호출하는 것을 볼 수 있습니다.

그리고 곧이어 검증 손실 값에 따라 현재까지의 모델을 따로 저장하는 과정도 구현되어 있습니다. 현재까지의 최고 성능 모델을 best_model 변수에 저장하기 위해서 state_dict라는 함수를 사용하는 것을 볼 수 있는데 이 state_dict 함수는 모델의 가중치 파라미터 값을 json 형태로 변환하여 리턴합니다. 이 json 값의 메모리를 best_model에 저장하는 것이 아니라 값 자체를 새로 복사하여 best_model에 할당하는 것을 볼 수 있습니다.

그리고 학습이 종료되면 best_model에 저장된 가중치 파라미터 json 값을 load_state_dict를 통해 self.model에 다시 로딩합니다. 이 마지막 라인을 통해서 학습 종료 후 오버피팅이 되지 않은 가장 좋은 상태의 모델로 복원할 수 있게 됩니다.

이번에는 _train 함수를 살펴봅니다. 이 함수는 한 이터레이션의 학습을 위한 for 반복문을 구현했습니다.

```python
def _train(self, x, y, config):
    self.model.train()

    x, y = self._batchify(x, y, config.batch_size)
    total_loss = 0

    for i, (x_i, y_i) in enumerate(zip(x, y)):
        y_hat_i = self.model(x_i)
        loss_i = self.crit(y_hat_i, y_i.squeeze())

        # Initialize the gradients of the model.
        self.optimizer.zero_grad()
        loss_i.backward()

        self.optimizer.step()

        if config.verbose >= 2:
            print("Train Iteration(%d/%d): loss=%.4e" % (i + 1, len(x), float(loss_i)))
```

```
        # Don't forget to detach to prevent memory leak.
        total_loss += float(loss_i)

    return total_loss / len(x)
```

함수의 시작 부분에서 잊지 않고 train() 함수를 호출하여 모델을 학습 모드로 전환하는 것을 확인할 수 있습니다. 만약 이 라인이 생략된다면 이전 에포크의 검증 과정에서 추론 모드였던 모델 그대로 학습에 활용될 것입니다. for 반복문은 작은 루프를 담당하고 해당 반복문의 내부는 미니배치의 피드포워드와 역전파 그리고 경사하강법에의한 파라미터 업데이트가 담겨있습니다. 마지막으로 config.verbose에 따라 현재 학습 현황을 출력합니다. config는 가장 바깥의 train.py에서 사용자의 실행 시 파라미터 입력에 따른 설정값이 들어있는 객체입니다. _train 함수의 가장 첫 부분에 _batchify 함수를 호출하는 것을 볼 수 있습니다. 다음 _batchify 함수는 매 에포크마다 SGD를 수행하기 위해 셔플링 후 미니배치를 만드는 과정입니다.

```
def _batchify(self, x, y, batch_size, random_split=True):
    if random_split:
        indices = torch.randperm(x.size(0), device=x.device)
        x = torch.index_select(x, dim=0, index=indices)
        y = torch.index_select(y, dim=0, index=indices)

    x = x.split(batch_size, dim=0)
    y = y.split(batch_size, dim=0)

    return x, y
```

검증 과정에서는 random_split이 필요 없으므로 False로 넘어올 수 있음을 유의하세요. 다음 코드는 검증 과정을 위한 _validate 함수입니다.

```python
def _validate(self, x, y, config):
    # Turn evaluation mode on.
    self.model.eval()

    # Turn on the no_grad mode to make more efficintly.
    with torch.no_grad():
        x, y = self._batchify(x, y, config.batch_size, random_split=False)
        total_loss = 0

        for i, (x_i, y_i) in enumerate(zip(x, y)):
            y_hat_i = self.model(x_i)
            loss_i = self.crit(y_hat_i, y_i.squeeze())

            if config.verbose >= 2:
                print("Valid Iteration(%d/%d): loss=%.4e" % (i + 1, len(x),
float(loss_i)))

            total_loss += float(loss_i)

        return total_loss / len(x)
```

대부분 _train 과 비슷하게 구현되어 있음을 알 수 있습니다. 다만 가장 바깥쪽에 torch.no_grad()가 호출되어 있는 것에 대해 유의하세요.

사용자는 train.py를 통해 다양한 파라미터를 시도하고 모델을 학습할 수 있습니다.
CLI 환경에서 바로 train.py를 호출할 것이며 그러고 나면 train.py의 다음 코드가 실
행될 것입니다.

```python
if __name__ == '__main__':
    config = define_argparser()
    main(config)
```

먼저 define_argparser라는 함수를 통해 사용자가 입력한 파라미터들을 config라는
객체에 저장합니다. 다음 코드는 define_argparser 함수를 정의한 코드입니다.

```python
def define_argparser():
    p = argparse.ArgumentParser()

    p.add_argument('--model_fn', required=True)
    p.add_argument('--gpu_id', type=int, default=0 if torch.cuda.is_
available() else -1)

    p.add_argument('--train_ratio', type=float, default=.8)

    p.add_argument('--batch_size', type=int, default=256)
    p.add_argument('--n_epochs', type=int, default=20)

    p.add_argument('--n_layers', type=int, default=5)
    p.add_argument('--use_dropout', action='store_true')
    p.add_argument('--dropout_p', type=float, default=.3)

    p.add_argument('--verbose', type=int, default=1)
```

```
config = p.parse_args()

return config
```

argparse 라이브러리를 통해 다양한 입력 파라미터들을 손쉽게 정의하고 처리할 수 있습니다. train.py와 함께 주어질 수 있는 입력들은 다음과 같습니다.

파라미터 이름	설명	기본 설정값
model_fn	모델 가중치가 저장될 파일 경로	없음. 사용자 입력 필수
gpu_id	학습이 수행될 그래픽카드 인덱스 번호 (0부터 시작)	0 또는 그래픽 부재 시 −1
train_ratio	학습 데이터 내에서 검증 데이터가 차지할 비율	0.8
batch_size	미니배치 크기	256
n_epochs	에포크 개수	20
n_layers	모델의 계층 개수	5
use_dropout	드롭아웃 사용 여부	False
dropout_p	드롭아웃 사용 시 드롭 확률	0.3
verbose	학습 시 로그 출력의 정도	1

▶ 다양한 입력 파라미터

model_fn 파라미터는 required=True가 되어 있으므로 실행 시 필수적으로 입력되어야 합니다. 이외에는 디폴트 값이 정해져 있어서 사용자가 따로 지정해주지 않으면 디폴트 값이 적용됩니다. 만약 다른 알고리즘의 도입으로 이외에도 추가적인 하이퍼파라미터의 설정이 필요하다면 add_argument 함수를 통해 프로그램이 입력받도록 설정할 수 있습니다. 이렇게 입력받은 파라미터들은 다음과 같이 접근할 수 있습니다.

```
config.model_fn
```

앞서 모델 클래스를 정의할 때 hidden_sizes라는 리스트를 통해 쌓을 블록들의 크기를 지정할 수 있었습니다. 사용자가 블록 크기들을 일일이 지정하는 것은 어쩌면 번거로운 일이 될 수 있기 때문에, 사용자가 모델의 계층 개수만 정해주면 자동으로 등차수열을 적용하여 hidden_sizes를 구해봅시다. 다음의 get_hidden_sizes 함수는 해당 작업을 수행합니다.

```python
def get_hidden_sizes(input_size, output_size, n_layers):
    step_size = int((input_size - output_size) / n_layers)

    hidden_sizes = []
    current_size = input_size
    for i in range(n_layers - 1):
        hidden_sizes += [current_size - step_size]
        current_size = hidden_sizes[-1]

    return hidden_sizes
```

이제 학습에 필요한 대부분이 구현되었습니다. 이것들을 모아서 학습이 진행되도록 코드를 구현하면 됩니다. 다음의 코드는 앞서 구현한 코드를 모아서 실제 학습을 진행 과정을 수행하도록 구현한 코드입니다.

```python
def main(config):
    # Set device based on user defined configuration.
    device = torch.device('cpu') if config.gpu_id < 0 else torch.device('cuda:%d' % config.gpu_id)

    # Load data and split into train/valid dataset.
    x, y = load_mnist(is_train=True, flatten=True)
    x, y = split_data(x.to(device), y.to(device), train_ratio=config.train_ratio)

    print("Train:", x[0].shape, y[0].shape)
    print("Valid:", x[1].shape, y[1].shape)
```

```python
# Get input/output size to build model for any dataset.
input_size = int(x[0].shape[-1])
output_size = int(max(y[0])) + 1

# Build model using given configuration.
model = ImageClassifier(
    input_size=input_size,
    output_size=output_size,
    hidden_sizes=get_hidden_sizes(input_size,
                                  output_size,
                                  config.n_layers),
    use_batch_norm=not config.use_dropout,
    dropout_p=config.dropout_p,
).to(device)
optimizer = optim.Adam(model.parameters())
crit = nn.NLLLoss()

if config.verbose >= 1:
    print(model)
    print(optimizer)
    print(crit)

# Initialize trainer object.
trainer = Trainer(model, optimizer, crit)

# Start train with given dataset and configuration.
trainer.train(
    train_data=(x[0], y[0]),
    valid_data=(x[1], y[1]),
    config=config
)

# Save best model weights.
torch.save({
    'model': trainer.model.state_dict(),
    'opt': optimizer.state_dict(),
    'config': config,
}, config.model_fn)
```

MNIST에 특화된 입출력 크기를 갖는 것이 아닌 벡터 형태의 어떤 데이터도 입력받아 분류할 수 있도록 input_size와 output_size 변수를 계산하는 것에 주목하세요. **MNIST에 특화된 하드코딩을 제거하였기 때문에 load_mnist 함수가 아닌 다른 로딩 함수로 바꿔치기하면 이 코드는 얼마든지 바로 동작**할 수 있습니다. 사용자로부터 입력받은 설정configuration을 활용하여 모델을 선언한 이후에 아담 옵티마이저와 NLL 손실 함수도 함께 준비합니다. 그리고 트레이너를 초기화한 후 train함수를 호출하여 불러온 데이터를 넣어주어 학습을 시작합니다. 학습이 종료된 이후에는 torch.save 함수를 활용하여 모델 가중치를 config.model_fn 경로에 저장합니다.

① 코드 실행하기

이번 프로젝트는 주피터 노트북이 아닌 파이썬 스크립트로 작성되었기 때문에 CLI 환경(e.g. DOS 커맨드 창)에서 실행할 수 있습니다. train.py에서 argparse 라이브러리를 활용하여 사용자의 입력을 파싱하여 인식할 수 있습니다. 다만, 처음 사용하거나 오랜만에 실행하는 경우 어떤 입력 파라미터들이 가능한지 기억이 나지 않을 수도 있습니다. 그때에는 입력 파라미터 없이 다음과 같이 실행하거나 '--help' 파라미터를 넣어 실행하면 입력 가능한 파라미터들을 확인할 수 있습니다.

```
$ python train.py
usage: train.py [-h] --model_fn MODEL_FN [--gpu_id GPU_ID] [--train_ratio
TRAIN_RATIO] [--batch_size BATCH_SIZE] [--n_epochs N_EPOCHS] [--n_layers N_
LAYERS] [--use_dropout] [--dropout_p DROPOUT_P] [--verbose VERBOSE]
train.py: error: the following arguments are required: --model_fn
```

입력할 파라미터를 정해서 다음과 같이 직접 실행하면 정상적으로 학습이 진행되는 것을 볼 수 있습니다.

```
$ python train.py --model_fn tmp.pth --gpu_id -1 --batch_size 256 --n_epochs
20 --n_layers 5
```

```
Train: torch.Size([48000, 784]) torch.Size([48000])
Valid: torch.Size([12000, 784]) torch.Size([12000])
ImageClassifier(
  (layers): Sequential(
    (0): Block(
      (block): Sequential(
        (0): Linear(in_features=784, out_features=630, bias=True)
        (1): LeakyReLU(negative_slope=0.01)
        (2): BatchNorm1d(630, eps=1e-05, momentum=0.1, affine=True, track_
running_stats=True)
      )
    )
    (1): Block(
      (block): Sequential(
        (0): Linear(in_features=630, out_features=476, bias=True)
        (1): LeakyReLU(negative_slope=0.01)
        (2): BatchNorm1d(476, eps=1e-05, momentum=0.1, affine=True, track_
running_stats=True)
      )
    )
    (2): Block(
      (block): Sequential(
        (0): Linear(in_features=476, out_features=322, bias=True)
        (1): LeakyReLU(negative_slope=0.01)
        (2): BatchNorm1d(322, eps=1e-05, momentum=0.1, affine=True, track_
running_stats=True)
      )
    )
    (3): Block(
      (block): Sequential(
        (0): Linear(in_features=322, out_features=168, bias=True)
        (1): LeakyReLU(negative_slope=0.01)
        (2): BatchNorm1d(168, eps=1e-05, momentum=0.1, affine=True, track_
running_stats=True)
      )
    )
    (4): Linear(in_features=168, out_features=10, bias=True)
    (5): LogSoftmax(dim=-1)
  )
)
```

```
Train: torch.Size([48000, 784]) torch.Size([48000])
Valid: torch.Size([12000, 784]) torch.Size([12000])
ImageClassifier(
  (layers): Sequential(
    (0): Block(
      (block): Sequential(
        (0): Linear(in_features=784, out_features=630, bias=True)
        (1): LeakyReLU(negative_slope=0.01)
        (2): BatchNorm1d(630, eps=1e-05, momentum=0.1, affine=True, track_
running_stats=True)
      )
    )
    (1): Block(
      (block): Sequential(
        (0): Linear(in_features=630, out_features=476, bias=True)
        (1): LeakyReLU(negative_slope=0.01)
        (2): BatchNorm1d(476, eps=1e-05, momentum=0.1, affine=True, track_
running_stats=True)
      )
    )
    (2): Block(
      (block): Sequential(
        (0): Linear(in_features=476, out_features=322, bias=True)
        (1): LeakyReLU(negative_slope=0.01)
        (2): BatchNorm1d(322, eps=1e-05, momentum=0.1, affine=True, track_
running_stats=True)
      )
    )
    (3): Block(
      (block): Sequential(
        (0): Linear(in_features=322, out_features=168, bias=True)
        (1): LeakyReLU(negative_slope=0.01)
        (2): BatchNorm1d(168, eps=1e-05, momentum=0.1, affine=True, track_
running_stats=True)
      )
    )
    (4): Linear(in_features=168, out_features=10, bias=True)
    (5): LogSoftmax(dim=-1)
  )
)
```

```
Adam (
Parameter Group 0
    amsgrad: False
    betas: (0.9, 0.999)
    eps: 1e-08
    lr: 0.001
    weight_decay: 0
)
NLLLoss()
Epoch(1/20): train_loss=1.9761e-01  valid_loss=9.7320e-02  lowest_loss=9.7320e-02
Epoch(2/20): train_loss=8.0091e-02  valid_loss=9.0333e-02  lowest_loss=9.0333e-02
Epoch(3/20): train_loss=5.6217e-02  valid_loss=8.5263e-02  lowest_loss=8.5263e-02
Epoch(4/20): train_loss=4.2374e-02  valid_loss=7.9394e-02  lowest_loss=7.9394e-02
Epoch(5/20): train_loss=3.0406e-02  valid_loss=8.6583e-02  lowest_loss=7.9394e-02
Epoch(6/20): train_loss=2.9545e-02  valid_loss=7.4341e-02  lowest_loss=7.4341e-02
Epoch(7/20): train_loss=2.1318e-02  valid_loss=7.6004e-02  lowest_loss=7.4341e-02
Epoch(8/20): train_loss=2.2078e-02  valid_loss=7.5559e-02  lowest_loss=7.4341e-02
Epoch(9/20): train_loss=1.6825e-02  valid_loss=7.3756e-02  lowest_loss=7.3756e-02
Epoch(10/20): train_loss=1.6661e-02  valid_loss=8.4252e-02  lowest_loss=7.3756e-02
Epoch(11/20): train_loss=1.9243e-02  valid_loss=7.6462e-02  lowest_loss=7.3756e-02
Epoch(12/20): train_loss=1.3275e-02  valid_loss=7.4506e-02  lowest_loss=7.3756e-02
Epoch(13/20): train_loss=1.2972e-02  valid_loss=7.4413e-02  lowest_loss=7.3756e-02
Epoch(14/20): train_loss=1.3329e-02  valid_loss=8.3443e-02  lowest_loss=7.3756e-02
Epoch(15/20): train_loss=1.0855e-02  valid_loss=8.3068e-02  lowest_loss=7.3756e-02
Epoch(16/20): train_loss=1.0555e-02  valid_loss=6.7707e-02  lowest_loss=6.7707e-02
Epoch(17/20): train_loss=7.2489e-03  valid_loss=7.7850e-02  lowest_loss=6.7707e-02
Epoch(18/20): train_loss=7.0233e-03  valid_loss=8.2895e-02  lowest_loss=6.7707e-02
Epoch(19/20): train_loss=1.2123e-02  valid_loss=9.4855e-02  lowest_loss=6.7707e-02
Epoch(20/20): train_loss=1.2536e-02  valid_loss=1.0303e-01  lowest_loss=6.7707e-02
```

만약 주피터 노트북에서 활용해야 한다면 보통 코드에 하이퍼파라미터들을 직접 하드
코딩한 후 실험 때마다 필요한 값으로 일일이 바꿔서 실행해야 했을 것입니다. 그러면
사용자가 필요한 값을 바꿔야 할 때 실수할 수도 있겠죠? 하지만 앞서 본 것처럼 CLI
환경에서 사용자가 train.py를 실행할 때 간단한 입력으로 필요한 파라미터를 주도록
하면 간편하기도 할뿐더러 실수를 줄일 수 있을 것입니다. MNIST 분류기의 성능을 높
이는 것도 중요하지만 이처럼 MNIST 분류기를 좀 더 연구하기 위해 편리한 실험 환경
을 갖추는 것도 매우 중요합니다.

실습
predict.ipynb 구현하기

학습을 마치면 가중치 파라미터가 담긴 파일이 torch.save 함수를 활용하여 피클 형태로 저장되어 있을 것입니다. 그럼 이제 해당 모델 파일을 불러와서 추론 및 평가를 수행하는 코드를 구현해야 합니다. 보통은 train.py처럼 predict.py를 만들어서 일반 파이썬 스크립트로 짤 수도 있지만 좀 더 손쉬운 시각화를 위해 주피터 노트북을 활용하도록 하겠습니다. 만약 단순히 추론만 필요한 상황이라면 predict.py를 만들어 추론 함수를 구현한 후에 API 서버 등에서 랩핑wrapping하는 형태로 구현할 수 있을 것입니다. 다음은 torch.load를 활용하여 torch.save로 저장된 파일을 불러오기 위한 코드입니다.

```python
device = torch.device('cuda') if torch.cuda.is_available() else torch.device('cpu')

def load(fn, device):
    d = torch.load(fn, map_location=device)

    return d['model'], d['config']
```

map_location을 통해서 내가 원하는 디바이스로 객체를 로딩하는 것에 주목하세요. 만약 map_location을 쓰지 않는다면 자동으로 앞서 학습에 활용된 디바이스로 로딩될 것입니다. 같은 컴퓨터라면 크게 상관없지만 만약 다른 컴퓨터일 때 GPU가 없거나 개수가 다르다면 문제가 생길 수 있습니다. 예를 들어 GPU 4개짜리 컴퓨터에서 3번 GPU를 활용해서 학습된 파일인데 추론 컴퓨터에는 0번 GPU까지만 있는 상황이라면 문제가 발생할 것입니다.

다음은 추론을 직접 수행하는 코드를 test 함수로 구현한 모습입니다. eval() 함수를 활용하여 잊지 않고 모델을 추론 모드로 바꿔주었습니다. 또한 torch.no_grad()를 활용하여 효율적인 텐서 연산을 위한 부분도 확인할 수 있습니다.

```
def test(model, x, y, to_be_shown=True):
    model.eval()

    with torch.no_grad():
        y_hat = model(x)

        correct_cnt = (y.squeeze() == torch.argmax(y_hat, dim=-1)).sum()
        total_cnt = float(x.size(0))

        accuracy = correct_cnt / total_cnt
        print("Accuracy: %.4f" % accuracy)

        if to_be_shown:
            plot(x, y_hat)
```

다만 현재 이 코드의 문제점은 미니배치 단위로 추론을 수행하지 않는다는 것입니다. MNIST와 같이 작은 데이터에 대해서는 크게 문제 되지 않을 수도 있지만 만약 테스트 셋이 한 번에 연산하기에 너무 크다면 OOM^Out of Memory 에러가 발생할 것입니다. 이 부분은 for 반복문을 통해 간단하게 구현할 수 있으니 독자분들이 개선해보는 것도 좋은 경험이 될 것입니다. 다음 코드는 앞서 선언한 코드를 불러와서 실제 추론을 수행하는 코드입니다.

```
# Load MNIST test set.
x, y = load_mnist(is_train=False)
# Reshape tensor to chunk of 1-d vectors.
x = x.view(x.size(0), -1)

x, y = x.to(device), y.to(device)
```

```
input_size = int(x.shape[-1])
output_size = int(max(y)) + 1

model_dict, train_config = load(model_fn, device)

model = ImageClassifier(
    input_size=input_size,
    output_size=output_size,
    hidden_sizes=get_hidden_sizes(input_size,
                                  output_size,
                                  train_config.n_layers),
    use_batch_norm=not train_config.use_dropout,
    dropout_p=train_config.dropout_p,
).to(device)

model.load_state_dict(model_dict)

test(model, x, y, to_be_shown=False)
```

load_state_dict는 json 형태의 모델 가중치가 저장된 객체를 실제 모델 객체에 로딩하는 함수입니다. 앞에서 트레이너 코드를 설명할 때에도 사용된 것을 볼 수 있었습니다. 무엇보다 load_state_dict를 사용하기에 전에 ImageClassifer 객체를 먼저 선언하여 model 변수에 할당하는 것을 볼 수 있습니다. 즉, 이렇게 생성된 model 객체는 임의로 초기화random initialized된 가중치 파라미터 값을 가지고 있을 텐데, 이것을 load_state_dict 함수를 통해 학습이 완료된 기존의 가중치 파라미터 값으로 바꿔치기하는 것으로 이해할 수 있습니다.

마지막에 test 함수에 전체 테스트셋을 넣어주어 전체 테스트셋에 대한 테스트 성능을 확인할 수 있습니다. 아래를 보면 10,000장의 테스트셋 이미지에 대해서 98.37%의 정확도로 분류를 수행하는 것을 볼 수 있습니다.

```
Accuracy: 0.9837
```

아직 모델을 거의 튜닝하지 않은 것이기 때문에 검증 데이터셋을 활용하여 하이퍼파라미터 튜닝을 수행한다면 미미하게나마 성능 개선을 할 수도 있을 것입니다.[5] 중요한 점은 오버피팅에 대해 다룰 때 설명한 것처럼 절대로 테스트셋을 기준으로 하이퍼파라미터 튜닝을 수행해선 안된다는 것입니다. 다음은 실제 시각화를 위해서 일부 샘플에 대해 추론 및 시각화를 수행하는 코드와 그 결과를 보여주고 있습니다.

```
n_test = 2
test(model, x[:n_test], y[:n_test], to_be_shown=True)
```

Accuracy: 1.0000

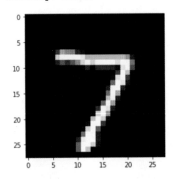

Predict: 7.0

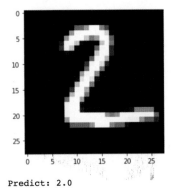

Predict: 2.0

----

5 이미 성능이 100%에 가깝기 때문에 성능 개선이 매우 어려울 수도 있습니다.

2개의 샘플에 대해서 정확도 100%가 나오고 시각화된 결과를 눈으로 확인해보았을 때에도 정답을 잘 맞히는 것을 확인할 수 있습니다. 단순히 테스트셋에 대해서 추론 및 정확도 계산만 하고 넘어가기 보다 이처럼 실제 샘플을 뜯어보고 눈으로 확인하면서 틀린 것들에 대한 분석을 해야 합니다. 여러분도 틀린 샘플에 대해서만 시각화를 수행하도록 코드를 직접 수정하여 틀린 샘플을 직접 확인하고 모델 개선을 위한 분석을 수행해보기 바랍니다.

15.9 마치며

이 장에서는 지금까지 배운 내용들을 모두 종합하여 MNIST를 분류하기 위한 프로젝트를 구현해보았습니다. 사실 MNIST 데이터셋은 딥러닝을 처음 접하는 분들이라면 누구나 다 접해봤을 법한 기초 데이터셋이기 때문에 MNIST를 분류하는 코드를 검색해보면 발에 치일 정도로 넘쳐날 것입니다.

다만 거의 문제 해결 자체에만 집중하고 있다 보니 어떻게 효율적으로 문제를 풀기 위한 환경을 구축해야 하는지에 대해서는 알려주지 않는 것이 대부분입니다. 따라서 막상 실무에서 비슷한 업무를 수행하고자 할 때에 어떻게 구현해야 하는지 막막해하는 경우를 많이 봐왔습니다. 그래서 이 장을 통해 지금까지 배운 개념과 지식을 동원하여 실제 업무에 활용하는 사례를 보여주고 싶었습니다.

단순히 주피터 노트북을 활용해서 한 셀씩 코드를 적어나가는 것이 아니라 문제를 해결하기 위한 최적의 알고리즘과 하이퍼파라미터를 연구하고 찾을 수 있는 환경 구축하는 방법을 소개하고자 했습니다. 이와 같이 프로젝트 환경을 구축하게 되면 추후 다른 프로젝트를 수행할 때에도 최소한의 수정을 거쳐 재활용할 수 있게 되며 점점 자신에게 최적화된 형태로 발전시킬 수 있을 것입니다. 정리하면 현재 우리가 구현한 프로젝트는 다음과 같은 요구사항을 반영하고 있습니다.

- 효율적으로 실험을 반복해서 수행할 수 있어야 한다.
- 모델 아키텍처가 바뀌어도 바로 동작할 수 있어야 한다.
- 하이퍼파라미터를 바꿔서 다양한 실험을 돌릴 수 있어야 한다.
- 코드의 일부분이 수정되어도 다른 부분은 큰 수정이 없도록 독립적으로 동작해야 한다.

당연히 이 프로젝트의 형태에도 개선해 나가야 할 점들이 있었을 것입니다. 작게는 코드를 설명하면서 여러분에게 수정해보길 권했던 사항부터 크게는 프로젝트의 구조를 개선하는 사항까지 여러 가지가 있을 수 있을 것입니다. 좀 더 굵직한 사항 중심으로 살펴보면 다음과 같은 개선이 진행되면 좋을 것 같습니다.

AS-IS	TO-BE
데이터 전처리/분할 등을 직접 구현	PyTorch Dataset을 활용하자
여전히 custom for-loop에 의존하고 있음	PyTorch Ignite[6]/ Lightning[7]과 같은 라이브러리를 활용하자

▶ 프로젝트 개선 사항

지금까지 딥러닝의 기초이자 핵심이 되는 기법과 이론에 대해서 대부분 배워보았습니다. 간단한 프로젝트는 한번 시도해보는 것도 나쁘지 않을 것 같습니다. 지금까지는 딥러닝에는 어떤 방법들이 있는지에 대해 살펴보았다면 이제부터 그 방법들이 왜 동작하는지와 좀 더 고도화할 수 있는 방법에 대해서 다루고자 합니다.

6 https://github.com/pytorch/ignite

7 https://github.com/PyTorchLightning/pytorch-lightning

CHAPTER

16

표현 학습

Preview

표현 학습은 특징을 자동으로 추출할 수 있도록 하는 학습 과정을 말합니다. 이 장에서는 표현 학습 관점에서 먼저 특징의 개념에 대해 이해하고 딥러닝을 하기 위해 반드시 배워야 하는 기본 표현 방법 중 하나인 원 핫 인코딩에 대해서도 살펴봅니다. 또한 표현 학습의 대표적인 알고리즘은 오토인코더에 대해서도 배워보도록 하겠습니다.

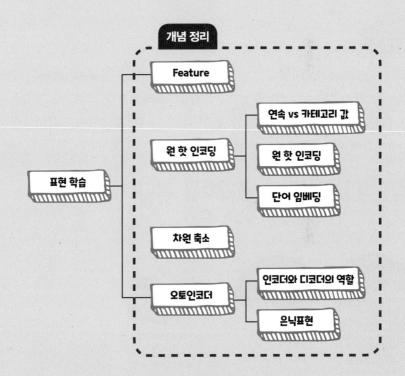

16.1 특징(feature)이란?

이 절에서는 어떻게 딥러닝이 데이터를 학습하는지 이해하기 위해 **특징**feature의 개념에 대해 먼저 말하고자 합니다. 앞에서는 딥러닝을 활용하여 데이터를 학습하고 평가하는 가장 기초적인 방법에 대해 배웠다면 이제부터는 지금까지 배운 내용을 바탕으로 왜 학습이 잘 되는지에 대해 알아봅시다.

1 몽타주

영화나 드라마를 보면 범죄자들을 검거하기 위해 몽타주montage를 활용하는 것을 본 적이 있을 것입니다. 몽타주는 몽타주는 범인의 얼굴을 특정하기 위해 목격자로부터 나온 진술을 바탕으로 나온 특징을 합쳐 만든 것이라고 할 수 있습니다. 이때 범인을 특정하기 위한 좋은 단서와 나쁜 단서에 대해 한 번 생각해봅시다.

▶ 화성연쇄살인사건 용의자의 몽타주

먼저 나쁜 단서들을 떠올려봅시다. 만약 몽타주에 다음 내용들이 적혀 있다면 여러분은 어떻게 느껴지시나요?

- 눈이 두 개
- 귀가 두 개
- 검은색 머리카락

대부분의 사람들은 앞과 같은 특징을 지녔기 때문에 이 단서들로는 용의자를 구별할 수 없습니다. 다음과 같은 단서들은 어떨까요?

- 뺨에 큰 붉은 반점
- 처진 눈
- 긴 갈색 생머리

앞의 특징을 모두 가지고 있는 사람들은 훨씬 수가 적어서 용의자를 특정하기에 더 수월할 것입니다. 이처럼 어떤 사람을 설명하고자 할 때에는 다른 사람과 확연히 구분할 수 있는 특징을 나열하는 것이 좋은 방법이겠죠?

❷ 특징

데이터를 학습하는 시각으로 특징을 살펴봅시다. **모델은 원하는 출력 결과를 도출하는 입력 샘플을 다른 샘플들과 구분해낼 수 있는 능력이 필요합니다.** 따라서 **데이터의 샘플을 잘 나타내는 특징을 추출하고 학습**할 수 있어야 합니다.

앞에서 보았던 몽타주의 예시를 떠올리며 어떤 사람을 특정하여 설명하기 위한 좋은 특징으로 무엇이 있는지 생각해볼까요?

- 연속continuous 값: 나이, 키, 몸무게, 소득
- 카테고리categorical 값: 성별, 직업, 거주지, 출신 학교/학과

앞의 정보가 주어진다면 우리는 어떤 사람에 대해 매우 잘 설명할 수 있을 것입니다. 만약 두 명 이상의 사람들의 데이터가 존재할 때에는 비슷한 특징을 가진 사람끼리 묶을 수도 있을 것입니다.

만약에 '이 사람은 호모사피엔스다'라는 정보가 주어졌다고 가정했을 때 모든 사람은 호모사피엔스라는 종에 속하므로 이 내용을 가지고 어떤 사람을 특정하거나 구분할 수 없습니다. 특정 웹사이트의 아이디는(모든 사람이 아이디를 가지고 있다는 가정하에) 어떨까요? 물론 아이디를 구성하고 있는 영단어 또는 숫자의 의미까지 분석하여 파악한다면 어떤 사람인지 설명할 수 있는 단서를 얻을 수도 있기 때문에 특정할 수도 있지만 아이디만 가지고 정확히 그 사람을 설명하는 데에는 한계가 따릅니다. 또한 아이디는 기본적으로 중복 사용이 불가하기 때문에 모든 사용자 수만큼의 아이디 개수가 필요해서 비슷한 사람끼리 묶는 작업은 수행할 수 없습니다.

머신러닝에서는 어떤 특징을 바탕으로 샘플을 구분할 수 있는지 알아봅시다. MNIST 데이터셋의 예제를 떠올려볼까요? 모델은 데이터 샘플의 숫자를 분류하기 위해서 다음과 같은 정보들이 필요할 것입니다.

- 곧은 선과 휘어진 선이 얼마나 있는가?
- 곧은 선과 휘어진 선들이 서로 어떻게 이어져 있는가?

한 발 더 나아가 같은 숫자 샘플들 중 특정 샘플을 구분하기 위해서는 다음의 정보들도 유용하게 활용될 것입니다.

- 특정 위치의 선이 얼마나 굵은가?
- 특정 위치의 선이 얼마나 기울어져 있는가?

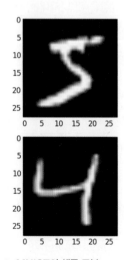

▶ MNIST의 샘플 구분

앞과 같은 특징들이 샘플 구분에 용이하다는 가정하에 각 샘플별로 특징을 수치화해서 모델에게 제공한다면 숫자를 분류하거나 샘플을 구분하는데 유용하게 활용될 것입니다. 만약 앞의 특징들에 대한 가설이 틀렸거나 주요한 어떤 특징을 빠트리게된다면 모델의 성능이 떨어질 수밖에 없습니다. 이때에 기존 머신러닝과 딥러닝 수행 방법의 차이를 확연히 알 수 있습니다.

③ 특징 추출 방법: 머신러닝 vs 딥러닝

전통적인 방식의 머신러닝에서는 주로 사람이 직접 가정을 세우고 특징을 추출하는 방법을 설정합니다. 이를 위해서 데이터를 면밀하게 분석하는 과정을 거쳐야 하고 어떠한 가정에 따라 전처리를 수행하여 특징을 추출할 수 있습니다. 이렇게 추출된 특징을 모델에 넣어 학습을 수행하게 되는데 이러한 방식을 활용할 경우에는 모델의 동작 및 결과 해석을 하기 쉽다는 장점이 있습니다. 하지만 만약 가설의 설정이 잘못되거나 미처 생각하지 못한 특징이 존재할 수 있다는 리스크도 존재합니다.

딥러닝을 활용한 학습 수행의 경우에는 전통적 방식의 머신러닝과 진행 방법이 사뭇 다릅니다. 딥러닝에서는 보통 데이터를 날raw 것의 상태로 넣어줍니다.[1] 그리고 **신경망 모델이 직접 특징을 파악하고 추출하는 과정을 거쳐 분류 또는 회귀를 작업을 수행**합니다. 따라서 이로 인해 구현이 용이하며 사람이 발견할 수 없는 특징들도 활용할 수 있다는 장점이 있습니다. 이러한 속성이 딥러닝이 뛰어난 성능을 보여주는 이유 중 하나일 것입니다. 하지만 단점도 존재합니다. 딥러닝 모델은 내부적으로 스스로 추출하고 가공한 특징을 활용하기 때문에 이를 해석하기 어렵다는 것입니다. 따라서 만약 모델의 성능이 만족스럽지 않을 때에는 원인을 분석하는 데 어려움을 겪을 가능성이 높습니다.

④ 특징 벡터

특징 벡터feature vector는 앞서 살펴보았던 특징들을 모아서 벡터로 표현한 것을 말합니다. 엑셀 파일과 같은 테이블로 구성된 데이터셋tabular dataset의 각 행row도 이에 해당될 수 있습니다.

---

1 숫자들로 이루어진 테이블 데이터(numeric tabular data)의 경우에는 각 특징(열)들 사이의 스케일을 맞춰주기도 합니다.

	키	몸무게	나이	월 소득	집 평수	차 배기량	월 지출
A	175	70	35	430	24	1600	340
B	180	90	32	260	16	0	180

▶ 특징 벡터의 예

각 열column은 벡터가 되면 차원을 이루고 벡터의 각 차원은 어떤 속성에 대한 수치를 나타낼 수 있습니다. 이때 벡터의 각 속성에 대한 수치가 비슷할수록 비슷한 샘플이라고 생각할 수 있을 것입니다. 즉, 특징 벡터를 구성하면 이를 통해 샘플 사이의 거리(유사도)를 계산할 수 있습니다.[2]

----

2 벡터 사이의 유사도 또는 거리를 구하는 방법으로 주로 코사인 유사도(cosine similarity)와 유클리디언 거리(Euclidean distance)를 사용합니다. 두 벡터가 비슷할수록 유사도의 수치는 높아지며 거리의 수치는 낮아집니다.

16.2 원 핫 인코딩

이 절에서는 연속 데이터와 이산 데이터로 구성된 특징들에 대해 알아보고 원 핫 인코딩에 대해 배우도록 하겠습니다.

1 연속 vs 카테고리 값

우리가 다루는 데이터 샘플은 보통 연속 값continuous value과 카테고리 값categorical value 두 가지로 구성됩니다. 연속 값은 보통 키, 몸무게와 같은 실수real number로 표현될 수 있는 값입니다. 카테고리 값은 보통 이산 값이며 단어나 클래스로 표현됩니다. 연속 값과 카테고리 값의 결정적인 차이점이 이습니다. **연속 값은 비슷한 값이라면 서로 비슷하다는 의미를 지니지만, 카테고리 값은 비슷한 값일지라도 서로 상관없다는 의미를 지닙니다.**

아래 예제를 봅시다. 단어는 카테고리 값에 속하면 다음처럼 사전에 넣어 인덱스index 값으로 표현할 수 있습니다.

0	1	2	3	4	5	6	7	8	9	10	11	12	13	14	15
가위	공책	교과서	노트	딱풀	볼펜	색연필	샤프	싸인펜	연필	자	지우개	책상	칼	필기장	필통

우리는 현실 세계에서 볼펜과 연필의 관계가 연필과 자의 관계보다 가깝다고 인식하고 있습니다.

$$distance(연필, 볼펜) < distance(연필, 자)$$

하지만 임의로 부여된 인덱스 값을 놓고 보았을 때 인덱스를 활용하여 계산한 거리는 우리의 상식과 다름을 보여줍니다.

$$|연필 - 볼펜| = 4 > 1 = |연필 - 자|$$

따라서 우리는 카테고리 값을 특징 벡터로 표현할 때에 인덱스 값으로 표기하는 대신 다른 방법을 선택해야 합니다. 만약 그대로 인덱스 값으로 표현한다면 코사인 유사도나 유클리디안 거리에서 이상한 계산이 이루어질 것이기 때문입니다.

② 원 핫 인코딩

이때 사용되는 것이 **원 핫 인코딩**one-hot encoding인데 **크기가 의미를 갖는 정수**integer**로 나타내는 대신에 한 개의 1과 $n-1$개의 0으로 이루어진 n차원의 벡터로 나타내는 방법**을 의미합니다.

	idx	가위	공책	교과서	노트	딱풀	볼펜	색연필	샤프	싸인펜	연필	자	지우개	책상	칼	필기장	필통
공책	1	0	1	0	0	0	0	0	0	0	0	0	0	0	0	0	0
노트	3	0	0	0	1	0	0	0	0	0	0	0	0	0	0	0	0
지우개	11	0	0	0	0	0	0	0	0	0	0	0	1	0	0	0	0

n개의 항목 → n차원

앞의 테이블을 보면 공책은 단순히 인덱스 1로 표현되기 보다 $n=16$ 차원의 벡터로 표현하되 두 번째 차원이 1인 것을 확인할 수 있습니다. 이렇게 구성된 각각의 원 핫 벡터들은 서로 직교orthogonal합니다. 또한 서로 다른 두 벡터 사이의 코사인 유사도는 항상 0이며 유클리디안 거리는 $\sqrt{2}$ 입니다.

이처럼 벡터 대부분의 차원이 0인 경우를 희소 벡터sparse vector라고 부르고 이와 반대되는 개념을 고밀도 벡터dense vector라고 합니다. 앞에서 살펴본 것처럼 희소 벡터의 경우에는 유사도 계산이나 거리 계산을 통해 샘플 사이의 관계를 파악하는 데 어려움을 겪을 수 있습니다. 또한 원 핫 벡터는 희소 벡터의 정점이라고 볼 수 있습니다.

③ 단어 임베딩

자연어 처리는 단어를 데이터로 다루는 대표적인 분야입니다. 따라서 단어를 모델에 입력으로 넣어주기 위해서 어쩔 수 없이 원 핫 인코딩 벡터를 활용해야 합니다. 하지만 단어의 개수는 몇만 개 수준으로 매우 많기 때문에 차원이 커져서 비효율 적이며 원 핫 인코딩을 통해서는 단어 사이의 유사도를 표현할 수 없습니다. 분명히 '빨강'이라는 단어는 '분홍'이라는 단어와 유사한 데 두 관계는 '빨강'과 '파랑' 사이의 관계보다 가깝다는 것을 알 수 없습니다.

이때 필요한 것이 **단어 임베딩**word embedding입니다. 우리는 단어 임베딩 기법[3]을 통해 원 핫 벡터로 표현된 단어를 고밀도 벡터로 표현할 수 있게 됩니다. 다음의 그림처럼 고밀도 벡터로 표현된 단어들은 서로 비슷한 단어끼리 비슷한 값을 지닙니다.

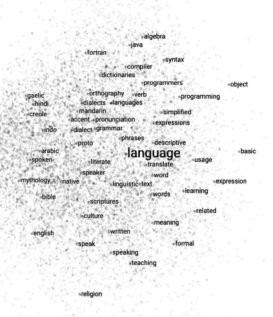

▶ 고밀도 벡터로 표현된 단어

---

3 Word2Vec과 같은 방법을 사용할 수도 있고, 임베딩 계층(embedding layer)을 활용할 수도 있습니다.

16.3 차원 축소

앞에서 특징 벡터와 희소 벡터에 대해서 언급했습니다. 희소 벡터는 차원의 대부분이 0인 벡터를 말하는데 여러 비효율적인 성질을 가지고 있습니다. 이러한 희소 벡터는 우리가 흔히 접할 수 있는데 다음의 그림에 나타난 MNIST의 일부도 일부 희소 벡터의 성질을 가진다고 볼 수 있습니다.

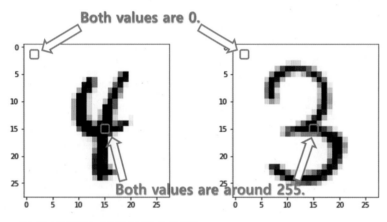

▶ 희소 벡터의 성질을 지닌 일부 MNIST의 샘플

글씨가 존재하는 부분은 255에 가까운 값을 가지게 되고 빈 공간은 0으로 표시되고 있기 때문에 그림을 한 줄씩 잘라 이어붙여 벡터로 만든다면 많은 차원이 0을 갖는 벡터가 될 것입니다. 특히 글씨는 굉장히 전형적인 위치에 존재합니다. 그렇기 때문에 그림의 좌상단 끝에 위치하는 픽셀은 거의 항상 0을 가리키게 될 것입니다. 다시 말해 MNIST 데이터의 샘플들이 존재하는 $28 \times 28 = 784$ 차원 공간의 대부분은 비어있고, 일부 영역에만 샘플이 존재하고 있다고 볼 수 있습니다. 예를 들어, 좌상단 첫 번째 픽셀은 없어져도 샘플들을 분류하는 데에는 전혀 지장이 없습니다. 그럼 굳이 784차원의 공간에서 이 데이터를 표현할 필요가 있을까요?

☐ 선형 차원 축소: 주성분분석(PCA)

앞에서 언급한 의문점을 해결하기 등장한 방법이 바로 주성분분석^{Principal Component Analysis, PCA}입니다. PCA는 가장 널리 사용되는 차원 축소 방법 중의 하나로 고차원의 공간에 샘플들이 분포하고 있을 때 분포를 잘 설명하는 새로운 축axis를 찾아내는 과정을 말합니다. 이를 통해 선형 차원 축소linear dimension reduction를 수행할 수 있습니다. **차원 축소를 수행하면 앞과 같이 희소한 벡터들이 존재할 때 좀 더 밀도 높은 표현의 벡터로 나타낼 수 있게 됩니다.**

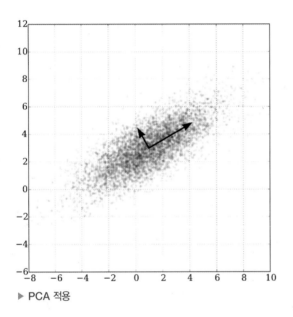

▶ PCA 적용

다음의 그림과 같이, 주어진 데이터 샘플들에 대해 두 가지 조건을 만족하는 축을 찾아 해당 축에 샘플을 투사projection하면 낮은 차원의 샘플로 변환이 가능합니다.

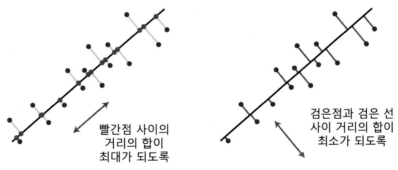

빨간점 사이의
거리의 합이
최대가 되도록

검은점과 검은 선
사이 거리의 합이
최소가 되도록

▶ 낮은 차원의 샘플로 변환

이때 새롭게 찾아낸 축에 투사된 샘플들의 분산이 클수록 샘플들 사이의 특징을 잘 표현할 수 있으며, 투사하는 거리가 작아질수록 잃어버리는 정보가 줄어들게 됩니다. PCA를 통해 성공적인 차원 축소를 수행하면 다음의 그림과 같이 두 그룹을 분리하는 경계선^{dicision boundary}도 성공적으로 찾아낼 수 있을 것입니다.

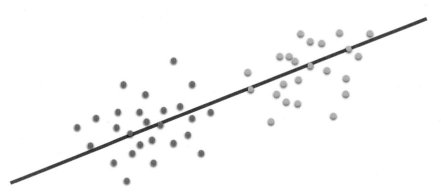

▶ 두 그룹을 분리하는 경계선 확인

다만, PCA는 선형적으로 차원 축소를 수행하기 때문에 다음의 그림처럼 비선형적인 경계선을 갖는 경우에는 PCA를 통해 분류를 잘 수행할 수 없습니다. 이러한 케이스를 해결하기 위해서 선형 차원 축소를 뛰어넘어 비선형 차원 축소를 도입해야 합니다.

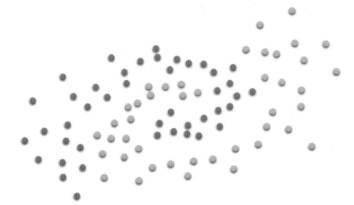

▶ 비선형적인 경계선을 가지는 경우

16.4 오토인코더

앞에서 우리는 선형 차원 축소에 대해 살펴보았습니다. 선형 차원 축소를 통해 얻어진 특징 벡터는 비선형 데이터의 특징을 잘 표현하지 못한다는 단점이 존재합니다. 이를 해결하기 위해 비선형 차원 축소를 수행할 수 있는 방법 중 하나인 **오토인코더**autoencoder가 있습니다. **오토인코더는 비선형 차원 축소를 수행할 수 있도록 하는 심층신경망입니다.[4]**

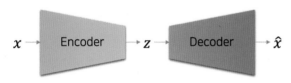

▶ 오토인코더

오토인코더는 인코더encoder와 디코더decoder로 구성되어 있으며 인코더를 통해 데이터의 차원 축소와 복원을 수행합니다. 이 과정은 마치 압축과 해제와 같아서 인코더는 최대한 입력 샘플의 정보를 보존하도록 손실 압축을 진행하고, 디코더는 인코더의 중간 결과물을 받아 입력 샘플과 같아지도록 압축 해제를 수행합니다. 결과적으로 복원을 성공적으로 진행하기 위해서 오토인코더는 학습 데이터의 특징을 추출하는 방법을 자동으로 학습하게 됩니다. 참고로 오토인코더는 입력 샘플 x와 출력 벡터 $\hat{x}$의 MSE 손실을 최소화하도록 학습합니다.

1 인코더와 디코더의 역할

인코더는 고차원의 입력을 받아 복원에 필요한 정보를 중심으로 손실 압축을 진행합니다. 그러므로 인코더가 뱉어낸 중간 결과물 z는 입력 샘플보다 낮은 차원의 벡터입니다. 만약 정보량에 비해 차원이 충분히 크다면 손실되는 정보가 적어질 것이고 반대로 차원이 작다면 손실되는 정보가 많아질 것입니다. 인코더는 효율적인 압축을 수행하기 위해서 중요한 특징이 무엇인지 자

---

4 만약 비선형활성함수를 제거한다면 PCA와 똑같이 동작합니다.

동으로 파악하고 뻔한 정보는 버릴 것입니다. 예를 들어 MNIST 데이터셋의 경우 좌상단 첫 번째 픽셀의 경우 항상 글씨가 존재하지 않으므로 MNIST 데이터 샘플을 표현하는 데 있어 해당 픽셀에 대한 정보는 필요하지 않습니다.

인코더와 디코더 사이의 병목^{bottleneck} 구간에 존재하는 인코더의 중간 결과물 z는 입력 샘플을 최대한 보존하고 있습니다. 따라서 디코더는 주어진 중간 결과물 벡터를 활용하여 입력 샘플을 최대한 복원할 수 있을 것입니다. 이 과정에서 중간 결과물 벡터는 효율적인 압축을 수행해야 하므로 자연스럽게 고밀도 벡터로 표현됩니다. 또한 중간 결과물 벡터 또한 입력 샘플에 대한 특징 벡터라고 볼 수 있습니다.[5]

2 은닉 표현

이렇게 얻어진 중간 결과물 벡터 z를 입력 샘플 x에 대한 **은닉 표현**$^{hidden(latent)\ representation}$이라고 부릅니다. 그리고 해당 벡터가 존재하는 공간을 은닉 공간$^{hidden(latent)\ space}$이라고 부릅니다. 다음 그림은 MNIST 데이터셋을 은닉 공간에 표현한 것입니다. 여기에서 각각의 색깔은 특정 숫자를 의미합니다.[6]

▶ 은닉 공간에 표현된 **MNIST** 데이터셋

....

5 입력 샘플에 대한 임베딩 벡터(embedding vector)라고 부르기도 합니다.
6 은닉 공간의 벡터 분포는 학습할 때마다 딥러닝의 학습의 성질 때문에 랜덤하게 바뀌게 됩니다.

기존의 특징 벡터들은 각 차원별로 수치가 의미하는 것이 있었습니다. 예를 들어 MNIST 샘플 벡터의 첫 번째 차원은 좌상단 첫 번째 픽셀의 글씨 존재 유무를 수치로 표현한 것이라고 봐도 될 것입니다. 그렇다면 은닉 벡터의 각 차원은 무엇을 의미할까요? 아쉽게도 우린 알 수 없습니다. 그러므로 은닉이라는 이름이 붙여진 것입니다. 다만 앞의 그림에서 볼 수 있듯이 각 차원이 의미하는 바는 해석할 수 없지만 비슷한 특징을 갖는 샘플들이 비슷한 값을 갖는 것을 알 수 있습니다.

은닉 벡터는 원하는 출력을 뱉어내는 데 필요한 정보를 해당 모델만 알고 있는 방법으로 감춰놓고 있습니다. 이것은 꼭 오토인코더와 같이 입력 샘플을 똑같이 복원하는 데에만 적용되는 것이 아니라 분류와 같은 문제에도 적용됩니다. 예를 들어 MNIST 샘플의 숫자를 분류한다는 관점에서도 필요한 정보는 분명히 존재할 것입니다. 그렇다면 MNIST 분류 모델 중간 계층의 중간 결과물 벡터는 분류에 필요한 정보를 꼭 담고 있어야 합니다. 물론 비록 분류를 위한 정보는 샘플을 똑같이 복원을 위한 정보보다 훨씬 적을 것입니다. 그리고 해당 중간 결과물 벡터는 아마도 입력 샘플보다 훨씬 작은 차원으로 표현되고 있을 것입니다. 따라서 해당 중간 결과물 벡터도 당연히 입력 샘플에 대한 특징 벡터라고 볼 수 있으며 은닉 벡터라고도 할 수 있습니다.

다음 그림이 이것을 잘 표현해주고 있습니다.

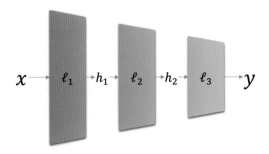

▶ 은닉 벡터

앞의 그림에선 3개의 계층이 존재하고 2개의 은닉 표현 h_1, h_2가 존재하는 것을 볼 수 있습니다. 또한 입력 벡터 x의 차원 크기에 비해 은닉 표현이 출력에 가까워질수록 더 작아지는 것을 볼 수 있습니다. 보통은 이처럼 입력에 비해 더 작거나 비슷한 차원을 활용하여 데이터의 비선형 관계를 풀어내도록 모델의 구조를 설계합니다. 따라서 오토인코더의 병목 구간처럼 $x \rightarrow y$ 관계를 예측하는 데 필요한 정보를 추출할 수 있도록 신경망의 중간 계층들이 학습될 것입니다.

표현 학습 관점에서 딥러닝은 입력 데이터를 기반으로 기댓값에 가깝게 만드는 표현을 학습하는 것이라고 볼 수 있습니다. 다르게 표현하면 앞서 말했던 것처럼 날 것의 데이터에서 특징을 추출하여 특징 벡터로 추출하는 과정을 통해 학습을 진행하는 것이라고 할 수 있습니다. 특히 원 핫 인코딩은 자연어 처리에서 많이 사용되는 기법입니다. 또한 이 장에서 설명했던 특징 벡터 추출 과정 원리를 잘 이해한다면 나중에 모델 설계에 있어 많은 도움이 될 것입니다.

요약

- **특징**
  - 좋은 특징이란 모델이 원하는 출력 결과를 뱉어내기 위해 해당 출력을 지니는 입력 샘플들을 다른 샘플들로부터 구분해낼 수 있는 특징을 말함
  - 모델은 데이터의 샘플을 잘 설명하는 특징을 추출하고 학습할 수 있어야 함
  - 기존 머신러닝은 사용자가 가정을 세우고 직접 뽑아낸 특징hand-crafted feature을 활용하여 모델이 패턴을 인식
  - 딥러닝은 날raw 것의 데이터에서 모델이 직접 특징을 추출하여 학습을 수행

- **원 핫 인코딩**
  - 연속 값과 카테고리 값의 결정적인 차이점으로 연속 값은 비슷한 값이라면 서로 비슷하다는 의미를 지니지만 카테고리 값은 비슷한 값일지라도 서로 상관없다는 의미를 가짐
  - 원 핫 인코딩은 카테고리 값을 표현하기 위한 방법
  - 크기가 의미를 갖는 정수integer로 나타내는 방법 대신, 한 개의 1과 $n-1$개의 0으로 이루어진 n차원의 벡터를 통해 표현

- **은닉 표현**
  - 잠재 표현latent representation이라고 부르기도 함
  - 심층신경망의 내부 계층이 데이터를 잘 설명할 수 있도록 출력 차원인 저차원의 공간으로 비선형 변환을 하는 과정에서 얻어지는 결과물
  - 비슷한 성격의 샘플들은 비슷한 은닉 표현을 가지고 있을 가능성이 높음
  - 은닉 표현이 어떠한 의미를 지니는지 해석하는 것은 매우 어려움

CHAPTER

17

확률론적 관점

이 책의 초반부에서 우리는 머릿속의 어떤 함수를 근사계산하고자 하는 것이 목표라고 했었습니다. 이 함수는 비선형 함수일 가능성이 높기 때문에 심층신경망을 통해 근사계산을 수행하게 됩니다. 따라서 경사하강법과 역전파 방법을 통해 심층신경망을 학습시키는 방법에 대해 배웠습니다. 이제는 좀 더 생각을 확장시켜야 할 때입니다. 이 장에서는 확률론적 관점에서 신경망을 학습하는 과정에 대해 알아보도록 하겠습니다.

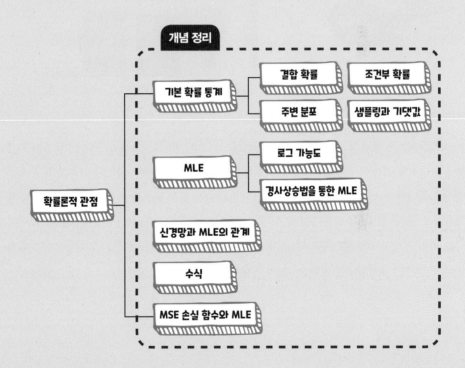

17.1 들어가며

세상은 사실 확률에 기반한다고 볼 수 있습니다. 예를 들어 다음 그림을 보고 토끼와 오리 중 무엇인지 물어본다면 모두 각기 판단에 따른 대답을 할 것입니다.

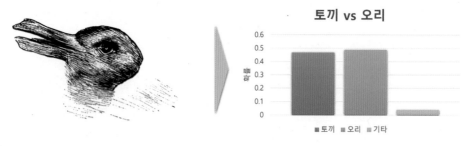

▶ 토끼일까? 오리일까?

지금부터 새로운 목표를 세워보도록 하겠습니다. 우리가 모방하고자 하는 가상의 함수는 확률 분포를 출력으로 뱉어내는 함수라고 생각해봅시다. 기존에는 신경망 함수가 단순히 특정 샘플 벡터를 출력한다고 생각했지만 이제는 신경망 함수가 확률 분포를 표현하기 위한 벡터를 출력한다고 볼 수 있겠죠? 그렇다면 좀 더 확률 통계 및 수학적인 관점에서 신경망을 통해 예측하는 과정 설명이 가능할 것입니다. 또한 단순히 딱 정해진 값을 예측하도록 신경망을 학습하는 것이 아니라 불확실성까지 예측하도록 학습시킬 수 있게 될 것입니다.

17.2 기본 확률 통계

우리는 보통 다음과 같은 표현을 자주 볼 수 있습니다.

$$P(\text{x} = x)$$
$$P(\text{y} = y)$$

이 표현은 쉽게 말해서 변수 x가 x값을 가질 확률과 변수 y가 y값을 가질 확률을 의미한다고 볼 수 있습니다. 이때 변수들은 연속^{continuous} 값을 갖는 변수일 수도 있고 이산^{discrete} 값을 갖는 변수일 수도 있습니다. 이 둘의 가장 중요한 차이는 이산 확률 변수가 특정 값을 가질 확률은 구할 수 있지만 연속 확률 변수가 특정 값을 가질 확률은 0이라는 것입니다.

이산 확률 변수가 특정 값을 가질 확률을 나타내는 것을 확률 질량$^{\text{probability mass}}$라고 부릅니다. 연속 확률 변수의 경우 특정 값에 대한 확률은 확률 밀도$^{\text{probability density}}$를 통해서 나타낼 수 있습니다. 확률 밀도는 확률 값을 나타내는 것이 아닙니다. 확률 밀도를 구간에 대해서 적분하면 우리가 흔히 말하는 확률 값이 됩니다. 이 부분에 대해서 다음의 예제를 통해 이해해봅시다. 주사위의 특정 면이 바닥에 닿을 확률은 1/6이지만 완벽한 구의 특정 지점이 바닥에 닿을 확률은 0이라고 볼 수 있습니다. 점의 넓이는 0이기 때문입니다. 하지만 구의 특정 범위 중에 일부가 바닥에 닿을 확률은 구의 전체 넓이 중 특정 범위 넓이의 비율이 될 것입니다.

즉, 이산 확률 변수는 다음과 같이 합을 통해 확률을 구할 수 있지만

$$\sum_{x} P(\text{x} = x) = 1, \text{where } 0 \le P(\text{x} = x) \le 1, \forall x \in X.$$

연속 확률 변수의 경우에는 다음과 같이 적분을 통해 구간에 대한 확률을 구할 수 있습니다.

$$\int p(x)dx = 1, \text{where } p(x) \ge 0, \forall x \in \mathbb{R}$$

1 결합 확률

변수가 2개 이상인 확률 분포에 대해서도 수식으로 표현할 수 있습니다.

$$P(\mathrm{x}, \mathrm{y}) = P(\mathrm{x} = x, \mathrm{y} = y)$$

이와 같이 두 개 이상의 변수를 사용하는 확률 표현을 결합 확률joint probability이라고 합니다.

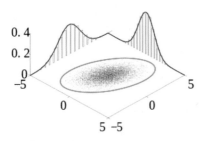

▶ 결합 확률 분포

만약에 두 변수가 독립적이라면 각 변수의 확률 곱으로도 나타낼 수 있습니다. 머신러닝이나 딥러닝 문제에서는 입력과 출력 등을 확률 변수로 나타낼 수 있는데 일반적으로 **입력 샘플을 나타내는 변수를 x, 출력 샘플을 나타내는 변수는 y를 사용하여 결합 확률로 나타내는 경우가 많습니다.**

2 조건부 확률

머신러닝에서 결합 확률보다 더 흔히 사용하는 것이 조건부 확률conditional probability입니다. 앞서 이야기 한 대로 입력 샘플을 x, 출력 샘플을 y로 표현하는 경우가 많은데 입력 샘플 x가 주어졌을 때 출력 샘플 y가 나타날 확률을 $P(\mathrm{y} = y | \mathrm{x} = x)$ 라고 표현합니다. 이때 조건부 확률과 결합 확률과의 관계는 다음과 같습니다.

$$P(\mathrm{y}|\mathrm{x}) = \frac{P(\mathrm{x}, \mathrm{y})}{P(\mathrm{x})}$$
$$P(\mathrm{x}, \mathrm{y}) = P(\mathrm{y}|\mathrm{x})P(\mathrm{x})$$

이러한 조건부 확률과 결합 확률의 관계를 활용한 것이 베이즈 정리Bayes Theorem입니다. 다음 수식에서 볼 수 있듯이 베이즈 정리를 활용하면 조건부 확률의 앞과 뒤에 나타나는 변수 위치를 반대로 바꿀 수 있습니다. 베이즈 정리 또한 머신러닝에서 굉장히 중요한 역할을 수행합니다.

$$P(h|D) = \frac{P(D|h)P(h)}{P(D)}$$

❸ 변수? 값? 분포? 함수?

앞의 수식들을 자세히 살펴보면 $P(\ )$ 안에 사용되는 글꼴이 다르다는 것을 알 수 있습니다. 예를 들어 확률 변수를 나타낼 때에는 x로 나타내고, 해당 변수가 어떤 값을 가지는 경우는 x로 나타냅니다.

$$P(\mathrm{x} = x) = P(x)$$

따라서 $P(\mathrm{y}|x)$라고 표현할 경우, 이것은 변수 x에 값 x를 넣은 조건이 주어졌을 때의 확률 분포를 의미합니다. 또는 $P(\cdot|x)$라고 줄여서 표현하기도 합니다. 주의할 점은 y가 아닌 y라고 표기되어 있기 때문에 확률 값이 아닌 확률 분포를 의미합니다. 만약 확률 값을 나타내고자 한다면 예전처럼 $P(y|x)$라고 표기했을 것입니다. 한 발 더 나아가서 다음 수식처럼 함수 형태로 생각해볼 수 있습니다.

$$f(x) = P(\mathrm{y} = y|\mathrm{x} = x)$$

이 형태는 변수 x에 어떤 값이 주어졌을 때 변수 y가 y값을 가질 확률 값을 나타냅니다. 만약 조건 변수의 값이 바뀐다면 확률 값도 바뀔 것입니다. 따라서 이것을 확률의 형태로 바꾼다면 조건부 변수를 함수의 입력, 확률 값을 함수의 출력으로 생각할 수 있습니다.

$P(\mathrm{y}|x)$와 같은 형태의 함수 꼴도 생각할 수 있습니다. 이 경우에는 입력의 형태는 같지만 출력의 형태가 확률 값이 아닌 확률 분포가 될 것입니다. 함수 출력이 확률 분포라는 것을 파이썬에 적용해보면 함수가 실수형float 값을 반환하는 것이 아니라 분포라는 객체를 반환하는 것으로 생각할 수 있을 것입니다.

❹ 주변 분포

결합 확률 분포가 있을 때 하나의 변수를 적분해서 없앨 수도 있습니다. 이것을 주변 분포marginal distribution이라고 합니다.

$$\begin{aligned} P(x) &= \int P(x,z)dz \\ &= \int P(x|z)P(z)dz \\ &= \int P(z|x)P(x)dz = P(x)\int P(z|x)dz \end{aligned}$$

5 샘플링과 기댓값

흔히 확률의 개념을 설명할 때 주사위 또는 동전 던지기의 예시를 많이 언급하죠? 여기에서도 동전 던지기의 예시를 들어 설명해보겠습니다. 동전을 던져서 어떤 면이 나오는지 확인하는 행위는 해당 동전을 던지는 것에 대한 확률 분포에서 하나의 샘플을 추출하는 것과 같습니다. 만약 정상적인 형태의 동전이라면 던지는 행위가 반복될수록 앞면과 뒷면의 비율이 같아질 것입니다.

한 발 더 나아가 점수 제도를 도입해보도록 하겠습니다. 앞면이 나오면 +100 점, 뒷면이 나오면 −100 점을 주고 이 점수를 누적 계산해봅니다. 그렇다면 동전을 반복해서 던질 때 얻을 수 있는 점수의 기댓값은 얼마일까요? 어렸을 때 기댓값은 확률 곱하기 값이라고 배웠던 거 기억하시나요? 따라서 정상적인 형태의 동전이라면 앞면이 나올 확률 50%, 뒷면이 나올 50%에 각 점수를 곱하여 점수의 기댓값을 구할 수 있습니다.

$$0.5 \times 100 + 0.5 \times -100 = 0$$

좀 더 예쁘게 써볼까요? 동전의 앞면을 1, 뒷면을 0이라고 한다면, 함수 f를 다음과 같이 정의합니다.

$$f(x) = \begin{cases} +100 & if\ 1 \\ -100 & if\ 0 \end{cases}$$

동전을 던지는 행위에 대한 확률 분포를 $P(\mathrm{x})$ 라고 할 때, 동전을 던져 얻게 될 점수의 기댓값은 다음처럼 표현이 가능합니다. 수식을 잘 살펴보면 기대값이라는 것은 함수에 대한 확률의 가중평균weighted average임을 알 수 있습니다.

$$\mathbb{E}_{\mathrm{x} \sim P(\mathrm{x})}[f(x)] = \sum_{x \in X} P(x) \cdot f(x),$$
$$\text{where } X = \{0, 1\}.$$

동전 던지기나 주사위 던지기는 이산 확률 변수 및 이산 확률 분포이기 때문에

$\sum$을 통해서 합을 구했지만, 연속 변수의 경우에는 적분을 통해 같은 작업을 수행할 수 있습니다.

앞에서 확률 분포에 대해 언급한 이유는 딥러닝 또한 확률 분포와 밀접한 연관이 있기 때문입니다. 이 절에서는 딥러닝이 학습되는 원리인 **최대 가능도 방법**Maximum Likelihood Estimation, MLE에 대해서 알아보도록 하겠습니다.

만약 우리가 대한민국 국민의 신장 분포를 알고 싶다면 어떻게 해야 할까요? 통계청이나 병무청 등에서 이미 측정해 놓은 자료를 살펴보면 되겠지만 직접 추정해볼 수 있을 것입니다. 다음 그림처럼 이 과정을 진행한다고 했을 때 충분한 신장 샘플을 모은 후 분포가 정규 분포를 따른다는 가정 하에 정규 분포의 평균과 표준편차를 계산할 수 있습니다. 평균과 표준편차는 정규 분포의 형태를 정의하는 역할을 합니다. 이처럼 **확률 분포의 형태를 정의하는 값을 분포의 파라미터라고 부릅니다.**

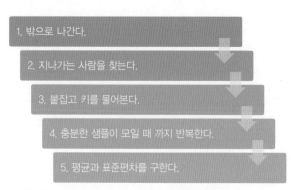

1. 밖으로 나간다.
2. 지나가는 사람을 찾는다.
3. 붙잡고 키를 물어본다.
4. 충분한 샘플이 모일 때 까지 반복한다.
5. 평균과 표준편차를 구한다.

▶ **대한민국 국민의 신장 분포 추정 과정(확률 분포의 형태 정의)**

하지만 평균과 표준편차를 직접 계산할 수 없다면 어떻게 정규 분포의 형태를 알 수 있을까요? 다음과 같이 실제 분포에서 추출한 샘플이 존재한다고 합시다.

모집단에서 추출한 샘플

이 샘플이 정규 분포에서 추출된 것이라고 가정할 때 정규 분포의 파라미터를 알고 싶습니다. 직접 계산하는 대신 다음과 같이 주어진 샘플에 임의의 파라미터를 적용하여 정규 분포를 만들어 봅니다. 만들어진 정규 분포가 적절하다면 주어진 샘플들이 **만들어진 분포 위에서 높은 확률을 지녀야 합니다. 따라서 샘플 위의 점선들의 길이가 최대가 되었으면 합니다.**

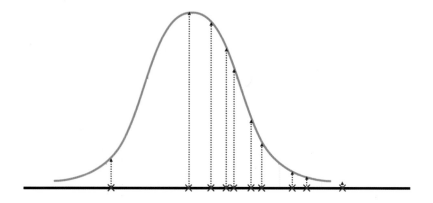

그다음 임의의 파라미터를 적용하여 또 다른 분포를 만들어봅니다.

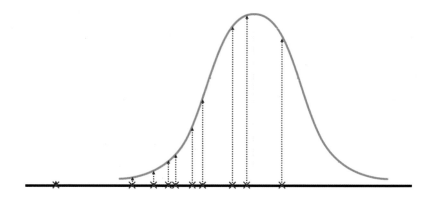

마지막으로 또 다른 임의의 파라미터를 적용하여 분포를 만들어봅니다. 그럼 앞에서 만들어본 두 정규 분포보다 이 분포에 따른 점선의 길이가 훨씬 긴 것을 볼 수 있습니다.

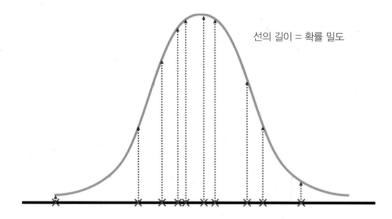

선의 길이 = 확률 밀도

지금 찾아낸 파라미터의 분포가 수집한 샘플들을 잘 나타내는 최적의 분포는 아닐 수도 있지만 만들어본 3개의 분포 중에서는 샘플들을 가장 잘 나타내는 것 같습니다. 이때 이 점선 길이의 곱을 **가능도**likelihood라고 합니다. 결과적으로 우리는 이 점선 길이들의 곱인 가능도를 최대로 하는 분포의 파라미터를 찾아내려던 것인데 이 과정을 최대 가능도 방법이라고 부릅니다.

이러한 내용을 다음과 같이 데이터셋 $\mathcal{D}$가 주어졌을 때 정규 분포의 파라미터에 대한 함수로 표현할 수 있습니다. 파라미터의 변화에 따라서 가능도의 크기가 바뀔 것입니다.

$$\mathcal{D} = \{x_i\}_{i=1}^{N}$$
$$\text{Likelihood}(\mu, \sigma) = \prod_{i=1}^{N} p(x_i; \mu, \sigma)$$

즉 **가능도는 현재 분포의 파라미터가 수집된 데이터를 얼마나 잘 설명하는지 나타내는 점수라고 볼 수 있습니다. 가능도 함수**likelihood function**는 분포의 파라미터의 변화에 따라 변화하는 가능도를 나타낸 것입니다.** 그러면 위의 수식을 활용하여 MLE의 또 다른 예제를 살펴보도록 하겠습니다.

만약 여러분의 친구가 주사위 게임으로 하는 도박에 빠졌다고 가정해봅시다. 돈을 잃고 상심한 친구를 도와주기 위해 친구가 했던 주사위 게임에서 사영된 주사위의 분포를 추정해보겠습니다. 다음은 게임에서 나타났던 주사위의 숫자들을 나열한 것입니다.

$$\mathcal{D} = \{5, 6, 4, 6, 5, 2, 6, 1, 5, 3, 1, 6, 4, 2, 5, 6, 2, 1, 4, 5\}$$

이처럼 수집된 주사위 숫자들을 통해 손쉽게 주사위의 분포를 예측할 수 있습니다. 수집된 샘플들의 숫자가 충분하다면 예측된 분포의 신뢰도가 높을 것이고, 이를 바탕으로 판단하면 이 주사위 게임은 사기일 가능성이 높아지게 됩니다.

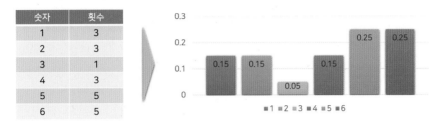

▶ 주사위의 분포 예측

하지만 이러한 방법이 불가할 때 MLE를 통해서 주사위의 분포를 예측할 수도 있습니다. 다음과 같이 임의의 파라미터 θ_1 , θ_2 를 통해 두 개의 분포를 만들어본다고 가정해봅시다.

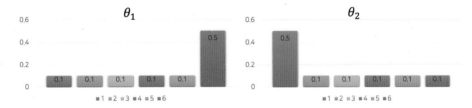

▶ MLE를 통한 주사위 분포 예측

그러면 각각의 분포에 대해서 가능도를 구해볼 수 있습니다.

$$
\begin{aligned}
\text{Likelihood}(\theta_1) &= \prod_{i=1}^{N=20} P_{\theta_1}(\mathrm{x}=x_i) \\
&= 0.1^3 \times 0.1^3 \times 0.1^1 \times 0.1^3 \times 0.1^5 \times 0.5^5 \\
&= 3.125e-17
\end{aligned}
$$

$$
\begin{aligned}
\text{Likelihood}(\theta_2) &= \prod_{i=1}^{N=20} P_{\theta_2}(\mathrm{x}=x_i) \\
&= 0.5^3 \times 0.1^3 \times 0.1^1 \times 0.1^3 \times 0.1^5 \times 0.1^5 \\
&= 1.25e-18
\end{aligned}
$$

파라미터 θ_1 의 분포가 더 높은 가능도를 갖고 있는 것을 알 수 있으므로 일단 파라미터 θ_1 을 주사위의 분포로 선택합니다. 곧이어 새로운 임의의 파라미터 θ_3 를 생성해서 또 다른 분포를 만들어봅니다.

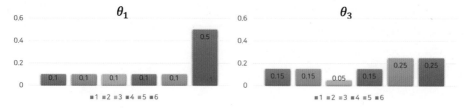

▶ 새로운 파라미터인 θ_3의 분포 생성

$$\text{Likelihood}(\theta_1) = 3.125e-17$$

$$
\begin{aligned}
\text{Likelihood}(\theta_3) &= \prod_{i=1}^{N=20} P_{\theta_3}(\text{x}=x_i) \\
&= 0.15^3 \times 0.15^3 \times 0.05^1 \times 0.15^3 \times 0.25^5 \times 0.25^5 \\
&= 1.833e-15
\end{aligned}
$$

이번에는 θ_3가 훨씬 높은 가능도를 갖는 것을 볼 수 있습니다. 이와 같은 과정을 끝없이 반복하다 보면 점점 실제 주사위의 분포와 비슷한 분포를 얻을 수 있게 될 것입니다. 이처럼 MLE를 통해서 실제 주사위의 분포를 추정해볼 수 있습니다.

1 로그 가능도

앞의 예제에서 볼 수 있듯이 **가능도는 확률의 곱으로 표현**됩니다. 따라서 샘플의 숫자가 많아진다면 가능도의 크기는 굉장히 작아질 가능성이 높습니다. 그렇다면 이것을 계산할 때 언더플로 underflow에 빠질 가능성이 높습니다.[1] 이때 로그를 도입하여 확률의 곱셈을 덧셈으로 바꿀 수 있습니다. (덧셈 연산이 곱셈 연산보다 빠릅니다.)

$$\prod_{i=1}^{N} P_\theta(\text{x}=x_i) \Rightarrow \sum_{i=1}^{N} \log P_\theta(\text{x}=x_i)$$

2 경사상승법을 통한 MLE

앞에서 MLE를 수행할 때 임의의 파라미터를 생성해서 비교하는 작업을 반복하였습니다. 아주 아주 운이 좋다면 파라미터를 찾아낼 수도 있겠지만, 아마도 대부분의 경우에는 최적을 파라미

---

1 https://ko.wikipedia.org/wiki/언더플로

터를 찾는 데 굉장히 오랜 시간이 걸릴 것입니다. 이때 딥러닝에서 사용하던 경사하강법gradient descent과 같은 경사상승법gradient ascent을 활용하여 손쉽게 MLE를 수행할 수 있습니다. 경사하강법이 손실 함수를 최소화하는 파라미터를 찾을 수 있게 했던 것처럼 경사상승법을 통해 가능도 함수likelihood function를 최대화하는 파라미터를 찾아보도록 합시다.

$$\theta \leftarrow \theta + \alpha \cdot \frac{\partial \mathcal{L}(\theta)}{\partial \theta}$$

예를 들어 동전을 100번 던졌을 때 앞 면이 27번 나오는 동전이 있다고 할 때, 이 동전의 파라미터를 MLE를 통해 추정해보면 다음과 같이 진행할 수 있습니다. 먼저 동전을 여러 번 던지는 작업은 이항 분포Binomial Distribution를 따른다고 가정합니다. 그럼 이 분포의 확률 질량 함수probability mass function는 다음과 같습니다.

$$f(k, n, \theta) = \frac{n!}{k!(n-k)!} \times \theta^k \times (1-\theta)^{n-k}$$

여기서 n=100, k=27을 적용하여 가능도 함수를 그림으로 그려보면 다음과 같습니다.

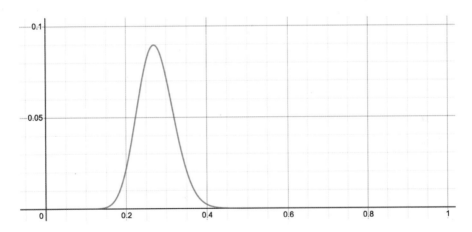

한눈에 알 수 있듯이 $\theta = 27$ 일 때 가능도가 가장 높은 것을 알 수 있는데 경사상승법을 통해서 이것을 쉽게 찾아낼 수 있습니다.

17.4 신경망과 MLE

앞서 MLE를 통해 수집한 데이터로부터 분포의 형태를 추정하는 방법을 알아보았습니다. 또한 **가능도는 데이터 샘플을 주어진 분포의 파라미터로 얼마나 잘 설명하는지 수치화한 것**이라고 설명 했습니다.

$$\text{LogLikelihood}(\theta) = \sum_{i=1}^{N} \log P_\theta(y_i|x_i)$$

이 수식에서 $\log P_\theta(y_i|x_i)$ 는 θ 라는 파라미터를 갖는 분포에 x_i 가 주어졌을 때의 y_i 의 확률을 의미하며 하나의 샘플 쌍에 대한 가능도가 됩니다.

또한 분포의 파라미터 표현과 관련해서 다음 수식은 모두 같은 표현입니다.

$$P_\theta(x_i) = P(x_i;\theta) = P(x_i|\theta)$$
$$P_\theta(y_i|x_i) = P(y_i|x_i;\theta) = P(y_i|x_i,\theta)$$

분포의 파라미터를 어떤 관점에서 바라보느냐에 위치가 바뀌었지만 근본적으로 같은 값을 의미합니다.

☑ 잠깐 복습

이 책의 초반부에서 다음과 같이 언급했던 것을 기억하나요? 인공지능 모델은 하나의 함수이고 우리 머릿속에 존재하는 가상의 함수를 근사계산approximate 하고자 하는 것이 목적입니다. 이를 위해 데이터를 수집하여 손실을 최소화하는 방향으로 경사하강법을 통해 신경망의 가중치 파라미터를 업데이트합니다. 수식으로 나타내면 다음과 같습니다.

$$\mathcal{D} = \{(x_i, y_i)\}_{i=1}^{N}$$

$$\mathcal{L}(\theta) = \sum_{i=1}^{N} \|y_i - \hat{y}_i\|,$$
$$\text{where } \hat{y}_i = f_\theta(x_i).$$

$$\hat{\theta} = \underset{\theta \in \Theta}{\text{argmin}} \, \mathcal{L}(\theta)$$

$$\theta \leftarrow \theta - \eta \cdot \frac{\partial \mathcal{L}(\theta)}{\partial \theta}$$

만약 회귀regression 문제가 아닌 분류classification 문제일 경우, 손실 함수 $\mathcal{L}$은 다음과 같이 바뀔 수 있습니다.

$$\mathcal{L}(\theta) = - \sum_{i=1}^{N} y_i^{\top} \cdot \log \hat{y}_i,$$
$$\text{where } \hat{y}_i = f_\theta(x_i).$$

이때, 분류 모델의 출력 벡터 $\hat{y}_i$는 소프트맥스softmax의 결과 값입니다.

❷ 신경망의 출력과 확률 분포

그럼 신경망과 MLE는 어떤 관계가 있는 것일까요? MLE를 통해 분포의 파라미터를 업데이트 하는 과정이 딥러닝과 어떻게 연결되는 것일까요? 사실 심층신경망 모델 또한 확률 분포 함수 라고 가정하면 이 물음에 대답할 수 있습니다. 즉, **심층신경망의 가중치 파라미터**weight parameter**가 분포를 나타내는 파라미터이며 신경망의 출력이 가중치 파라미터의 변화에 따른 확률 분포**라고 볼 수 있습니다.

다음과 같은 심층신경망이 주어졌을 때 3개 계층의 각 가중치 파라미터들은 신경망의 동작을 정의하게 되고 결과적으로 분포의 파라미터로 취급받을 수 있습니다.

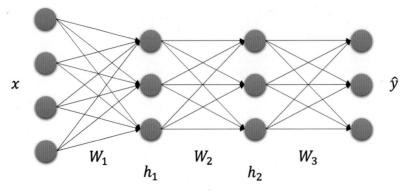

▶ 심층신경망의 가중치 파라미터

$$\theta = \{ W_1, b_1, W_2, b_2, \cdots, W_\ell, b_\ell \}$$

그러면 앞서 언급했던 MLE 방식과 마찬가지로 최대 가능도를 만드는 방향으로 가중치 파라미터 θ를 경사상승법을 통해 업데이트할 수 있게 됩니다. 하지만 파이토치를 포함한 현존하는 딥러닝 프레임워크 대부분은 경사하강법만 지원하고 있습니다. 따라서 우리는 **NLL**^{negative log-likelihood}**을 도입하여 최대화 문제를 최소화 문제로 바꾸고 경사하강법을 통해 MLE를 구현**할 수 있습니다.

$$\mathcal{D} = \{(x_i, y_i)\}_{i=1}^{N}$$

$$\mathrm{NLL}(\theta) = - \sum_{i=1}^{N} \log P(y_i | x_i; \theta)$$

$$\hat{\theta} = \underset{\theta \in \Theta}{\mathrm{argmin}}\, \mathcal{L}(\theta)$$

$$\theta \leftarrow \theta - \eta \cdot \frac{\partial \mathcal{L}(\theta)}{\partial \theta}$$

이전 방식에서는 $\hat{y}_i = f_\theta(x_i)$ 라고 하고 손실 함수를 정의했는데 MLE 방식을 활용한 NLL 목적 함수에서는 신경망이 어떻게 활용되는 것일까요?

17.5 수식: MLE

이 절에서는 수식과 함께 심층신경망의 출력이 어떻게 MLE에 활용되는지 살펴보도록 하겠습니다. 먼저 다음 그림과 같이 신경망이 분류 문제를 풀기 위해 구성되어 있고 마지막 계층은 소프트맥스 계층으로 되어 있다고 하겠습니다.

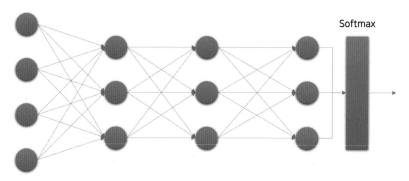

Softmax

▶ 심층신경망의 구성

그럼 소프트맥스 계층으로부터 출력된 벡터 $\hat{y}_i$ 의 각 차원들은 미리 지정된 클래스에 대한 확률 값을 담고 있을 것입니다. 다음과 같이 수집된 데이터 쌍이 N개가 있다고 할 때 아래와 같이 나타낼 수 있습니다.

$$\mathcal{D} = \{(x_i, y_i)\}_{i=1}^{N}$$

우리가 찾고자하는 파라미터는 다음과 같이 NLL 함수를 최소화하는 파라미터가 될 것입니다.

$$\hat{\theta} = \underset{\theta \in \Theta}{\mathrm{argmin}} - \sum_{i=1}^{N} \log P(y_i | x_i ; \theta)$$

그럼 여기서 심층신경망의 출력 벡터 $\hat{y}_i = f_\theta(x_i)$ 는 소프트맥스 함수의 출력값이므로 벡터의 각 차원은 클래스에 대한 확률 값을 담고 있는데 이것은 이산 확률 분포로 생각할 수 있습니다.

그럼 로그 가능도 $\log P(y_i|x_i;\theta)$는 다음과 같이 구할 수 있습니다.

$$\log P(y_i|x_i;\theta) = \hat{y}_i^\top \cdot \log y_i$$

이것을 실제 벡터 수준에서 예제를 통해 살펴보면 다음과 같이 진행될 것입니다. 예를 들어 다음과 같이 정답 벡터 y_i와 출력 벡터 $\hat{y}_i$가 있다고 할 때

$$y_i = \begin{bmatrix} 0 \\ 0 \\ 1 \\ 0 \end{bmatrix} \text{ and } P_\theta(\cdot|x_i) = \hat{y}_i = \begin{bmatrix} .2 \\ .1 \\ .65 \\ .05 \end{bmatrix}.$$

앞에서의 수식에 따라 내적을 취하면 다음과 같이 로그 가능도를 계산할 수 있습니다.

$$\begin{aligned} y_i^\top \cdot \log \hat{y}_i &= [0,0,1,0] \times \log \begin{bmatrix} .2 \\ .1 \\ .65 \\ .05 \end{bmatrix} \\ &= 0 \times \log 0.2 + 0 \times \log 0.1 + 1 \times \log 0.65 + 0 \times \log 0.05 \\ &= \log 0.65 \\ &= \log P(y=2|x_i;\theta) \end{aligned}$$

1 교차 엔트로피와 NLL

앞에서 분류 문제에 대해서 배울 때 교차 엔트로피cross entropy에 대해서 설명했었습니다. 교차 엔트로피의 수식은 다음과 같습니다.

$$\text{CE}(y_{1:N}, \hat{y}_{1:N}) = -\frac{1}{N}\sum_{i=1}^{N} y_i^\top \cdot \log \hat{y}_i$$

교차 엔트로피를 통해 심층신경망을 학습하기 위해 파라미터 θ에 대한 손실 함수로 구성하면 다음과 같을 것입니다.

$$\mathcal{L}_{\text{CE}}(\theta) = -\frac{1}{N}\sum_{i=1}^{N} y_i^\top \cdot \log f_\theta(x_i)$$

위에서 살펴본 NLL 손실 함수와 굉장히 유사한 형태가 나오지 않았나요? 사실 $\frac{1}{N}$은 존재 유

무와 상관없는 상수입니다. 이처럼 **교차 엔트로피 손실 함수를 통해 심층신경망을 학습하는 것은 NLL 손실 함수 및 MLE를 통해 심층신경망을 학습하는 것과 같습니다.**

17.6 MSE 손실 함수와 MLE

분류 문제에서는 교차 엔트로피 손실 함수를 통해 학습을 진행하고, 회귀 문제에서는 MSE 손실 함수를 통해 심층신경망을 학습시키기 때문에 MLE를 비롯한 로그 가능도는 분류 문제에만 해당되는 것은 아닐까 하고 의문을 가질 수 있을 것입니다. 하지만 MSE 손실 함수의 경우에도 여전히 같은 범위의 원리에서 동작하고 있음을 보여줄 수 있습니다.

다음의 수식은 가우시안^{Gaussian} 분포의 확률 밀도 함수입니다. 여기에 로그와 음수를 취해볼 수 있습니다.

$$p(x; \mu, \sigma) = \frac{1}{\sigma\sqrt{2\pi}} e^{-\frac{1}{2}\left(\frac{x-\mu}{\sigma}\right)^2}$$

$$\log p(x; \mu, \sigma) = -\log \sigma\sqrt{2\pi} - \frac{1}{2}\left(\frac{x-\mu}{\sigma}\right)^2$$

$$-\log p(x; \mu, \sigma) = \log \sigma\sqrt{2\pi} + \frac{1}{2}\left(\frac{x-\mu}{\sigma}\right)^2$$

이때 심층신경망 모델의 출력이 가우시안 분포라고 가정하고, 좀 더 정확하게는 가우시안 분포의 평균 μ와 표준편차 σ를 반환한다고 생각해볼 수 있습니다. 조금 상상하기 어려울 수 있지만 앞 절 분류 문제의 심층신경망이 소프트맥스 함수를 통해 이산 확률 분포를 반환한 것과 마찬가지입니다. 확률 분포의 파라미터를 가지고 있으면 확률 분포를 그대로 만들어낼 수 있기 때문입니다. 따라서 각각의 파라미터가 ϕ, ψ인 두 개의 심층신경망이 있고, 각 신경망은 μ와 σ를 반환하여 가우시안 분포를 반환하고 있다고 볼 수 있습니다. 그럼 음의 로그 가능도^{negative log-likelihood, NLL}는 다음과 같이 계산할 수 있을 것입니다.

$$-\log p(y_i | x_i; \phi, \psi) = \log \sigma_\psi(x_i)\sqrt{2\pi} + \frac{1}{2}\left(\frac{y_i - \mu_\phi(x_i)}{\sigma_\psi(x_i)}\right)^2,$$
$$\text{where } \theta = \{\phi, \psi\}.$$

그러면 NLL을 최소화하는 방향으로 파라미터를 업데이트해야 하므로 경사하강법을 수행하기 위해서 NLL 함수를 가중치 파라미터로 미분해야 합니다. 그럼 파라미터 ϕ로 미분했을 때의 수식 전개는 다음과 같습니다.

$$
\begin{aligned}
-\nabla_\phi \log p(y_i|x_i; \phi, \psi) &= \nabla_\phi \log \sigma_\psi(x_i)\sqrt{2\pi} + \nabla_\phi \frac{1}{2}\left(\frac{y_i - \mu_\phi(x_i)}{\sigma_\psi(x_i)}\right)^2 \\
&= \frac{1}{2 \cdot \sigma_\psi(x_i)^2} \nabla_\phi (y_i - \mu_\phi(x_i))^2 \\
&= \alpha \cdot \nabla_\phi (y_i - \mu_\phi(x_i))^2, \text{where } \alpha = \frac{1}{2 \cdot \sigma_\psi(x_i)^2}.
\end{aligned}
$$

결과적으로 이런저런 상수를 제외하고 나면 MSE 손실 함수를 미분하는 것과 같은 형태임을 알 수 있습니다. 즉, **회귀 문제에서 신경망이 가우시안 분포의 평균을 출력하고 있다고 한다면 여전히 분류 문제와 같은 원리 내에서 동작**하고 있음을 알 수 있습니다.

요약

- **가능도**
  - 가능도란 데이터 샘플들을 주어진 분포의 파라미터로 얼마나 잘 설명하는지 수치화한 것
  - 로그 가능도 수식

    $$\text{LogLikelihood}(\theta) = \sum_{i=1}^{N} \log P_\theta(y_i|x_i)$$

- **MLE**
  - 심층신경망을 확률 분포 함수로 해석할 수 있으며 이에 따라 MLE를 통해 모델을 학습할 수 있음
  - 음의 가능도 손실 함수를 통해 MLE를 수행
  - NLL 손실 함수는 교차 엔트로피 손실 함수와 수식이 거의 같음

    $$\mathcal{D} = \{(x_i, y_i)\}_{i=1}^{N}$$

    $$\mathcal{L}(\theta) = \text{NLL}(\theta) = -\sum_{i=1}^{N} \log P(y_i|x_i; \theta)$$

    $$\hat{\theta} = \underset{\theta \in \Theta}{\text{argmin}} \, \mathcal{L}(\theta)$$

    $$\theta \leftarrow \theta - \eta \cdot \frac{\partial \mathcal{L}(\theta)}{\partial \theta}$$

CHAPTER

18

CNN(합성곱신경망)

Preview

이 장에서는 합성곱신경망Convolutional Neural Networks, CNN에 대해서 다뤄 보도록 하겠습니다. 앞서 우리는 FCfully-connected 계층을 활용하여 MNIST 분류 문제를 해결했습니다. CNN은 딥러닝의 여러 분야에 활용될 수 있는데 특히 컴퓨터 비전computer vision 문제와 관련하여 맹활약하는 아키텍처입니다. 따라서 CNN이라는 더 나은 방법을 활용하여 MNIST 분류 문제를 해결해보도록 하겠습니다.

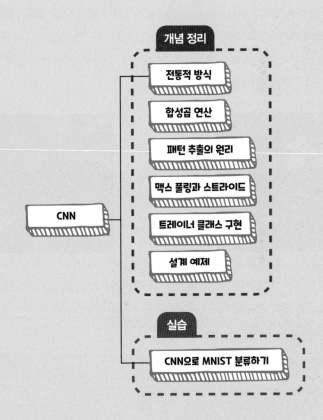

18.1 전통적인 방식

딥러닝 이전의 컴퓨터 비전에서도 합성곱 방식은 널리 사용되어 왔습니다. 이 책의 초반부에서 언급했던 것처럼 기존 전통적 방식의 머신러닝과 딥러닝의 가장 큰 차이 중 하나가 손수 만든 특징hand-crafted feature의 활용 여부라고 했었습니다. 만약에 사진에서 어떤 물체를 인식하는 데 있어 경계를 추출하는 것이 중요하다고 했을 때 다음 그림과 같이 **미리 정해진 합성곱 커널(또는 필터)을 사용하면 원하는 형태의 패턴 추출이 가능**했습니다.[1] 즉, 합성곱 커널의 종류에 따라 추출할 수 있는 특징의 패턴은 바뀌기 때문에 미리 세운 가설에 따라 커널을 설계하고 적용하는 형태로 프로세스가 진행되었습니다.

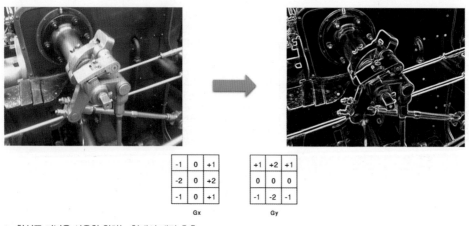

▶ 합성곱 커널을 사용한 원하는 형태의 패턴 추출

---

1 소벨Sobel 필터를 사용해서 물체의 경계선을 추출한 모습.

그러면 합성곱 커널을 실제 어떻게 적용하여 연산을 수행할 수 있을까요? 다음 그림과 같이 $k_{1,1}$ 부터 $k_{3,3}$ 으로 이루어진 커널이 있을 때, 이미지의 각 위치와 곱셈 연산을 한 후 전부 더한 결과가 $y_{1,1}$ 이 됩니다.

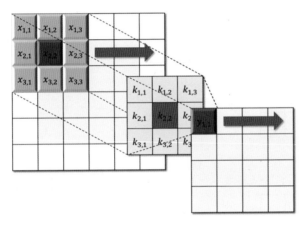

▶ 합성곱 연산 적용

앞의 그림을 수식으로 나타내면 다음과 같습니다.

$$y = x_{1,1} \times k_{1,1} + \cdots + x_{3,3} \times k_{3,3}$$
$$= \sum_{i=1}^{h=3} \sum_{j=1}^{w=3} x_{i,j} \times k_{i,j}$$

이와 같은 연산이 앞의 그림에서는 가로 4번, 세로 4번 등 총 16번 이루어지게 됩니다. 눈여겨 볼 것은 입력이 5×5 의 행렬이었고 3×3 의 커널이 주어졌을 때 입력보다 크기가 줄어든 4×4 행렬이 출력으로 반환되는 점입니다.

이 장에서는 편의를 위해 앞으로 이러한 합성곱 연산을 $\otimes$ 로 나타내도록 하겠습니다. 그럼 다음의 그림과 같이 표현할 수 있습니다.

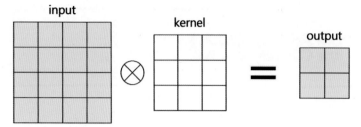

▶ 합성곱 커널 적용의 기본적인 형태

좀 더 완벽한 이해를 위해 합성곱 연산이 전체 입력에 순차적으로 적용되는 모습을 그림으로 순차적으로 표현해보겠습니다. 그림의 입력 행렬에 녹색에 해당하는 부분이 합성곱 커널에 의해 연산이 이루어지면 출력의 녹색에 해당하는 부분의 값이 구해집니다.

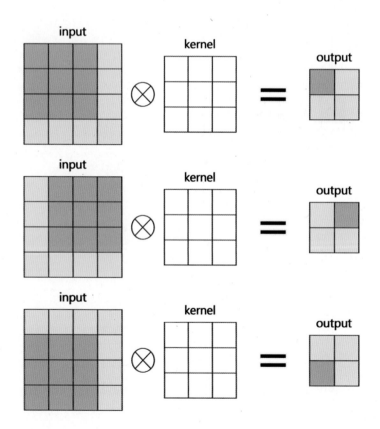

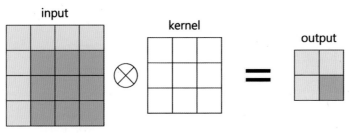

▶ 합성곱 커널의 적용

그러나 아쉽게도(?) 3×3 커널이 적용되면 출력 행렬의 크기가 입력 행렬의 크기보다 줄어드는 것을 볼 수 있습니다. 만약 출력 크기를 입력 크기와 같게 하고 싶다면 어떻게 하면 될까요? 입력 행렬 주변에 패딩padding을 추가하여 이 문제를 해결할 수 있습니다. 다음 그림과 같이 주어진 입력 행렬에 한 칸씩 상하좌우에 패딩을 둘러주어 출력 행렬의 크기가 입력 행렬과 같게 할 수 있습니다.

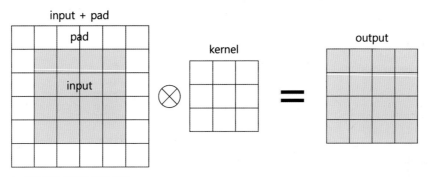

▶ 입력 행렬 주변에 패딩 추가

패딩을 채워 넣는 전략은 여러 가지 방법이 있지만 보통 0으로 된 값을 채워 넣습니다. 패딩이 적용된 이후에도 합성곱 연산과 똑같은 원리로 적용됩니다.

input + pad

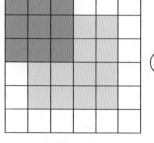 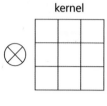 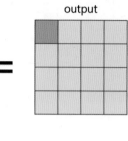

kernel

output

input + pad

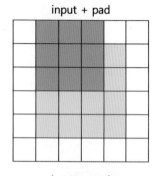 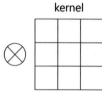 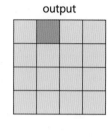

kernel

output

input + pad

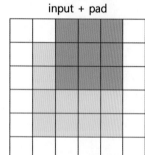 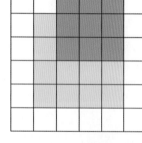 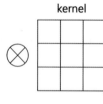 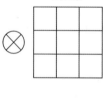  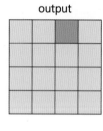

kernel

output

input + pad

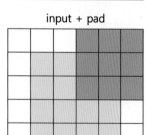 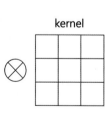 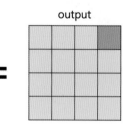

kernel

output

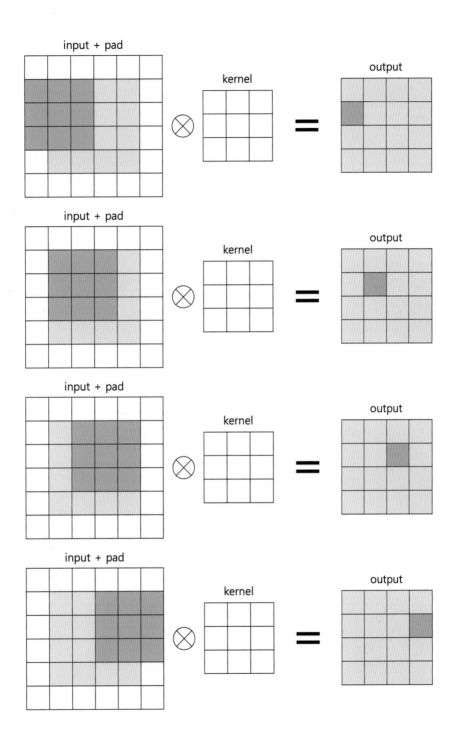

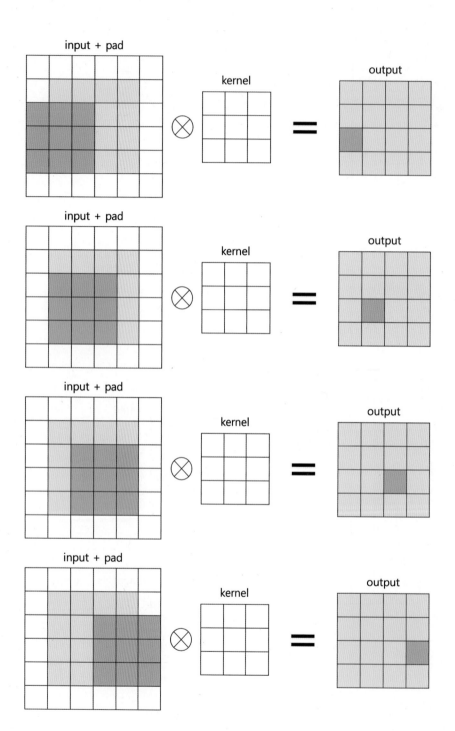

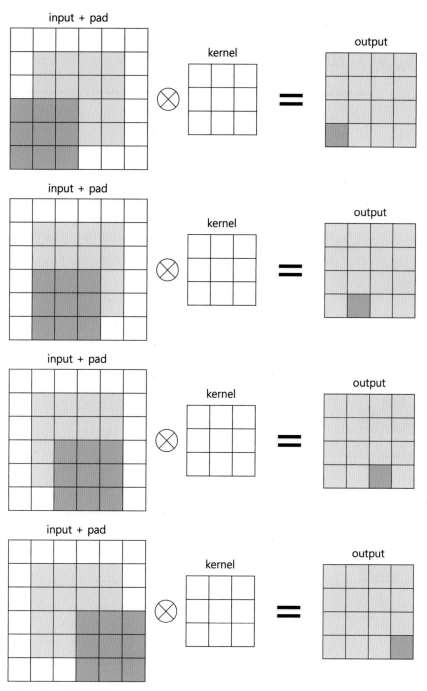

▶ 패딩을 적용한 합성곱 연산

18.3 패턴 추출의 원리

지금까지 합성곱 커널에 의한 합성곱 연산이 어떻게 이루어지는지를 수식과 그림을 통해 살펴보았습니다. 그럼 이 연산이 어떻게 패턴을 추출해낼 수 있는지 직관적으로 설명해보겠습니다. 다음 그림에서 녹색 또는 노란색으로 색칠된 부분은 큰 값이 존재하는 영역을 의미합니다. 그러면 숫자 2와 같은 패턴을 추출하고자 할 때 두 방향의 대각선 패턴과 가로 직선 패턴 추출이 중요할 것이라는 가정을 세웠다고 해봅시다. 각 패턴을 추출하기 위한 커널 적용 결과는 다음과 같을 것입니다.

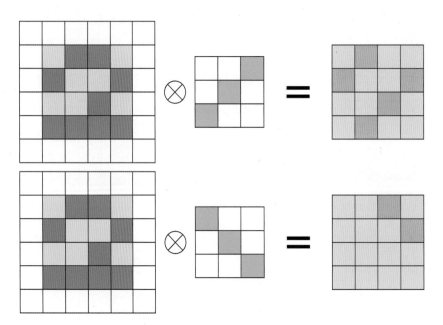

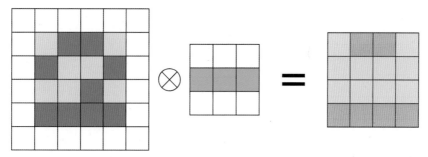

▶ 패턴 추출을 위한 각 커널 적용 결과

이를 통해 우리는 어떤 패턴이 어디에 나타나는지 확인할 수 있습니다. 예를 들어 좌상단에서 우하단을 가로지르는 대각선 패턴의 경우에 입력 행렬의 우상단에 나타나는 것을 확인할 수 있습니다. 이처럼 필요한 각 패턴의 추출 결과를 모아서 종합해보면 입력 행렬에는 2라는 모양이 존재하고 있다고 결론 내릴 수 있을 것입니다.

전통적인 방식의 머신러닝에서는 이처럼 가정을 통해 미리 설정한 합성곱 커널을 사용해서 패턴을 추출합니다. 하지만 딥러닝에서는 모델의 출력 $\hat{y}$과 타깃 값 y가 같아지도록 패턴을 추출할 수 있는 커널이 자동으로 학습됩니다. **만약 모델이 특징을 추출하기 위해 양 대각선 및 가로 직선 방향의 패턴을 위한 커널을 사용해야 손실 값이 낮아진다면 경사하강법에 의해서 자동으로 해당 패턴을 위한 커널을 찾도록 학습될 것입니다.** 이렇게 학습된 모델을 활용하면 앞의 예제처럼 2와 같은 모양의 패턴들이 잘 인식될 것입니다.

다시 정리하면 전통적인 방식에서는 앞의 예제와 같이 손수 만든 특징을 바탕으로 합성곱 연산을 활용했습니다. 하지만 딥러닝에서는 **합성곱 계층**convolutional neural network, CNN**을 활용하여 최적의 패턴 추출 방법을 자동으로 학습하고, 이렇게 학습된 커널을 사용하여 더 나은 패턴 추출을 수행**합니다.

1 채널

앞의 예제와 같이 여러 가지 특징의 패턴을 동시에 추출하고 싶을 때 여러 개의 커널을 적용할 수 있습니다. 이렇게 사용되는 커널의 숫자를 출력 채널output channel의 숫자라고 부르기도 합니다. 또한 특징을 추출하고자 하는 입력이 여러 개의 채널을 가질 수도 있는데 이것을 입력 채널input channel이라고 부릅니다. 예를 들어 컬러 이미지는 빨간색, 녹색, 파란색 등 이른바 RGB로 불리는 3가지 자연색으로 표현되는데 각 색깔별로 3가지 채널을 갖게 됩니다.

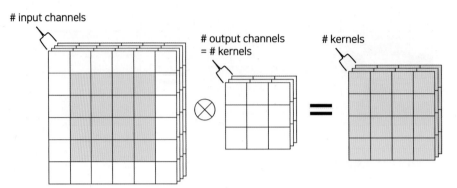

e.g. input channels of color image: Red, Green, Blue

▶ 컬러 이미지의 입력 채널

앞의 그림처럼 커널의 개수가 최종 출력물의 채널 개수가 됩니다. 이때 각 커널은 입력 채널에 대해서 합성곱 연산을 수행하고 모두 더해서 출력 채널에 값을 표현합니다.

❷ 계층 입출력 텐서 형태

결과적으로 합성곱 계층^{convolutional layer}의 입출력 텐서는 보통 다음과 같은 형태를 띠게 됩니다.

$$y = \text{conv}(x),$$
$$\text{where} \begin{cases} |x| = (N, c_{\text{in}}, x_{\text{height}}, x_{\text{width}}) \\ |y| = (N, c_{\text{out}}, y_{\text{height}}, y_{\text{width}}) \\ \quad = (N, c_{\text{out}}, x_{\text{height}} - k_{\text{height}} + 1, x_{\text{width}} - k_{\text{width}} + 1). \end{cases}$$

$$
\begin{aligned}
N &= \text{batchsize} \\
(x_{\text{height}}, x_{\text{width}}) &= \text{inputsize} \\
c_{\text{in}} &= \#\text{inputchannels} \\
c_{\text{out}} &= \#\text{outputchannels} \\
(k_{\text{height}}, k_{\text{width}}) &= \text{kernelsize} \\
(y_{\text{height}}, y_{\text{width}}) &= \text{outputsize}
\end{aligned}
$$

이 수식에 따라 앞선 예제에서 4×4의 입력 행렬과 3×3의 커널이 주어졌을 때 $(4-3+1) \times (4-3+1) = 2 \times 2$ 크기의 출력 행렬을 얻을 수 있음을 보았습니다.

만약 패딩이 추가된다면 수식을 좀 더 바뀌게 되는데 패드를 추가하였을 때의 입출력 텐서 형태를 계산하기 위한 수식은 다음과 같습니다.

$$y = \text{conv2d}(x),$$

$$\text{where} \begin{cases} |x| = (N, c_{\text{in}}, x_{\text{height}}, x_{\text{width}}) \\ |y| = (N, c_{\text{out}}, y_{\text{height}}, y_{\text{width}}) \\ \quad = (N, c_{\text{out}}, x_{\text{height}} + 2 \times p_{\text{height}} - k_{\text{height}} + 1, x_{\text{width}} + 2 \times p_{\text{width}} - k_{\text{width}} + 1). \end{cases}$$

$$\begin{aligned} b &= \text{batchsize} \\ (x_{\text{height}}, x_{\text{width}}) &= \text{inputsize} \\ c_{\text{in}} &= \#\text{inputchannels} \\ c_{\text{out}} &= \#\text{outputchannels} \\ (k_{\text{height}}, k_{\text{width}}) &= \text{kernelsize} \\ (y_{\text{height}}, y_{\text{width}}) &= \text{outputsize} \\ (p_{\text{height}}, p_{\text{width}}) &= \text{padsize} \end{aligned}$$

이 수식에 따라 앞의 예제에서와같이 4×4 입력 행렬에 패딩이 상하좌우 한 칸씩 추가되고 3×3 커널이 주어진다면 $(4 + 2 \times 1 - 3 + 1) \times (4 + 2 \times 1 - 3 + 1) = 4 \times 4$ 출력 행렬을 얻을 수 있습니다.

이와 같은 합성곱 계층의 입출력 텐서 형태 계산은 실제 프로젝트를 수행할 때 매우 유용하게 사용될 수 있습니다. 뒤에서도 다루겠지만 합성곱 계층은 입출력의 형태 계산이 까다롭다는 단점이 있기 때문에 모델 구조를 설계할 시 계층 간 입출력 텐서 크기를 주의 깊게 살펴봐야 합니다. 따라서 이 수식들을 숙지하고 있다면 모델 구조를 설계하는 데 있어서 좀 더 수월할 것입니다.

❸ 합성곱 계층의 특징과 장단점

앞에서 우리가 주로 사용했던 선형 계층은 입력 벡터의 각 차원이 정해진 의미를 갖고 있었습니다. 예를 들어 엑셀 파일과 같은 테이블 데이터tabular dataset를 다룬다면 각 열은 특정 의미의 값에 매핑되어 있기 마련입니다.

이름	키	몸무게	나이
홍길동	183	77	32
홍당무	175	70	28

▶ 테이블 데이터 예시

그런데 만약 실수로 특정 샘플의 일부 값이 한 칸씩 옆으로 밀려 있었다면 어떻게 될까요?

이름	키	몸무게	나이
홍길동	183	77	32
홍당무	28	175	70

▶ 실수로 인한 특정 샘플의 일부 값 변경

전혀 다른 의미의 샘플이 되거나, 아예 데이터로서의 의미를 잃어버릴 수 있습니다. 하지만 이미지 세계에선 이와 같은 일들이 빈번하게 일어납니다. 예를 들어 MNIST 이미지 샘플을 오른쪽으로 한 칸씩 이동시키더라도 샘플의 의미는 전혀 변하지 않으며 우리가 숫자를 인식하는 데 지장이 없으니 모델이 인식하는 경우에도 전혀 차질이 없어야 합니다.

하지만 선형 계층은 태생부터 이와 같은 이미지의 변화를 받아들이기 힘든 구조이며 모델의 입장에서 한 칸 이동한 그림은 전혀 다른 새로운 샘플이 됩니다. 즉, 새롭게 다시 학습해야 하는 대상이 됩니다. 하지만 합성곱 계층은 위치에 상관없이 특징의 패턴을 인식할 수 있기 때문에 특정 부분이 한 칸 이동한 그림도 큰 어려움 없이 해결할 수 있습니다.

또한 선형 계층의 경우 입력과 출력 벡터의 크기가 정해지면 내부 가중치 파라미터의 크기가 정해지는데 반해, 합성곱 계층은 입출력 크기와 상관없이 내부 커널의 크기에 따라 가중치 파라미터의 크기가 정해지므로 훨씬 더 적은 파라미터 수를 가지게 됩니다. 모델이 더 적은 파라미터 수를 갖게 되면 속도나 메모리 측면에서도 이득일 뿐만아니라 최적화에 있어서도 난이도가 훨씬 낮아지게 됩니다. 마지막으로 선형 계층에 비해서 파라미터 수가 작을 뿐만 아니라 병렬 연산으로 구성하기 쉬운 구조이므로 학습과 추론 속도 면에서도 훨씬 월등합니다.

하지만 합성곱 계층은 입력과 출력 크기가 고정되어 있지 않다는 특징이 단점으로 작용할 수 있습니다. 선형 계층은 애초에 계층을 선언할 때 그 크기를 입력해주어야 하므로 입출력의 크기를 직관적으로 확인하기 쉽습니다. 하지만 합성곱 계층은 앞에서 보았던 입출력 크기를 계산하던 복잡한 수식에서 알 수 있듯이 입출력의 크기를 직관적으로 확인하기 어렵기 때문에 합성곱 계층을 활용한 전체 신경망 구현의 난이도가 높아지게 됩니다.

18.4 맥스 풀링과 스트라이드 기법

보통 심층신경망은 고차원 공간의 데이터를 저차원 공간에 비선형적으로 풀어낸 표현 과정을 통해 샘플의 특징을 추출하고 학습한다고 볼 수 있습니다. 하지만 우리가 즐겨 쓰는 형태의 합성곱 계층인 3×3 kernel $+1$ padding 형태에서는 입력과 출력의 크기가 같습니다. 또한 패딩이 없거나 커널의 크기가 커져서 출력의 크기가 입력의 크기에 비해 작아지더라도 입력에서의 상대적인 위치가 출력에서도 보존되기 때문에 차원 축소 과정을 거친다고 보기 어려울 수 있습니다. 이때 우리는 맥스 풀링 또는 스트라이드 기법을 활용하여 다운 샘플링과 같은 차원 축소를 수행할 수 있습니다.

1 맥스 풀링

다음의 그림은 **맥스 풀링**max-pooling 함수의 동작 방식을 그림으로 나타낸 것입니다.

▶ 맥스 풀링 함수의 동작 방식

4×4 크기의 행렬이 크게 4개의 영역으로 나누어진 것을 볼 수 있고 각 영역에서 가장 큰 숫자를 출력하여 2×2 크기의 행렬에 출력한 것을 볼 수 있습니다.

만약 맥스 풀링 함수가 기존의 합성곱 계층의 결과물을 입력으로 받게 된다면 어떤 의미가 될까요? 앞의 그림에서 맥스 풀링 함수의 입력인 4×4 행렬이 합성곱 계층의 출력물이라고 생각해봅시다. 그리고 그 합성곱 계층은 3×3 크기의 커널과 1 패딩을 갖고 있다고 가정해보겠습니다. 그렇다면 합성곱 계층의 입력 행렬의 크기도 4×4가 될 것입니다.

이때 합성곱 계층 출력 행렬의 각 요소는 입력 행렬의 해당 위치에 커널의 패턴이 나타난 강도를 의미한다고 볼 수 있습니다. 만약 값의 크기가 크다면 입력 행렬의 해당 위치에는 커널과 비슷한 패턴이 존재한다고 볼 수 있고 값의 크기가 작을수록 해당 패턴과 반대되는 패턴이 나타나고 있다고 볼 수 있습니다. 그리고 0에 가까울수록 커널의 패턴과 상관없는 입력 구성이라고 볼 수 있을 것입니다. 따라서 **합성곱 계층 다음에 맥스 풀링 함수가 가장 큰 값을 가져오는 것은 해당 영역에서 합성곱 계층 커널의 패턴이 얼마나 강하게 있었는지를 요약한 것**이라고 할 수 있습니다.

❷ 스트라이드

맥스 풀링 이외에도 **스트라이드**stride 기법을 통해 비슷한 형태의 차원 축소를 구현할 수 있습니다. 스트라이드는 이름에서 알 수 있듯이 커널이 기존 방식과 다르게 성큼성큼 칸을 건너뛰어 동작하는 것입니다. 다음 그림은 스트라이드가 가로 1칸, 세로 1칸씩 설정되었을 때의 커널이 동작하는 모습을 보여주고 있습니다.

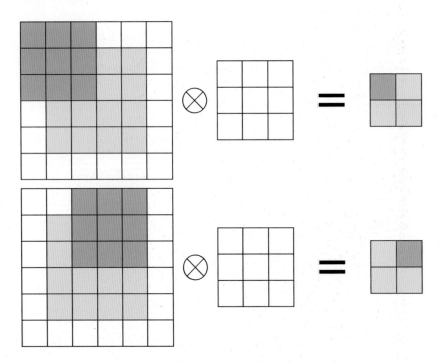

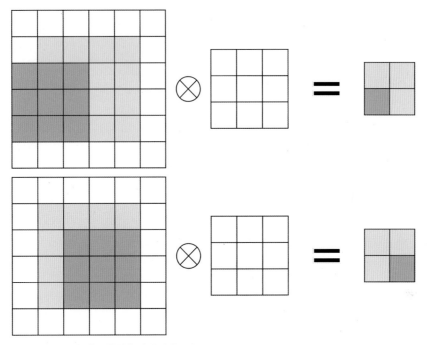

▶ 스트라이드 기법을 적용했을 때의 커널 동작

기존과 다르게 가로 세로 한 칸씩을 건너뛰며 합성곱 연산이 수행되었기 때문에, 출력 행렬의 크기가 2×2로 줄어든 것을 볼 수 있습니다. 만약 스트라이드가 더 커진다면 입력 대비 출력의 크기는 더욱 줄어들 것입니다.

스트라이드는 코드로 구현할 때 보통 합성곱 계층의 설정값으로 주어 사용합니다. 따라서 또 다른 계층이 추가되는 맥스 풀링 기법과 달리 합성곱 계층 하나로 원하는 작업을 수행할 수 있는 장점이 있습니다. 하지만 모든 합성곱 연산을 수행한 후 가장 큰 값을 취해서 요약하는 형태의 맥스 풀링과 달리 스트라이드 기법은 합성곱 연산 자체를 건너뛰어 버리기 때문에 큰 값을 놓칠 수도 있다는 단점이 존재합니다. 그러나 대부분의 경우 실제 성능에 영향을 끼칠 정도가 될 가능성이 낮아 스트라이드를 많이 활용하기도 합니다.

❸ 스트라이드 기법 도입 시 합성곱 계층의 입출력 크기 계산

앞에서 합성곱 계층의 복잡한 입출력 행렬 크기 계산을 살펴보았습니다. 스트라이드 기법을 적용했을 때 합성곱 계층의 입출력 행렬 크기 계산도 가능합니다. 다음과 같이 합성곱 계층의 입력 행렬 크기와 채널 개수, 커널 크기, 패드 크기, 스트라이드 크기가 주어졌을 때 출력 행렬의 크기를 계산할 수 있습니다.

$$
\begin{aligned}
N &= \text{batch size} \\
(x_{\text{height}}, x_{\text{width}}) &= \text{input size} \\
c_{\text{in}} &= \text{\# input channels} \\
c_{\text{out}} &= \text{\# output channels} \\
(k_{\text{height}}, k_{\text{width}}) &= \text{kernel size} \\
(y_{\text{height}}, y_{\text{width}}) &= \text{output size} \\
\\
(p_{\text{height}}, p_{\text{width}}) &= \text{pad size} \\
(s_{\text{height}}, s_{\text{width}}) &= \text{stride size}
\end{aligned}
$$

$$
y = \text{conv2d}(x),
$$

$$
\text{where}
\begin{cases}
|x| = (N, c_{in}, x_{\text{height}}, x_{\text{width}}) \\
|y| = (y_{\text{height}}, y_{\text{width}}) \\
\quad = \left(N, c_{\text{out}}, \left\lfloor \dfrac{x_{\text{height}} + 2 \times p_{\text{height}} - (k_{\text{height}} - 1) - 1}{s_{\text{height}}} + 1 \right\rfloor, \right. \\
\qquad \left. \left\lfloor \dfrac{x_{\text{width}} + 2 \times p_{\text{width}} - (k_{\text{width}} - 1) - 1}{s_{\text{width}}} + 1 \right\rfloor \right).
\end{cases}
$$

18.5 합성곱신경망 설계 예제

합성곱 계층은 입출력 행렬 크기의 계산이 까다롭다고 했었죠? 따라서 이 절에서는 합성곱 계층을 활용하여 심층신경망을 구성할 때 쉽게 구성하는 요령을 예제를 통해 살펴보고자 합니다. 일단 다음과 같은 심층신경망의 서브 모듈sub-module을 생각해볼 수 있습니다.

순서	구성
1	3×3 Conv Layer
2	ReLU
3	Batch Normalization
4	3×3 Conv Layer (+ with 2×2 Stride)
5	ReLU
6	Batch Normalization
7	(+ Maxpooling Layer if no Stride)

▶ 합성곱 신경망 설계 시 서브 모듈의 적용

이 서브 모듈은 두 개의 합성곱 계층, 비선형 활성 함수, 배치 정규화 계층을 가지고 있습니다. 주목할 점은 마지막 합성곱 계층에서 스트라이드를 제공하거나 맥스 풀링 계층을 추가하여 출력 크기를 반으로 줄이는 형태를 취한다는 것입니다. 앞으로 이러한 서브 모듈을 다음 그림과 같이 CNN 블록으로 표현하기로 합니다.

CNN Block

▶ CNN 블록(서브 모듈)

이러한 CNN 블록을 재활용하여 전체 심층신경망을 구성할 수 있습니다. 다음 그림은 이미지를 |C|개의 클래스 중 하나로 분류하는 문제를 풀기 위한 구조 설계를 보여주고 있습니다. 그림에서 볼 수 있듯이 CNN 블록을 세 번 반복 활용하고 있습니다.

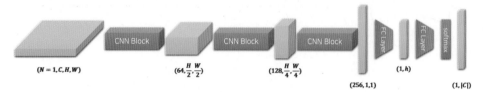

▶ **CNN 블록을 활용한 신경망 설계**

이 신경망은 (N, C, H, W) 크기의 이미지 미니배치를 입력으로 받아 $(N, |C|)$ 크기의 결과 행렬을 출력하도록 설계되어 있습니다. 앞의 그림에서는 쉽게 그리기 위해 $N = 1$ 인 것으로 표현했습니다. 만약 컬러 이미지를 다루고 있다면 $C = 3$ 일 것이고, 흑백 이미지를 다루고 있다면 $C = 1$ 일 것입니다.

CNN 블록을 지날 때마다 텐서의 크기 H, W 는 반으로 줄어들고 있고 최종적으로 $H = 1$, $W = 1$ 이 될 때 CNN 블록 활용이 종료되고 선형 계층이 적용되는 것을 볼 수 있습니다.

또한 각 CNN 블록을 지날 때마다 채널의 개수는 증가하고 있음을 확인할 수 있습니다. 참고로 각 CNN 블록의 커널 크기와 패딩 크기는 크기가 유지되도록 연동 될 것이고, 커널 개수는 하이퍼 파라미터가 될 것입니다.

예를 들어 $H = 8$, $W = 8$ 인 이미지가 있다고 가정해볼까요? 그럼 이 신경망은 $(N, 1, 8, 8)$ 을 입력으로 받게 될 것입니다. 그리고 첫 번째 CNN 블록을 통과하면 $(N, 64, \frac{H}{2} = 4, \frac{W}{2} = 4)$ 크기의 텐서를 얻을 수 있을 것입니다.

여기서 첫 번째 CNN 블록은 64개의 커널을 갖고 있으니 64 크기의 출력 채널을 갖는 것을 알 수 있습니다. 즉, 첫 번째 CNN 블록은 64개의 패턴에 대한 결과물을 출력한다고 보면 됩니다. 두 번째 CNN 블록은 128개의 커널을 갖고 있어서 $(N, 128, \frac{H}{4} = 2, \frac{W}{4} = 2)$ 크기의 출력 텐서를 반환하는 것을 볼 수 있습니다.

마지막으로 CNN 블록을 통과하면 $H = 1$, $W = 1$ 이 되는 것을 확인할 수 있습니다.

대신 채널의 개수가 256개가 된 것을 알 수 있는데 이것은 256개 커널 패턴에 대한 점수라고 볼 수 있습니다. 그러면 우리는 여기에 선형 계층(+비선형 활성 함수)을 사용하고, 마지막엔 소프트맥스 함수까지 사용하여 각 샘플에 대해 클래스별 확률 값을 예측할 수 있을 것입니다.

만약 $H = 28$, $W = 28$ 인 MNIST의 경우에는 H, W 가 어떻게 줄어들까요?

맥스 풀링 대신 스트라이드가 2인 경우로 가정하겠습니다.

그럼 다섯 개의 CNN 블록을 통과하면 $H = 1$, $W = 1$ 가 됨을 알 수 있습니다.

$$28 \underset{\text{Block}}{\Rightarrow} 14 \underset{\text{Block}}{\Rightarrow} 7 \underset{\text{Block}}{\Rightarrow}$$
$$\left\lfloor \frac{7 + 2 \times 1 - (3-1) - 1}{2} + 1 \right\rfloor = 4 \underset{\text{Block}}{\Rightarrow}$$
$$2 \underset{\text{Block}}{\Rightarrow} 1$$

실제 적용 사례는 다음에 나올 실습 코드를 통해 확인하도록 하겠습니다.

실습
CNN으로 MNIST 분류 구현하기

이 절에서는 앞에서 배운 CNN을 활용하여 기존 MNIST 분류 프로젝트를 고도화하고
자 합니다. 우리는 이미 기존에 잘 동작하는 학습 및 추론 코드를 가지고 있기 때문에
최소한의 수정으로 구현해보겠습니다. 본격적인 시작에 앞서 먼저 파일 구조를 고도화
해봅시다. 다음은 기존의 파일 구성 형태입니다. 각 파일들의 역할은 이전 장의 설명을
참고해주세요.

- **기존 파일 구성**
  - predict.ipynb
  - model.py
  - utils.py
  - train.py
  - trainer.py

기존에는 평면적인 디렉터리 구조를 가지고 있었다면 이번에는 좀 더 계층화하여 파일
구조를 구성합니다.

  새로운 파일 구성
  - predict.ipynb
  - mnist_classifier
    - __init__.py
    - models
      - fc.py
      - __init__.py
      - cnn.py
    - utils.py
    - trainer.py
  - train.py

mnist_classifier라는 패키지를 구성하였으며 패키지 내부의 models 디렉터리에 기존 선형 계층 기반 모델을 fc.py라는 파일로 넣고 이번에 구현할 CNN 기반의 모델을 cnn.py라는 파일로 구성하였습니다. 따라서 추후 순환신경망^{RNN}을 활용하여 모델을 추가하고자 할 때 models 디렉터리 내에 파일을 추가하게 될 것입니다.

1 모델 구조 설계

우리는 MNIST 이미지를 분류하고자 합니다. MNIST 데이터셋은 28×28 크기의 흑백 이미지가 학습셋 60,000장, 테스트셋 10,000장으로 구성되어 있습니다. 예전에는 선형 계층기반으로 모델을 구성했기 때문에 행렬 형태의 이미지를 784차원의 벡터로 만들어 모델에 넣어주었지만, CNN 기반의 모델에서는 행렬 형태 그대로 넣어줄 수 있게 되었습니다.

앞서 언급한 대로 CNN 블록을 재활용하는 형태로 모델 구조를 설계하면 다음 그림과 같이 진행됩니다.

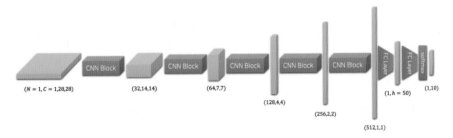

▶ CNN 블록을 재활용한 형태의 모델 구조 설계

마지막 CNN 블록을 통과하면 미니배치 텐서는 $(N, 512, 1, 1)$의 형태가 되고 마지막 두 차원을 squeeze 함수를 통해 제거하면 $(N, 512)$ 형태의 텐서를 얻을 수 있게 됩니다.

이 텐서를 '선형 계층 + 활성 함수 + 선형 계층 + 소프트맥스 함수'에 차례대로 통과시키면 $(N, |C|)$ 크기의 텐서를 얻을 수 있습니다. 이 $(N, |C|)$ 크기의 출력 텐서는 미니배치의 각 샘플별로 클래스에 대한 확률 값을 담고 있을 것입니다.

2 모델 클래스 구현

./mnist_classifier/cnn.py 파일에 CNN 기반 분류 모델을 구현할 것입니다. 먼저 CNN 블록을 구현합니다. 다음의 코드를 보면 nn.Module을 상속받아 클래스를 정의하고 있는 것을 볼 수 있습니다. 그리고 init 함수와 forward 함수를 오버라이드하여 모델을 구현하고 있습니다.

```python
class ConvolutionBlock(nn.Module):

    def __init__(self, in_channels, out_channels):
        self.in_channels = in_channels
        self.out_channels = out_channels

        super().__init__()

        self.layers = nn.Sequential(
            nn.Conv2d(in_channels, out_channels, (3, 3), padding=1),
            nn.ReLU(),
            nn.BatchNorm2d(out_channels),
            nn.Conv2d(out_channels, out_channels, (3, 3), stride=2, padding=1),
            nn.ReLU(),
            nn.BatchNorm2d(out_channels),
        )

    def forward(self, x):
        # |x| = (batch_size, in_channels, h, w)

        y = self.layers(x)
        # |y| = (batch_size, out_channels, h, w)

        return y
```

init 함수 내부에 nn.Sequential을 활용하여 여러 계층을 구성하고 있고, 그 내부에 합성곱 계층과 활성 함수 그리고 배치 정규화batch normalization가 구현되어 있습니다. 합성곱 계층은 nn.Conv2d 클래스를 통해 구현하고 있는데 첫 번째 인자는 입력 채널의 개수,

두 번째 인자는 출력 채널의 개수[2]를 넣어줍니다. 그리고 3×3 크기의 커널을 사용하도록 하고 필요에 따라 패딩 크기와 스트라이드 크기를 넣어줍니다. 이 CNN 블록을 통과하는 입출력 텐서의 모양은 주석으로 forward 메서드 내부에 정리되어 있습니다. 이렇게 정의한 CNN 블록을 활용하여 심층신경망 전체를 구성하려 합니다. 다음 코드는 심층신경망 전체를 구성하는 코드입니다.

```python
class ConvolutionalClassifier(nn.Module):

    def __init__(self, output_size):
        self.output_size = output_size

        super().__init__()

        self.blocks = nn.Sequential( # |x| = (n, 1, 28, 28)
            ConvolutionBlock(1, 32), # (n, 32, 14, 14)
            ConvolutionBlock(32, 64), # (n, 64, 7, 7)
            ConvolutionBlock(64, 128), # (n, 128, 4, 4)
            ConvolutionBlock(128, 256), # (n, 256, 2, 2)
            ConvolutionBlock(256, 512), # (n, 512, 1, 1)
        )
        self.layers = nn.Sequential(
            nn.Linear(512, 50),
            nn.ReLU(),
            nn.BatchNorm1d(50),
            nn.Linear(50, output_size),
            nn.LogSoftmax(dim=-1),
        )

    def forward(self, x):
        assert x.dim() > 2

        if x.dim() == 3:
            # |x| = (batch_size, h, w)
            x = x.view(-1, 1, x.size(-2), x.size(-1))
        # |x| = (batch_size, 1, h, w)
```

---

2 앞에서 다루었던 대로 커널의 개수와 같습니다.

```
z = self.blocks(x)
# |z| = (batch_size, 512, 1, 1)

y = self.layers(z.squeeze())
# |y| = (batch_size, output_size)

return y
```

두 개의 nn.Sequential 객체가 self.blocks 와 self.layers에 할당되는 것을 볼 수 있습니다. self.blocks에는 CNN 블록들을 넣어주고 self.layers에는 선형 계층과 활성 함수, 배치 정규화, 로그 소프트맥스 계층을 넣어준 것을 확인할 수 있습니다. 마지막 CNN 블록의 출력 채널 개수와 첫 번째 선형 계층의 입력 크기가 같다는 것에 주목하세요. forward 함수에는 self.blocks와 self.layers에 차례로 텐서를 통과시키는 코드가 구현되어 있는데 self.layers에 텐서를 넣기 전에 squeeze 함수를 활용해서 마지막 두 차원을 없애주는 것을 확인할 수 있습니다.

③ train.py 수정하기

우리는 이미 잘 짜인 MNIST 분류 프로젝트를 가지고 있기 때문에 아주 약간의 수정만 으로도 학습과 추론이 원활하게 동작하는 것을 볼 수 있을 것입니다. 먼저 파일 구조가 바뀌었기 때문에 import를 수행하는 부분의 코드들이 다음과 같이 바뀐 것을 확인할 수 있습니다.

```
import argparse

import torch
import torch.nn as nn
import torch.optim as optim

from mnist_classifier.trainer import Trainer
```

```
from mnist_classifier.utils import load_mnist
from mnist_classifier.utils import split_data
from mnist_classifier.utils import get_model
```

그리고 이제 train.py를 실행할 때 어떤 모델을 활용하여 분류기를 학습할지 선택하는 옵션을 추가해야 합니다. define_argparser 함수 내부에 다음 코드를 추가합니다.

```
p.add_argument("--model", default="fc", choices=["fc", "cnn"])
```

그리고 나면 사용자는 다음과 같이 train.py를 실행하여 CNN 기반의 MNIST 분류기를 얻을 수 있습니다.

```
$ train.py --model_fn ./model.pth --model cnn
```

또한 앞에서는 선형 계층 기반으로 분류 문제를 풀었기 때문에 28×28 크기의 MNIST 이미지를 784차원의 벡터로 변환하여 불러왔습니다만 CNN 기반의 모델에서는 기존 행렬 형태 그대로 활용할 수 있습니다. 따라서 load_mnist 함수에는 미리 flatten이라는 인자를 만들어주었는데 항상 True로 넣어주던 인자를 config.model의 값이 "fc"일 때만 벡터로 변환하도록 다음과 같이 수정해 줍니다.

```
x, y = load_mnist(is_train=True, flatten=(config.model == "fc"))
```

그리고 이전에는 train.py에서 직접 ImageClassifier 클래스를 생성하여 객체를 할당하였는데 utils.py에 함수를 만들어 재사용하도록 합니다. 다음 코드는 utils.py에 정의된 get_model 함수를 보여주고 있습니다.

```python
from mnist_classifier.models.fc import ImageClassifier
from mnist_classifier.models.cnn import ConvolutionalClassifier


def get_model(input_size, output_size, config, device):
    if config.model == "fc":
        model = ImageClassifier(
            input_size=input_size,
            output_size=output_size,
            hidden_sizes=get_hidden_sizes(
                input_size,
                output_size,
                config.n_layers
            ),
            use_batch_norm=not config.use_dropout,
            dropout_p=config.dropout_p,
        ).to(device)
    elif config.model == "cnn":
        model = ConvolutionalClassifier(output_size)
    else:
        raise NotImplementedError

    return model
```

config.model의 값에 따라 필요한 클래스를 생성하여 반환하는 것을 볼 수 있습니다. 이것을 train.py에서 받아 model이라는 변수에 할당합니다.

```python
model = get_model(
    input_size,
    output_size,
    config,
    device,
)
```

코드를 실행해보면 다음과 같이 동작하는 것을 볼 수 있습니다.

```
$ python train.py --model_fn ./model.pth --n_epochs 20 --model cnn
Train: torch.Size([48000, 28, 28]) torch.Size([48000])
Valid: torch.Size([12000, 28, 28]) torch.Size([12000])
ConvolutionalClassifier(
  (blocks): Sequential(
    (0): ConvolutionBlock(
      (layers): Sequential(
        (0): Conv2d(1, 32, kernel_size=(3, 3), stride=(1, 1), padding=(1, 1))
        (1): ReLU()
        (2): BatchNorm2d(32, eps=1e-05, momentum=0.1, affine=True, track_running_stats=True)
        (3): Conv2d(32, 32, kernel_size=(3, 3), stride=(2, 2), padding=(1, 1))
        (4): ReLU()
        (5): BatchNorm2d(32, eps=1e-05, momentum=0.1, affine=True, track_running_stats=True)
      )
    )
...
  )
  (layers): Sequential(
    (0): Linear(in_features=512, out_features=50, bias=True)
    (1): ReLU()
    (2): BatchNorm1d(50, eps=1e-05, momentum=0.1, affine=True, track_running_stats=True)
    (3): Linear(in_features=50, out_features=10, bias=True)
    (4): LogSoftmax(dim=-1)
  )
)
Adam (
Parameter Group 0
    amsgrad: False
    betas: (0.9, 0.999)
    eps: 1e-08
    lr: 0.001
    weight_decay: 0
)
NLLLoss()
Epoch(1/20): train_loss=1.9247e-01  valid_loss=9.3223e-02  lowest_loss=9.3223e-02
Epoch(2/20): train_loss=5.1895e-02  valid_loss=6.6272e-02  lowest_loss=6.6272e-02
Epoch(3/20): train_loss=3.8363e-02  valid_loss=3.8659e-02  lowest_loss=3.8659e-02
Epoch(4/20): train_loss=2.7718e-02  valid_loss=3.6389e-02  lowest_loss=3.6389e-02
Epoch(5/20): train_loss=2.2694e-02  valid_loss=3.4458e-02  lowest_loss=3.4458e-02
Epoch(6/20): train_loss=1.7611e-02  valid_loss=3.7527e-02  lowest_loss=3.4458e-02
Epoch(7/20): train_loss=1.7853e-02  valid_loss=4.3038e-02  lowest_loss=3.4458e-02
Epoch(8/20): train_loss=1.4361e-02  valid_loss=5.5245e-02  lowest_loss=3.4458e-02
Epoch(9/20): train_loss=1.4388e-02  valid_loss=4.4018e-02  lowest_loss=3.4458e-02
```

```
Epoch(10/20): train_loss=1.1478e-02    valid_loss=3.7882e-02    lowest_loss=3.4458e-02
Epoch(11/20): train_loss=1.0984e-02    valid_loss=4.4866e-02    lowest_loss=3.4458e-02
Epoch(12/20): train_loss=9.7303e-03    valid_loss=2.9497e-02    lowest_loss=2.9497e-02
Epoch(13/20): train_loss=8.5712e-03    valid_loss=2.9458e-02    lowest_loss=2.9458e-02
Epoch(14/20): train_loss=7.2910e-03    valid_loss=3.9303e-02    lowest_loss=2.9458e-02
Epoch(15/20): train_loss=7.4639e-03    valid_loss=3.8095e-02    lowest_loss=2.9458e-02
Epoch(16/20): train_loss=9.1744e-03    valid_loss=4.2406e-02    lowest_loss=2.9458e-02
Epoch(17/20): train_loss=8.3403e-03    valid_loss=3.1964e-02    lowest_loss=2.9458e-02
Epoch(18/20): train_loss=6.2705e-03    valid_loss=3.6520e-02    lowest_loss=2.9458e-02
Epoch(19/20): train_loss=5.7355e-03    valid_loss=3.3537e-02    lowest_loss=2.9458e-02
Epoch(20/20): train_loss=5.2022e-03    valid_loss=4.2961e-02    lowest_loss=2.9458e-02
```

애초에 우리는 매우 잘 정돈된 MNIST 분류 코드를 가지고 있었기 때문에 매우 적은 수 정만으로도 훌륭하게 동작하는 CNN 분류기를 구현할 수 있습니다.

🔢 predict.ipynb 수정하기

테스트셋에 대한 추론을 수행하고 성능을 구하는 코드인 predict.ipynb 파일의 경우 에도 매우 적은 수정만으로도 여전히 잘 동작하게 만들 수 있습니다. 앞에서와 마찬 가지로 import를 수행하는 코드들을 알맞게 수정해 줍니다. utils.py에 정의된 get_ model 함수를 import하는 것을 볼 수 있습니다.

```python
import sys
import numpy as np
import matplotlib.pyplot as plt

from mnist_classifier.utils import load_mnist
from mnist_classifier.utils import get_model
```

그리고 train.py에서와 마찬가지로 load_mnist 함수의 flatten 인자를 항상 True에서 train_config.model의 값이 "fc"일 때만 True가 되도록 합니다. 또한 get_model 함 수를 통해 모델 생성을 대체합니다.

```
# Load MNIST test set.
x, y = load_mnist(is_train=False, flatten=(train_config.model == "fc"))
x, y = x.to(device), y.to(device)

print(x.shape, y.shape)

input_size = int(x.shape[-1])
output_size = int(max(y)) + 1

model = get_model(
    input_size,
    output_size,
    train_config,
    device,
)

model.load_state_dict(model_dict)

test(model, x, y, to_be_shown=False)
```

이 코드를 실행하면 다음과 같이 실행 결과가 나타나게 됩니다.

```
... torch.Size([10000, 28, 28]) torch.Size([10000])
    Accuracy: 0.9916
```

테스트셋에 대해서 무려 99.16%의 정확도를 보여주고 있습니다. 앞에서의 선형 계층 기반 모델이 98.37%의 점수를 보였던 것에 비하면 매우 큰 성과라고 볼 수 있습니다. 오류가 약 1.6%에서 약 0.8%로 줄어들었다는 것은 무려 절반이나 오류를 개선한 것이기 때문입니다. 또한 필자가 딱히 모델 구조를 튜닝한 것이 아니기 때문에 독자 여러분이 여러 실험을 거쳐 튜닝을 수행한다면 더 높은 성능을 얻을 수도 있을 것입니다. 다만 테스트셋이 아닌 검증셋validation set에 대해서 튜닝을 수행해야 함을 잊지 마세요.[3]

----

[3] 제일 좋은 방법은 비공개된 테스트셋이 존재하여 도전자들이 공개된 데이터셋을 통해 학습과 튜닝을 수행하고 비공개 테스트셋을 통해 진검 승부를 펼치는 것입니다.

18.7 마치며

이처럼 우리는 매우 적은 코드의 수정만으로도 기존 선형 계층 기반의 모델보다 훨씬 뛰어난 CNN 기반의 모델을 만들 수 있었습니다. 이를 바탕으로 생각해볼 때 추후에 새로운 모델을 추가하거나 하이퍼 파라미터가 변경되거나 학습 알고리즘이 변하더라도 현재 코드를 수정하면 훨씬 더 쉽게 구현할 수 있을 것입니다. 독자 여러분도 실제로 머신러닝 프로젝트를 수행한다면 주피터 노트북에서 벗어나 이와 같은 CLI에서 연구 개발을 진행할 수 있는 환경을 구축해야 할 것입니다.

요약

- **합성곱 계층**
  - 이미지 데이터를 처리하는데 적합한 계층
  - 기존의 전통적인 머신러닝에서는 특징을 직접 추출하기 위해 미리 정의된 합성곱 커널을 활용하여 특징 (e.g. 경계선)을 추출
  - 합성곱신경망에서는 패턴을 추출하기 위한 최적의 커널을 자동으로 학습
  - 합성곱 계층의 커널의 개수는 출력 채널의 크기와 같음
  - 합성곱 계층의 입출력의 크기는 정해져 있지 않으며 입력의 크기와 커널의 크기에 따라 출력의 크기가 가변적으로 변함
  - 3×3 커널에 1 패딩을 쓰거나 5×5 커널에 2 패딩을 쓰면 입력의 크기가 출력에서 보존
  - 장점
    - 가중치 파라미터 수가 적음
    - 학습 및 추론 속도가 빠름
    - 이미지를 처리하는 데 적합함
  - 단점
    - 입출력 크기 계산이 직관적이지 않아 신경망 설계할 때 어려움
- **맥스 풀링과 스트라이드**
  - 차원 축소를 수행

CHAPTER
19
RNN(순환신경망)

이 장에서는 기존의 방식에서 벗어난 새로운 형태의 신경망인 순환신경망Recurrent Neural Networks, RNN에 대해 배워 봅니다.

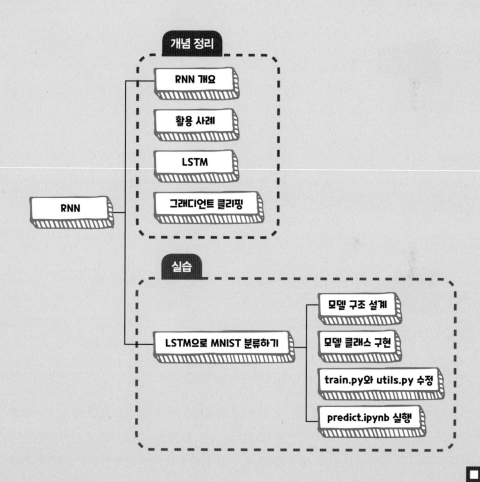

19.1 순환신경망 소개

지금까지는 다음과 같은 형태의 신경망을 .주로 다뤄왔습니다. 다음 그림처럼 θ 라는 파라미터를 갖는 이 신경망은 선형 계층으로 구성되어 있을 수도 있고, 합성곱 계층으로 구성되어 있을 수도 있습니다.

▶ 기존 신경망의 구조

$$y = f(x; \theta)$$

다음 그림에 나타난 x_t 또는 h_t 라는 표현을 보면 t가 추가되어 순서를 표시하고 있음을 알 수 있습니다.

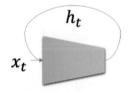

▶ 순환신경망의 구조

$$h_t = f(x_t, h_{t-1}; \theta)$$

그리고 t가 끝에 다다르면 비로소 $y = h_t$ 가 되어 출력값을 얻게 됩니다. 또한 앞의 수식에서 재미있는 점은 h_t 를 얻기 위해서 x_t 뿐만 아니라 h_{t-1} 도 함께 함수의 입력으로 주어져야 한다는 것입니다. 즉, **이전 순서에서의 상태 결과인 h_{t-1}을 현재 입력 x_t와 함께 함수에 넣어주어 현재 상태 결과인 h_t를 구하도록** 되어 있습니다.

이러한 신경망의 형태를 **순환신경망**Recurrent Neural Networks, RNN이라고 부릅니다. 기존의 신경망은 주로 테이블 데이터나 이미지 데이터를 다루는 데 사용되었습니다. 하지만 RNN은 자연어 처리natural language processing, NLP와 같이 **순서 정보가 담긴 데이터나 시계열**time-series **데이터를 다루는 데 적합**합니다. 이 책을 통해 RNN과 그 응용 구조를 처음 접하는 독자라면 이해하는 데 어려움을 겪을 수도 있습니다. 하지만 자연어 생성natural language generation과 같이 순서 데이터를 생성하는 문제가 아니라면 딱히 실제로 구현할 때 시간 또는 순서 정보가 필요없기 때문에 크게 신경 쓸 필요가 없습니다.

더욱이 이 책을 통해 RNN 함수의 입출력 텐서 형태만 익혀도 이미 반은 해결됐다고 생각합니다. 어차피 입출력 형태만 맞춰서 구현하고 데이터를 넣어주면 RNN에 대한 이해 없이도 잘 학습되고 추론할 테니까요. 지금부터 RNN의 개념에 대해 한 걸음, 한 걸음씩 접근하여 배워보도록 하겠습니다.

19.2 RNN 한 걸음씩 들여다보기

1 기본적인 RNN의 구조

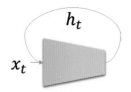

▶ 기본적인 순환신경망의 구조

RNN은 다음의 수식과 같이 네 개의 가중치 파라미터weight parameter를 갖습니다.

$$
\begin{aligned}
\hat{y}_t = h_t &= f(x_t, h_{t-1}; \theta) \\
&= \tanh(W_{ih}x_t + b_{ih} + W_{hh}h_{t-1} + b_{hh}), \\
&\text{where } \theta = \{W_{ih}, b_{ih}, W_{hh}, b_{hh}\}.
\end{aligned}
$$

W_{ih}, b_{ih} 는 입력 x_t 에 곱해지고 더해지는 파라미터가 되고 W_{hh}, b_{hh} 는 이전 순서의 결괏값인 h_{t-1} 에 곱해지고 더해지는 파라미터가 됩니다.

그럼 이 연산 결괏값에 하이퍼볼릭 탄젠트hyper-bolic tangent를 통과시켜 현재 순서의 h_t 를 얻을 수 있습니다. 이 h_t 를 RNN의 은닉 상태hidden state라고 부릅니다. 앞과 같은 그림에 순서의 흐름을 적용하여 다음과 같이 좀 더 이해하기 쉽게 표현할 수 있습니다.

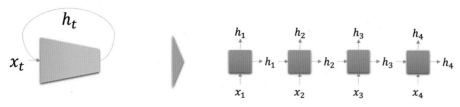

▶ 순서의 흐름에 따른 순환신경망

그럼 이와 같은 RNN을 어떻게 학습시킬 수 있을까요? RNN을 활용 및 학습하는 방법은 여러 가지가 있지만 가장 기본적인 것은 **모든 순서의 결괏값(은닉 상태) h_t들을 출력으로 취급하여 학습하는 것**입니다.

그러면 정답 또한 순서 데이터$^{\text{sequential data}}$로 $y = \{y_1, \cdots, y_T\}$ 와 같이 갖고 있어야 할 것입니다. 이에 따라 다음 그림과 같이 $h_t \Rightarrow \hat{y}_t$ 가 되어 실제 정답과 비교하는 손실 함수를 구성할 수 있습니다.

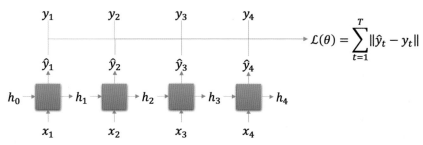

▶ 순환신경망의 손실 함수 구성

$$\mathcal{L}(\theta) = \|\hat{y}_1 - y_1\| + \cdots + \|\hat{y}_T - y_T\|$$
$$= \sum_{t=1}^{T} \|\hat{y}_t - y_t\|$$

이러한 형태의 RNN을 활용하면 가변 길이의 순서^{sequence} 데이터를 다룰 수 있습니다. 순서 데이터는 각 순서에 나타나는 값에 따라 앞뒤 순서의 값이 영향을 받을 뿐만 아니라 전체 순서 데이터의 의미가 결정되기도 합니다. 순환신경망은 이러한 가변 길이의 순서 데이터를 잘 다룰 수 있기 때문에 자연어 처리 분야에서 많이 활용됩니다.

② RNN의 입출력 텐서 형태

RNN을 이해하기 어렵다면 입출력 텐서 형태만 외워도 괜찮습니다. 어쨌든 디테일한 RNN 구현은 파이토치가 해결해 줄 것이고 입출력만 잘 맞춰 구현하면 동작하는데 무리가 없을 것입니다. 다음 그림은 RNN의 입력 텐서 모양을 시각화 한 것입니다.

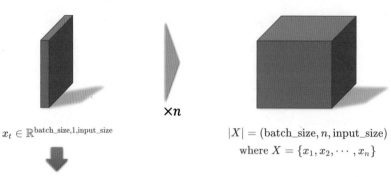

$$x_t \in \mathbb{R}^{\text{batch\_size},1,\text{input\_size}}$$

$$|X| = (\text{batch\_size}, n, \text{input\_size})$$
$$\text{where } X = \{x_1, x_2, \cdots, x_n\}$$

$$|x_t| = (\text{batch\_size}, 1, \text{input\_size})$$

▶ RNN의 입력 텐서 형태

하나의 순서에 대한 텐서를 x_t 라고 할 때 앞 그림의 왼쪽과 같은 텐서가 존재할 것이고, 순서가 n개 있다면 오른쪽 그림과 같은 텐서가 될 것입니다. 텐서의 첫 번째 차원은 미니배치 내의 인덱스를 가리키고, 두 번째 차원은 순서 정보를 가지며 마지막 차원은 입력 벡터가 됩니다. 이와 같은 RNN의 입력이 들어간 후 반환되는 출력 텐서에 대해서 살펴보도록 하겠습니다.

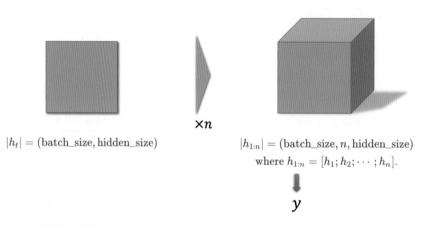

$$|h_t| = (\text{batch\_size}, \text{hidden\_size})$$

$$|h_{1:n}| = (\text{batch\_size}, n, \text{hidden\_size})$$
$$\text{where } h_{1:n} = [h_1; h_2; \cdots; h_n].$$

$$y$$

▶ RNN의 출력 텐서 형태

마찬가지로 왼쪽 그림의 텐서들이 모여 오른쪽 그림과 같은 텐서를 이루게 됩니다. 입력 텐서와 마찬가지로 각 차원들이 똑같은 의미를 지니고 있습니다. 다만 왼쪽 그림에서는 순서 정보에 대한 차원이 빠진 것을 볼 수 있을 텐데요. 사실 (batch_size, hidden_size) = (batch_size, 1, hidden_size)이므로 여전히 같은 텐서의 형태라고 봐도 무방합니다. 즉, 왼쪽 텐서들을 모아서 이어붙이기^{concatenate} 하면 전체 순서에 대한 출력 $h_{1:n}$ 이 나오게 됩니다.

❸ 다계층 순환신경망

선형 계층이나 합성곱 계층을 여러 층 쌓아서 심층신경망을 만들었던 것처럼 RNN도 여러 층을 쌓아서 깊게 만들 수 있습니다. 이것을 **다계층 순환신경망**multi-layered RNN이라고 부릅니다. 다음 그림은 다계층 순환신경망을 그림으로 나타낸 것입니다. 다계층 순환신경망도 각 순서마다 출력 $\hat{y}_t$를 반환하고 있으며 실제 정답 y_t와 비교해서 손실 함수를 계산하는 것을 볼 수 있습니다.

그런데 자세히 보면 각 층마다 오른쪽 방향을 가리키는 화살표가 빠져나와있는 것을 볼 수 있습니다. 단일 계층 순환신경망에서 오른쪽으로 빠지는 화살표를 은닉 상태 h_t라고 했었고 이 것이 곧 출력 $\hat{y}_t$라고 했었습니다. 하지만 다계층 순환신경망에서는 여러 층이 동시에 h_t를 반환하기 때문에 $\hat{y}_t \neq h_t$가 됩니다.

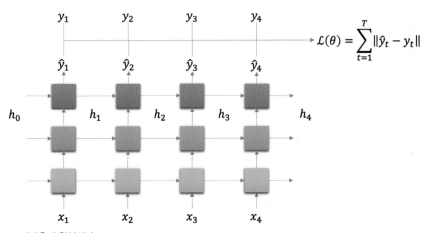

▶ 다계층 순환신경망

$$\hat{y}_t = h_{t,3} = \text{RNN}_3(\text{RNN}_2(\text{RNN}_1(x_t, h_{t-1,1}), h_{t-1,2}), h_{t-1,3}),$$
$$\text{where } h_{t,\ell} = \text{RNN}_\ell(h_{t,\ell-1}, h_{t-1,\ell}) = \tanh(W_{ih,\ell} \cdot h_{t,\ell-1} + b_{ih,\ell} + W_{hh,\ell} \cdot h_{t-1,\ell} + b_{hh,\ell})$$
$$\text{and } h_{t,0} = x_t.$$

수식을 살펴보아도 각 계층마다 $h_{t,\ell}$을 반환하고 마지막 계층의 $h_{t,\ell}$을 받아서 $\hat{y}_t$로 삼고 있음을 볼 수 있습니다. 즉, 다계층 순환신경망에서의 은닉 상태hidden state는 모델의 출력이 되지 않습니다. 이와 관련해서 출력 텐서의 형태를 다룰 때 좀 더 자세히 설명하도록 하겠습니다. 그럼 다계층 순환신경망의 입출력 텐서 형태를 알아봅시다. 다음 그림에서 빨간색 점선 네모로 표시된 부분이 다계층 순환신경망의 입력이 되는 부분입니다.

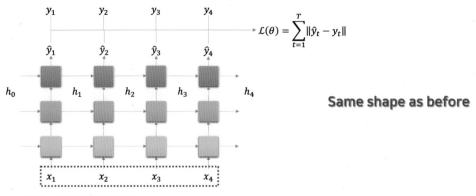

$$\mathcal{L}(\theta) = \sum_{t=1}^{T} \|\hat{y}_t - y_t\|$$

Same shape as before

▶ 다계층 순환신경망의 입력 텐서

이때 입력 텐서의 형태는 앞에서 보았던 단일 계층 순환신경망의 입력 텐서의 형태와 같습니다. 이번에는 다계층 순환신경망의 출력 텐서에 대해 살펴보도록 하겠습니다. 다음 그림에서 빨간색 점선 네모로 표시된 부분이 출력 텐서에 해당하는 부분입니다.

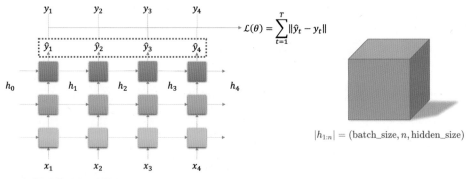

$$\mathcal{L}(\theta) = \sum_{t=1}^{T} \|\hat{y}_t - y_t\|$$

$$|h_{1:n}| = (\text{batch\_size}, n, \text{hidden\_size})$$

▶ 다계층 순환신경망의 출력 텐서

마찬가지로 단일 계층 순환신경망의 출력 텐서와 형태가 같습니다. 하지만 중요한 점은 단일 계층 순환신경망에서는 은닉 상태가 곧 출력이 되었던 반면에 다계층 순환신경망에서는 출력 과 은닉 상태가 다릅니다. 이것은 다음 그림을 보면 좀 더 정확하게 알 수 있습니다. 다음 그림 은 다계층 순환신경망의 은닉 상태를 빨간색 점선 네모로 표시한 그림입니다.

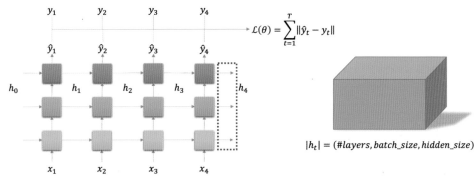

$$\mathcal{L}(\theta) = \sum_{t=1}^{T} \|\hat{y}_t - y_t\|$$

$$|h_t| = (\#layers, batch\_size, hidden\_size)$$

▶ 다계층 순환신경망의 은닉 상태

앞의 그림에서 볼 수 있듯이 빨간색 점선 네모의 위치가 달라졌고 텐서의 모양도 달라졌습니다. 가장 주목할 부분은 앞의 출력 텐서는 순서 정보가 두 번째 차원에 들어가 있는 반면에 은닉 상태 텐서는 어떤 특정 순서 상에서 얻을 것이기 때문에 순서 정보가 텐서에 없습니다. 대신 가장 첫 번째 차원에 미니배치와 관련된 정보가 아니라 계층 순서에 대한 정보가 담겨있습니다. 그리고 두 번째 차원에 미니배치에 대한 정보가 담겨있습니다.

④ 은닉 상태

그럼 은닉 상태hidden state에는 어떤 정보가 담겨 있을까요? **은닉 상태에는 순환신경망이 현재 순서까지 입력 $x_1, \cdots, x_t$들을 받아오면서 자신의 상태를 업데이트한 기억을 갖고 있다고 볼 수 있을 것입니다.**

당연하게도 은닉 상태는 신경망을 통과하는 값일 뿐이며 학습하는 가중치 파라미터가 아닙니다. 여러분도 오감(e.g. 시각, 청각, 촉각 등)을 통해 들어오는 입력에 따라 생각하고 행동을 하죠? 우리가 어떤 입력을 받아 생각하는 것은 가중치 파라미터와 연산을 하는 것이라고 볼 수 있을 것입니다. 행동은 모델의 출력 $\hat{y}_t$라고 볼 수 있을 테고 우리가 기억하는 것이 모델의 은닉 상태 h_t라고 볼 수 있을 것입니다.

한술 더 떠서 우리의 몸(+뇌 구조)과 똑같은 인조인간을 만든 후에 기억을 옮긴다면 우리와 똑같은 존재가 만들어지겠죠? 마찬가지로 똑같은 가중치 파라미터를 갖는 RNN을 만든 후에 이전까지의 은닉 상태를 현재 순서의 입력과 함께 넣어주면 이전 순서에 이어 잘 동작하는 RNN을 얻을 수 있습니다.

⑤ 양방향 다계층 순환신경망

앞서 살펴본 RNN은 한 방향으로만 은닉 상태가 흐르는 모델이었습니다. 즉, 현재 순서의 은닉 상태는 이전 순서의 은닉 상태와 현재 입력에만 의존하게 됩니다. 이러한 모델을 자기회귀^{auto-}regressive 모델이라고 부릅니다. 하지만 이번에는 역방향이 추가된 양방향 순환신경망^{bi-directional} RNN을 살펴보도록 하겠습니다.

다음은 **양방향 다계층 순환신경망**^{bi-directional multi-layered RNN}을 도식화 한 것입니다. 각 층의 RNN 셀^{cell}은 이전 계층의 정방향^{forward}과 역방향^{backward} 결과물을 입력으로 받습니다. 그리고 정방향 RNN 셀은 이전 순서의 은닉 상태를 받고 역방향 RNN 셀은 미래 순서의 은닉 상태를 받습니다.

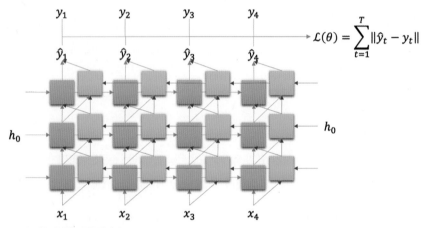

▶ 양방향 다계층 순환신경망

모델의 입력 텐서 모양은 앞에서 살펴보았던 모델들의 입력 텐서 모양과 똑같습니다. 그리고 출력 텐서 모양은 다음 그림과 같습니다.

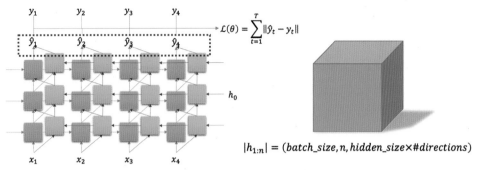

$$\mathcal{L}(\theta) = \sum_{t=1}^{T} \|\hat{y}_t - y_t\|$$

$$|h_{1:n}| = (batch\_size, n, hidden\_size \times \#directions)$$

▶ 양방향 다계층 순환신경망의 출력 텐서

앞의 그림의 빨간색 점선으로 표시된 부분에서 볼 수 있듯이 출력 텐서는 마지막 계층의 정방향과 역방향 RNN 셀로부터 출력을 수집합니다. 따라서 텐서 형태의 마지막 차원이 $hidden\_size \times \#direction$ 로 되어 기존의 2배가 된 것을 볼 수 있습니다.

양방향 순환신경망의 은닉 상태는 다루지 않도록 하겠습니다. 보통 단방향 순환신경망은 은닉 상태를 따로 저장했다가 이어 연산을 진행하는 등의 작업을 수행하는 경우도 많아 은닉 상태를 직접 다룰 일이 많지만 양방향 순환신경망은 중간에 은닉 상태를 접근할 일이 거의 없기 때문입니다.

순환신경망Recurrent Neural Networks, RNN이 가장 많이 활용되는 분야는 단연 자연어 처리일 것입니다. 자연어 처리에서의 문장은 출현 단어 개수가 가변적이며 단어의 출현 순서에 따라 의미가 결정됩니다. 자연어 처리에서도 다양한 분야가 존재하는데 각 분야에 따라 RNN이 활용되는 방법이 다릅니다. 다음 표는 활용 타입에 따른 모델 구조와 사용 예제를 정리한 것입니다.

Type	Architecture		Applications
Many to One		$\hat{y}$ 〈도식〉 x_1 x_2 x_3 x_4	Text Classification Sequence Classification
Many to Many	$\hat{y}_1$ $\hat{y}_2$ $\hat{y}_3$ $\hat{y}_4$ 〈도식〉 x_1 x_2 x_3 x_4		Part of Speech Tagging MRC
One to Many	$\hat{y}_1$ $\hat{y}_2$ $\hat{y}_3$ $\hat{y}_4$ 〈도식〉 x_1 $\hat{y}_1$ $\hat{y}_2$ $\hat{y}_3$	$\hat{y}_1$ $\hat{y}_2$ $\hat{y}_3$ 〈도식〉 x_1 x_2 x_3 $\hat{y}_0$ $\hat{y}_1$ $\hat{y}_2$	Sentence Generation Machine Translation Chatbot

▶ 활용 타입에 따른 모델 구조와 사용 예제

이처럼 입력과 출력의 종류에 따라 활용 타입을 정의할 수도 있지만 모델링하고 자 하는 대상의 **자기회귀**auto-regressive 성격 여부에 따라 활용 방법이 달라지기도 합니다. 자기회귀란 **현재 상태가 과거 상태에 의존하여 정해지는 경우**를 말합니다. 따라서 정보 흐름의 방향이 생기게 되고 이것을 모델링하기 위해서는 단방향 순환신경망을 사용할 수밖에 없습니다. 문장 전체를 놓고 문장이 속하는 클래스(e.g. 긍정 or 부정)를 정하는 문제는 이미 분류기에 들어가기 전에 문장 전체가 주어집니다. 또한 클래스는 문장 전체에 대해서 단 한 번 예측이 수행되기 때문에 자기회귀 성격을 가진다고 볼 수 없습니다. 다음은 자기회귀와 비자기회귀 타입의 모델링에 대해 정리한 것입니다.

타입	비자기회귀Non-autoregressive	자기회귀Autoregressive
특징	현재 상태가 과거/미래 상태를 통해 정해지는 경우	현재 상태가 과거 상태에 의존하여 정해지는 경우
모델링 성격	비생성적Non-generative	생성적Generative
사용 예	형태소 분석 태깅, 텍스트 분류text classification	자연어 생성NLG, 기계 번역machine translation, 챗봇
활용 모델 구조	양방향 순환신경망 사용 권장	양방향 순환신경망 사용 불가

▶비자기회귀와 자기회귀 타입

처음에 소개했던 모델의 입출력 데이터 기준인 다대일, 다대다, 일대다 형태에 대해서 정리해 보도록 하겠습니다.

1 다대일 형태

다대일many to one 형태는 우리가 학습할 데이터에서 입력은 순서 정보를 갖고 있고 출력은 순서 정보가 없는 경우입니다. 가장 쉬운 케이스라고 할 수 있는데 앞의 설명대로라면 이 케이스는 **비자기회귀 성격을 갖는다고** 볼 수 있습니다. 다음 그림은 다대일 형태를 학습할 때 모델 구조와 손실 함수 형태를 정리한 것입니다.

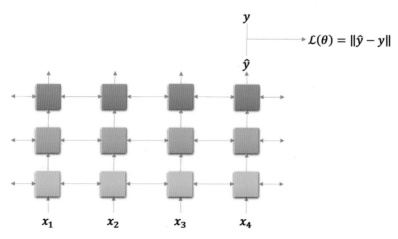

▶다대일 형태의 모델 구조와 손실 함수

앞의 그림에서 볼 수 있듯이 양방향 순환신경망을 사용할 수 있으며 보통 가장 마지막 순서 출력[1]을 활용하여 모델의 예측 값 $\hat{y}$으로 삼고 원래 목푯값인 y와 비교하여 손실 값을 계산합니다. 텍스트 분류가 가장 좋은 예제라고 볼 수 있는데 텍스트 문장을 정해진 기준에 따라 쪼개어[2] 순환신경망의 입력으로 삼아 각 순서에 맞게 나누어 넣어줍니다. 그럼 마지막 계층의 마지막 순서에서 나온 출력을 비선형 활성 함수, 선형 계층, 소프트맥스 함수를 거치도록 하여 각 클래스별 확률 값으로 변환할 수 있습니다. 그리고 분류 문제이기 때문에 교차 엔트로피 손실 함수를 통과시켜 손실 값을 구할 수 있을 것입니다.

❷ 다대다 형태

다음은 입력과 출력 모두 순서 정보를 가진 데이터가 되는 **다대다** 형태입니다. 여기서 중요한 점은 **입력과 출력의 순서 개수가 같아야 하며 출력의 각 순서가 입력에 대응되는 형태**여야 한다는 것입니다. 만약 순서 개수가 다르거나 대응이 다르게 된다면 일대다 형태가 되어야 합니다. 그리고 **비자기회귀** 성격을 갖는데 다음 그림을 통해 쉽게 확인할 수 있습니다.

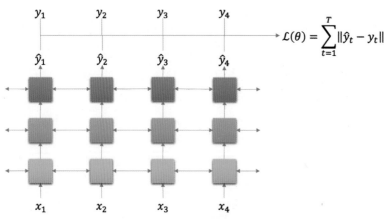

▶ 다대다 형태의 모델 구조와 손실 함수

각 순서의 입력 x_t 마다 대응되는 목푯값 y_t 가 존재하는 것을 볼 수 있고 모델에서도 각 입력에 대응되는 $\hat{y}_t$ 가 출력되고 있는 것을 볼 수 있습니다. 그러면 모든 순서의 출력값과 목푯값의 차이를 합쳐서 손실 값을 계산할 수 있습니다.

....

1 가장 처음 순서 출력을 활용해도 괜찮습니다.
2 자연어 처리에서 이 과정을 분절(tokenization)이라고 부릅니다.

이러한 다대다 형태의 가장 흔한 예제로 형태소 분석이 있습니다. 문장 내 토큰^{token}들에 대해서 각각 형태소가 태깅되어야 하기 때문에 입력 순서들에 1:1로 대응되는 출력값이 존재해야 하기 때문입니다.

❸ 일대다 형태

다음은 생성 모델^{generative model}에 많이 활용되는 **일대다** 형태에 대해 알아보도록 하겠습니다. 일대다는 입력의 형태보다는 출력의 형태가 중요합니다. 입력 순서에 1:1 대응되는 것이 아니라 출력에 순서 정보가 존재하는 데이터라면 대부분 일대다 문제가 적용될 수 있습니다. 가장 흔한 예제로 자연어 생성^{Natural Langauge Generation, NLG} 문제인 기계 번역^{machine translation}이나 챗봇 등이 있습니다. 또는 이미지가 주어졌을 때 해당 이미지를 설명하는 문장을 생성하는 문제도 여기에 해당됩니다. 다음 그림을 보면 좀 더 일대다 형태에 대해서 쉽게 이해할 수 있을 것입니다.

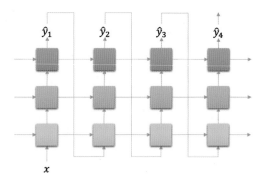

▶일대다 형태의 모델 구조

앞에서 소개한 형태와 사뭇 다른 형태를 띠고 있습니다. 일단 모델의 입력이 x 하나로 되어있고 이후 순서에는 이전 순서의 모델 출력값 $\hat{y}_{t-1}$ 이 넣어지는 것을 확인할 수 있습니다. 따라서 $y_0 = x$ 라고 가정한다면 $\hat{y}_t$ 는 $\hat{y}_{t-1}$ 의 영향을 받아서 **자기회귀 성격을 갖게 되는 것**을 볼 수 있습니다.

만약에 입력 x에 이미지에 대한 정보를 넣어준다면 이미지에 대한 설명 문장을 생성할 수 있을 것이고 한글 문장에 대한 정보가 들어있다고 한다면 대응되는 영어 번역 문장을 생성할 수 있을 것입니다. 또는 질문 문장에 대한 정보가 들어있었다면 이에 대한 대답 문장을 생성할 수 있을 것입니다.

이러한 문제를 해결하기 위해서는 다음과 같이 다대일 형태와 일대다 형태를 결합한 **시퀀스투 시퀀스**Sequence to Sequence, Seq2Seq를 활용할 수도 있습니다. 다음은 Seq2Seq를 도식화 한 것입 니다.

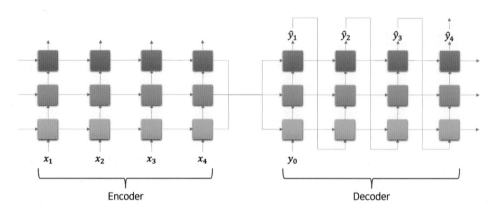

▶Seq2Seq

앞의 그림의 왼쪽 부분은 다대일 형태의 인코더encoder가 되어 문장을 입력으로 받아서 하나의 벡터 형태로 정보를 압축한다면, 다대일 형태의 디코더decoder는 정보를 받아서 순서 데이터인 문장으로 생성해 내는 역할을 수행합니다. 이처럼 각 형태들은 자체가 전체 모델로 활용되기도 하지만 전체 모델을 구성하기 위한 서브 모듈로 활용되기도 합니다. 여러분도 각 형태를 잘 숙 지하고 필요에 따라 순환신경망을 조합하여 사용한다면 더욱 쉽게 문제를 해결할 수 있을 것입 니다.

19.4 LSTM

앞에서 배운 순환신경망은 순서 데이터를 다룰 수 있다는 특징이 있지만 치명적인 단점도 있었습니다. 내부에 하이퍼볼릭 탄젠트hyperbolic tangent, tanh가 존재하여 그래디언트 소실gradient vanishing이 발생한다는 것입니다. 따라서 긴 순서 데이터를 다룰 경우에 학습 과정에서 그래디언트 소실로 인하여 앞의 순서 데이터에 대해서 파라미터 업데이트가 부실해지게 됩니다.[3] 결과적으로 기본 RNN을 활용해서 다룰 수 있는 순서 데이터는 짧은 길이로 한정됩니다. 지금부터 이러한 기본 RNN의 단점을 보완하는 **LSTM** 구조에 대해서 다뤄 보도록 하겠습니다.

1 게이트

시그모이드 함수는 전 영역에서 0에서 1사이의 값을 반환합니다. 따라서 특정 값에 시그모이드를 곱하면 마치 문을 열고 닫는 듯한 효과를 낼 수 있습니다. 예를 들어 다음과 같은 수식을 생각해볼 수 있습니다. ⊗는 벡터의 요소별element-wise 곱셈을 표현합니다.

$$f(x) = x \otimes \sigma(Wx + b)$$

이 수식을 살펴보면 x에 시그모이드 함수 결괏값을 곱해주어 값을 취해주는 것을 볼 수 있습니다. 만약 시그모이드 결괏값의 특정 차원이 0에 가깝다면 x의 해당 차원은 거의 가져올 수 없을 것이고 시그모이드 결괏값의 특정 차원이 1에 가깝다면 x의 해당 차원은 대부분 가져올 수 있을 것입니다. 또한 시그모이드의 입력값은 선형 계층 수식으로 되어 있는 것을 볼 수 있는데 x의 값에 따라 선형 계층이 큰 값 또는 작은 값을 반환할 것이고 이것이 시그모이드를 열고 닫는 효과를 냅니다. 이렇게 동작하는 방식을 게이트gate라고 부릅니다. 따라서 이 수식에 따라 학습된 게이트는 현재 데이터 값을 두고 데이터를 통과시킬지 말지를 결정하고 행동하게 됩니다.

---

3 RNN은 BPTT(Back-Propagation Through Time) 기법에 의해서 학습됩니다. 자세한 내용은 온라인 강의를 참고해주세요.

2 LSTM 수식

LSTM은 Long Short Term Memory의 약자로 장단기 기억을 수행할 수 있는 구조 모델입니다. 다음 그림은 LSTM을 도식화 한 것입니다. 그림을 보면 앞서 설명했던 게이트가 여러 개 존재하는 것을 확인할 수 있습니다.

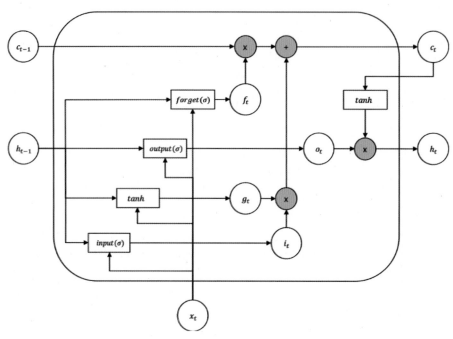

▶LSTM의 구조

앞의 그림에는 forget 게이트, output 게이트, input 게이트 등 3개가 존재하는 것을 볼 수 있는데 다음 수식에서도 확인할 수 있습니다.

$$
\begin{aligned}
i_t &= \sigma(W_i \cdot [x_t, h_{t-1}]) \\
f_t &= \sigma(W_f \cdot [x_t, h_{t-1}]) \\
g_t &= \tanh(W_g \cdot [x_t, h_{t-1}]) \\
o_t &= \sigma(W_o \cdot [x_t, h_{t-1}]) \\
c_t &= f_t \otimes c_{t-1} + i_t \otimes g_t \\
h_t &= o_t \otimes \tanh(c_t)
\end{aligned}
$$

굉장히 복잡한 수식인데 외우고 있을 필요는 없습니다. 다만 앞의 그림과 수식에서 눈여겨보아야 할 점은 은닉 상태 h_t 이외에도 셀 상태cell state라는 개념이 추가되었다는 것입니다. 따라서 앞의 그림의 왼쪽에서 들어오는 이전 순서의 결괏값은 h_{t-1}과 c_{t-1} 등 두 개가 되고, 마찬가지로 이번 순서의 출력값도 h_t, c_t 이렇게 두 개가 됩니다.

이러한 구조를 갖는 LSTM은 기본 RNN의 단점인 **그래디언트 소실 문제를 해결**했습니다. 따라서 긴 길이의 순서 데이터에 대해서도 훌륭하게 동작하는 장점을 갖습니다. 하지만 보다시피 그 구조가 매우 복잡하고 기본 RNN에 비해서 훨씬 더 많은 파라미터를 갖는다는 단점도 있습니다.

❸ GRU

앞에서 살펴보았던 LSTM은 매우 복잡한 구조를 갖고 있고, 파라미터도 굉장히 많은 편입니다. 따라서 2014년에 제안된 GRU^{Gated Recurrent Unit}는 이러한 LSTM의 단점을 보완하고자 하였습니다. 다음의 그림과 수식은 GRU를 표현한 것입니다.

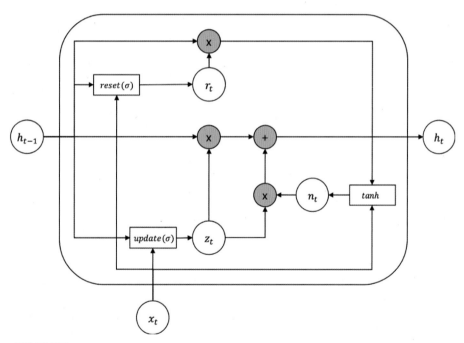

▶GRU의 구조

$$r_t = \sigma(W_r \cdot [x_t, h_{t-1}])$$
$$z_t = \sigma(W_z \cdot [x_t, h_{t-1}])$$
$$n_t = \tanh(W_n \cdot [x_t, r_t \otimes h_{t-1}])$$
$$h_t = (1 - z_t) \otimes n_t + z_t \otimes h_{t-1}$$

그림과 수식에서 볼 수 있듯이 기존의 LSTM에 비해서 훨씬 간결한 구조를 가지고 있습니다. 하지만 여전히 2개의 게이트를 가지고 있고 이 게이트가 그래디언트 소실을 방지하는 데 주요한 역할을 합니다. 더욱이 LSTM에는 셀 상태 c_t 라는 개념이 추가되었던 것에 비해, GRU에서는 여전히 은닉 상태 h_t 하나만 가지고 있어서 실제 구현할 때에도 훨씬 용이합니다. (파이토치로 직접 LSTM이나 GRU를 구현하지는 않지만, 은닉 상태와 셀 상태를 처리하는 코드가 필요한 경우가 종종 있습니다.) 결과적으로 GRU는 LSTM에 비해 성능이 떨어지지도 않고 더 적은 파라미터를 가지고 그래디언트 소실 문제를 해결합니다.

그렇다면 GRU가 훨씬 더 많이 쓰여야 할 것 같지만 딱히 LSTM을 대체하지는 못했습니다. 실제로는 LSTM이 좀 더 널리 쓰이는 추세이며 필자도 GRU를 프로젝트에 활용해 본 경험에 비해 LSTM을 프로젝트에 활용한 경험이 압도적으로 더 많습니다. 아마도 별다른 이유가 있는 것은 아니라 관행적인으로 그렇게 된 것이 아닐까 생각합니다.

❹ LSTM의 입출력 텐서 형태

LSTM의 입출력 및 은닉 상태 텐서 모양도 기존 기본 RNN과 같습니다. 각 텐서 모양은 다음과 같습니다.

$$|\text{input}| = (\text{batch\_size}, n, \text{input\_size})$$
$$|\text{output}| = (\text{batch\_size}, n, \#\text{direction} \times \text{hidden\_size})$$
$$|\text{hidden\_state}| = (\#\text{direction} \times \#\text{layers}, \text{batch\_size}, \text{hidden\_size})$$
$$|\text{cell\_state}| = |\text{hidden\_state}|$$

셀 상태 텐서의 모양도 은닉 상태 텐서의 모양과 같음에 주목하세요.

그리고 앞에서와 마찬가지로 양방향 LSTM이 될 경우, $\#\text{direction} = 2$ 일 것입니다. GRU도 셀 상태 텐서가 없을 뿐 LSTM과 똑같습니다.

⑤ 정리

기존의 기본 RNN은 다른 계층들과 달리 순서 데이터를 다루기에 적당한 구조를 지녔지만, 내부에 tanh 가 있어 그래디언트 소실 문제를 갖게 되어 실제로 유용하게 활용되기 어려웠습니다. 하지만 LSTM은 기존 기본 RNN에 비해서 더 많은 파라미터를 갖지만, 그래디언트 소실 문제를 해결하였기에 더 긴 순서 데이터를 다룰 수 있게 되었습니다. 따라서 자연어 처리와 같은 순서 데이터를 다루는 분야에서 매우 요긴하게 쓰였습니다. 비록 LSTM의 파라미터가 크게 늘어나 학습 데이터와 시간이 많이 필요하게 되었지만 요즘은 하드웨어의 발달과 데이터의 축적으로 인해서 이러한 단점들이 전혀 문제 되지 않았기 때문입니다.

하지만 LSTM이 모든 문제를 해결한 것은 아닙니다. 일단 시간 축에 대해서는 그래디언트 소실 문제가 해결되었다고는 하지만 LSTM 자체를 여러 층 깊게 쌓을 때에는 여전히 그래디언트 소실 문제가 발생합니다. 또한 더 큰 문제는 무작정 긴 순서 데이터를 모두 다룰 수 있는 것은 아니라는 것입니다. 왜냐하면 비록 그래디언트 소실 문제를 해결했을지라도 신경망의 수용 능력 capacity는 한정되어 있기 때문입니다. 따라서 결국 긴 순서 데이터가 주어짐에 따라 성능이 점점 하락하는 것을 막을 수 없습니다. **결과적으로 이러한 문제를 해결하기 위해서는 어텐션**attention **기법의 도입이 필요한데 이를 적용한 트랜스포머**Transformer**가 자연어 처리뿐만 아니라 기타 다른 딥러닝 분야를 정복**하게 되었습니다.

19.5 그래디언트 클리핑

순환신경망은 BPTT^{Back-Propagation Through Time} **알고리즘에 의해서 학습**됩니다. 이때 BPTT 알고리즘에 따라 긴 데이터를 다루는 상황일수록 그래디언트가 더해지는 횟수가 늘어나게 됩니다. 달리 말하면 긴 순서 데이터를 다룰수록 그래디언트는 커집니다. 따라서 데이터의 길이에 따라서 적절한 학습률의 크기가 바뀔 수도 있고 잘못하면 그래디언트가 너무 커져서 자칫 학습이 산으로 갈 수도 있습니다.

이러한 상황을 방지하기 위해서 우리는 그래디언트 노름의 최댓값을 정하고 최댓값을 넘길 경우 그래디언트를 강제로 줄여버리도록 할 수 있습니다. 이 방법을 그래디언트 클리핑^{gradient clipping}이라고 합니다. 그래디언트 클래핑의 특징은 그래디언트 벡터의 크기는 줄이되 방향은 유지하도록 클리핑 작업을 수행한다는 것입니다. 그럼 클리핑 된 이후의 그래디언트 방향은 같으므로 파라미터가 업데이트되는 방향도 같을 것입니다. 예를 들어 그래디언트의 크기를 다음과 같이 구할 수 있습니다.

$$\|\nabla_\theta \mathcal{L}(\theta)\|_2$$

이때 만약 그래디언트의 크기가 역치 값^{threshold} τ 을 넘는다면 두 값 사이의 비율을 다음과 같이 구하고 r이라고 부르도록 합니다.

$$r = \frac{\|\nabla_\theta \mathcal{L}(\theta)\|_2}{\tau}$$

그러면 기존의 경사하강법에 의한 파라미터 업데이트는 그래디언트 클리핑이 더해져서 다음과 같이 바뀌게 될 것입니다.

$$\theta_{t+1} = \theta_t - \eta \nabla_\theta \mathcal{L}(\theta)$$

$$\Downarrow \text{by gradient clipping}$$

$$\theta_{t+1} = \theta_t - \eta \nabla_\theta \frac{\mathcal{L}(\theta)}{r}, if \, \|\nabla_\theta \mathcal{L}(\theta)\|_2 > \tau.$$

이와 같은 방법을 통해 우리는 그래디언트를 통제할 수 있고 학습을 효율적으로 수행할 수 있게 됩니다. 아담[Adam]을 활용하는 경우에도 그래디언트가 너무 커지는 것을 방지하도록 유용하게 쓸 수 있습니다.

1 그래디언트 클리핑의 구현

다행히도 파이토치에서는 그래디언트 클리핑 기능을 제공하고 있어서 우리가 직접 구현할 필요가 없습니다. 다음은 그래디언트 클리핑 함수인 clip_grad_norm_에 대한 파이토치 공식 문서입니다.

---

torch.nn.utils.clip_grad_norm_(*parameters*, *max_norm*, *norm_type=2.0*, *error_if_nonfinite=False*) [SOURCE]

Clips gradient norm of an iterable of parameters.

The norm is computed over all gradients together, as if they were concatenated into a single vector. Gradients are modified in-place.

Parameters

- **parameters** (*Iterable[Tensor] or Tensor*) – an iterable of Tensors or a single Tensor that will have gradients normalized
- **max_norm** (*float or int*) – max norm of the gradients
- **norm_type** (*float or int*) – type of the used p-norm. Can be `'inf'` for infinity norm.
- **error_if_nonfinite** (*bool*) – if True, an error is thrown if the total norm of the gradients from `parameters` is `nan`, `inf`, or `-inf`. Default: False (will switch to True in the future)

Returns

Total norm of the parameters (viewed as a single vector).

▶파이토치 공식 문서에 나와있는 **clip_grad_norm_** 함수에 대한 설명

parameters 인자에 클리핑을 원하는 파라미터를 넣어주고, max_norm 인자에 임계 값 τ를 넣어주도록 합니다.

PRACTICE 19.6 실습

LSTM으로 MNIST 분류 구현하기

이번에는 양방향 다층 LSTM을 활용하여 MNIST 분류기를 구현해보고자 합니다. 앞서 CNN 기반의 MNIST 분류기를 만들었었는데 그때를 돌이켜보면 이미 구현된 선형 계층 기반의 분류 프로젝트 코드를 아주 약간만 수정하여 훌륭하게 동작하는 CNN 분류기를 구현했었습니다. 마찬가지로 이번에도 해당 프로젝트에 LSTM 기반 분류기를 추가하여 프로젝트를 고도화하도록 하겠습니다.

▣ 모델 구조 설계

이 문제의 입출력 데이터 형태를 머릿속에 떠올려 봅시다. 입력은 28×28 행렬입니다. 이것을 순서 데이터처럼 다룰 것이므로 28차원의 벡터가 28개 있는 것이라고 생각해봅시다. 그리고 출력에는 클래스에 대한 확률 분포가 나와야 합니다. 거기에서 가장 높은 확률 값을 갖는 클래스 레이블 인덱스를 뽑으면 예측 레이블이 됩니다. 즉 이 문제는 다대일 형태라고 볼 수 있습니다. **다대일 형태의 문제이므로 양방향 RNN을 쓸 수 있습니다.** 따라서 우리는 양방향 다층 LSTM을 구성하여 MNIST 분류기를 구현하도록 하겠습니다. 다음 그림은 이러한 과정을 잘 보여주고 있습니다. 행렬로 구성된 이미지가 벡터로 구성된 순서 데이터로 취급되어 나누어져 RNN의 입력으로 들어가는 것을 볼 수 있습니다.

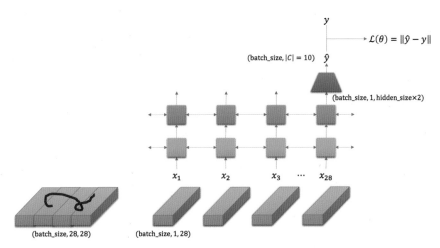

$$\mathcal{L}(\theta) = \|\hat{y} - y\|$$

(batch_size, $|C| = 10$) $\hat{y}$

(batch_size, 1, hidden_size×2)

x_1 x_2 x_3 $\cdots$ x_{28}

(batch_size, 28, 28)   (batch_size, 1, 28)

▶ 양방향 다층 LSTM을 적용한 모델 구조

우리는 순환신경망 마지막 계층의 마지막 순서의 출력 텐서를 받아 소프트맥스 함수에 넣기 위해 선형 계층과 활성 함수 등을 활용하여 비선형 차원 축소를 수행할 것입니다. 그럼 $(N, |C|)$ 크기의 텐서를 얻을 수 있고 이것은 미니배치의 각 샘플별 클래스에 대한 확률 값을 담은 텐서가 됩니다. 이 텐서를 활용하여 교차 엔트로피 손실 함수에 넣으면 손실 값을 구할 수 있고 경사하강법을 통해 가중치 파라미터를 업데이트할 수 있을 것입니다.

❷ 모델 클래스 구현

모델 클래스는 다른 모델들과 마찬가지로 ./mnist_classifier/models/rnn.py에 구현하도록 합니다. 다음 코드를 살펴보면 이전 방법들에 비해 더욱 간결해진 것을 확인할 수 있습니다. 다른 구조의 모델들은 서브 모듈을 클래스로 선언하고 활용했었는데 지금은 파이토치에서 제공하는 nn.LSTM 클래스를 활용하여 간단하게 분류기를 구현하고 있습니다.

```python
import torch
import torch.nn as nn


class SequenceClassifier(nn.Module):

    def __init__(
        self,
        input_size,
        hidden_size,
        output_size,
        n_layers=4,
        dropout_p=.2,
    ):
        self.input_size = input_size
        self.hidden_size = hidden_size
        self.output_size = output_size
        self.n_layers = n_layers
        self.dropout_p = dropout_p

        super().__init__()

        self.rnn = nn.LSTM(
            input_size=input_size,
            hidden_size=hidden_size,
            num_layers=n_layers,
            batch_first=True,
            dropout=dropout_p,
            bidirectional=True,
        )
        self.layers = nn.Sequential(
            nn.ReLU(),
            nn.BatchNorm1d(hidden_size * 2),
            nn.Linear(hidden_size * 2, output_size),
            nn.LogSoftmax(dim=-1),
        )

    def forward(self, x):
        # |x| = (batch_size, h, w)
```

```
        z, _ = self.rnn(x)
        # |z| = (batch_size, h, hidden_size * 2)
        z = z[:, -1]
        # |z| = (batch_size, hidden_size * 2)
        y = self.layers(z)
        # |y| = (batch_size, output_size)

        return y
```

먼저 nn.Module을 상속받아 SequenceClassifier 클래스를 선언했고 init 메서드와 forward 메서드를 오버라이드하였습니다. 먼저 init 메서드를 살펴보면 nn.LSTM 클래스 객체를 생성하여 self.rnn에 할당하는 것을 볼 수 있습니다. bidirectional 인자를 통해 양방향 순환신경망을 구현하고 num_layers 인자를 통해 다계층을 구현합니다. 그리고 dropout 인자를 통해 LSTM 내부 계층 사이사이에 드롭아웃을 넣어주도록 합니다. **가장 중요한 것은 batch_first 인자**입니다. 해당 인자의 기본값은 False로 되어 있는데 True를 준 것을 확인할 수 있습니다. 만약 이 값을 True로 주지 않으면 앞에서 배운 입출력 텐서 모양 대신에 다음 모양을 얻게 됩니다.

$$(N, \text{length}, \text{input\_size}) \Rightarrow (\text{length}, N, \text{input\_size})$$
$$(N, \text{length}, \#\text{direction} \times \text{hidden\_size}) \Rightarrow (\text{length}, N, \#\text{direction} \times \text{hidden\_size})$$

가장 앞에 위치하던 미니배치에 대한 차원이 두 번째가 되고 두 번째에 위치하던 순서의 차원이 가장 앞으로 오게 되는 것을 볼 수 있습니다. 파이토치가 내부적으로 병렬 연산을 수행하기 위해서 텐서의 차원을 이처럼 다루고 있기 때문인데 순환신경망을 바깥에서 다루는 우리는 이러한 텐서의 모양이 심히 헷갈릴 수 있기 때문에 항상 True에 놓고 사용하는 것을 권장합니다.

그리고 nn.Sequential 클래스에 필요한 활성 함수, 배치 정규화, 선형 계층 그리고 로그 소프트맥스 계층을 넣어 객체를 생성한 후 self.layers 변수에 할당하는 것을 볼 수 있습니다. 이어서 forward 메서드에서는 init 메서드에서 생성된 객체들을 활용하여 연산을 수행하는 데 가장 먼저 self.rnn에 입력 텐서를 넣어주고 출력을 받는 것을 볼 수 있습니다. 사실 순환신경망 객체들은 출력과 마지막 순서의 은닉 상태 이렇게 두 가지 텐서를 항상 반환합니다(그리고 LSTM이므로 셀 상태가 은닉 상태와 함께 튜플 tuple로 반환됩니다). 지금은 다대일 형태의 문제 접근법이므로 출력 텐서만 활용할 것이기 때문에 나머지 반환 값은 _로 받아버렸습니다. 이 LSTM의 출력 텐서는 모든 입력 순서에 대해서 반환되었기 때문에 z[:, −1] 슬라이싱을 통해 마지막 순서의 값만 얻어오고, 이것을 self.layers에 통과시켜 모델 최종 출력 텐서를 얻습니다. 그럼 모델 바깥의 Trainer 클래스에서 이 출력 텐서를 받아 손실 값을 계산하게 되겠죠.

❸ train.py와 utils.py 수정하기

train.py의 define_argparser 함수에 새로운 인자들을 받기 위한 준비를 합니다. 먼저 새로운 모델 타입이 구현되었기 때문에 choices 인자에 "rnn"을 추가합니다.

```
p.add_argument("--model", default="fc", choices=["fc", "cnn", "rnn"])
```

그리고 LSTM 의 은닉 상태 크기를 정해주기 위한 hidden_size 라는 인자를 추가합니다.

```
p.add_argument("--hidden_size", type=int, default=128)
```

그리고 utils.py의 get_model 함수에는 config.model이 "rnn"일 때 Sequence Classifier를 생성하여 반환하도록 코드를 추가합니다.

```
def get_model(input_size, output_size, config, device):
    if config.model == "fc":
        model = ImageClassifier(
            input_size=input_size,
            output_size=output_size,
            hidden_sizes=get_hidden_sizes(
```

```
                input_size,
                output_size,
                config.n_layers
            ),
            use_batch_norm=not config.use_dropout,
            dropout_p=config.dropout_p,
        ).to(device)
    elif config.model == "cnn":
        model = ConvolutionalClassifier(output_size)
    elif config.model == "rnn":
        model = SequenceClassifier(
            input_size=input_size,
            hidden_size=config.hidden_size,
            output_size=output_size,
            n_layers=config.n_layers,
            dropout_p=config.dropout_p,
        )
    else:
        raise NotImplementedError

    return model
```

이제 끝입니다. 이와 같은 적은 양의 수정만으로도 RNN 기반의 MNIST 분류기를 학습할 수 있게 되었습니다. 다음 명령어를 통해 학습을 진행해봅시다.

```
$ python train.py --model_fn ./model.pth --n_epochs 20 --model rnn --n_layers
4 --hidden_size 256
Train: torch.Size([48000, 28, 28]) torch.Size([48000])
Valid: torch.Size([12000, 28, 28]) torch.Size([12000])
SequenceClassifier(
  (rnn): LSTM(28, 256, num_layers=4, batch_first=True, dropout=0.3,
bidirectional=True)
  (layers): Sequential(
    (0): ReLU()
    (1): BatchNorm1d(512, eps=1e-05, momentum=0.1, affine=True, track_running_
stats=True)
    (2): Linear(in_features=512, out_features=10, bias=True)
    (3): LogSoftmax(dim=-1)
```

```
   )
 )
Adam (
Parameter Group 0
    amsgrad: False
    betas: (0.9, 0.999)
    eps: 1e-08
    lr: 0.001
    weight_decay: 0
)
NLLLoss()
Epoch(1/20): train_loss=4.4981e-01  valid_loss=1.6719e-01  lowest_loss=1.6719e-01
Epoch(2/20): train_loss=1.2586e-01  valid_loss=1.2428e-01  lowest_loss=1.2428e-01
Epoch(3/20): train_loss=8.7505e-02  valid_loss=8.6867e-02  lowest_loss=8.6867e-02
Epoch(4/20): train_loss=6.4460e-02  valid_loss=7.6098e-02  lowest_loss=7.6098e-02
Epoch(5/20): train_loss=4.8930e-02  valid_loss=7.9153e-02  lowest_loss=7.6098e-02
Epoch(6/20): train_loss=4.3516e-02  valid_loss=6.9273e-02  lowest_loss=6.9273e-02
Epoch(7/20): train_loss=3.9331e-02  valid_loss=6.1692e-02  lowest_loss=6.1692e-02
Epoch(8/20): train_loss=3.6852e-02  valid_loss=6.0280e-02  lowest_loss=6.0280e-02
Epoch(9/20): train_loss=3.0019e-02  valid_loss=4.4652e-02  lowest_loss=4.4652e-02
Epoch(10/20): train_loss=2.2890e-02  valid_loss=5.5313e-02  lowest_loss=4.4652e-02
Epoch(11/20): train_loss=2.5589e-02  valid_loss=5.0306e-02  lowest_loss=4.4652e-02
Epoch(12/20): train_loss=2.4667e-02  valid_loss=4.3369e-02  lowest_loss=4.3369e-02
Epoch(13/20): train_loss=1.9621e-02  valid_loss=5.1580e-02  lowest_loss=4.3369e-02
Epoch(14/20): train_loss=2.0608e-02  valid_loss=5.2379e-02  lowest_loss=4.3369e-02
Epoch(15/20): train_loss=1.9362e-02  valid_loss=4.6227e-02  lowest_loss=4.3369e-02
Epoch(16/20): train_loss=1.4802e-02  valid_loss=4.4920e-02  lowest_loss=4.3369e-02
Epoch(17/20): train_loss=1.3107e-02  valid_loss=5.1847e-02  lowest_loss=4.3369e-02
Epoch(18/20): train_loss=1.7017e-02  valid_loss=6.7198e-02  lowest_loss=4.3369e-02
Epoch(19/20): train_loss=1.5467e-02  valid_loss=4.6087e-02  lowest_loss=4.3369e-02
Epoch(20/20): train_loss=1.0572e-02  valid_loss=4.8228e-02  lowest_loss=4.3369e-02
```

④ predict.ipynb 실행하기

이 파일은 수정할 필요도 없습니다. 바로 실행해봅니다.

```
... torch.Size([10000, 28, 28]) torch.Size([10000])
    Accuracy: 0.9884
```

앞에서 구현했던 CNN 기반의 모델에 필적하는 테스트 성능이 나오는 것을 확인할 수 있습니다. 흥미롭게도 20개의 테스트 샘플에 대해서 CNN 기반의 모델처럼(다른 샘플이긴 하지만) 1개 틀린 것을 볼 수 있습니다.

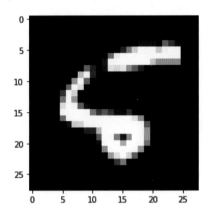

원래 정답 레이블이 5인 이 테스트 샘플에 대해서 6이라고 예측했는데(물론 다시 모델을 학습하면 다르게 동작할 것입니다) 우리 눈으로 봐도 약간 6의 형태를 띠고 있으므로 심각한 예측 오류는 아니라고 생각해도 무방할 것 같습니다.

⑤ 마무리

필자가 학습한 모델 기반으로 테스트셋에 대해서 성능을 구했을 때 다음과 같은 결과를 얻을 수 있었습니다.

모델	검증 손실	테스트 정확도(acc.)
FC 기반	6.7707e−02	98.37%
CNN 기반	2.9458e−02	99.16%
RNN 기반	4.3369e−02	98.84%

▶테스트셋의 모델별 성능 측정

일단은 CNN 기반 분류기가 가장 좋은 성능을 보여주는 것을 볼 수 있는데 사실 단 한 번의 실험을 수행한 것이므로 정확하게 알 수는 없습니다. 여기서 만약 좀 더 정확한 성능 비교를 하고 싶다면 검증셋을 기반으로 하이퍼 파라미터 튜닝을 수행하고, 각 모델별로 최소 5번 이상의 학습 및 평가를 수행하여 테스트 성능의 평균 및 표준편차를 비교하면 됩니다. 또한 각 모델들의 가중치 파라미터 개수가 다르므로 공정한 비교라고 볼 수 없습니다. 정말 어떤 알고리즘이 가장 좋은지 궁금하다면 파라미터 개수를 최대한 동일하게 맞춘 후에 실험을 진행해야 할 것입니다.

19.7 마치며

지금까지의 과정을 살펴보았다면 여러분은 실제 머신러닝 프로젝트를 수행할 때 어떤 방식으로 코드를 구현하고 실험을 진행해야 할지 약간의 힌트를 얻을 수 있었을 것입니다. 보다시피 주피터 노트북이 아닌 CLI 환경에서 코드의 수정 없이 하이퍼 파라미터 튜닝을 수행할 수 있으며, 적은 양의 코드 수정만으로 새로운 모델 구조나 알고리즘 수정을 수행할 수 있습니다. 또한 이처럼 학습 및 추론 템플릿을 잘 구성해 놓으면 다른 프로젝트에도 쉽게 재사용이 가능하므로 여러분도 여러분만의 학습 및 실험 환경을 구축해보길 권장합니다.

요약

- **순환신경망**
  - 순서 데이터를 다루기에 적합함
  - 자연어 처리 분야에서 가장 널리 활용되는 형태
  - RNN의 동작 원리를 정확하게 이해하지 못하더라도 입출력 텐서 형태만 맞춘다면 잘 동작할 것
  - BPTT[Back-Propagation Through Time] 알고리즘에 의해 학습
  - 기본 순환 신경망은 그래디언트 소실이 발생하게 되고, 긴 순서 데이터에 대해서 적절한 파라미터 업데이트를 할 수 없어 긴 순서 데이터를 다루지 못함

- **LSTM**
  - 내부에 시그모이드로 구성된 3개의 게이트를 가지고 있음
  - 게이트가 미분시에 그래디언트를 보존하는 역할을 함
  - 기본 RNN에 비해 파라미터가 많고 속도가 느릴 수 있지만, 많은 데이터와 빠른 하드웨어로 충분히 극복 가능함
  - 그래디언트 소실 문제가 해결되지만 신경망의 수용 능력에는 한계가 있기 때문에 무한정 긴 데이터를 다룰 수 없음. 더 긴 데이터를 다루기 위해선 어텐션 기법이 필요함

- **활용 형태**
  - 자기회귀[auto-regressive]란 현재 상태가 과거 상태에 의존하여 정해지는 경우를 가리킴

타입	입력	출력	자기회귀 여부	양방향 가능 여부	사용 예
다대일	순서 데이터	순서 데이터 아님	X	O	텍스트 분류
다대다	순서 데이터	같은 길이의 순서 데이터	X	O	형태소 분석
일대다	순서 데이터	다른 길이의 순서 데이터	O	X	자연어 생성

찾아보기

찾아보기

찾아보기